智合
INTELLIGEAST

# 2022
# 中国法律市场观察
# China's Legal Market Observation

·智合研究院 编著

法律出版社 LAW PRESS·CHINA
北京

图书在版编目(CIP)数据

中国法律市场观察.2022/智合研究院编著. --北京:法律出版社,2022
ISBN 978-7-5197-6849-2

Ⅰ.①中… Ⅱ.①智… Ⅲ.①法律-工作-中国-2022 Ⅳ.①D92

中国版本图书馆CIP数据核字(2022)第110619号

中国法律市场观察(2022)
ZHONGGUO FALÜ SHICHANG GUANCHA (2022)

智合研究院 编著

策划编辑 周 洁 朱轶佳
责任编辑 周 洁 朱轶佳
装帧设计 李 瞻

出版发行 法律出版社
编辑统筹 司法实务出版分社
责任校对 王晓萍
责任印制 胡晓雅
经 销 新华书店

开本 710毫米×1000毫米 1/16
印张 22.5 字数 409千
版本 2022年7月第1版
印次 2022年7月第1次印刷
印刷 三河市龙大印装有限公司

地址:北京市丰台区莲花池西里7号(100073)
网址:www.lawpress.com.cn
投稿邮箱:info@lawpress.com.cn
举报盗版邮箱:jbwq@lawpress.com.cn
销售电话:010-83938349
客服电话:010-83938350
咨询电话:010-63939796


书号:ISBN 978-7-5197-6849-2
定价:98.00元
凡购买本社图书,如有印装错误,我社负责退换。电话:010-83938349

# 穿越周期，韧性生长

| 智合研究院

有限游戏以取胜为目的，而无限游戏以延续游戏为目的。

——［美］詹姆斯·卡斯《有限与无限的游戏》

无限游戏在我们所生活的世界中广泛存在。无限游戏没有终点，没有永远的赢家，它期待着传奇的书写，期待着规则和剧本的改变，人类文明的进程可以不断得到延续和升华。

**人民群众对法治的渴望、对优质法律服务的需求没有尽头，永远存续**。从这个意义上来说，律师行业的发展也是一种无限的游戏。

对于律所和律师来说，只要能够穿越社会经济发展的周期性震荡和变化，适应律师行业的不断发展，持续地提升组织的韧性和自身的能力，就能在法治、在法律服务这场“无限的游戏”中乘风破浪。

着眼于当下，我们需要——

1. 把握周期背后的规律性，明确当前所处的位置，从而穿越周期。
2. 找到影响律师行业整体发展的关键要素，找到未来的宏观趋势。
3. 提升组织的“韧性”，在变局之中存续和发展。

## 一、何为周期？如何穿越？

进化是走向进步的上行轨迹，而进步源于适应和学习。周期围绕着上行轨迹而反复出现。在我看来，大多数事物是沿着一条具有周期性的上行轨迹发生的，这条轨迹就像一个上行的螺旋锥。

——［美］瑞·达利欧《原则：应对变化中的世界秩序》

“周期”是什么？**“周期”代表着规律，代表着事物运行的内在动力，代表着社会经济发展的潮起潮落和循环往复**。

人们在对未来的形势进行预判、进行战略规划时，通常会假定“未来与过往类似”，因为历史总是惊人地相似。**想要穿越周期，则需要我们看清周期背后的规律，能够在纷繁复杂、变化无穷的世界中找到自己**，始终保持正念，做正确的事；保持开放的心态，吸收并接纳不同的看法、观点和做法；与外界协同共生、相互合作；为社会和市场创造价值；勇于创新，拥有进化的力量。

自2020年开始，新冠肺炎疫情肆虐，全球治理体系深度重塑，全球产业链重构，国际分工变化，倒逼技术创新、产业升级，国际竞争日益激烈。从国内形势来看，中国的改革和社会发展进程又到了一个新的历史关头，面临前所未有的新形势、新挑战和新任务。

在这样的时代背景下，中国提出了“加快构建以国内大循环为主体、国内国际双循环相互促进的新发展格局”的重大战略部署。在“双循环”的背景下，中国正在聚焦打造产业发展“硬实力”，以市场为导向优化产品结构，打造一批专精特新“小巨人”企业，深化国际产业链上下游合作与信息共享。

虽然说大型企业仍然在行业细分领域居于头部，但由于中小企业在我国经济结构中发挥的作用，在未来相当一段时期，我国对中小企业的扶持和关注持续提升，围绕中小企业的营商环境、权益保障、融资贷款等一系列需求，将会给中国律师带来源源不断的业务。

与此同时，随着企业外部监管要求的不断加强，企业的经营安全和风险防控也被摆到了更加突出的位置。依法治国方略的落实，在企业经营中就是要做到依法治企。所谓依法治企，不是企业被动地适应法律和监管要求，而是指企业要主动地适应法律、拥抱监管，加强规范化、合规化运作，构建有效的合规管理体系，培育健康的企业文化。

国际产业链重构、改革开放持续深化、“双循环”格局的构建、中小企业保护、企业合规经营……都对中国律所和律师提出了更高的要求，当然也为中国律师业的发展创造了空前的机遇。

对于中国的律所管理者而言，如何解构历史、如何解读经济周期、如何判断当下的形势、如何预测行业未来的走向、如何打造并提升组织的能力，均是其当前需要深入思考和研究的问题。

## 二、影响律师行业发展的关键要素

**根据智合研究院的观察，如图1所示，影响律师行业整体发展的关键要素有5个。**

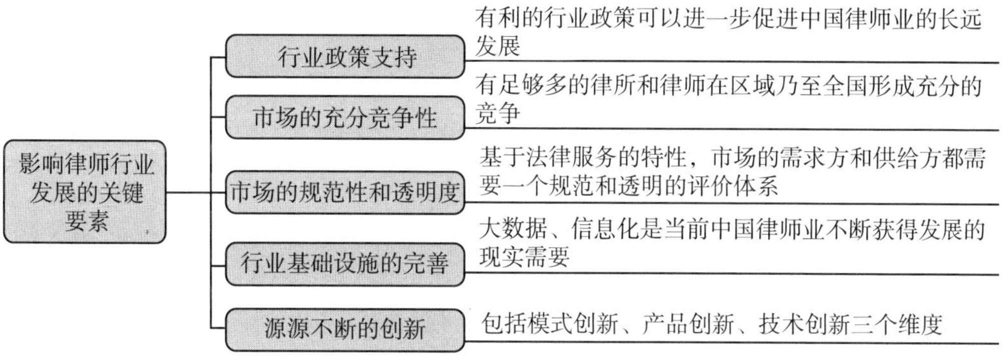


**图 1　影响律师行业发展的关键要素**

（一）行业政策支持

2022 年 1 月 24 日，司法部发布了《全国公共法律服务体系建设规划（2021－2025 年）》。该规划提出，“十四五”时期的主要目标是——建成覆盖全业务、全时空的法律服务网络；“八五”普法规划实施完成；推动法律援助法实施；发挥律师在公共法律服务中的主力军作用；扩大公证服务供给；增强司法鉴定质量和公信力；完善仲裁制度，提高仲裁国际化水平；深化构建大调解工作格局。

这是一份综合性的法律行业整体规划，其中对律师行业影响最大的数据指标有以下 3 个：（1）到 2025 年，全国执业律师达到 75 万名的规模，每万人拥有律师数达到 5.3 人；（2）全国涉外法律服务示范机构达到 500 家；（3）国际一流律师事务所数量达到 20 家。

司法部作为律师行业主管机关提出这一规划，经过了评估和测算，完成指标的可能性很高。而对于中国律所和律师而言，需要仔细思考的是自身的定位和在行业中所处的位置，以及在这一行业政策影响下，如何取得进一步的发展。

（二）市场的充分竞争性

根据国家统计局的年末总人口及律师工作人员数据，汇总近 22 年我国万人律师比数据如表 1 所示。

**表 1　过去 22 年中国律师总数及万人律师比**

| 年份 | 人口数量/亿人 | 律师人数/万人 | 万人律师比/‱ |
|---|---|---|---|
| 2001 | 12.76 | 12.26 | 0.96 |
| 2002 | 12.85 | 13.67 | 1.06 |
| 2003 | 12.92 | 14.25 | 1.10 |
| 2004 | 13.00 | 14.52 | 1.12 |

续表

| 年份 | 人口数量/亿人 | 律师人数/万人 | 万人律师比/‱ |
|---|---|---|---|
| 2005 | 13.08 | 15.38 | 1.18 |
| 2006 | 13.14 | 16.45 | 1.25 |
| 2007↓ | 13.21 | 14.40 | 1.09 |
| 2008↓ | 13.28 | 15.67 | 1.18 |
| 2009 | 13.34 | 17.33 | 1.30 |
| 2010 | 13.41 | 19.52 | 1.46 |
| 2011 | 13.49 | 21.50 | 1.59 |
| 2012 | 13.59 | 23.24 | 1.71 |
| 2013 | 13.67 | 24.86 | 1.82 |
| 2014 | 13.76 | 27.15 | 1.97 |
| 2015 | 13.83 | 29.72 | 2.15 |
| 2016 | 13.92 | 32.55 | 2.34 |
| 2017 | 13.00 | 35.72 | 2.75 |
| 2018 | 14.05 | 42.38 | 3.02 |
| 2019 | 14.10 | 47.30 | 3.35 |
| 2020 | 14.12 | 52.25 | 3.70 |
| 2021 | — | — | — |
| 2022年年初 | 14.13 | 57.60 | 4.08 |

资料来源：国家统计局。

注：2022年年初人口数据来自中经数据，律师人数来自民主与法制网。

从表1数据可知，在过去22年间，中国律师人数在2001年基础上完成第一次10万人的增长，用了约10年的时间；完成第二次10万人的增长则缩短至5年的时间；第三次、第四次10万人的增长均缩短至2年时间。10年10万人、5年10万人、2年10万人，接下来或可期待1年10万人。无论是律师总人数还是万人律师比，近三四年的增长速度明显高于往期。按照目前的增速，实现前述规划提出的全国执业律师达到75万名、每万人拥有律师数达到5.3人的目标就在眼前。

有观点认为，在法律服务市场的容量有限，而律所数量和律师人数不断增加的情况下，势必导致律师行业的内卷化。不可否认的是，当前中国法律市场的主要矛盾仍然是人民群众对优质法律服务的需求，与不平衡、不充分的法律服务供给/法律服务市场的发展之间的矛盾。事实上，在一个行业当中，提供服务的机构和执业的个人越多，市场的竞争性就会越强，法律服务的需求方能够获得优质服务的概率和机会也就越大。

（三）市场的规范性和透明度

法律服务具有三个特性：一是专业性，随着社会经济的发展，许多跨领域、跨行业的综合性法律服务需求不断涌现，使得律师业务的专业化程度越来越高；二是非标准性，不同的项目和案件情况、不同客户的诉求，让法律服务的定制化程度非常高；三是非公开性，律师往往对于客户具有保密义务。

虽然，法律服务具有上述三个特性，但从法律服务的需求方来看，需要客观的参照系供其在选择法律服务时进行参考和判断；从法律服务的供给方来看，由于业务领域、执业地域、行业特性、执业年限、所在律所的不同，律师与律师之间存在较大的差异性，因而也需要一个以市场和客户为导向的评价体系来指明其努力的方向。因此，对法律服务市场进行基于实证和客观数据的研究，不断提升市场的规范性和透明度尤为重要。

（四）行业基础设施的完善

行业基础设施建设不仅包括行业规章制度和行业促进政策的出台，还包括对行业关键数据的统计公布以及行业信息化平台的构建。

值得关注的是，2022 年 2 月，司法部会同全国律协开发建设的全国律师诚信信息公示平台正式对公众开放。该平台汇集了全国除两公律师（公职律师、公司律师）以外的 47 万名专兼职律师和 3.6 万家律所的行政许可信息，以及执业过程中形成的诚信信息，为及时获取律师、律所诚信信息提供了便利。可以说，该平台的打造，使得中国律师业的基础设施向前迈进了一步。

（五）源源不断的创新

律师行业的创新包括三个不同的维度，分别是**模式创新、产品创新、技术创新**。

所谓“模式创新”，是指律师事务所基于所处的环境和内在基因的不同，寻找不同的发展道路和管理模式。其本质与核心，均是希望增强律所的平台化建设，形成相对集中的资源调配和专业协同，以应对市场对于高端、复杂、跨领域、跨行业的法律服务的服务需求。

所谓“产品创新”，是指律所和律师团队基于其目标客户的痛点，进行模式化、流程化、可落地的产品研发。而由于市场上具有足够多的法律服务产品，扩大了客户的选择空间，反过来也促进了法律服务的水平和质量的提升，以及行业的整体发展。

所谓“技术创新”，主要体现在两个方面：一是技术的力量渗透进法律服务流程的不同环节，市场上拥有充足的法律科技产品供给；二是在律所的管理运营中，先进的信息管理系统已经基本成为大所的标配，哪怕是中小型律所也在探索适合自身实际情况和当前阶段的信息化运营模式。

当前，中国律师业正处于历史的交汇处，随着中国的崛起，正在与中国企业一起走向世界，并在全球治理体系当中发挥着越来越重要的作用。**行业政策支持、市场的充分竞争性、市场的规范性和透明度、行业基础设施的完善、源源不断的创新，共同影响着律师行业的发展，构成了律所的“营商环境”**。未来，只要中国律师业能够持续不断地在 5 个关键要素中发力，就一定能取得更加长足的进步和发展。

## 三、如何评判一个组织的“韧性”

当下我们生活的这个时代充满着混沌、变化与不确定性。全球市场的变化、社会经济的发展以及行业竞争的加剧，让我们更加渴望能够对接下来发生的事情进行推测与预判。因此，近年来，律师行业对于“行业变局”“长期主义”“技术破壁”“专业主义”这样的词汇始终保持着敏锐的关注。

关注“行业变局”，是基于全球政治经济不确定性这一大局，大局影响未来的走向和趋势，趋势连接市场需求的变化，而市场需求的变化关系律师行业中的每一个组织、每一个个体。秉持“长期主义”，则是一种着眼于长远的定力，希望通过前期波澜不惊的管理、运营与发展，取得后期的迅猛增长。研究“技术破壁”，是希望能够通过科技创新，用大数据、信息化的方式提升行业的整体效率，为业务赋能。强调“专业主义”，是因为专业是律师的立身之本，唯有回归专业本身，提供优质的服务获得市场和客户的认可，创造实质性的价值，才不会被时代和市场所淘汰。

然而，在这个陌生的时代，除以上这些关键词之外，我们还应当关注一个词，那就是“组织韧性”。根据智合研究院的观察，**一个具有韧性的组织，一定是一个具有战略思维、团队思维、成长思维的组织**。由此，我们可以从三个维度来评判一个组织的“韧性”，**这三个维度分别是战略聚焦、组织健康、精益增长**（见图 2）。

根据美国著名管理学教授斯蒂芬 · P. 罗宾斯在《组织行为学》一书中的定义——“组织是一种人们有目的地组合起来的社会单元，它由两个或两个以上的个体组成，在一个相对连续的基础上运作，以实现一个或一系列共同目标”。“战略聚焦”是一个组织能够取得成功的第一个基本条件。**我们需要明确，我们的目标是什么，我们的市场在哪里，我们的客户是谁，我们要解决哪一方面的需求**。对于律所来说，无论是综合所还是精品所，是规模所还是区域所，都能基于不同的市场环境和过往的竞争优势，构建属于自己的战略和行动计划。当然，战略聚焦并不意味着永远不为所动，当外部环境和内部组织产生变化之时，仍然需要灵活多变的策略加以应对。

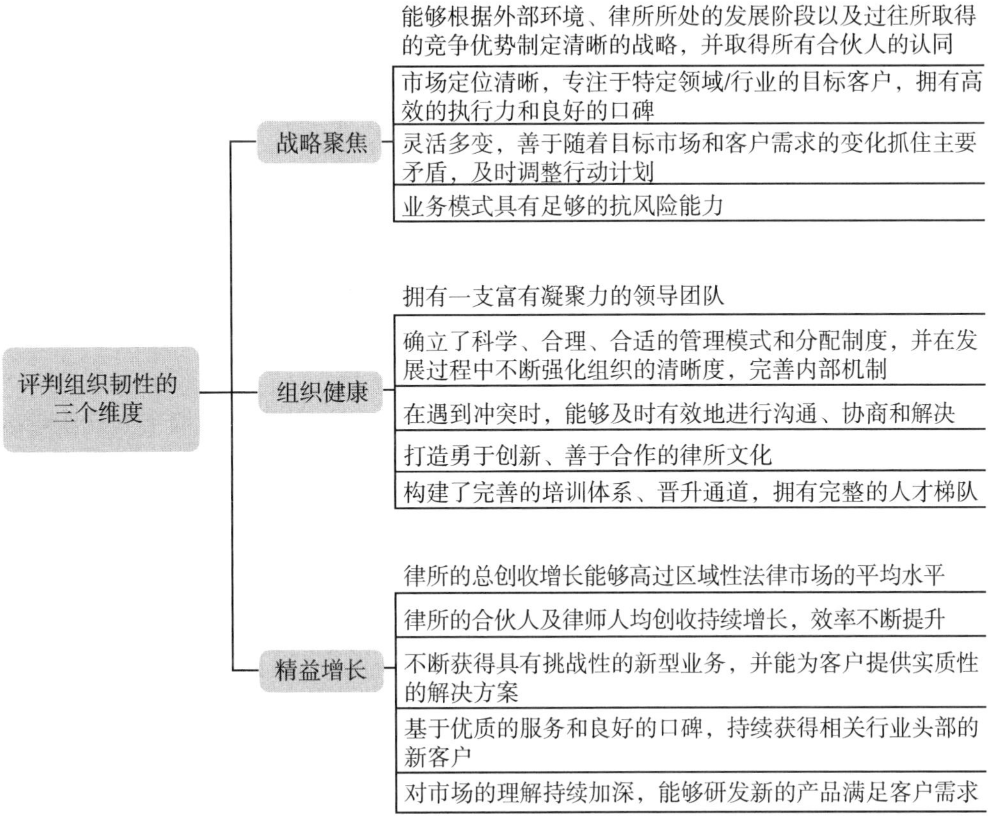


**图 2　评判组织韧性的三个维度**

当然，一家律所要想基业长青、获得成功，单单进行“战略聚焦”还不够。所有战略、营销、财务、技术、发展模式都能使一个组织变得更加“聪明”，这也是业内普遍关注的话题。然而，**组织的“健康”也是不可缺少的一环**。“健康”包括受到认可的文化和价值观、一个强有力的领导团队、科学的管理和利益分配机制、最少的混乱、充分的沟通、高涨的士气、高效的执行力、鼓励创新与合作，以及优秀员工的低流失率等诸多方面。

当一家律所同时拥有了“聪明”和“健康”之后，还要有所“增长”。**这里的“增长”必须是高质量的、充满挑战的、具有活力的、超越市场平均水平的**。当我们看到一家律所和一个团队的业绩实现增长时，更加需要思考的是——其拓展了哪些新类型的业务和客户，在人均效能上实现了多大幅度的增长，律师的时间都花在了什么地方。

## 结语

自2018年开始，智合研究院连续出品3本《中国法律市场观察》。

《中国法律市场观察（2018）》专注的是大所、强所，通过微观视角和数据维度，我们希望能够将市场头部的“大变革”与“大增长”记录下来，同时还收录了10篇当年度国内外不同榜单的数据分析。

《中国法律市场观察（2019）》出版时，正值中国律师制度恢复40周年，我们看重的是历史视角，希望能够从市场格局、管理之道、业务趋势、法律科技四个维度抽丝剥茧，穿透中国律师业40年的激荡岁月。

《中国法律市场观察（2020－2021）》是两年合订本，我们尝试从微观和历史中抽离出来，用2年时间观察和研究法律市场的宏观趋势、全球法律市场的格局、律师行业正在经历的变革。

自2018年至今，我们看到的是，中国律师时刻关注并适应社会经济之变、市场监管之变、客户需求之变、行业格局之变、竞争业态之变、科技创新之变。中国律所对于战略和管理的理解，也呈现了从基于概念的理解到具象化落地的发展特点。《中国法律市场观察》的内容也一直围绕社会经济的发展、中国律师行业的变化以及律所的组织建设展开。

《中国法律市场观察（2022）》是智合研究院的“第四次”观察，全书共47篇文章，划分为“宏观趋势篇”“全球视野篇”“区域市场篇”“律所管理篇”“律所案例篇”“企业合规篇”6篇。**我们希望能够为读者呈现从国内到国外、从全国到区域、从宏观到微观、从行业到个例、从管理升级到业务布局的多个维度和视角下的中国律师业。**

《道德经》中说：“天地之所以能长且久者，以其不自生，故能长生。”

当中国作为一个新兴大国，正努力为世界经济复苏和增长注入更多动力时，中国律师也在不断思考行业的创新、能力的升级，通过专业服务为世界创造价值，承担着艰巨的时代使命。秉持着这样的信念，2022年，中国律师业一定可以从容不迫地穿越历史的周期，以韧性获得生长的力量。

是为序。

# 目 录
CONTENTS

## 宏观趋势篇



## 全球视野篇

## 区域市场篇



## 律所管理篇

## 律所案例篇



## 企业合规篇

# 宏观趋势篇

# 2022年中国法律服务市场：发展逻辑的重塑

李俊辰 |

市场本以为新冠肺炎疫情会在2021年式微，社会经济与日常生活会恢复常态，现实却是病毒在不断变异，人们不断见识到命名新变种的各种希腊字母，如德尔塔（Delta）、奥密克戎（Omicron）等。

2021年，凭借出色的疫情防控能力，中国的经济增速在世界主要经济体中依然表现抢眼。但是，境外疫情此起彼伏，中国也承受外防输入、内防反弹的防疫压力。

在国内，疫情局部反复，CPI与PPI走势背离挤压着中下游企业的利润。在国际市场，疫情持续妨碍人员往来，集装箱供应失衡阻碍货运流通，美元贬值导致外贸企业利润受损。中国企业，尤其是高科技企业，也频频遭遇投资审查，甚至各种无端制裁。这些因素都为国内经济的发展带来了下行压力。

而国际环境的大气候也难言稳定。各国选举带来的政治力量调整，欧美通胀带来的经济发展压力，剑拔弩张的地缘冲突，以及反复不断的疫情，都意味着国际政治经济格局依然处于一种不稳定的状态。

在充满未知的国际大环境中，中国的发展战略亦在作出调整，在"构建国内国际双循环相互促进的新发展格局"提出之后，国内社会经济的发展逻辑也在脱虚向实、共同富裕、共同市场等新理念之下进行调整。

中国的法律服务行业，在经历此前总体粗放式的发展之后，也来到了自我调整的节点，在内外环境的变化之下，探索着下一步的发展方向。

## 一、行至中游的法律服务行业

当下的中国法律市场，正呈现几个明显的趋势：第一，律师人数快速增长，从2018年起，进入了高速发展的"5万人时代"，年增长率约为12%。第二，以京津冀、长三角、粤港澳、成渝、华中为代表的区域性法律市场受关注度日益增加，成为新的竞逐焦点。第三，中国律所的规模化仍在持续，但是关注的重点已经逐渐从做大增量转为做优存量。第四，中国律所的全球布局持续推进，涉外人才队伍不断扩大。[更多具体数据，请参见《中国法律市场观察（2020－2021）》前言：《关注当下的力量：法律服务市场的格局与趋势》]

总体而言，一方面，随着中国经济转型发展和商业法律体系的成熟，对法律服务的需求仍有巨大的增量空间；另一方面，此前行业快速成长时期“百花争艳”的发展形态逐渐成形，随着法律行业逐渐度过了群雄逐鹿的初步发展期，一些分化现象已经肉眼可见。市场竞争的加剧，倒逼许多律所将目光投向内部建设和专业提升。

时至今日，中国法律服务市场已经发展为一个多层次、多样化的生态体系，在规模上，既有万人以上的超大型律所，也有众多的个人所；在发展路线上，既有一站式综合化业务路线，也有深耕特定领域的精专化路线；在管理体制上，紧密型的公司制、半紧密型的团队制、松散型的个体制等管理模式，以及相对应的计点制、提成制等分配模式，都在中国律所的管理实践中有所运用；在区域布局上，既有扎根当地的区域强所，也有布局广泛的全国大所，更有走向世界、布局海外的律所。

如此多样化的生态，对应的是多样化的竞争生存之道。过往历史和发展现状各不相同的律所，面对着不同的挑战。就目前而言，行业中遭遇发展瓶颈的往往是一些“处于中间地带”的律所。

（一）“中间地带”的困局

（1）从业务类型的维度看，能提供一站式服务的综合性大所，以及在特定领域不断深挖的精专所，都在市场上有相对稳定的立足之本。相比之下，没有突出业务特色而服务类型又不够全面的律所，在市场上正逐渐丧失竞争力，难以吸引优秀的年轻人才，相对优秀的合伙人也有流失的可能。

（2）从规模的维度看，一方面，大所在人才、品牌、市场开拓、知识管理等方面都具有较强的实力，获得案源的能力较强；另一方面，律所小到一定程度（最极端的情况就是个人所），依靠熟人网络和转介网络，也可以生存得较好。

相比之下，中小型律所可能因规模不足难以达到招标要求，或者虽然达到招标要求，由于客户更信任大所品牌，也在与规模大所的竞争中处于劣势。所以即便是一些精专所，也在考虑是否要进行适度规模化，以提升自身的竞争力。

（3）从区域的维度看，自国家推动城市群发展以来，以京津冀、长三角、粤港澳、成渝等为代表的区域经济活力日渐增强，为当地专业服务行业的发展提供了红利。上海自贸区临港新片区、海南自贸港等自贸区域也在吸引律所前来开设分所。

随之而来的是，对区域市场份额的争夺也逐渐升温。全国大所纷纷落子区域市场，传统区域强所面对新的竞争压力。这些区域强所不会轻易选择被全国大所纳入麾下，但想要突破市场范围和自身实力的瓶颈，却也并非易事。

（4）从专业化程度的维度看，有能力从事重大复杂业务或前沿创新业务的律所或团队，以及有能力将法律服务高度产品化、标准化的律所或团队，会建立较高的竞争壁垒。前者依靠较强的法律业务能力，通过提供高附加值，提高单案收费；后者依靠较强的产品运营能力，通过程序的优化和资源的有效整合，来降低服务成本，扩大服务规模，从而提升总创收。

而处在这两者之间的律所或团队，则无可避免地陷入比较激烈的竞争中。向更高的专业化方向深耕，意味着要舍弃一些现有的业务和客户，这种触及利益的改革很难推行。要往更产品化的方向发展，对律师而言，要转变专业匠人的思维，成为一个产品经理，这与许多律师的专业追求未必契合，也不容易推动。

（二）规模大所的整合

处于中间地带的律所正遭遇发展的瓶颈和困惑，而处在头部的律所也面临自身的挑战。

随着行业的规模化发展到一定阶段，一些规模大所的目光开始从重视外延式扩张转向内生式增长，关注内部的协同与整合，真正发挥出律所的规模效应，提升律所服务质量。在内部整合方面，规模大所往往会遇到以下几种情形的挑战：

（1）总分所之间的矛盾。自主权较大的分所，如果觉得整合的红利不足以弥补其损失的利益，那么整个律所的整合就会十分困难，甚至需要做好面对一定程度动荡的心理准备。

（2）创收分化带来的矛盾。如果不同合伙人之间的创收差异较大，那么各个合伙人对律所重要问题和决策的看法也很有可能会出现严重分化，导致事关律所发展的重要决策难以推行，律所的竞争力停滞不前。长此以往，那些能力强、创收高的合伙人就有可能会选择离开。

（3）新老之间的矛盾。在以计点制为主要分配模式的一些老牌律所，年轻律师上升成为合伙人的通道较为狭窄，而成功得到晋升的年轻合伙人也可能觉得现有制度对老合伙人更为有利。如果不能有效平衡新老之间的矛盾，就可能导致年轻人才流失，律所发展陷于老化和钝化。

（三）新生力量的冲击

除了内部整合的挑战，目前暂时坐稳头部位置的律所也面临新锐律所的冲击。

这些富有冲击力的新锐律所，不少是由从头部律所走出的年轻合伙人发起创立，这些合伙人已有相当的经验和资源，再辅以自己敏锐的市场触觉，找到了创业的突破口。

这些新锐律所没有历史的包袱和复杂的利益关系，更容易在不断变化的市场环境中高效作出决策。例如，旨在争夺优秀人才的行业涨薪潮中，除了头部大所，也不乏新锐律所的身影。

与此同时，全国大所也面对区域强所的竞争。随着全国大所纷纷进军区域市场，各地传统强所也开始积极探索破局之道。例如，部分同一区域内的律所选择合并做大，以应对来自全国大所的竞争。

又如，多个区域强所在 2021 年先后易帜，联手发起成立了一家新的全国级律所，不仅开辟了律所规模化的一种新路径，也是区域强所实现突围、建立全国品牌的一种尝试。

总体来看，中国法律服务行业在不同维度的发展光谱上，两端加强的趋势日益明显，中间地带的空间日益缩减。与此同时，新兴的力量依然在涌现，而对于具有一定发展历史的行业顶端律所，内部的整合问题日渐凸显。从行业大的趋势来看，粗放式的发展阶段基本已近尾声，越来越多的律所开始关注内部管理，重视内部力量的整合与专业水平的提升。

## 二、疫情持续下的市场机遇

处在变化之中的不仅有法律服务行业的内部格局，更有外部的市场环境。作为服务于实体经济的专业服务机构，律所的业务风口与机遇也与外部环境的变动息息相关。

### （一）逆周期业务热度依旧

在疫情持续的大环境之下，争议解决、破产重整等逆周期业务依然热度不减。

2021 年，不少知名或不知名的企业先后进入了破产重整程序，或陷入了资不抵债、资金链断裂等财务危机。案件数量递增、企业所有制类型逐渐多元化，是过去一年破产重整案件呈现的发展趋势与特点。

各类企业对于破产重整或预重整的接纳度逐步提高，案件金额有了跨越式提升，整套破产重整制度的运作日趋成熟。同时，案件的复杂程度也在迅速上升，对律师专业性的要求日益提高。

破产重整业务所涉利益相关方众多、事项复杂。从事该领域的律师除了掌握破产相关法律法规、财务、税务、企业运营等知识，还需要有较强的沟通和统筹能力。正因如此，大型破产重整案件有了逐渐向头部律所集中的趋势。

在争议解决领域，增长的案例以公司商事纠纷为主，如买卖合同、担保合同、融资租赁合同、房地产、金融资本市场的纠纷解决。

与此同时，客户的法律服务需求很多时候更为综合，诉讼客户的需求除了争议解决，可能还涉及合规经营、风险防范、裁判文书执行等非诉领域。而非诉客户也可能有争议解决法律服务的需求。这些考验着律师在诉讼与非诉两个领域的全方位综合服务能力。

2021 年 1 月 1 日，《民法典》作为中华人民共和国第一部以“典”命名的法律正式施行，对民商事案件的处理具有深远影响，法律条文的大幅变化更是影响案件的整体代理思路。目前，律师们普遍较为关注《民法典》涉及的溯及适用、合同僵局、担保制度等问题。

疫情不仅增加了争议解决的数量，也改变着争议解决的方式。这点在国际仲裁领域体现得尤其明显，新冠肺炎疫情暴发之后，线上庭审模式迅速成为主流庭审方式之一，配套规则、技术也在逐渐成熟。不过，如何确保证人作证时不受干扰、如何保证网络开庭的安全性、如何公平对待双方当事人，是线上开庭实践中要解决的挑战。但是线上庭审的便利性、高效性意味着，即便在疫情结束之后，线上模式仍有应用的空间。

（二）知识产权强保护时代来临

同样发展前景光明的，还有与科技研发、自主创新相关的业务领域，知识产权是其中的代表业务之一。

2021 年 9 月，中共中央、国务院印发《知识产权强国建设纲要（2021 - 2035 年）》，提出了“到 2025 年，……专利密集型产业增加值占 GDP 比重达到 13%，版权产业增加值占 GDP 比重达到 7.5%，知识产权使用费年进出口总额达到 3500 亿元，每万人口高价值发明专利拥有量达到 12 件”的发展目标。

近两年，知识产权领域的法律法规和司法解释频频亮相，国家从各个层面对知识产权法律体系进行了战略布局，知识产权强保护时代拉开帷幕。

在知识产权领域的法律中，修正后的《著作权法》于 2021 年 6 月 1 日实施，增加惩罚性赔偿制度，将法定赔偿上限提高至 500 万元。

历时 8 年之久的《专利法》第四次修改终于在 2020 年 10 月尘埃落定，获全国人大常委会表决通过，于 2021 年 6 月 1 日开始施行，针对恶意侵权可以适用 1 ~ 5 倍的惩罚性赔偿，法定赔偿额下限从 1 万元提高到 3 万元，上限从 100 万元提高至 500 万元；外观设计专利保护期延长至 15 年。

随着国际博弈的加剧，国家对技术自主的重视达到了前所未有的程度，尤其在半导体、人工智能、新能源、生物科技等具有战略意义的关键行业。而中国经济的发展，也已经到了由高速增长向高质量增长转型的关键节点。

在此大背景下，鼓励技术创新、保护知识产权的法律环境不断完善成熟，创新主体的权利保护意识不断被激发，案件数量迅速增加。而2019年6月科创板的横空出世，更是点燃了资本市场关注、拥抱知识产权的热情，在这一平台上，IP与IPO碰撞出了绚烂的火花，专利相关的案件数量暴涨。

随着业务规模的扩大，知识产权领域的从业人员规模也不断上涨，尤其是诸多新鲜血液的流入，为行业的未来发展奠定了坚实的基础。

（三）国内监管思路的重塑

另一类处于需求上升期的法律业务，则源于法律和监管环境的变化。

在国内，国家对经济发展和市场监管的思路正经历调整和重塑，这在2021年体现得尤为明显，防止资本过度扩张、促进共同富裕开始成为主题。

2021年12月举行的中央经济工作会议，延续了这一基调，会议提出：社会主义市场经济是一个伟大创造，社会主义市场经济中必然会有各种形态的资本，要发挥资本作为生产要素的积极作用，同时有效控制其消极作用。要为资本设置“红绿灯”，依法加强对资本的有效监管，防止资本野蛮生长。

反垄断，可能就是这一思路在法律领域的具体表现。2021年被视为反垄断大年，这股巨浪起于2020年年末，而处在风口浪尖的，正是此前发展迅猛的互联网行业。

互联网行业在发展初期，享受过相当长一段时间相对包容的监管环境。“3Q大战”是最高人民法院在《反垄断法》2008年出台之后审理的第一例互联网行业反垄断纠纷，随着此案尘埃落定，反垄断法在互联网行业便未再掀起太大波澜。

然而，随着互联网领域的爆发式增长，跨界并购、补贴大战、“二选一”现象愈演愈烈，引起了多方的关注。2020年11月10日，国家市场监管总局选择在“双11”的前一天，发布了《关于平台经济领域的反垄断指南（征求意见稿）》，仅3个月之后，2021年2月7日，国务院反垄断委员会正式颁布《关于平台经济领域的反垄断指南》，并于同日实施。

中央多次强调防止资本无序扩张，国家对反垄断的重视前所未见，反垄断执法活动也日趋积极和常态化。

2021年4月10日，国家市场监管总局作出行政处罚决定，认定阿里巴巴集团自2015年以来滥用市场支配地位，并处以创纪录的182.28亿元罚款。2021年7月10

日，国家市场监管总局叫停斗鱼和虎牙之间的合并，成为我国平台经济领域禁止经营者集中的第一案。

实行了13年的《反垄断法》的首次大修也在推进之中。2021年10月23日，全国人大常委会对《反垄断法（修正草案）》完成审议之后，将修正草案公布并公开征求社会公众意见。

与此相伴的是，反垄断法律服务业务迎来了风口。反垄断合规、经营者集中申报、反垄断调查、反垄断诉讼等领域的法律需求会进一步增长。

此外，大量新型反垄断问题产生，律师需要具备在不存在先例的情况下帮助客户解决问题的能力，除了以往积累的经验，更要重视对新问题的研究。律师介入的阶段，也从问题发生之后，逐渐前移至事前的预防与合规阶段。

（四）海外监管压力不减

在国际市场，受疫情不断变化、集装箱供应失衡等因素的影响，人员和货物的流通依然不畅。此外，由于各主要经济体发展陷入困难，欧美保护主义依然没有消退，中国企业频频遭遇贸易调查、投资审查，高科技企业更是面对着各种无端的制裁。

受此环境影响，与跨境投资与贸易相关的法律服务需求持续上升。“双反”调查、337调查、出口管制与制裁、数据安全审查是客户普遍关注的焦点。与此同时，越来越多的企业开始重视合规与风控体系的搭建，在遭遇不公之时，也日益懂得借助包括律师在内的力量维护自身权利。

尽管有诸多不利因素，但是持续推进的“一带一路”倡议、2022年1月1日生效的《区域全面经济伙伴关系协定》（Regional Comprehensive Economic Partnership，RCEP），都在为“双循环”新格局之下的外循环体系构建奠定坚实基础。尤其是RCEP的生效，在有利于形成区域内统一消费市场的同时，也将促进区域内产业链、供应链的重组，为中国企业调整战略布局提供空间。

作为对长臂管辖和无端制裁的回应，中国在2021年1月和6月先后出台了《阻断外国法律与措施不当域外适用办法》和《反外国制裁法》。由于此前国家没有出台过类似的法律法规，这些法律法规如何应用，是否可以借鉴此前其他国家阻断法令的适用经验，有待法律从业者进一步研究和实践。

（五）资本市场的冲击与机遇

2021年的资本市场业务，尤其是IPO业务，在面对监管力度的提升的同时，也迎来了国家改革资本市场体系带来的机遇。

2021年，中概股所涉及的监管问题是资本市场关注的焦点之一。滴滴事件，使得政府部门和社会大众前所未有地关注大数据所牵涉的国家安全问题，网络安全审查办公室对多家赴美上市企业展开网络安全审查。7 月 6 日，中共中央办公厅、国务院办公厅印发《关于依法从严打击证券违法活动的意见》，这是资本市场历史上第一次以“中办”“国办”的名义联合印发的证券活动监管文件，文件提到加强中概股监管，以及完善数据安全、跨境数据流动、涉密信息管理等相关法律法规。

7 月 10 日，国家互联网信息办公室发布《网络安全审查办法（修订草案征求意见稿）》，其中第 6 条提到，掌握超过 100 万用户个人信息的运营者赴国外上市，必须向网络安全审查办公室申报网络安全审查。

美国方面的监管政策，也极大利空了中概股。12 月初，美国证券交易委员会（United States and Exchange Commission，SEC）通过修正案，最终确定了《外国公司问责法案》的实施规则。

根据新规，SEC 要求在美国上市的外国企业必须披露是否由政府实体拥有或控制，并提供审计检查证据。若美国公众公司会计监督委员会在规定期内不能取得所要求的审计底稿，或者企业未及时申报是否为外国政府所有及控制，SEC 可禁止该上市公司股票交易，甚至摘牌。SEC 对不遵守规则的公司的退市时限最长为三年。

在此背景之下，于 2018 年完成上市制度改革、对新经济公司和生物科技公司敞开怀抱的港交所，吸引了越来越多准备或已在境外上市的中国企业的目光。而在科创板、创业板积极试点注册制改革的上交所和深交所，也为众多自主创新企业提供了更便利的融资平台。

安永会计师事务所于 2021 年 12 月 15 日发布的《中国内地和香港首次公开募股（IPO）市场调研》报告指出，2021 年是近 20 年来全球 IPO 活动最活跃的一年，其中，中国内地和中国香港地区仍是全球 IPO 活动最活跃的地区，IPO 数量和筹资额分别占全球的 25% 和 28%。安永预计，上交所和深交所的 IPO 数量将分别位列全球第二位和第三位。

此外，2021 年下半年北交所的横空出世，重塑了中国资本市场的既定格局，与新三板相衔接，平移新三板精选层，构建新三板基础层、创新层、北交所层层递进的市场结构，重点支持“专精特新”中小企业。

对律师而言，一方面，作为 IPO 市场上的中介机构，在注册制下将承担更多实质审核的责任，工作量增加。近一年来，监管机关对中介机构执业质量检查及验收的要求都较以前有所提高。

另一方面，随着越来越多中国企业及中概股企业将目光投向国内的北、上、深、港四大交易所，以及整个资本市场体系的层次更加分明，客户同时考虑几个上市方案的可能性增加，律师的知识和经验也当与时俱进，更趋综合化。

（六）合规业务成焦点

随着中国社会经济及相应的法律法规体系日趋成熟，国家对于合规的重要性越来越重视，政府机构、行业组织、企业等都在逐步融入这股合规浪潮。从企业的角度出发，这也是企业在境内外监管日趋严格的大环境下避免损失的现实需要。合规法律服务的需求在迅速增长，相关标准的制定也在紧锣密鼓地进行中。

不过，企业合规是一个庞大的体系，仅涉及的领域就可以覆盖反腐败、反垄断、反洗钱、进出口管制、知识产权、数据安全、劳动用工、税务、环境保护等方方面面，更不必说合规制度与合规文化的建立。合规的内涵不断扩大、交叉，不仅考验着律师的综合能力，更考验着律所的组织管理能力，需要协调不同领域的律师提供合规服务。

目前业界最为关注的，是最高人民检察院正在积极推进的企业合规改革试点。自2020 年 3 月起，最高人民检察院在上海浦东、金山，江苏张家港，山东郯城，广东深圳南山、宝安等 6 家基层检察院开展了企业合规改革第一期试点工作。试点检察院对民营企业负责人涉经营类犯罪，依法能不捕的不捕、能不诉的不诉、能不判实刑的提出适用缓刑的量刑建议。

2021 年 6 月，最高人民检察院发布企业合规改革试点典型案例，有 4 起案例被选作典型。

在第一期的基础上，最高人民检察院于 2021 年 4 月发布《关于开展企业合规改革试点工作方案》，启动了第二期改革试点工作。6 月，最高人民检察院、司法部、财政部等发布《关于建立涉案企业合规第三方监督评估机制的指导意见（试行）》。

第二期企业合规改革试点覆盖的地域范围，以及基层检察院的试点数量，都扩大了许多，并且将国有企业、民营企业、外资企业、合资企业均纳入其中，且不限企业规模。

改革试点工作的背后，是思维和理念的转变，从过去的以罚代管，转变为引导企业建立合规理念和制度，从源头防止企业违法。

总体而言，国家发展主题和聚焦的变化、数字经济时代的新现象，以及紧随其后的法律法规调整，为法律从业者带来了新的市场需求，但是与此同时，新型业务往往复合性与复杂性更高，对律师的综合能力提出了更高要求。在新业务研究及开发方面具备较强能力的律师团队，更有可能从中受益。

## 三、新格局下的法律服务市场[1]

2022 年，国际环境的大气候依然难言稳定。

在欧洲，作为欧盟双核的德、法两国都正面临着政治力量的重组。默克尔时代落幕，德国新上台的“红绿灯联盟”内阁被普遍视为一个极不稳定的政治结构，各派力量矛盾下的日后政策走向不明。法国将在 2022 年迎来总统大选，现任总统马克龙暂时民调占优，但是一众对欧盟和移民持保守态度的候选人也来势汹汹，无论结果如何，势必影响未来法国的政治议程。

在大西洋的另一侧，美国也将在 2022 年迎来中期选举，对华议题恐将继续成为争论的焦点之一。民主党在具有风向标意义的弗吉尼亚州州长选举中失利，为提升支持率，其未来对华政策如何加码有待进一步观察。

在政治因素之外，国际经济环境也充满未知。疫情的持续拖累了各国经济，而高通胀席卷欧美，更使经济的复苏雪上加霜。美国短期内难以有效解决港口拥堵问题，举债规模也仍在增加。而此时的欧洲，面对飙升的能源价格，仍在“北溪二号”问题上难达共识。通胀的阴影，短期难以散去。

经济发展的疲软，可能会加剧各国对存量经济的争夺，推动保护主义在欧美进一步抬头。另外，美联储宣布将在 2022 年加息，加息能否落地，落地后将产生多大影响，市场也在密切关注之中。

面对外部环境的不确定性，早在 2020 年 5 月 14 日，中共中央政治局常委会会议就首次提出“构建国内国际双循环相互促进的新发展格局”。随后，在 5 月下旬的全国“两会”期间，习近平总书记再次强调要“逐步形成以国内大循环为主体、国内国际双循环相互促进的新发展格局”。

为进一步加快构建“双循环”发展格局，国家发改委宏观经济研究院指出，当下全国上下应重点从九大方面进行发力，打造未来发展的新优势：一是实施扩大内需战略，二是提升科技创新能力，三是推动产业链、供应链现代化，四是加快农业农村现代化，五是推动区域协调发展，六是建设现代流通体系，七是改善人民生活品质，八是实行高水平对外开放，九是牢牢守住安全底线。

在“双循环”发展格局下，社会发展和市场监管的逻辑都会调整和重塑。国家

---

[1] 本文撰写于 2022 年 1 月，此时法国大选尚未举行，俄乌冲突也未爆发。法国大选中，虽然马克龙成功连任，但传统大党式微，以勒庞为代表的保守政治力量势头强劲，法国的政治生态已发生根本转变。而俄乌冲突，更是对地缘政治形势、全球能源价格乃至粮食供应产生了重大影响，成为加剧大国矛盾和冲击世界经济的重要事件。

政策的导向、经济发展的驱动力、产业的境内外布局，都会因此有所调整。

作为“双循环”的其中一环，“内循环”之下，国内统一市场的重要性将进一步凸显，这意味着促进各类要素有序流动，推动产业链上下游联动与协调发展，城市群之间的聚集效应、产业联系也会进一步加强。对法律行业而言，能够为客户提供全方位、跨地域支持的律所或许更能适应统一市场的发展趋势。

“内循环”也需要以强大的内需为依托，这意味着财富分配的调整。因此，“防止资本无序扩张”“共同富裕”成为经济发展方向的关键词，反垄断力度将继续保持强势，一些行业的高速发展期已逐步临近尾声。同时，一些在资本运作下引发社会内卷的行业预计也难以恢复往昔的光彩。

此外，科技发展是当下关乎国家安全的关键战略任务，将决定国家经济和产业发展的独立性，也是提升中国人均收入的重要途径，是构建“内循环”的重要支柱。因此，保护企业创新成果、保护知识产权的力度不会减弱。

随着数字经济的发展，数据安全也将成为国家安全的重要一环，在数据出境和隐私保护方面，企业很可能会面临更严格的监管。

碳中和是与环境保护和能源转型息息相关的发展理念，与之相关的碳排放交易机制可能继续调整，而强调绿色发展的 ESG 标准[1]与投融资活动的进一步结合，也将提升碳中和理念对实体制造业的影响力。

在境外的投资贸易活动中，一方面，中国投资和贸易在欧美国家遇到的阻力上升；另一方面，中国在积极推动 RCEP 之后，也提出了加入《全面与进步跨太平洋伙伴关系协定》的申请，“一带一路”倡议也在稳步推进。中国对外贸易和投资的风向转变，也会导致法律服务需求的转变。涉外律师的目光，可能需要更多地投向西太平洋及“一带一路”区域。

总体而言，“双循环”格局的展开与推进，对于中国法律服务行业未来的业务布局战略，势必带来深远的影响，值得律所的管理者们及早关注。

---

〔1〕 ESG 是英文 Environmental（环境）、Social（社会）和 Governance（公司治理）的缩写，是一种关注企业环境、社会、治理绩效而非财务绩效的投资理念和企业评价标准。

# 75 万名律师、万人律师比 5.3‱背后，是这 5 条结论

吴剑霞

2022 年 1 月 24 日，司法部发布的《全国公共法律服务体系建设规划（2021－2025 年）》（以下简称《规划》）提出，到 2025 年，全国执业律师将达到 75 万名的规模，每万人拥有律师数为 5.3 人。

有人分析这是要“发挥律师在公共法律服务中的主力军作用”；有人认为律师人数大幅增长“导致民事诉讼、行政诉讼业务的人均办理案件数反而减少”，进而会产生“僧多粥少”“低价竞争”“行业内卷”的局面；还有人认为 75 万名律师的目标预示了“律师行业要求越来越高”“成建制的团队会变多”“规模律所等趋势……会进一步强调高品质”……

本文拟以数据为基础，围绕下述内容展开：

· 横向比较各国律师总数及万人律师比；

· 纵向分析过去 22 年中国律师总数及万人律师比；

· 进一步阐释 75 万名律师、万人律师比 5.3‱这两个指标的含义；

· 简要概述各地“十四五”时期律师行业发展规划以归纳后续发展重点。

## 一、横向看各国律师总数及万人律师比

根据维基百科实时统计的各国人口数据，以及各国律师协会官网、年度报告等展示的律师人数，汇总各国万人律师比数据如表 1 所示。

表 1　各国律师总数及万人律师比

| 序号 | 国别 | 统计年份 | 人口数量/人 | 统计年份 | 律师人数/人 | 万人律师比/‱ |
|---|---|---|---|---|---|---|
| 1 | 美国 | 2022 | 332,470,000 | 2021 | 1,327,910 | 39.94 |
| 2 | 英国 | 2021 | 67,215,293 | 2022 | 213,504 | 31.76 |
| 3 | 德国 | 2021 | 83,129,000 | 2021 | 166,000 | 19.97 |
| 4 | 法国 | 2021 | 67,486,000 | 2019 | 68,000 | 10.08 |
| 5 | 韩国 | 2021 | 51,669,000 | 2021 | 29,642 | 5.74 |
| 6 | 中国 | 2022 | 1,412,600,000 | 2022 | 576,000 | 4.08 |
| 7 | 日本 | 2022 | 125,440,000 | 2022 | 42,951 | 3.42 |

资料来源：维基百科、各国律师协会官网及年度报告。
注：因人口统计周期和律师人数统计周期无法完全匹配，最终数据会有些微误差。

根据表 1 数据可知，4 个欧美国家按万人律师比排序后，相邻国家差距在每万人 10 名律师左右，平均万人律师比为 25.43‱，中位数为 25.87‱；3 个亚洲国家按万人律师比排序后，相邻国家差距较小，平均万人律师比为 4.41‱，中位数为 4.08‱。

按照各国目前的人口基数，即使是达到每万人有 10 名律师的水平，于韩国而言需有律师 5.2 万名，是当前的 1.8 倍；中国需有律师 141.3 万名，是当前的 2.5 倍；日本需有律师 12.5 万名，是当前的 2.9 倍。

此前也有知乎用户披露不同时期各国万人律师比情况，两相对比可对万人律师比变化情况有基础了解：

· 2015 年（推测年份），美国每万人拥有 40.5 名律师（130 万名律师）；

· 2011 年，英国每万人拥有 10.91 名律师（6600 万人，7.2 万名律师）；

· 2015 年，德国每万人拥有 19.64 名律师（8300 万人，16.3 万名律师）；

· 2013 年，法国每万人拥有 8.66 名律师（6700 万人，5.8 万名律师）；

· 2016 年，韩国每万人拥有 2.75 名律师（5100 万人，1.4 万名律师）；

· 2017 年（推测年份），中国每万人拥有 2.81 名律师（13 亿人，36.5 万名律师）；

· 2016 年（推测年份），日本每万人拥有 2.94 名律师（1.26 亿人，3.7 万名律师）。[1]

说明：其中美国、日本、中国未提及数据统计时间，但按照美国 130 万名律师的

[1] 赵律：《现在的律师人数饱和了吗?》，载知乎网 2018 年 10 月 1 日，https：//www.zhihu.com/question/287392358。

数据推测应为2015年[1]，彼时美国人口约为3.21亿人，万人律师比约为40.5‱；按照日本3.7万名律师的数据推测应为2016年[2]；按照中国36.5万名律师的数据推测应为2017年[3]。

如果上述数据准确，可以总结如下：

· **万人律师比上升最快的是英国**，从2011年的10.91‱上升至2021年的31.76‱，10年时间增长了20.85‱；

· **韩国经过5年发展，万人律师比上升了**3‱；

· **中国经过4年发展，万人律师比亦有所上升**；

· **美、德、法、日四国万人律师比变化不大**。

## 二、纵向看中国律师总数及万人律师比

根据国家统计局的年末总人口及律师工作人员数据，汇总近22年万人律师比数据如表2所示。

**表2 近22年中国律师总数及万人律师比**

| 年份 | 人口数量/亿人 | 律师人数/万人 | 万人律师比/‱ |
|---|---|---|---|
| 2001 | 12.76 | 12.26 | 0.96 |
| 2002 | 12.85 | 13.67 | 1.06 |
| 2003 | 12.92 | 14.25 | 1.10 |
| 2004 | 13.00 | 14.52 | 1.12 |
| 2005 | 13.08 | 15.38 | 1.18 |
| 2006 | 13.14 | 16.45 | 1.25 |
| 2007 | 13.21 | 14.40 | 1.09 |
| 2008 | 13.28 | 15.67 | 1.18 |
| 2009 | 13.34 | 17.33 | 1.30 |
| 2010 | 13.41 | 19.52 | 1.46 |
| 2011 | 13.49 | 21.50 | 1.59 |
| 2012 | 13.59 | 23.24 | 1.71 |

〔1〕资料来源：美国律师协会《全国律师人口调查》。

〔2〕Nbakki, *Changes in the Number of Lawyers in Japan*, 1950－2018, Hatena Blog (Feb. 23, 2019) https://nbakki.hatenablog.com/entry/Changes_in_the_Number_of_Lawyers_in_Japan_1950－2018.

〔3〕资料来源：国家统计局。

续表

| 年份 | 人口数量/亿人 | 律师人数/万人 | 万人律师比/‰ |
| --- | --- | --- | --- |
| 2013 | 13.67 | 24.86 | 1.82 |
| 2014 | 13.76 | 27.15 | 1.97 |
| 2015 | 13.83 | 29.72 | 2.15 |
| 2016 | 13.92 | 32.55 | 2.34 |
| 2017 | 13.00 | 35.72 | 2.75 |
| 2018 | 14.05 | 42.38 | 3.02 |
| 2019 | 14.10 | 47.30 | 3.35 |
| 2020 | 14.12 | 52.25 | 3.70 |
| 2021 | — | — | — |
| 2022 年年初 | 14.13 | 57.60 | 4.08 |

资料来源：国家统计局。

注：2022 年年初人口数据来自中经数据，律师人数数据来自民主与法制网。

从表 2 数据可知，在过去 22 年间，中国律师人数在 2001 年基础上完成第一次 10 万人的增长，用了约 10 年的时间；完成第二次 10 万人的增长则缩短至 5 年的时间；**第三次、第四次 10 万人的增长缩短至 2 年时间**。10 年增长 10 万人、5 年增长 10 万人、2 年增长 10 万人，接下来或可期待 1 年增长 10 万人。

2001 年中国万人律师比即接近 1‰，但直到 2014 年才提升至 2‰，这一步花了 13 年，这当中还有 2007 年、2008 年的律师人数回落因素；而从 2‰提升至 3‰，缩短至 4 年时间；**从 3‰提升至 4‰，缩短至 3 年多的时间**。接下来，随着中国出生人口下降[1]，中国律师总人数上升，万人律师比提升的速度还会加快。

无论是律师总人数还是万人律师比，近三四年的增长速度明显高于往期。按照目前的增速，实现《规划》提出的全国执业律师达到 75 万名、每万人拥有律师数 5.3 人的目标就在眼前。

## 三、75 万名律师、万人律师比 5.3‰，意味着什么

执业律师 75 万名，万人律师比 5.3‰，是个什么概念？可以对照美国律师行业

〔1〕 根据国家统计局数据，2021 年全年出生人口为 1062 万人。出生人口下降趋势自 2018 年开始：2011～2015 年中国的年出生人口都在 1600 万人之上，2016～2017 年因全面开放“两孩政策”，中国的年出生人口都在 1700 万人以上；但 2018 年之后，出生人口出现下行趋势，2018 年为 1523 万人，2019 年为 1465 万人，2020 年为 1200 万人。

的发展数据（见图1）进行分析。

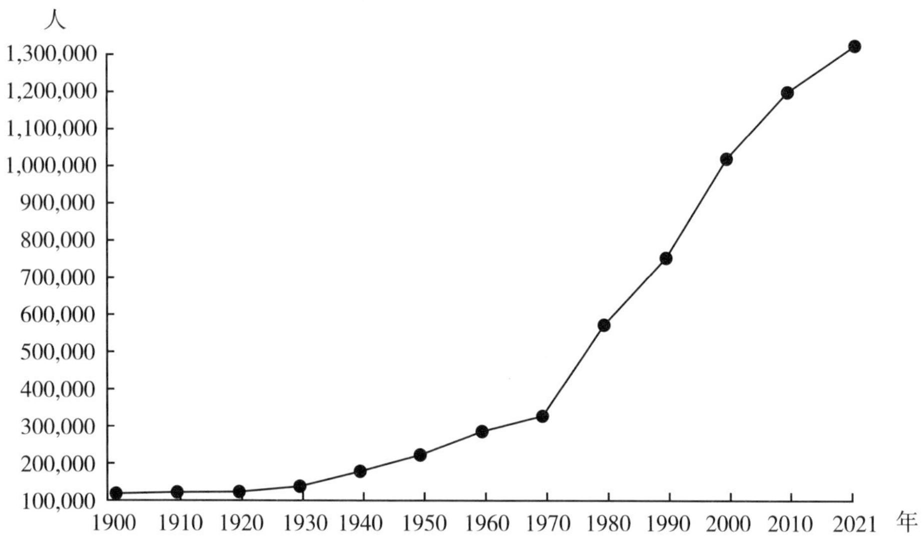


**图1　美国律师人数增长情况（1900~2021年）**

资料来源：美国律师协会《全国律师人口调查》。

图表来源：美国律师协会《法律职业报告》。

### （一）75万名律师：4年增加17.4万人

从律师人数看，**目前中国已有**57.6**万名律师，略超过美国**1980**年的水平**(574,810**名）；计划于**2025**年达成的**75**万名律师的目标，接近美国**1990**年的数据**(755,649**名）**。

图1数据显示，在20世纪的前70年，美国律师人数的增长速度并不快，但自1970年之后开始快速增长，从当时的32.4万名律师到1990年的75.6万名律师，20年间增长了43.2万人，律师人数翻了1.3倍。

这20年间，第一个10年律师增长绝对值更多，达25.1万人；第二个10年增加了18.1万人，增速有所下降——从57.5万名律师到75.6万名律师，正是其第二个10年的律师数据变化。

中国律师行业计划在未来不到四年的时间里实现从57.6万名律师到75万名律师的增长（增加17.4万人），可能性有多大？

**从**32.55**万名律师到**52.25**万名律师的这**20**万人的增长，中国律师行业是在**2017~2020**年的4年内完成的**；虽然目前2021年的律师数据尚未公布，但根据民主与法制网在《司法部：全国律师诚信信息公示平台正式对公众开放》一文中披露的

57.6 万名律师的数据[1]，推测 2021 年中国律师增长 5.3 万人左右；此外，司法部在 2019 年发布的《全面深化司法行政改革纲要（2018－2022 年）》中预计，2022 年全国律师总人数将达到 62 万名。

**基于前述分析，无论是 4 年内增长不到 20 万人，还是 3 年内增长 13 万人，达标概率几乎是 100%**。

（二）万人律师比 5.3‱：4 年增加 1.19‱

从万人律师比看，根据现有数据，很难准确计算出万人律师比分别为 4.08‱和 5.3‱时的美国律师数量，但有两个数据可供参考：1890 年，美国的万人律师比为 13.53‱[2]；1900 年，美国人口为 0.76 亿人（76,212,168 人）[3]，律师人数为 114,460 人（11.4 万人）[4]，万人律师比为 15.02‱。

这两个数据均远高于 5.3‱，其中人口基数的巨大差距是一个不可忽视的原因。**比较律师人数绝对值，依照中国国情有一定可比性；但比较万人律师比，需要明确的是，国外数据可做参考，但不宜作为现阶段的直接目标**。

前述图 1 数据显示，1980 年美国人口为 2.27 亿人（227,225,000 人），万人律师比为 25.3‱；1990 年美国人口为 2.5 亿人（249,623,000 人），万人律师比为 30.27‱。**在这 10 年间，万人律师比增长 5‱**。

表 3 数据统计口径与图 1 略有差异，但差别不大：美国总人口数/律师数在 1980 年为 418/1（万人律师比 23.92‱），1991 年为 313/1（万人律师比 31.95‱），10 年间万人律师比增长 8‱。

**表 3　20 世纪美国律师数量统计**

| 年份 | 律师人数/人 | 总人口数/人 | 总人口数/律师数 |
|---|---|---|---|
| 1890 | 85,224 | 62,947,714 | 739/1 |
| 1900 | 109,140 | 75,994,575 | 696/1 |
| 1910 | 114,704 | 91,972,266 | 802/1 |
| 1920 | 122,519 | 105,710,620 | 863/1 |
| 1930 | 160,605 | 122,775,046 | 764/1 |
| 1940 | 179,567 | 131,669,275 | 733/1 |

〔1〕张晓娜：《司法部：全国律师诚信信息公示平台正式对公众开放》，载民主与法制网 2022 年 2 月 8 日，http：//www.mzyfz.com/index.php/cms/item－view－id－1553921。

〔2〕参见吴洪淇：《美国律师职业危机：制度变迁与理论解说》，载《环球法律评论》2010 年第 1 期。

〔3〕POP Culture：1900，U.S. Census Bureau，https：//www.census.gov/history/www/through_the_decades/fast_facts/1900_fast_facts.html.

〔4〕资料来源：美国律师协会《全国律师人口调查》。

续表

| 年份 | 律师人数/人 | 总人口数/人 | 总人口数/律师数 |
|---|---|---|---|
| 1950 | 221, 605 | 150, 697, 361 | 709/1 |
| 1960 | 285, 933 | 178, 464, 236 | 632/1 |
| 1970 | 355, 242 | 203, 302, 031 | 572/1 |
| 1980 | 542, 205 | 226, 545, 805 | 418/1 |
| 1991 | 805, 872 | | 313/1 |
| 1995 | 857, 931 | | 303/1 |

资料来源：吴洪淇：《美国律师职业危机：制度变迁与理论解说》，载《环球法律评论》2010 年第 1 期。

表 3 数据显示，在 20 世纪的前 70 年，美国万人律师比增速并不快，但自 1970 年之后开始快速增长，从当时的 572/1（每万人律师数 17. 48‱）增加至 1991 年的 313/1（每万人律师数 31. 95‱），20 年间万人律师比上升了 14. 47‱。

这与律师总人数的增长态势保持一致，如前述分析，总人数增长较快的阶段主要发生在 1970 年之后。不过有所差别的是，在 1970～1990 年，第一个 10 年万人律师比增加 6. 44‱，第二个 10 年增加的绝对值略多，为 8. 03‱——而律师总人数则是第一个 10 年增长更多，这也反映了美国人口数量的增速在第一个 10 年高于第二个 10 年。

中国律师行业计划在未来不到四年时间里实现万人律师比增长 1. 19‱，可能性有多大？

2019 年年初，中国社会科学院发布的《人口与劳动绿皮书：中国人口与劳动问题报告 NO. 21》，预测我国人口大约在 2029 年达到峰值，数量约为 14. 42 亿人。[1] 按此简单倒推，预计到 2025 年中国人口数量为 14. 23 亿人，律师 75 万人，则万人律师比为 5. 27‱，基本为规划提出的目标。即**只要律师总人数能达标，万人律师比数据基本也能达成；而基于历年数据，律师总人数达标概率几乎是 100%**。

值得强调的是，4 年万人律师比增长 1. 19‱，似乎增长幅度并不大，但中国人口基数是美国的 4. 25 倍，简单换算，**中国万人律师比增加 1. 19‱相当于美国万人律师比增加 5‱**。

业内曾有戏言称，中国律师行业与美国律师行业之间隔了三四十年等，假设如此，三四十年前的美国律师行业于 1980～1990 年将万人律师比提升了 5‱，耗时 10 年；而中国律师行业计划在四年内实现目标，这也代表着中国律师行业正在以更快的速度与更高的要求向前发展。

---

〔1〕 王莉：《中国人口 2029 年达到峰值 14. 42 亿》，载人民网 2019 年 1 月 6 日，http：// env. people. com. cn/n1/2019/0106/c1010－30505977. html。

## 四、律师行业后续发展重点

2021 年 9 月，司法部印发《“十四五”司法行政事业发展规划》[1]。而在此之前及之后，各地也出台了当地律师行业在“十四五”期间的发展规划，具体数字指标主要围绕律师人数、律所规模、创收水平、专业水平、涉外水平展开。不完全统计见表 4。

表 4　部分省市“十四五”期间律师行业发展规划数字指标

| 维度 | 指标 | 天津 | 广州 | 上海 | 湖南 | 浙江 |
|---|---|---|---|---|---|---|
| | | 2020 年 12 月 25 日《天津市律师队伍“十四五”发展规划》 | 2021 年 5 月 6 日《广州律师行业发展规划（2021 - 2025)》 | 2021 年 6 月 11 日《上海司法行政“十四五”时期律师行业发展规划》 | 2021 年 8 月 19 日《湖南省律师行业发展规划（2021 - 2025 年)》 | 2021 年 12 月 31 日《“十四五”时期浙江律师业发展规划纲要》 |
| 律师人数 | 全省市律师/名 | 12,000 | 25,000 | 45,000 | 30,000 | |
| | 所均律师数量 | 10 名以上 | | | | |
| | 万人律师比/‱ | | | 15 | | 5.2 |
| 律所规模 | 50 名律师以上的律所/家 | | | 100 | 50 | |
| | 100 名律师以上的律所/家 | 15（且年业务收费 5000 万元以上） | 50 | 60 | 25 | 30 |
| | 300 名律师以上的律所/家 | | | 15 | | |

[1]《“十四五”司法行政事业发展规划出台》，载司法部网 2021 年 9 月 13 日，http：/www. moj. gov. cn/pub/sfbgw/gwxw/xwyw/202109/t20210913_437581. html。

续表

| 维度 | 指标 | 天津<br>2020年12月25日《天津市律师队伍“十四五”发展规划》 | 广州<br>2021年5月6日《广州律师行业发展规划（2021－2025）》 | 上海<br>2021年6月11日《上海司法行政“十四五”时期律师行业发展规划》 | 湖南<br>2021年8月19日《湖南省律师行业发展规划（2021－2025年）》 | 浙江<br>2021年12月31日《“十四五”时期浙江律师业发展规划纲要》 |
|---|---|---|---|---|---|---|
| 创收水平 | 营业规模亿元以上律所/家 | | 25 | | | |
| 专业水平 | 律师行业领军人才/名 | | | | 500 | 1000 |
| | 专业律所/家 | 100 | | | | |
| 涉外水平 | 涉外律师/名 | | 2500 | 7000 | 200 | 1000 |
| | 开展涉外业务的律所/家 | | 300 | | | |
| | 本土律所在境外设立分支机构/家 | | 50 | 50 | | |
| | 在国内外具有较高知名度的涉外律所/家 | | | 40 | | |

**在律师人数方面，**除浙江未明确设定全省律师数量外，天津、广州、上海、海南均有具体的数字指标。此外，天津明确“所均律师数量”指标为每家10名以上，上海、浙江采取设置万人律师比的形式，其中上海为15‱，是全国万人律师比目标的3倍。

以上海为例，“十三五”结束时，上海共有律师31,679名，5年内增长63.93%（约1.2万名）[1]，万人律师比已达到13‱；在下一个5年增长1.3万名律师，万人比增长2‱，看起来是在射程之内。

**在律所规模方面，**前述省市都设定了100名律师以上的律所数量指标，可见，“百人所”仍是业内公认的衡量律所规模的关键指标。此外，上海、湖南对拥有50名律师以上的律所数量也进行了明确，上海还设定了拥有300名律师以上律所数量。

以浙江为例，2018年杭州有8家百人所[2]，2020年有12家百人所[3]，预计将在2025年拥有22家百人所，宁波律师行业的目标是2025年执业律师人数超100人、年业务创收超过1亿元的综合性规模化品牌律所达到10家[4]，至2025年浙江整体拥有30家以上百人所应是可以期待的。

**在创收水平方面，**广州设定了25家营收规模亿元以上律所的指标，是前述省市中唯一明确营收规模的城市。通过拥有25,000名律师、50家百人所、25家亿元所，以整体提升规模化程度。[5]

**在专业水平方面，**湖南和浙江都提到了律师行业领军人才的概念，计划在“十四五”期间着重建设。此外，天津还提到要有100家专业定位明确、专业律师人才齐备、专业化标准较高的律所，评估指标为要求有15名以上律师、有明确专业方向且该专业方向律师不少于5名。

**在涉外水平方面，**除天津外，广州、上海、湖南、浙江都计划培养具体数量的涉外律师。此外，广州还要求有300家开展涉外业务的律所、50家能在境外设立分支机构的本土律所，上海则要求有50家能在境外设立分支机构的本土律所、40家在国

---

〔1〕《上海市司法局发布〈上海司法行政“十四五”时期律师行业发展规划〉》，载上海市司法局网2021年6月11日，https：//sfj. sh. gov. cn/zwyw_ggflfw/20210611/47579034255e4b77b69b7c7c16b9d053. html。

〔2〕杭州律协：《关于印发〈杭州市律师协会第八届理事会工作报告〉的通知》，载杭州律师网2018年12月6日，http：//www. hzlawyer. net/news/detail. php？ id = 18169。

〔3〕张宏姝：《人均创收已达51万的浙江法律市场，面临着怎样的变局?》，载微信公众号“智合”2021年7月22日，https：//mp. weixin. qq. com/s/YxTHuMORM0TXTfEaDIEeEw。

〔4〕《宁波市律师业发展“十四五”规划》，载宁波市司法局网2021年7月8日，http：//sfj. ningbo. gov. cn/art/2021/7/8/art_1229058330_3750822. html。

〔5〕《一图读懂广州律师行业首个五年规划！未来五年我们这样干……》，载广州市司法局网2021年5月8日，http：//sfj. gz. gov. cn/bannerxw/content/post_7269889. html。

内外具有较高知名度的涉外律所，在涉外律师人才之外都对律所层面的涉外水平也提出了发展方向。

《规划》中除了提到律师总数、万人律师比这两个关键指标外，也将**全国涉外法律服务示范机构达到500家、国际一流律所达到20家**作为“十四五”时期公共法律服务工作主要指标之二，并用第十部分强调“**加强涉外法律服务**”的重要性，具体举措有：加快培育国际一流律所，推动中国律所在境外设立分支机构；加快培养复合型涉外法律人才，加大推进重大经贸活动聘请中国律师力度。

可见，在评估是否为全国涉外法律服务示范机构、是否为国际一流律所时，涉外人才及境外分支机构的数量会是关键指标。2021年年初，中国涉外律师有1.2万余名，中国律所已经在35个国家和地区设立境外分支机构150多家；[1]根据北京律协2020年10月发布的数据，有36家北京律所通过直投、联营、合作、联盟等方式设立了231个境外分支机构；[2]总部在上海的律所中有13家在境外开设分支机构。[3]

## 结语

基于对前述内容的分析，可得出如下结论：

1. 到2025年，中国律师行业拥有75万名律师、万人律师比5.3‰的达成概率几乎是100%，并且有可能超标完成。

2. 与国外律师行业比较律师人数绝对值，依照中国国情有一定可比性；但比较万人律师比，国外数据可做参考但不宜作为现阶段的直接目标。

3. 无论是在4年内律师增加17.4万名还是万人律师比增加1.19‰，增速都比发展水平处于同一时期的美国律师行业更快。

4. 除常规的律师人数、律所规模之外，专业水平与涉外水平越来越重要且必要，专业水平的基础要求是律所的专业定位及深耕同一专业方向的律师数量，涉外水平的基础要求是涉外人才及境外分支机构的数量。

5. 在涉外水平提升方面，正如律师行业已经过了单纯追求“量”的时期而转向对“质”的关注，涉外人才的复合型能力、重大经贸活动中的本所律师参与度等或都是重要因素。

---

〔1〕 邢翀：《官方：中国律师队伍已达52万人　涉外律师1.2万余人》，载中国新闻网2021年3月25日，https://www.chinanews.com.cn/gn/2021/03-25/9440361.shtml。

〔2〕 参见智合研究院编著：《中国法律市场观察（2020-2021）》，法律出版社2021年版，第7页。

〔3〕 参见智合研究院编著：《中国法律市场观察（2020-2021）》，法律出版社2021年版，第8页。

# 入世 20 年：中国涉外法律业务的沧海桑田

盛正茂 |

2021 年是中国加入世界贸易组织（World Trade Organization，WTO）的第二十个年头。在这二十年里，我们见证了我国对外贸易的飞速增长和许多经济和社会活动的极大开放，而在这些进步和发展的背后，也有着我国涉外法律行业的一份功劳和投入。本文将对我国涉外法律业务在过去两个十年间的整体发展和一些具有里程碑意义的案件和交易做基础的考察。

## 一、蹒跚学步，加入 WTO 前的涉外律师业

自 1979 年律师制度恢复之后，中国律师行业发展迅速：1986 年律师资格考试的设立显著提高了律师队伍的专业程度，而各大法学院校学生人数的激增则为行业提供了大量后备人才。仅 2001 年全国就有 61,474 名法学生毕业，又有 14 多万名新生走入校园，比前一年分别增加了 39% 和 28%。[1]

但在世纪之交，我国律师行业的普及化与国际化仍不理想。一方面，我国公司法律服务仍有较大缺口，尚无法跟上经济快速市场化和私有化的潮流。在 2001 年，仅 4% 的公司有固定法律顾问，且大多限于国有企业，无法很好地覆盖到蓬勃发展的私企或外企。[2]

另一方面，由于对外投资和贸易交流上的不足，在 20 世纪 90 年代前中国律师少有从事涉外法律业务的机会，也大多不具备跨国教育背景和从业经历。在一个日益全球化和产业链化的世界里，这些问题导致中国律师在外贸、金融、跨国运输和投资等

---

〔1〕《2002 年统计年鉴》第 20 章第 10 节、第 11 节，载国家统计局网，http：//www. stats. gov. cn/yearbook2001/indexC. htm。

〔2〕See Jane J. Heller, *China's New Foreign Law Firm Regulations: AStep in the Wrong Direction*, Washingt on International Law Journal, Vol. 12（2003）.

领域缺乏与外国同行竞争的能力，也间接使得我国企业在国外的商业活动和经济利益缺少有力的法律保障。

中资企业的海外并购历程就充分反映了这一缺憾。从1992年到2001年，我国企业的年均海外并购额只有5.16亿美元，其总和甚至不到全球企业并购额的1%，[1]而其中的绝大多数都来自国有企业，缺少民间资本的参与。论其原因，一方面，因为加入WTO前，我国尚未完全意识到海外投资的重要性，因此并没有在政策上指引企业走出海外，直到2004年才出台了第一部相关的指导性法规，即《境外投资项目核准暂行管理办法》（已失效）。

另一方面，那时的中国企业，无论公私，基本上不看好跨境并购。在业内外的大多数人看来，资本的流入，而非流出，才是发展中国家经济的常态。[2]正因如此，专注于让资本"走出去"的涉外法律业务当时鲜有用武之地，从而没能积聚起培养涉外律师的土壤。

在这样的大背景下，为了逐步使中国法律行业与国际接轨，并在一定程度上补充国内法律服务的不足，司法部、原国家工商行政管理局在1992年5月印发了《关于外国律师事务所在中国境内设立办事处的暂行规定》（已失效），允许以上办事处有限度地从事有关国际条约、商事和惯例方面的咨询。在不到3年的时间里，已有包括贝克·麦坚时在内的32家国际和我国香港地区律师事务所在北京、上海、广州等地"落户"，带来了跨境法律服务的第一手经验。[3]

和这些事务所同时而来的还有它们的国际客户，以及这些企业的投资需求。1992~1993年，我国收到的外国直接投资足足翻了一番，其中15%以对内跨国并购的形式体现。[4]这些项目的牵头方大多不是中资企业，但仍然包含了许多涉外法律事务和需求，为中国律师提供了潜在的练兵机会。

除此之外，由于《关于外国律师事务所在中国境内设立办事处的暂行规定》对外国事务所在华执业有所限制，这些跨国业务中必须要有本土律所和律师的参与，因此让许多中国律师积累起了涉外法律服务的第一手经验。截至2001年，部分中国律所已经拥有了独立进行尽职调查和出具涉外法律意见的能力。在蹒跚学步的表象之下，一个专业化程度较高的行业群体呼之欲出。

---

〔1〕《中国企业跨国并购的历史演进及现状》，载百度文库2013年7月8日，https：//wenku. baidu. com/view/ecc86313bb68a98271fefa4b. html？ re = view。

〔2〕张凡：《中企境外并购大时代之一：初入江湖　甘苦莫辨》，载《中国贸易报》2018年7月5日，第4版。

〔3〕SidaLiu, *Globalizationas Boundary - Blurring: International and Local Law Firmsin China's Corporate Law Market*, Law & Society Review, Vol. 42（2008）.

〔4〕《全球外国直接投资与中国经济发展》，载国家统计局网2001年9月10日，http：//www. stats. gov. cn/ztjc/ztfx/fxbg/200203/t20020328_14073. html。

## 二、摸索前行，初入 WTO 的机遇和挑战

2001 年 12 月 11 日，中国正式加入 WTO。这一里程碑事件不仅带动了中国经济的发展，更为我国法律行业提供了全新的业务领域和学习机会。其中一个因此走上发展快车道的领域便是海商海事法，包括船舶事故、污染、保险和海上运输等方面，是技术性和涉外性极高的法律门类。

中国法律界早在 20 世纪八九十年代就意识到了起草、应用海商法的紧迫性，并且在 1992 年完成了《海商法》文本，也在同一年得到了全国第七届人大常委会的审议通过。而随着我国对外贸易持续扩大，仅 2002 年一年外贸港口吞吐量就较前年增长超过 15%，并且在接下来几年内不断攀升。[1]海商法的重要性与日俱增。

以此为基础，"入世"后的中国海事律师们得以逐步将相关的国际条约纳入我国司法体系，并且通过一系列庭审与仲裁为之后的类似案件提供了参照。一起典型的案例便是海通律师事务所在 2002 年参与的"塔斯曼海"案，涉及了船舶环境污染这一在我国法律体系中尚无先例的概念，也为最高人民法院 2011 年发布的《关于审理船舶油污损害赔偿纠纷案件若干问题的规定》提供了参考。[2]

但是，这一学习和成长的过程同时也伴随外国律所带来的竞争与冲击。中国"入世"的条件之一便是对跨国服务的逐步开放，其中便包括了外资法律服务。因此，自 2000 年起司法部便逐步取消了可在华设立代表处的外国律所数量限制，也允许其中一部分律所在我国国内设立多个办公室。

同样根据 WTO《服务贸易总协定》的要求，在 2001 年印发的《外国律师事务所驻华代表机构管理条例》中，我国首次批准了外国律所通过订立合同的方式与本土律所保持长期委托关系，也允许它们就"中国法律环境影响"向客户提供信息。

很快，成立时间更早、更熟悉跨国业务的外国律所就对中国的本土律师行业形成了较大威胁，也开始将快速发展的本土律所视为潜在的竞争对手。在 2001 年前后，一些外资律所逐渐停止了和大型国内律所的合作，以避免其客户流失，更试图全面拓展其在华业务并雇佣有中国律所工作背景的初级律师，在一定程度上挤占了本土律所的发展和生存空间。[3]

---

〔1〕 交通运输部综合规划司：《2002 年上半年我国交通经济运行情况统计分析报告》，载《交通世界》2002 年第 9 期。

〔2〕《"塔斯曼海"案介绍》，载海通律师事务所网 2002 年 11 月 23 日，https://www.haitonglawyer.com/case/63.html。

〔3〕 Sida Liu, *Globalization as Boundary - Blurring: International and Local Law Firms in China's Corporate Law Market*, Law & Society Review, Vol. 42, 2008.

于是，为了给中国律所进一步规模化、专业化与自主化留出时间，并保障涉外法律服务行业的独立性，司法部在2002年印发了《关于执行〈外国律师事务所驻华代表机构管理条例〉的规定》，对《外国律师事务所驻华代表机构管理条例》中的条款作了补充说明。

首先，《关于执行〈外国律师事务所驻华代表机构管理条例〉的规定》明令禁止了中外律所组成执业联合体，即不允许合资律所的存在，同时也禁止外国律所投资中国律所或雇佣具备中国执业资格的律师。其次，外国律所及其律师也不得就中国法律的适用提供“具体意见”，而必须将此类服务委托给中资同行，让本土律师们有更多的机会熟悉并精进全方位法律服务能力。

## 三、风云际会，涉外法律业务乘势而起

有了《关于执行〈外国律师事务所驻华代表机构管理条例〉的规定》的保驾护航，中国律师行业得以在2001年“入世”后稳步发展，逐渐提高在各个业务、行业领域中的影响力和专业性。得益于对国内营商环境更深刻的了解和相较于外国所驻华代表处更齐全的业务门类，中国众多律师和律所成功把握住了经济全球化所带来的种种机遇，在各个涉外领域有了令人瞩目的发展和成就。

### （一）海外收购兼并

乘着“入世”带来的外贸和投资热潮，中资企业在2001年后积极迈开了海外扩张的脚步，更是在2008年的金融危机后“引领了全球第六次海外并购浪潮”。[1]仅在2009年一年，中企海外并购规模便较前一年剧增九成，披露金额近161亿美元，[2]所占全球跨国并购总额的比例也达到了19%，居发展中国家首位。[3]

但哪怕在这样的大背景下，截至2010年，中资企业的海外并购项目在地理和行业分布上仍然较为保守。在地理分布上，在2004年至2009年，35%的此类项目集中在亚洲，18%在澳大利亚，而北美和欧洲分别只占13%。在行业分布上，超过一半的标的来自自然资源开发和利用领域，主要是矿产和能源，而金融、科技和服务业所占比重则相对较小。[4]

---

〔1〕邵开俊、汤海平：《中国企业海外并购浪潮对律师的机遇和挑战》，载东方律师网2013年11月18日，http：//www. lawyers. org. cn/info/6036414e65e44cd6afdaf677568ab0d4。

〔2〕穆一凡：《2009中国企业海外并购增幅超九成 能源、矿产成热点》，载搜狐网2010年1月14日，https：//business. sohu. com/20100114/n269580885. shtml。

〔3〕Mansoor Dailami, Sergio Kurlat and Jamus Jerome Lim, *Bilateral M & A Activity from the Global South*, Policy Research Working Paper 5953, The World Bank January（2012）.

〔4〕Charles Lee, *A Brave New World: The Climate for Chinese M & A Abroad*, *imaa*（Apr. 22, 2010）, https：//imaa - institute. org/brave - new - world - climate - chinese - ma - abroad.

但这一局势在2009年年底和2010年年初发生了变化。随着欧洲债务危机逐步发酵，国际投资者对欧洲企业的信心严重受挫，致使诸多公司陷入困境。借助这个机会，不少中资企业首次将视线转向了欧洲发达市场。那一年，中国对欧并购总额首次超过了20亿美元，每起交易的平均所涉金额也创造了历史新高。[1]

由于这些国家的商业强项多集中在电信业、高端制造业和服务业，中国投资方所进入的行业范围也随之出现了显著扩大。2009年10月，西安飞机工业集团对奥地利FACC公司的收购作为中资企业在该领域的首次跨境并购，让中国企业获得了航空复合材料方面的领先技术。[2]而在两年后的2011年，联想以9亿美元购持了德国Medion电子公司的多数股份，由此拓宽了其电脑和其他产品在欧洲地区的销售和服务渠道。[3]

和中资企业一起“走出国门”的还有中国的律师们。由于中外企业通常有不同的文化背景和管理模式，这些跨国收购考验的不仅仅是律所的专业程度，也要求它们在收购方与标的方之间增进信任，并协助双方将各自的商业活动与组织架构合二为一。

在2010年吉利汽车收购沃尔沃的交易中，海问律师事务所就扮演了这样的角色，配合富而德律师事务所（Freshfields Bruckhaus Deringer）完成了这一中资民营企业在海外规模最大的汽车收购案。[4]方达律师事务所也在3年后的双汇—史密斯菲尔德收购案中助力了协议的签订，共同为日后国内律所独立代理类似事务铺平了道路。

2016年，中国化工以430亿美元收购先正达（Syngenta）的交易中，方达律师事务所也有所贡献，与盛信等国际律所一同为收购方提供法律服务。作为那时中企海外并购标的最大者，该交易轰动一时，复杂程度较高，涉及在瑞士、美国两地同时存在上市股票的情况，极大地挑战了我国律师的专业能力。

（二）外商直接投资

而在外商直接投资领域，中资律所则拥有更多的业务机会，较早地独立办理了许

---

〔1〕 Charles Lee, *A Brave New World: The Climate for Chinese M & A Abroad*, at imaa (Apr. 22, 2010), https://imaa-institute.org/brave-new-world-climate-chinese-ma-abroad.

〔2〕 *FACC Acquired by Chinese Aircraft Company*, China.org.cn (Dec. 4, 2009), http://www.china.org.cn/business/2009-12/04/content_19006159.htm.

〔3〕 Lee Chyen Lee and Kelvin Soh, *Lenovo buys German computer seller Medion for $900 million*, *Reuters*, Reuters (June 1, 2011), https://www.reuters.com/article/us-lenovo/lenovo-buys-german-computer-seller-medion-for-900-million-idUSTRE75010Y2011060.

〔4〕 唐成、吴革：《吉利跨国并购沃尔沃研究综述》，载《金陵科技学院学报（社会科学版）》2012年第2期；任鑫恚：《吉利收购沃尔沃 中国民营汽车企业上演蛇吞象》，载环球网2010年3月29日，https://finance.huanqiu.com/article/9CaKrnJnbqS。

多大型项目的落地。这在很大程度上也要归功于“入世”所保证的跨国投资自由化，以及外资市场准入环境的改善。在 2013 年，金杜律师事务所便代表青岛海尔同美国 KKR 集团签署了战略投资协议。根据协议规定，KKR 以 5.6 亿美元取得了海尔 10% 的股份，同时向海尔开放国际投放渠道以助力其扩张，提高了中国家电品牌在世界的影响力。[1]

值得注意的是，在这个项目中，KKR 集团的代表也寻求了中国律所的服务，由海问与宝维斯（Paul Weiss）一起全程担任其法律顾问。[2]同一年，商务部也发布了《外国投资者对上市公司战略投资管理办法（征求意见稿）》，正反映了涉外法律服务日益重要的地位和对指导性法律法规的需求。

中国律师在涉外法律事务中的创造性也很好地体现在了外商投资领域。在 2014 年嘉士伯集团对重庆啤酒的战略投资中，君合律师事务所就代表前者首次在此类交易中使用了部分要约收购（partial tender offer）的方法，保证了在标的方股权分散的情况下仍可完成收购。考虑到国内法律在这方面的规定尚不明确，该投资过程中产生的法律文件也对之后的外商投资起到了探路者的作用。[3]

除了创新思维，外资企业对中国公司的兼并收购也极大地考验着律师的专业知识，尤其是在企业架构日渐复杂、上市更为频繁的经济全球化时代。同在 2014 年，总部位于新加坡的普洛斯投资管理（GLP）对一家上海的上市医药研发企业进行了收购，并委托锦天城律师事务所作为代表，全程负责了包括标的公司重组、政府部门审批和知识产权对外转让等技术性较高的业务，体现了中国律师成熟的实务能力和专业素养。[4]

随着外商投资规模的进一步增长和投资领域的逐渐多样化，我国相关法律的出台、统一和细化也势在必行。2013 年，上海市政府发布了《中国（上海）自由贸易试验区外商投资准入特别管理措施（负面清单）（2013 年）》，这是中国首份负面清单。

2015 年，国务院办公厅印发的《自由贸易试验区外商投资准入特别管理措施（负面清单）》（已失效），将负面清单管理模式推广至上海、广东、天津、福建 4 个自贸区，在除了限定行业以外的领域内实施“内外资一致”的管理。

2020 年 1 月 1 日起实行的《外商投资法》，更进一步将负面清单管理模式定为全国范围内通行的标准。

---

〔1〕 Stephen Alfred and Denny Thomas, *KKR Buys Stake in Appliance Maker in Biggest China Deal*, Reuters (Sep. 30, 2013), https://www.reuters.com/article/us-kkr-haier/kkr-buys-stake-in-appliance-maker-in-biggest-china-deal-idUSBRE98T0D520130930.

〔2〕 李俊辰：《2013 年度杰出交易》，载《商法》2013 年 12 月/2014 年 1 月刊。

〔3〕 该交易案例入选《商法》杂志“2014 年度杰出交易大奖”。

〔4〕 该交易案例入选《商法》杂志“2014 年度杰出交易大奖”。

《外商投资法》也同时取代了原先的《中外合资经营企业法》《外资企业法》《中外合作经营企业法》，统一集中了各项条款，显著简化了资料报送等程序，在中国外商投资法律体系的发展历史上具有里程碑意义。

（三）贸易争端

除此之外，国际贸易额的上升也导致了贸易争端的出现。于是，为了维护中国公司，尤其是进出口行业企业在海外的权益，我国律师在 2001 年后开始积极投身于涉外争议解决领域。与此同时，作为 WTO 的一员，中资企业也首次获得了通过 WTO 争端解决机制挑战他国滥用外贸规则的手段，从而提高了对该领域法律人才的需求。

在我国的第一起 WTO 执行之诉中就能看到中国律师们的身影。2009 年年初，欧盟开始对中国出口的钢铁紧固件征收高达 85% 的反倾销税，而当年 7 月，高朋律师事务所和锦天城律师事务所便代表我国紧固件产业在 WTO 争端解决机制提出了诉讼，认为欧盟在计算出口价格时将印度作为中国的产品“替代国”是不公平的，因为两国的厂商面临着不同的成本和税收。[1]

经过六年半艰难的上诉，WTO 终于在 2016 年 1 月 18 日宣布中方胜诉，并要求欧盟全面撤销违规征税。[2]作为我国首次针对欧盟胜诉的 WTO 案件，该案不仅加强了中国企业平等参与国际竞争的信心，也弥补了我国法律服务在国际贸易方面参考案例的不足。在 2015 年中伦律师事务所代理的太钢上诉欧盟法院一案中，中国律师也再次援引“替代国”条款，对反倾销税二度提出了挑战。[3]

除了 WTO，中国律师们也活跃在其他国际贸易阵线上，例如美国国内针对中国政府和企业的“301 调查”。美方在 2017 年提出，中方在技术转让和知识产权方面的不当行为对美国商业造成了额外负担，并以此为由对价值 3700 亿美元的中国商品征收了从 7.5% 到 25% 不等的关税。[4]

而在美国贸易代表办公室就此问题举行的听证会上，就有来自德和衡律师事务所华盛顿办公室的代表们。[5]在会上，他们向美方提交了多份材料以说明中国在专利保护和知识产权方面的巨大进步，包括知识产权专门法院的建立。他们也表示，中国政

---

〔1〕 郭丽琴：《中国赢得在 WTO 诉欧盟第一案》，载今日中国网 2011 年 9 月 16 日，http：//www. chinatoday. com. cn/ctchinese/economy/article/2011 －09/16/content_475165. htm。

〔2〕 孙韶华：《WTO 终裁我胜诉欧盟紧固件执行案　关闭七年之久的欧盟紧固件市场有望重启》，载经济参考报网 2016 年 1 月 19 日，http：//www. jjckb. cn/2016 －01/19/c_135021468. htm? from = singlemessage。

〔3〕《中伦 WTO 与贸易救济律师团队协同欧盟律师代理太钢上诉欧盟法院》，载中伦网 2015 年 12 月 15 日，http：//www. zhonglun. com/Content/2016/08 －26/1512063340. html。

〔4〕 Congressional Research Service, Section 301 of the Trade Act of 1974, February 16, 2021.

〔5〕 高攀：《中国商会和律所代表反对美对华启动“301 调查”》，载参考消息网 2017 年 10 月 12 日，http：//www. cankaoxiaoxi. com/world/20171012/2238362. shtml。

府在2000年和2001年分别修订了《专利法》和《商标法》等法律法规以使其符合国际标准，更体现了对知识产权的重视。[1]

另一家中资所——环球律师事务所——则以中国国际商会代理的身份参与了这场听证会。他们指出，中国政府明确禁止强迫性质的技术转移，在商业地位和权利上对中外企业一视同仁。因此，双方公司之间的技术交换纯粹基于自愿和市场规则，并不构成违规。[2]这些在法庭之外的交锋同样磨炼了涉外律师的专业本领，间接提升了中国企业在海外的竞争力和地位。

（四）"一带一路"、自贸港、争议解决

自2017年以来，国际投资和贸易环境遭受了不小的挑战，也面临较大的不确定性。除了全球投资回报率的普遍下降外，各国贸易保护主义的抬头也减缓了中资企业扩张海外影响力的脚步。例如，欧盟在2020年3月发布的外商投资审查指南中收紧了资金准入的要求，对试图进入关键技术市场的外企实施更严格的审查。[3]这些政策因素，加上新冠肺炎疫情所带来的经济衰退，对中国涉外法律服务行业造成了一定打击。

但是与此同时，中国企业也积极响应了"一带一路"倡议的号召，将投资重点进一步转向东南亚、中亚、中东和东欧等地。在2018年，尽管中资企业跨国交易整体下降了近14个百分点，"一带一路"沿线的并购额反而见证了13.64%的增长。[4]其中，也不乏中国律所和涉外律师团队的参与。

在东南欧地区，河北河钢集团早在2016年就收购了塞尔维亚斯梅代雷沃钢厂。作为该国最大的国有钢铁厂，该设施很快成为我国在海外的第一处钢铁行业全产业链基地，并且为中资企业在该国的继续投资打下了良好的基础。[5]金诚同达律师事务所作为河钢方面的顾问全程参加了该并购交易，也同样支持了2018年紫金矿业对塞尔维亚国有铜业公司的收购，进一步深化了中资企业在南欧和巴尔干地区的经济存在。[6]

---

〔1〕 Office of the USTR, Summary of Public Submissions, 2018.

〔2〕 Office of the USTR, Summary of Public Submissions, 2018.

〔3〕《2020年世界主要经济体外商投资政策变化与影响分析》，载中华人民共和国商务部网2020年12月28日，http：//www. mofcom. gov. cn/article/i/jyjl/e/202012/20201203026765. shtml。

〔4〕 陈璐：《〈2018－2019中资海外并购年报〉：中东欧地区投资价值将显现》，载《中国贸易报》2019年3月12日，第7版。

〔5〕《河北省国际产能合作步伐明显加快》，载中华人民共和国商务部网2019年7月25日，http：//tjtb. mofcom. gov. cn/article/y/af/201907/20190702884821. shtml。

〔6〕 郑寰：《金诚同达助力河钢集团完成收购塞尔维亚斯梅代雷沃钢厂的交割工作》，载金诚同达律师事务所网2016年7月4日，https：//www. jtn. com/CN/news_content. aspx? MenuID＝05002&KeyID＝00000000000000002295；《金诚同达助力紫金矿业战略收购塞尔维亚国有铜业公司》，载金诚同达律师事务所网2018年9月19日，https：//www. jtn. com/CN/news_content. aspx? MenuID＝05002&KeyID＝00000000000000003624。

除了中资企业的对外投资，“一带一路”倡议也同样体现在了海南自由贸易港的建设之中。通过放宽外资准入和取消对合格境外有限合伙人（Qualified Foreign Limited Partner，QFLP）基金注册资本的限制，海南正成为内资“走出去”和外资“走进来”的门户。在2019年和2020年两年间，有1000多家外商投资企业落户海南，同比增长超过197%，海南有望成为中国涉外法律服务的又一平台。[1]

其中一个引人注目的案例就来自QFLP基金。2021年3月9日，自海南省颁布允许此类基金落地自贸港后，第一批进入三亚的QFLP终于完成审批，通过备案入驻该市。竞天公诚律师事务所作为它们的法律顾问协助了基金架构的搭建，也首次在当地申请了试点资格，为后来者提供了宝贵的经验。[2]

与此同时，“一带一路”的发展也带动了对跨国争议解决，尤其是替代性争议解决（Alternative Dispute Resolution，ADR）——仲裁和调解——的需求。自《仲裁法》1995年生效以来，我国的ADR机制正快速向国际通用模式靠拢。例如，北京仲裁委员会就在其2015年版《仲裁规则》中添加了有关国际商事仲裁的条款，也允许当事人申请指定紧急仲裁员以采取临时措施。

除了北京仲裁委员会，其他的仲裁机构也提供着日益国际化的法律服务。在2008年至2012年，上海国际经济贸易仲裁委员会共受理了693件涉外争议，占其全部受理案件的近1/3。[3]深圳国际仲裁院则利用其地理优势，大量吸收熟悉国际贸易的香港仲裁员，建立了一支国际化程度极高的争议解决队伍，更在2017年创新地组织了北美庭审中心，为培训海外仲裁员、扩大中国仲裁规则和惯例的辐射提供了方便。

作为我国最早成立的商事仲裁机构，中国国际经济贸易仲裁委员会（以下简称贸仲委）在国际化的道路上起步很早，成果也颇为丰硕。在2012年，贸仲委率先启动了其香港仲裁中心，又在2017年相继设立了位于温哥华的北美仲裁中心和位于维也纳的欧洲仲裁中心，不仅加强了我国仲裁行业与境外同行的交流，也有力推动了中国仲裁机构在发达国家的影响力。

到了2016年，为了促进自贸区内的商业便利、鼓励企业探索新的经营模式，最高人民法院及时出台了《关于为自由贸易试验区建设提供司法保障的意见》，首次明确了临时仲裁的合法性，允许在自贸区内注册的外商投资企业互相约定以特定规则、

---

〔1〕 邱海峰：《外资爱上了海南自贸港》，载《人民日报（海外版）》2021年2月2日，第8版。

〔2〕《竞天公诚助力三亚首批两家QFLP集锦落地》，载竞天公诚律师事务所网2021年3月11日，https://www.jingtian.com/Content/2021/03-11/1720263990.html。

〔3〕 数据参见上海国际经济贸易仲裁委员会网（http://www.shiac.org/SHIAC/aboutus.aspx?page=5）。

在特定内地地点、由特定个人就争议展开仲裁，也允许它们将争议提交至域外仲裁机构处理。这些条款不仅提高了国际投资者对我国 ADR 的信心，也为学习世界上优秀仲裁调解经验、日后进一步优化自贸区内司法体系提供了实际支撑。

2016 年后，随着“一带一路”沿线项目的铺开，跨国仲裁和调解的复杂程度进一步上升。参与“一带一路”倡议的国家中有大约 40 个属于大陆法系，11 个属于普通法系，还有 4 个伊斯兰法系国家和 9 个混合法系国家。[1]来自不同国家和地区的企业所遵守的法律和惯例各不相同，在合作出现争端时所能应用的条文，以及拥有司法管辖权的法域也常有冲突，难以保证判决结果或争议解决尺度的一致。

于是，为了更公平、专业、及时地处理这些国家和地区与企业之间产生的争议，我国在 2018 年设立了最高人民法院国际商事法庭（China International Commercial Court，CICC），专门负责解决带有国际成分的商业纠纷。除了其高度专精的管辖范围之外，CICC 的另一大特点是专家委员会的设立。该委员会大部分由国际贸易、法律领域的外国专家组成，为我国仲裁机构、律师、律所研究适用域外法律提供了条件，也吸引了更多“一带一路”沿线企业将仲裁地点选在中国。

## 四、自我磨砺，加入 WTO 后的律所变革

不只在涉外法律服务能力方面，中国的律所本身也在“入世”后经历了许多变化。业务量的增长导致律所规模快速扩张；与外资律所和国外法律环境的接触带来了新式的管理和组织经验；而涉外法律业务的发展也让本土律所人员的国际化变得日益紧迫起来。

### （一）律所的管理和组织

从 2001 年开始，越来越多的本土律所开始着手建立管理委员会制度、设立不同级别的合伙人，并根据业务领域设置不同的团队和部门，力求使律所更高效、更专业，并能更好地完成日渐技术化、专门化和商品化的法律任务。

种种变革中有许多都在 2007 年《律师法》的修订中得到了充分反映，将中国律师行业提升到了与国际标准接轨的位置上。一方面，2007 年修订的《律师法》对律师在诉讼中的角色作了明确规定，保障了律师在会见犯罪嫌疑人和被告时不被监听、查阅案卷材料时不受干扰，以及调查取证时不受阻碍的权利，也进一步规定律师在法庭上的辩护意见可以有条件地不受法律追究，极大加强了律师的自主性，促进了法治

〔1〕 Alyssa V. M. Wall, *Designing a New Normal: Dispute Resolution Developments along the Belt and Road*, International Law and Politics, Vol. 8 (2019).

社会的建设。[1]

另一方面，2007 年修订的《律师法》也完善了律所的组织形式，允许个人开业律所和特殊普通合伙律所的设立。和国外常见的独任律师（solo practitioner）相似，个人律所的所有权和债务责任都集中于一名注册律师，显著提高了律师从业的灵活性，间接鼓励了行业竞争，让中国的企业和个人得以享受到更高质量的法律服务。

而特殊普通合伙，即“有限合伙”，则保护了律所合伙人的权益。在任一合伙人因渎职或疏忽给律所造成负债的情况下，其他合伙人原先具有的无限债务责任在《律师法》下得以转化成有限责任，从而不会涉及超出其原本投入的个人财产。

这一改进极大地减少了合伙律师的投资风险，也增强了律所本身作为执业目的地的吸引力。随着 2009 年 11 月大成律师事务所的改制，[2]截至 2022 年年初，中国绝大多数的规模大所都已转成了特殊普通合伙模式，和国际通行惯例接轨，进一步提高了自身在市场上的竞争力。

（二）本土律所的海外扩张

2007 年修订的《律师法》自 2008 年 6 月 1 日起施行，恰巧遇上了国际金融危机的爆发，以及随之引发的中资企业跨国收购浪潮。在两者的共同作用下，中国律所的国际化如火如荼地展开了。在 2001 年前，中国律所中仅有两家在中国以外设有代表处，[3]而到了 2011 年，仅大成律师事务所一家就拥有 7 处国际办公室。[4]截至 2020 年年末，中资律所在境外的分支机构总数已经突破 150 家大关，遍布欧洲、北美洲、大洋洲等地。[5]

除了设立海外办公室以外，中国律所常用的国际化策略还包括联合、联营，以及加入国际律所组织等。其中，金杜与 Mallesons Stephen Jaques、SJ Berwin 的结合，以及大成与 Dentons 的结合，都应用了在国际上被称为“瑞士法人结构”（Swiss Verein）的联合模式。[6]

---

〔1〕《关于〈中华人民共和国律师法（修订草案）〉的说明》，载中国人大网 2008 年 2 月 21 日，http：//www. npc. gov. cn/wxzl/gongbao/2008 - 02/21/content_1481476. htm。

〔2〕张庆水：《北京市大成律师事务所获批北京首家特殊普通合伙律所》，载庭立方图书馆 2011 年 7 月 13 日，https：//www. scxsls. com/knowledge/detail？ id = 22927。

〔3〕Jing Li, *All Roads Lead to Rome*：*Internationalization Strategies of Chinese Law Firms*, Journal of Professions and Organization, Vol. 6（2019）.

〔4〕Xueyao Li and Sida Liu, *The Learning Process of Globalization*：*How Chinese Law Firms Survived the Financial Crisis*, Fordham Law Review, Vol. 80（2012）.

〔5〕《2020 年度律师、基层法律服务工作统计分析》，载中华人民共和国司法部网 2021 年 6 月 11 日，http：//www. moj. gov. cn/pub/sfbgw/zwxxgk/fdzdgknr/fdzdgknrtjxx/202106/t20210611_427394. html。

〔6〕王丽：《中国律所海外路线》，载中国律师网 2015 年 7 月 9 日，http：//www. acla. org. cn/article/page/detailByld/16943？ from = singlemessage&isappinstalled = 0。

这一模式的优势在于允许几个不同的法律实体在不必分享利润、责任和监管条例的情况下共用同一个品牌，正适合中国律所国际化起步阶段的快速扩张。但是，这些因素也导致瑞士联合所通常不便协调各个办公室和组成所之间的合作，也难以促进不同团队之间的业务介绍或客户共享。

相比起联合，《中国（上海）自由贸易试验区中外律师事务所联营的实施办法》所允许的联营模式，给予了中外律所更高的自由度，也加强了两者在一定业务范围内的联系。

一方面，联营双方虽然合署办公，却与瑞士联合一样仍保留着独立法律和财务地位，因此任一方的过错或赔偿责任都不会影响其合作方。此外，双方律所的品牌也不需合并，最大限度地减少了联营失败可能带来的不良声誉。

另一方面，联营模式保障了双方律所间稳定的资源共享渠道，允许它们在有限范围内共同派出律师为跨国客户提供服务。

《中国（上海）自由贸易试验区中外律师事务所联营的实施办法》于 2014 年发布之后，第一家中外联营律所——奋迅·贝克麦坚时——于 2015 年 4 月正式在上海自贸区开始了运营。[1] 在那之后，瀛泰·夏礼文和福建联合信实·霍金路伟也于 2016 年加入了这一试验田。[2] 如今，自贸区内已建立了 7 家这样的联营所。

而在全国范围内，港澳—内地联营律所的数量也达到了 15 家，标志着中国律师行业国际化程度的进一步提升。[3] 在这些联营所服务的本土律师可以在接触国际业务和管理经验的同时保留中国的执业资格，降低了外资律所律师进入中资律所从事涉外服务的门槛。

除此之外，一些中资律所也加入了更广阔的国际行业组织或“案源转介网络”（referral network），以此建立和其他国际律所之间的了解和信任。这一进程在进入 21 世纪后明显加快：在 2000 年以前，只有君合一家参与了 Lex Mundi 律所协会，但到了 2015 年，参与类似协会的中资律所数量已经达到了 7 家，所涉行业协会也包括

---

〔1〕《外国律所受益于中国开放进程成第一家联营律所》，载参考消息网 2016 年 6 月 3 日，http：//www.cankaoxiaoxi. com/finance/20160603/1180577. shtml。

〔2〕枫林：《贝克·麦坚时与奋迅律所获准在上海自贸区设立联营办公室》，载上海证券报·上海证券网 2015 年 4 月 15 日，https：//news. cnstock. com/news，yw－201504－3400990. htm；李晓雨：《是什么让上海迎来了第六家自贸区律所联营办公室?》，载智合网 2019 年 8 月 14 日，https：//kknews. cc/finance/6aoa9gm. html。

〔3〕《2020 年度律师、基层法律服务工作统计分析》，载中华人民共和国司法部网 2021 年 6 月 11 日，http：//www. moj. gov. cn/pub/sfbgw/zwxxgk/fdzdgknr/fdzdgknrtjxx/202106/t20210611_427394. html。

TerraLex、World Law Group 和 Multilaw 等不下 6 个。[1]

另一个更重要的趋势是类似行业组织的中国化、本土化。早在 2007 年 9 月，中世律所联盟（Sino－Global Legal Alliance，SGLA）作为我国第一个律所联盟就已宣告成立，而霍金路伟的加入则让它具备了国际化色彩和较强的涉外能力。2018 年"全球精品律所联盟"（Elite Global Legal Alliance，EGLA）的建立同样带有国际化发展的雄心壮志。和 SGLA 不同的是，EGLA 着重于开发东南亚、中亚和东南欧等地市场，同 2019 年由中华全国律师协会牵头发起的"一带一路"律师联盟（The Belt and Road International Lawyers Association，BRILA）一样代表了中国律师主动扩张海外业务，打造有影响力国际行业组织的大胆尝试。

（三）律所人才的国际化

在内部管理的层面上，本土律所越来越多地吸引着有国际律所任职经历，或国外教育背景的律师们。截至 2017 年，在我国资本市场和公司业务领域的 9 家领先律所中，30% 以上的合伙人接受过国外教育。具备国际执业经历的律师占比也逐年上升，在 2000 年后入职的"千禧年"一代合伙人之中已经接近 20%，[2] 其中不乏曾供职欧美顶尖大所的行业佼佼者。这一行业趋势的背后，三大因素不容忽视。

第一个因素，国内涉外法律需求的快速增长。随着我国企业与个人越来越多地在外国投资、工作、生活和发展，对掌握特定国家语言、熟悉当地法律制度、拥有跨国法律执业资格的涉外律师的需要也越发强烈。换句话说，如今中国本土律所在跨国业务领域已经能提供与外国竞争者不相伯仲的专业机会，对涉外法律从业者有着较强的吸引力。

第二个因素，我国律所和律师行业本身的成长。相较于十几年前，现在的涉外中资律所大多有了较完善的管理、晋升和培养体系，其中不少也设立了专门的业务委员会，从而允许涉外律师们快速精进自身专业能力，将理论知识和实务经验学以致用，使得有国际背景的律师们乐意回国工作，为我国涉外法律行业贡献力量。

第三个因素，可以归结于国内新兴法律市场和法律模式的发展。诸如法律科技平台和互联网律所等概念最早在欧美各国兴起，但如今也逐渐在国内开辟了一片市场。这一领域目前方兴未艾，前景可观，对一些国际背景法律人而言是从业的理想选择。例如，2021 年早些时候落地北京的因特律师事务所，作为全国第一家着重于设备与

---

〔1〕 王丽：《中国律师海外路线》，载中国律师网 2015 年 7 月 9 日，http：//www. acla. org/cn/article/page/detailByld/16943？from = singlemessage&isappinstalled = 0。

〔2〕 Jingqi Zhu，Yang Zhao and Sida Liu，*Inside the "Red Circle"：The Production of China's Corporate Legale Lite*，Journal of Professions and Organization，Vol. 7（2020）.

平台共享的“互联网律师事务所”，其创设过程中就有具有海外工作背景的顾问的参与和指导。

## 五、二十年，不过序章

回望我国入世二十年，实际上也是律师行业从走出摇篮到独当一面的二十年。在业务上，中国涉外法律人从最初的辅助性角色一路成长为现在的“多面手”，为中国企业的海外投资、跨国贸易等业务提供助力，也在它们遭遇不公对待时以法律武器捍卫其利益。在内部发展上，中国律所吸取国外优秀的管理经验，在这二十年里极大地提升了自身的国际竞争力和影响力，在海外扩张、人才积累等领域有着出色表现。

在国家层面上，我国法治、营商环境的进步也对涉外法律服务的发展提供了重要支持。对外资律所的部分开放引进了先进的跨国法律实务经验，也促进了外商投资，培养了我国第一批成熟的涉外法律服务人士。与此同时，对外资律所的合理限制则保障中国形成了一个在国际上有自主话语权的本土律师行业。近几年来，“一带一路”和海南自贸港的双重政策，更推进了国内市场的进一步开放，有望使我国涉外法律行业迈上一个新的台阶。

可以想见，随着我国更高水平对外开放进一步落实、经济硬实力和文化软实力的进一步提升，中国企业“走出去”的规模会进一步增加、业务范围和复杂程度也会进一步扩大。

相信在我国“入世”的下一个十年里，涉外法律人们不仅将继续促进我国经济的对外交流、协助法治环境的进一步完善，也必将积极服务于“一带一路”倡议等，在国际舞台上发出更响亮的、属于中国律师的声音。

# 十年发展浪潮，七地律所合并大数据

顾文倩 |

2010 年律师行业迎来了律所合并的第一波浪潮。律所之间合纵连横，毋庸置疑是律所规模化发展的一种重要方式，而律所合并浪潮为何始于 2010 年？从各省这些合并律所的数据中或可找到答案。[1]

## 一、北京市

北京无疑是中国最具竞争力的法律服务市场。作为首都，以其独特的地位吸引了来自全国各地的法律服务人才。

自改革开放以来，北京律师行业快速发展，队伍日益壮大。截至 2009 年年底，全国共有执业律师 173,327 人，其中，北京有执业律师 21,215 人，约占全国的 1/8。2010 年，北京市共有律所 1486 家，律师 22,937 人[2]，执业律师绝对数量居全国首位。

截至 2020 年 12 月底，北京市共有律所 2887 家，共有律师 37,351 人。[3]10 年间，北京市的律所数量增长了 1401 家，增长率高达 94%。

而综观北京法律市场，其领先地位不仅表现在律所及律师的数量上，还体现在其律所的规模化程度之高。例如，在 2009 年，北京的大型律所数量就超过了全国的 1/5，全国规模最大的 10 家律所中，北京独占了 8 家。这里将拥有 51～100 名执业律

[1] 作者注：（1）本文合并律所数据来自各省司法局/律协官网、各律所官网及各媒体平台报道；（2）数据统计以律所合并行为宣布发生或者已经发生的时间点为准，不代表当前律所状态；（3）因资料分散各处，本文数据为不完全统计，旨在反映总体趋势。

[2] 《北京市律师协会理事会 2010 年工作报告》，载道客巴巴网 2016 年 9 月 15 日，https://www.doc88.com/p-3106998224308.html。

[3] 律新社：《律师 37351 名，2020 年北京律师行业大数据发布》，载知乎网 2021 年 2 月 1 日，https://zhuanlan.zhihu.com/p/348081925。

师的律所称为大型律所，有 100 名以上执业律师的律所称为特大型律所。〔1〕当然，合并作为规模化的一种方式，在北京律所的发展中也屡见不鲜，在对 2010 年至 2021 年的律所合并统计中，北京至少有 34 家律所选择以合并的方式进行规模化发展，详见表 1。

**表 1　北京市律所合并数据（不完全统计）**

| 律所 | 合并前 | 合并/宣布合并时间 |
|---|---|---|
| 金杜 | 金杜、万盛（澳大利亚） | 2012 年 |
| 国枫凯文[1] | 国枫、凯文 | 2012 年 3 月 |
| 大地 | 大地、丰友 | 2012 年 |
| 天驰洪范[2] | 天驰、洪范广住 | 2013 年 |
| 天达共和 | 天达、共和 | 2014 年 |
| 大成[3] | 大成、Dentons | 2015 年 1 月 |
| 天驰君泰 | 天驰洪范、君泰 | 2015 年 7 月 |
| 大地 | 大地、道淳 | 2016 年 1 月 |
| 观韬中茂 | 北京观韬、上海中茂 | 2016 年 4 月 |
| 大成 | 大成、瑞德（新加坡） | 2016 年 4 月 |
| 道可特 | 道可特、道和、嘉诚泰和 | 2016 年 7 月 |
| 道可特 | 道可特、众一 | 2016 年 11 月 |
| 大成 | 大成、Gadens（澳大利亚） | 2016 年 12 月 |
| 大成 | 大成、Muñoz Global（哥斯达黎加） | 2017 年 3 月 |
| 乾成 | 乾成、紫锋 | 2017 年 6 月 |
| 大成 | 大成、Maclay Murray & Spens（苏格兰） | 2017 年 7 月 |
| 观韬中茂 | 观韬中茂（悉尼）、CS Lawyers（澳大利亚） | 2017 年 8 月 |
| 大成 | 大成、Kampala Associated Advocates（乌干达） | 2017 年 9 月 |
| 海润天睿 | 海润、天睿 | 2017 年 10 月 |
| 浩天安理[4] | 浩天信和、安理 | 2017 年 10 月 |
| 道可特 | 道可特、祥伦 | 2017 年 11 月 |
| 大成 | 大成、非洲、加勒比海和东南亚的七家精英律所 | 2018 年 3 月 |
| 嘉维泰银 | 嘉维、中银、泰银 | 2018 年 |
| 兰台 | 兰台、中创 | 2018 年 6 月 |

〔1〕 王隽、周塞军主编：《北京律师发展报告（2011）》，社会科学文献出版社 2011 年版。

续表

| 律所 | 合并前 | 合并/宣布合并时间 |
|---|---|---|
| 环球 | 环球、昊理文 | 2018年9月 |
| 安理 | 安理、中博 | 2018年12月 |
| 阮思乔 | 阮思乔、昆泰 | 2019年6月 |
| 大成 | 大成、Sayarh & Menjra（摩洛哥） | 2019年10月 |
| 息云 | 息云、众鑫 | 2020年3月 |
| 大成 | 大成、LEAD Advogados（安哥拉） | 2020年11月 |
| 大成 | 大成、Davis Brown（美国艾奥瓦州） | 2020年12月 |
| 大成 | 大成、Adepetun，Caxton – Martins，Agbor & Segun（尼日利亚） | 2021年4月 |
| 道可特 | 道可特、五环 | 2021年5月 |
| 安杰世泽 | 安杰、世泽 | 2021年9月 |

资料来源：综合整理自网络，仅供参考。

整理/制图：智合。

1. 2012年合并，2014年随着凯文的解散恢复为国枫。

2. 天驰洪范后于2015年7月与君泰合并为天驰君泰。

3. 大成于2015年后开启国际化合作，扩张全球版图。

4. 2018年上半年浩天安理宣布不再合并，已改名为“北京浩天安理律师事务所”的北京浩天信和律师事务所又改回了原名称。

中国加入世界贸易组织后，法律服务市场对外开放进一步加快，随着境外律师事务所的进入，竞争加剧，提高律所的市场竞争力，满足高端法律服务市场的需求，是彼时北京律师业面临的问题。2012年，北京金融街积极承接全国性场外交易市场落户、CBD 14个项目加快推进、亦庄一批重大科技成果产业化项目相继落地，为北京的法律服务提供了发展的沃土。北京的大型、特大型律所继续以其优势资源在国际、国内两个市场纵深发展，在国内外设立分所或办事机构、合并发展成熟的律所，增强其规模优势。一些中型律所也通过合并的方式，加入规模化的进程中。

2017年北京市司法局发布《北京市司法行政系统2017年工作要点》，提出全力服务京津冀协同发展。与津冀两地毗邻区司法局根据区域经济社会发展需要，确定重点合作领域，这一举措，同时也扩宽了北京法律市场的机会。律所也不断调整自身定位，探索更具优势与竞争力的发展模式，于是，越来越多的北京律所走上了合并的道路。

从合并的方式来看，北京律所既有强强合并也有吸收合并。2014年合并的天达共和，由两家分别具有20年发展历史的律所合并而成，在中国律所发展历史上有着非常特殊的地位，是强强合并的典型代表；全球化的战略扩张，则是北京律所合并的另一特点，随着中国企业在海外的贸易和投资活动增加，中国律所探索向外扩张的脚步也快速起来。作为中国成立最早、规模最大的合伙制律所之一的大成，为扩展其全球化版图，数十年间，已与十多家国外律所宣布合并。

从合并的频率来看，合并时律所规模在 50 人以下的北京中小型律所，在统计时间范围内只进行了一次合并行为，而大所已经进行了二三次的合并，如大成就在短短两年的时间（2016～2017 年）内完成了与 5 家律所的合并。

## 二、上海市

优越的地理位置赋予了上海无限的机遇。改革开放后，上海一日千里的发展速度，美名全球享誉。金融、航运、贸易等奠定了上海发展的基调，与世界接轨的上海，对法律行业的需求也愈加迫切。上海法律市场蓬勃正兴。

据上海市司法局的数据，截至 2009 年年底，上海律师人数达到 11,405 人，律师人数规模位居全国第三，排名仅次于北京和广州。但上海律所普遍规模较小，2009 年年底上海的大型、特大型律所各只有 13 家和 5 家。10 年的发展，截至 2020 年年底，上海共有 28,914 名执业律师，共有律所 1709 家。上海律师人数占上海常住人口的比例已经达到 13‱，接近发达国家水平。

沪上律所的发展“小而美”，但是仅从专业化入手的律所在时代的大浪中很快就遇到了“瓶颈”，最为突出的问题是规模带来的局限性，律所的领导者们开始思考如何突破规模陷阱。合并成为他们首要思考的方式。

2010～2021 年的沪上律所，“合纵”战略如火如荼。从统计数据来看，十年间，上海经过合并后的律所多达二十余家，详见表 2。

**表 2　上海市律所合并数据（不完全统计）**

| 律所 | 合并前 | 合并/宣布合并时间 |
|---|---|---|
| 融孚 | 清华、东欣、华利、国联等、北京王玉梅所吕琰团队 | 2010 年 5 月 |
| 精诚海众[1] | 精诚、海众 | 2011 年 11 月 |
| 邦信阳中建中汇 | 邦信阳、中建中汇 | 2014 年 |
| 众华 | 众华、精诚海众 | 2014 年 |
| 理诚 | 理诚、一之 | 2016 年 |
| 观韬中茂 | 北京观韬中茂、申达 | 2016 年 8 月 |
| 星瀚 | 星瀚、铭汉 | 2016 年 12 月 |
| 联合 | 联合、联业 | 2017 年 10 月 |

续表

| 律所 | 合并前 | 合并/宣布合并时间 |
|---|---|---|
| 君悦 | 君悦、胡光、德载中怡 | 2017 年 11 月 |
| 瀛泰 | 瀛泰、宏仑宇君 | 2017 年 11 月 |
| 汉盛 | 汉盛、汇裕、明景、繁锦 | 2018 年 |
| 理诚 | 理诚、伟聚 | 2018 年 1 月 |
| 融力天闻 | 融力、天闻世代 | 2018 年 8 月 |
| 天寅 | 天寅、黄河 | 2018 年 |
| 高朋 | 高朋（上海）、博恩 | 2018 年 |
| 金马 | 金马、邦拓 | 2018 年 |
| 金石 | 金石律师事务所成功吸纳数个优秀团队 | 2018 年 |
| 丰进立和 | 丰进立和、九安 | 2018 年 |
| 以恒 | 以恒、津堂 | 2019 年 3 月 |
| 申浩 | 申浩、业盈 | 2020 年 5 月 |
| 申浩 | 申浩、汇臻 | 2020 年 6 月 |
| 联合 | 联合、北京高润 | 2020 年 6 月 |
| 京师 | 京师（上海）、沪师 | 2020 年 11 月 |
| 普世万联 | 普世、恒谊、万联 | 2021 年 1 月 |
| 博和汉商 | 博和、汉商 | 2021 年 1 月 |

资料来源：综合整理自网络，仅供参考。

整理/制图：智合。

1. 2014 年，精诚海众并入众华。

2010 年，经济全球化加速，在上海建设“国际金融中心”和“国际航运中心”的大背景下，法律服务业的重要地位得以凸显，金融行业的持续健康发展需要充足的法律保障。针对发展现状，上海市各区政府运用一系列措施，大力促进律所的合并重组、强强联合。上海的中小规模所也在众多红利政策下完成合并。

随着我国法治建设和上海“四个中心”建设的不断加快，上海律师业也取得了飞速发展。[1]2016 年上海律师行业的发展持续推进，执业律师总人数首破 2 万人大关，律所数量逼近 1500 家。但同时带来的激烈竞争让不少中小型律所纷纷败下阵

〔1〕 黄安琪：《上海律师 4 年人数增长近 4 成》，载人民网 2015 年 4 月 20 日，http：//edu. people. com. cn/n/2015/0420/c1053 －26872320. html。

来——业务单一、综合实力竞争弱，无法与规模大所抗衡。[1]

律所规模化成为律所发展新的议题。“十三五”以来，律所的规模化发展备受行业瞩目，2020 年，上海律协发布的《第十一届理事会 2020 年度工作报告》也将提升上海律师规模化水平纳入了今后的重点工作。

观察统计数据中上海律所十年间合并的特点可知：

从合并的方式来看，主要以中小型律所间的合并为主，汉盛、理诚、融力天闻、天寅等都是其中代表。此外，通过挖掘对方核心业务团队，不进行律所层面的合并也是上海律所合并的一种方式。例如，金石就以吸纳数个团队为主完成了合并，目前的金石已经发展成为一家综合性大型合伙制律所，其业务涵盖中国各主要城市，并与美国、加拿大等国的多家国际律所有合作关系。

从合并的频率来看，上海完成 2 次合并的律所有 3 家，分别为理诚、联合以及申浩。成立于 2000 年年初的上海市理诚律师事务所在 2016 年、2018 年吸收合并了上海市一之律师事务所、上海伟聚律师事务所，合并后更加注重专业化分工的团队工作模式，充分集中律所优势资源。而经过两次合并的上海市联合律师事务所，目前的规模已具备一定影响力，合并至今律所人数已达到了 70 人。

## 三、重庆市

成渝经济区，是与长三角、珠三角、京津冀沿海三大经济圈并驾齐驱的中国经济“第四级”。

重庆的法律市场不断茁壮，“重庆市司法局综合业务服务平台”的数据显示，截至 2011 年 7 月，重庆只有 5100 多名律师。随着国家对西部地区的战略倾斜与资源投入，最近十年来，西部地区呈现崛起之势。特别是法治政府、法治社会建设的深入推进，法律服务需求的不断增长，为重庆律师队伍发展注入了越来越多的源头活水。2020 年年底，重庆共有律师 13, 391 人。2018 ~ 2020 年，重庆市律师人数增长率分别为 9. 38%、11. 28%、12. 37%，持续保持高增长态势。

而截至 2021 年 6 月，重庆市律师人数已达到 13, 884 人，从业人员 1. 6 余万人。每万人中有律师 4 名以上。[2]

重庆法律服务市场的腾飞，是经济发展与外部冲击双重作用下的结果。

---

〔1〕 郭晶：《上海律师行业发展及管理情况分析》，载叶必丰主编：《上海法治发展报告（2017）》，社会科学文献出版社 2017 年版。

〔2〕 韩梦霖：《重庆全市已有律师 13884 人 每万人中有律师 4 名以上》，载百家号“人民资讯”2021 年 8 月 19 日，https：//baijiahao. baidu. com/s？ id = 1708512081413349232&wfr = spider&for = pc。

从经济发展来看，2010 年，国家启动了新一轮的西部大开发，对重庆市在城市交通等基础设施建设上有了更大的支持。国务院 2009 年 3 号文件的深化落实助推重庆城乡统筹发展改革。此外，国家突出发展战略性新兴产业亦助推了重庆工业腾飞。[1] 从外部竞争来看，2013 年，不断有全国大型律所入驻重庆本地市场，"入侵者"给当地律所造成巨大发展危机，为了增强区域所的竞争力，重庆众多律所通过合并来抵御"外敌"。

从 2010 年至 2019 年的统计数据来看，重庆合并的律所共有 8 家，详见表 3。

**表 3　重庆市律所合并数据（不完全统计）**

| 律所 | 合并前 | 合并/宣布合并时间 |
| --- | --- | --- |
| 华立万韬 | 华立、万韬 | 2012 年 |
| 坤源衡泰 | 坤源、衡泰 | 2013 年 |
| 百君 | 百君、司诚、聚昱、精韬所主要成员 | 2014 年 |
| 金牧锦扬 | 金牧、锦扬 | 2015 年 7 月 |
| 华立万韬 | 华立、万韬、兴瑜 | 2018 年 11 月 |
| 法缘 | 法缘、德裕 | 2019 年 |
| 雾都 | 雾都、善弘 | 2019 年 |
| 智豪 | 智豪、红刚 | 2019 年 |

资料来源：综合整理自网络，仅供参考。
整理/制图：智合。

从合并的时间来看，2019 年之前的重庆律所合并较为均衡，2019 年重庆律所合并出现小高峰。

从合并的方式来看，老牌律所合并现象频繁。

重庆的法律服务市场中，坤源与衡泰，都是老牌律所的代表，凭借各自积淀的专业与声誉，在重庆占据一席之地。然而，合伙人数量偏少，很难吸引优秀人才，无法形成规模效应，品牌知名度低，无法跻身头部市场，是千禧年重庆中上规模律所面临的本质问题，无独有偶，坤源与衡泰也遭遇了这样的困境。突破律所品牌"瓶颈"的必要性与迫切性呼之欲出，合并成为坤源与衡泰考虑的一条新道路。

合并后的坤源衡泰创收持续走高，合并的第五年，律师人数达到 218 人，整体创收达到 1.79 亿元，其中总所创收为 1.68 亿元，一跃位居重庆律师行业的榜眼

[1] 《2010：重庆经济步入新一轮高成长期》，载《当代党员》2010 年第 1 期。

位置。[1]

从合并的频率来看，仅有1家律所进行了2次合并——第一次是在2012年，原重庆华立律师事务所（成立于1997年）、原重庆万韬律师事务所（成立于2007年）合并为重庆华立万韬律师事务所；第二次是在2018年11月，重庆华立万韬律师事务所由原重庆华立律师事务所（成立于1997年）、原重庆万韬律师事务所（成立于2007年）、原重庆兴瑜律师事务所（成立于2015年）整体合并后组成了一家综合性大型合伙制律师事务所。

## 四、江苏省

江苏省是全国唯一一个所有地级行政区均跻身“百强”、人均GDP长期稳居全国第一、人口密度最高的省份，其法律市场相关数据也有不俗的表现。

截至2010年12月31日，江苏省共有律师事务所1112家，律师11,903人。[2]截至2020年年底，江苏省共有律所2187家，律所增长率达到96%，在江苏省13个设区的市，律师在这一年的人数首次均达到千人以上。

但从律所方面来看，江苏省并不具备优势，江苏律所的品牌影响力仍有较大提升空间。近年来，江苏主动在律所发展上发力。从2018年11月5日长三角区域一体化上升为国家战略以后，江苏律师行业对于长三角区域法律服务一体化的讨论与行动越发密集。沪、苏、浙、皖四地律协在2019年共同签署了《长江三角洲区域律师业一体化发展合作框架协议》及三个子协议，打通地域界限，探索跨区域模式升级。在同年的陆家嘴法治论坛上，四地律师协会的4位副会长也表达了在人才培养一体化上的合作意愿。

而近年来江苏法律服务市场日趋激烈的竞争，也让江苏的律所合并迅速白热化。首先，京、沪品牌规模律所纷纷布局江苏；其次，2020年新冠肺炎疫情的暴发也给小型律所的发展带来了更多的不确定性。

与此同时，江苏省司法厅、江苏省律协出台了《推进江苏律师业高质量发展实施纲要（2019-2023）》及《关于推动全省律师行业创新发展的指导意见》，提出鼓励支持各地有条件的律所“自主决定通过合作、合并、重组等方式做大整体规模、强化竞争实力”，实现高质量创新发展。《2020年江苏省律师工作要点》也特别提出，

---

〔1〕 智合：《【中国律所40年】坤源衡泰：合并突围，跻身头部（精华版）》，载微信公众号“智合”2020年1月15日，https://mp.weixin.qq.com/s/NZoPDOTnLS88LLCpVPA8RQ。

〔2〕《2010年江苏司法行政工作主要业务数据》，载江苏省司法厅江苏政府法制网2011年2月1日，http://sft.jiangsu.gov.cn/art/2011/2/1/art_48586_4140179.html。

大力推动律师事务所品牌化、规模化、国际化发展。以上这些因素加速了江苏省内律所合并布局的热潮。

从数据来看，2018～2021年江苏合并后的新律所高达13家，详见表4。

**表4 江苏省律所合并数据（不完全统计）**

| 律所 | 合并前 | 合并/宣布合并时间 |
|---|---|---|
| 新高的 | 高的、薛济民 | 2018年 |
| 国浩 | 国浩律师（苏州）、诚品 | 2019年 |
| 剑桥颐华 | 剑桥人、颐华 | 2019年 |
| 江豪海信 | 江豪、海信 | 2019年4月 |
| 法德东恒 | 法德永衡、东恒 | 2019年6月 |
| 彭城 | 彭城、昭鹏、众耕 | 2019年9月 |
| 京师 | 京师（无锡）、苏秦 | 2020年3月 |
| 琼宇仁方 | 琼宇、仁方 | 2020年6月 |
| 路漫 | 杜江、力豪、鑫焱、河滨 | 2020年8月 |
| 漫修 | 漫修、亿诚、上海国创 | 2020年10月 |
| 路漫 | 路漫、玖润 | 2020年10月 |
| 海越 | 海越、典上 | 2020年10月 |
| 联盛 | 冠文、法舟、江豪海信、申越 | 2021年9月 |

资料来源：综合整理自网络，仅供参考。
整理/制图：智合。

从合并时间来看，2018～2019年江苏合并后的新律所有6家，2020年后达到7家，占整个江苏律所总量的0.3%（截至2020年年底，江苏省共有律所2187家）。

从合并的方式来看，江苏省律所多为多家律所的聚集，由3家及以上律所合并成的新律所有4家，占全部合并律所数量的30.8%。其中，跨越苏中、苏南，各自在当地法律服务行业名列前位的冠文、法舟、江豪海信、申越等4家律所，于2021年9月26日在南京签署了律所合并协议，确定强强联合，合并组建成为一家新律所。据介绍，4家律所2020年现有收费总额已达2亿余元，合并后的新律所拥有执业律师300余人，综合实力位居江苏省律师行业前列。[1]

---

〔1〕 孙记者：《跨区域！四所合并！一家江苏本土品牌头部律所雏形初显》，载微信公众号“律媒智库”2021年9月26日，https：//mp. weixin. qq. com/s/Nv_－ViG35v2dd3Cjo92Z6A。

## 五、浙江省

浙江省地处长三角南翼，这一独特的区位条件显然是其现实优势。21 世纪之初，面对中国加入世贸组织的重要机会窗口，浙江省发挥区位优势，主动接轨上海、积极参与长三角地区交流与合作，不断提高对内对外开放水平。[1]浙江作为窗口和纽带，蓬勃的经济带来了法律服务市场突飞猛进的发展。

从截至 2017 年年底的数据来看，当时浙江省共有律师事务所 1465 家，较 2016 年增长 8.7%；共有律师 19,297 名，增长 11.6%。2018 年 7 月 5 日，浙江省第 20,000 名律师诞生。到了 2018 年年底，浙江全省共有律师约 2.1 万名，同比增长了 9%，律所约 1500 家，“百人所”达到 13 家。

同时，浙江省法律市场“强者恒强，弱者愈弱”的现象凸显，强者通过对各类资源的吸引力掌握更多的优质资源，不断巩固自己的地位。

从浙江的律所合并数据或可观测到些许端倪，详见表 5。

**表 5　浙江省律所合并数据（不完全统计）**

| 律所 | 合并前 | 合并/宣布合并时间 |
|---|---|---|
| 和义观达 | 和义、百铭、康派 | 2013 年 12 月 |
| 东鹰 | 东辰、腾飞金鹰 | 2017 年 11 月 |
| 泽大 | 泽大、九重天 | 2017 年 12 月 |
| 泽大 | 泽大、东港 | 2018 年 |
| 盈科 | 盈科、沪鑫、金元 | 2018 年 7 月 |
| 泽大 | 泽大、律信 | 2018 年 8 月 |
| 智仁 | 智仁、策力 | 2018 年 11 月 |
| 恒都 | 恒都（杭州）、瀛高 | 2021 年 4 月 |

资料来源：综合整理自网络，仅供参考。
整理/制图：智合。

从合并时间来看，2017 年、2018 年 2 年间，浙江律所合并现象较为集中。2018 年是浙江省持续推进经济高质量发展的关键年，浙江的经济创新发展尤其是数字经济发展走在全国前列，由此带来了更多的法律服务需求，扩大了法律服务市场的空间。

[1] 查志强：《发挥区位优势　全面推进开放强省建设》，载浙江在线网 2018 年 5 月 21 日，https：//zjnews.zjol.com.cn/zjnews/zjxw/201805/t20180521_7312057.shtml。

扩大的市场加剧了竞争的激烈，浙江众多小规模律所处于劣势地位，从而选择和优势大所、强所进行合并，也成为当时小所的首选。

从合并方式来看，在浙江的 8 个合并律所中，吸收合并的强所占比过半，泽大、盈科、恒都等大所、强所通过不断吸收其他律所，扩大其规模和影响力。

以具有代表性的浙江本土律所泽大为例，2001 年改制设立的浙江泽大律师事务所在 2017 年与九重天、2018 年与东港完成合并后，目前的浙江泽大律师事务所成为浙江省规模最大，同时执业律师人数也最多的综合性律所，截至 2021 年 4 月，泽大律师事务所总人数为 816 人，在册律师 639 人，在浙江拥有的分所达到了 14 个。[1]

## 六、山东省

截至 2012 年年底，山东省共有律师事务所 1238 家，共有律师 15,633 人。[2]截至 2015 年的数据显示，山东省共有律师事务所 1629 家，共有律师 20,043 人。

就山东的法律市场而言，合并为其带来了内生动力。大所、强所的市场占有率及影响力进一步增强，详见表 6。

**表 6　山东省律所合并数据（不完全统计）**

| 律所 | 合并前 | 合并/宣布合并时间 |
|---|---|---|
| 众成清泰 | 众成仁和、清泰 | 2015 年 3 月 |
| 良建 | 良捷、建林 | 2020 年 |
| 段和段 | 段和段（济南）、中强 | 2020 年 1 月 |
| 盈科 | 盈科（大连）、辽宁鹏润 | 2021 年 5 月 |
| 国曜琴岛 | 国曜、琴岛 | 2021 年 5 月 |
| 盈科 | 盈科泰安（筹）、盈和盈 | 2021 年 5 月 |

资料来源：综合整理自网络，仅供参考。
整理/制图：智合。

从合并的时间来看，2020 年、2021 年山东律所合并现象较为集中。2020 年初春，全国各个行业因疫情影响刚刚复工复产，律师行业迎来的是未知的寒冬，业务量下滑严重。由统计数据可以看出，有多家律所选择合并来突破当时的现实困境。

山东良建律师事务所作为山东省青岛市首家合并型律所，为青岛地区其他律所合并做出了建设性的有益探索。此外，段和段、盈科等大所不断吸收当地律所，也让山

〔1〕《浙江泽大律师事务所》，载浙江泽大律师事务所，http://www.zedalawyer.com/about。

〔2〕《2012 年山东省律师行业发展报告》，载原创力文档网 2019 年 6 月 18 日，https://max.book118.com/html/2019/0618/8113037132002030.shtm。

东的法律市场更具规模效益。

从合并的方式来看，山东的律所合并以吸收合并为主，如段和段（济南）分所、盈科（大连）分所以及盈科泰安（筹）选择与山东本地的小所合并。其中，段和段济南办公室是济南市司法局所属的市直律师事务所，也以其规模影响在济南法律市场上占据了优势地位。

## 七、广东省

广东省多年占据省（市）律师人数榜首。

从公布的数据看，截至2017年年底，广东律所的数量是3133家，执业律师人数是37,478。2018年6月11日，广东省的第40,000名律师诞生，在全国率先突破4万名律师大关，与第二名拉开近万名律师差距，且律师人数仍在高速增长。截至2018年年底，广东共有律师43,434名，半年又增3400余名。[1]截至2020年年底，广东省共有律师事务所3496家，共有执业律师55,136名，每万人拥有11.1名律师。广东律师业的成长速度令人咋舌。而这背后是市场发展与一系列的政策推动。

2013年开始，随着"一带一路"、粤港澳大湾区、广东自贸区建设的推进，更好地参与国际竞争、推动广东法律服务业持续"走出去"，成为广东律师业做大做强的动力。

而彼时的广东法律市场，不少小所深受发展限制，从2018年以前的数据看，30人以下的小型律所的业绩总体呈下滑趋势，如何做大做强成为律所的发展方向。在这样的方向指导下，选择与大所合并，达成规模效益成为一条"捷径"。

从统计数据来看，2012年至2021年，广东省共有10家经过合并成立的新律所，详见表7。

**表7　广东省律所合并数据（不完全统计）**

| 律所 | 合并前 | 合并/宣布合并时间 |
| --- | --- | --- |
| 广信君达 | 广信、信利盛达、安道永华；苏东海、刘善巧等2个律师团队 | 2012年 |
| 广悦鸿鼎 | 广悦、鸿鼎 | 2012年6月 |

〔1〕 周正、何木永：《42.3万，中国律师人数增长迈入"5万人时代"?》，载搜狐号"智合"2019年3月28日，https：//www.sohu.com/a/304339002_120111928。

续表

| 律所 | 合并前 | 合并/宣布合并时间 |
| --- | --- | --- |
| 康达 | 康达、中信协诚 | 2017 年 9 月 |
| 连越 | 连越、诺言 | 2018 年 6 月 |
| 金桥百信 | 金桥百信、达生 | 2018 年 9 月 |
| 德和衡 | 德和衡（广州）、国鼎、博浩、匡鼎 | 2019 年 1 月 |
| 法丞汇俊 | 法丞、汇俊 | 2019 年 9 月 |
| 金纳 | 金纳、平洲 | 2020 年 |
| 经纶君厚 | 经纶、君厚 | 2021 年 6 月 |
| 道可特 | 道可特（深圳）、俨道 | 2021 年 8 月 |

资料来源：综合整理自网络，仅供参考。
整理/制图：智合。

从合并的时间来看，广东律所的合并多出现于 2017 年之后，康达、连越、德和衡等相继完成合并。

从合并的方式来看，2013 年之前，广东律所的合并主要以多家律所及律师团队之间的合并为主。成立于 2012 年的广信君达就是由 3 家律所和 2 个律师团队合并组建的，广信君达的合并直接带来了规模与创收上的巨大效应，合并第二年律师人数突破 200 人，创收达亿元。广信君达的成功也让众多律所看到了规模带来的巨大优势，加紧扩张的步伐，同年 6 月，广悦、鸿鼎紧随其后完成了合并。

广东法律市场充满多样性，从历史发展出发，广东律所的合并，无论是强强联合抑或是吸收合并，似乎现在看来都已不足为奇。

## 结语

用数据透视行业，能看到目前律所合并的集群效应还在持续，尽管各家律所合并后的发展情况并不均衡，但不可否认的是，合并仍是目前律所做大做强的主流方式。

# 数量降至 13 年前水平，谁还记得外国律所何时起撤出中国

刘元坤 |

1992 年，12 家外国律所驻华办事处拿到政府批文，有了正式身份。虽然此前已有外国律所借助外贸咨询机构的形式进入中国开展涉外法律服务，但这是中国第一次以部门规章形式允许外国律所在中国设立办事机构。

此后的 20 多年间，外国律所在华高歌猛进，业务全面铺开，机构数量一路攀升，驻华办事处（后称驻华代表机构）数量最多时曾达 232 家[1]。

时过境迁。1992 年第一家获准在中国设立办事处的英国路伟律师事务所，已合并更名为英国霍金路伟律师事务所。早在 1979 年便设立北京办事处的美国高特兄弟律师事务所，也于 2005 年解散，成为过往云烟。

2020 年，外国律所驻华代表机构从顶峰时的 232 家回落至 185 家，接近 2009 年时的数量水平。

这 20 余年，外国律所的扩张有何规律？哪些城市颇得外国律所青睐？

## 一、从 232 家到 185 家，外国律所撤出的背后是中国律所的崛起

改革开放后，外国律所伴随客户的脚步进入中国，但他们的身份还没有得到正式确认，只能以外贸咨询机构形式开展业务。1989 年，已有超过 20 家外国律所在华设立外贸咨询机构。

1992 年 5 月 26 日，司法部、原国家工商行政管理局联合发布了《关于外国律师事务所在中国境内设立办事处的暂行规定》（已失效），虽然限制外国律所只能在北

[1] 本文所称外国律所驻华代表机构数量，采用司法部以公告形式发布的，通过年度检验获准在中国境内执业、提供境外法律服务的外国律所驻华代表机构数量。

京、上海、广州等19个城市开设且仅能开设1处办事处（后称“外国律师事务所驻华代表机构”），但这是第一次允许外国律所在中国设立办事处。

2001年12月19日，国务院通过《外国律师事务所驻华代表机构管理条例》，这是我国第一个规定外国律所在华相关事务的行政法规，取消了针对外国律所的数量限制和地域限制，进一步打开了外国律所入华的大门。

在这之后，外国律所入华的发展历程，大致可划分为快速发展期（2002～2014年）与格局调整期（2015～2020年）两个阶段。2002～2020年外国律所驻华代表机构数量见图1。

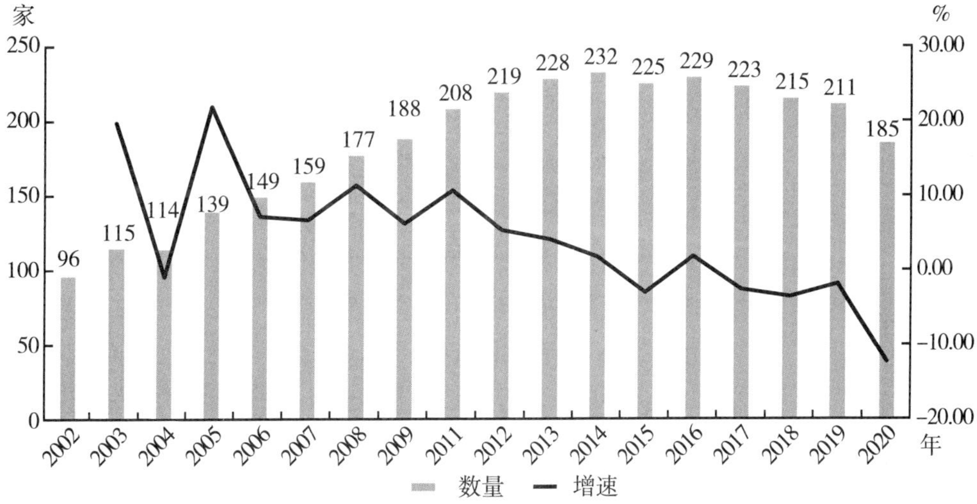


**图1　2002～2020年外国律所驻华代表机构数量**

资料来源：司法部历年关于外国律师事务所驻华代表机构通过年度检验获准在中国境内执业的公告，其中2010年数据暂缺。

快速发展期间，外国律所驻华代表机构从2002年的96家，迅速发展至2014年的232家。虽然个别年份数量偶有减少，但在2002～2014年整体呈持续增长趋势。

如果把外国律所驻华代表机构的数量划分为100～200家、200家以上两个区间，更能感受到这个势头：外国律所驻华代表机构数量在2003～2009年始终处于100家以上并且接近200家，在2011～2014年保持在200家以上的规模，且一直持续到2019年。

中国持续深入的改革开放以及数十年飞速增长的经济奇迹，为外国律所进入中国市场提供了宽松的准入环境和广阔的业务机会。他们伴随外资企业的步伐，瞄准中国的巨大市场潜力鱼贯而入。外国律所驻华代表机构（办事处）从1992年首批获批的12家，发展至《外国律师事务所驻华代表机构管理条例》生效时的96家。

外资企业对中国的热情可谓持续高涨，中国实际使用外资金额从2000年的407.2亿美元攀升至2018年的1390.4亿美元，详见图2。来自世界各地的精英律师也随着外资企业争相进入中国，外国律所驻华代表机构数量在此期间再上一个台阶，在2011年突破200家，并在2019年前一直维持200家以上的规模。

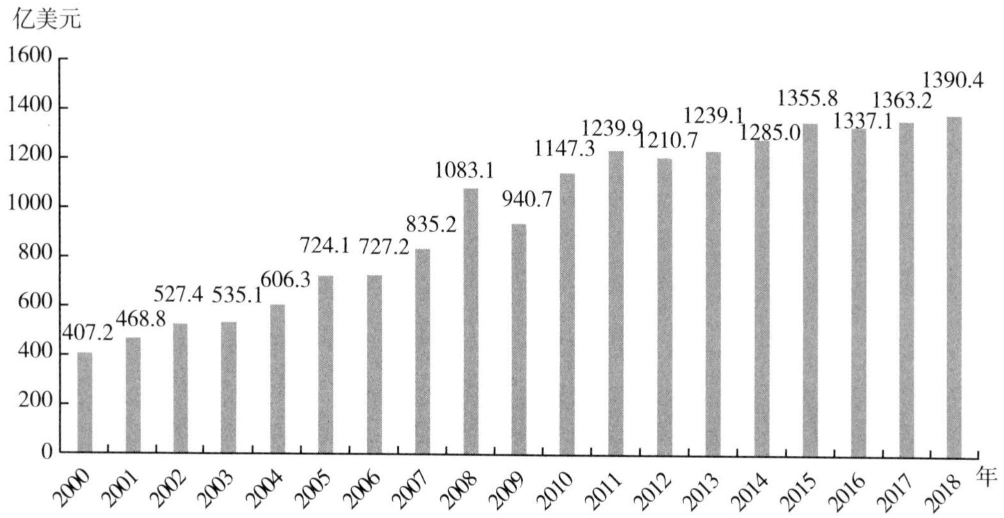


**图2　2000～2018年中国实际使用外资金额**

资料来源：商务部《中国外商投资报告2019》。

跨过进入中国的门槛，面对丰厚广阔的市场，外国律所结合自身业务及人才等优势，迅速站稳地位。2007年，知名法学家季卫东教授在联合清华大学、中国政法大学等展开的大型问卷调查中得出初步结论：在北京、上海、广州这些城市，外国律所在涉外法律市场、高端商务法律市场占有垄断地位。[1]

格局调整期间，外国律所撤出中国市场的消息频繁传出。外国律所驻华代表机构数量在2014年达到顶峰的232家后逐渐趋于减少，直至2020年减少至185家。这一数据已经低于2009年的188家。

从外资所增速上看，2011年后就已经显现出疲软的端倪，2012年再次掉出10%的增速后持续呈下降趋势，自2016年来一直处于负增长状态。外资所在华数量逐渐减少的局面，是多方面因素共同影响造成的。

外国律所在风光无两的同时，其自身所面临的挑战和风险也从未间断。

[1] 董馨、杨小波：《我国涉外法律市场2015年全面开放　外国律所成都抢市场》，载新浪网，http://news.sina.com.cn/2010-12-21/041221677658.shtml?source=1。

近年来，国内、国外双向投资的发展势头不再继续迅猛，中国实际使用外资金额增速放缓，对外直接投资也从2016年的1961.5亿美元回落至2019年的1369.1亿美元，详见图3。跨国交易数量与金额的回落直接冲击涉外法律服务市场，新冠肺炎疫情在全球范围内的暴发与传播、国际关系变化等外部环境因素亦波及外国律所发展。

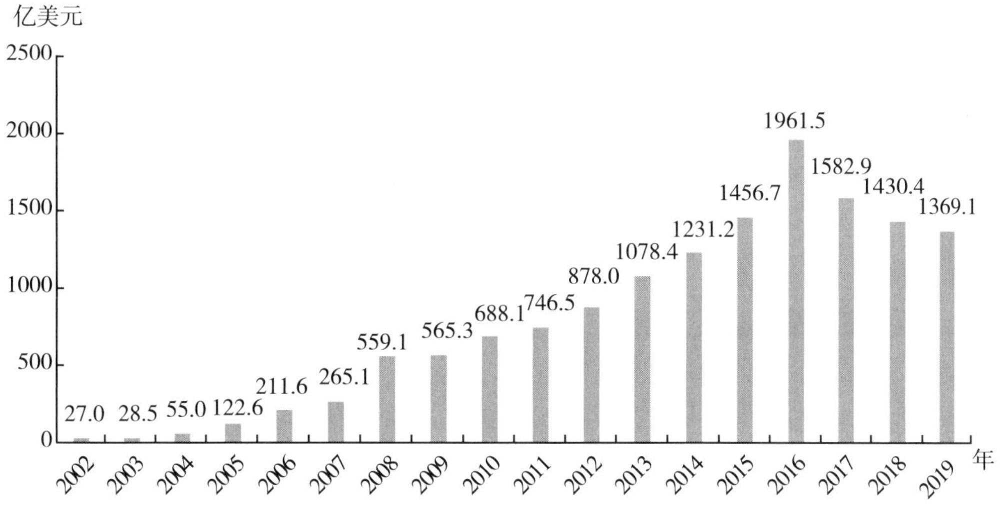


**图3 2002～2019年中国对外直接投资金额**

资料来源：商务部《中国对外投资合作发展报告2015》《中国对外投资合作发展报告2019》。

《外国律师事务所驻华代表机构管理条例》虽然取消了外国律所入华的数量与地域限制，但对其所能从事的法律服务活动范围作出了严格的限定。[1]外国律师不能以律师身份参加诉讼，外国律所驻华代表机构的业务基本局限在上市、并购、合规、外商投资等非诉领域及部分国际仲裁领域。

与此同时，中国律所在几十年的发展中加快管理革新，逐渐发展出一批具有规模优势、专业优势的综合性律所。

中国律所和律师的涉外法律服务能力也日趋成熟，在国际法律服务中的话语权与日俱增。一些中国律所通过设立海外分所或加入、组成联盟的方式启动国际化布局，在专业水平和服务能力上衔接全球法律服务资源，提升跨国法律服务能力，为客户提供一站式法律解决方案。

[1] 根据《外国律师事务所驻华代表机构管理条例》的规定，外国律师事务所驻华代表机构的外国律师在中国不得从事以下活动：(1) 以律师身份参与诉讼；(2) 就合同、协议或其他书面文件中适用中国法律的具体问题提供意见或证明；(3) 就适用中国法律的行为或事件提供意见和证明；(4) 在仲裁中，以代理人身份对中国法律的适用或涉及中国法律的事实发表意见或评论；(5) 代表委托人向中国政府机关或其他具有行政职能的组织办理登记、变更、申请等手续；(6) 同时在两个以上代表处任职或兼任；(7) 每年居留在境外的时间超过6个月。

截至2020年年底，中国在境外接受过教育并获得学位的律师达8588人，中国律所在境外设立分支机构150余家，办理各类法律事务9.3万余件。[1]

外部国际环境的变化、经济发展的波动、自身业务的局限、中国律所的崛起，以及中国律所和外国律所之间的人才流动，种种变化与挑战，让外国律所在中国的竞争优势不再突出。随之而来的，是外国律所撤出中国市场消息频传：

· 2015年1月，法朗克律师事务所关闭香港和上海办事处。

· 2015年7月，查德本·派克律师事务所关闭北京办公室。

· 2016年，美国凯威莱德律师事务所正式宣布撤出亚洲。

· 2018年，美国长盛律师事务所宣布完全撤离中国和亚洲市场。

· ……

## 二、外国律所在华形成京、沪两大中心，内陆、沿海均有驻点

### （一）北京、上海成为外国律所战略中心

北京、上海分别作为中国的政治中心和经济中心，吸引了大量外国律所入驻，占据外国律所驻华代表机构整体数量的绝大比例。若将各城市历年外国律所驻华代表机构数量囊括在一个图表内，可以明显看出北京、上海表现突出，其他城市则维持在相对略少的档位，详见图4。

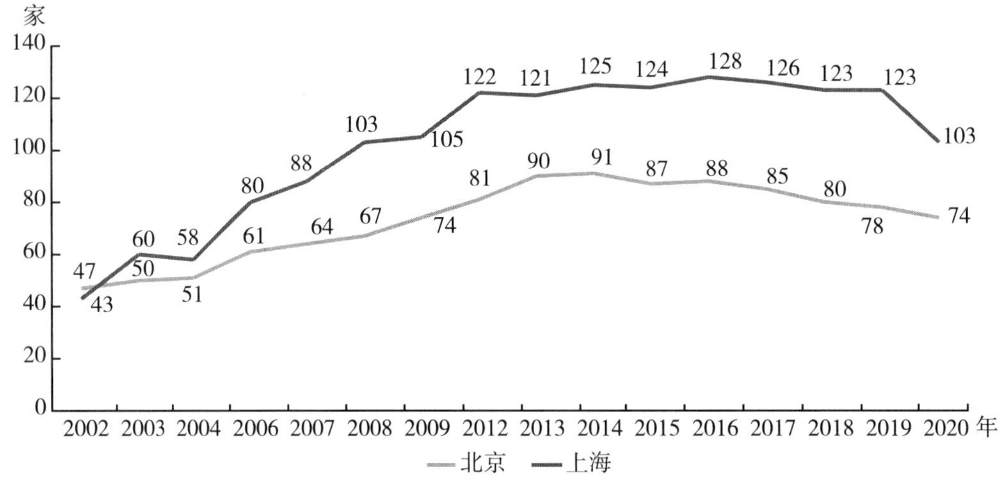


**图4 2002～2020年外国律师事务所驻华代表机构市分布情况**

资料来源：司法部历年关于外国律师事务所驻华代表机构通过年度检验获准在中国境内执业的公告，其中2005年、2010年、2011年具体分布数据暂缺。

---

〔1〕《2020年度律师、基层法律服务工作统计分析》，载中华人民共和国司法部网，http：//www.moj.gov.cn/pub/sfbgw/zwxxgk/fdzdgknr/fdzdgknrtjxx/202106/t20210611_427394.html。

其中，上海对外国律所具有特别的吸引力，这也体现在除2002年外，上海的外国律所驻华代表机构数量一直远高于其他城市。

（二）外国律所多点布局对外开放高地

如图5所示，广州的外国律所驻华代表机构虽相对较少，但相较京、沪以外的其他城市而言，其数量保持优势且基本稳定，始终保持在2～10家的范围。2009年，广州的外国律所驻华代表机构数量经历了快速增长，此后略有减少后基本保持稳定，直至2020年减少至2009年水平。

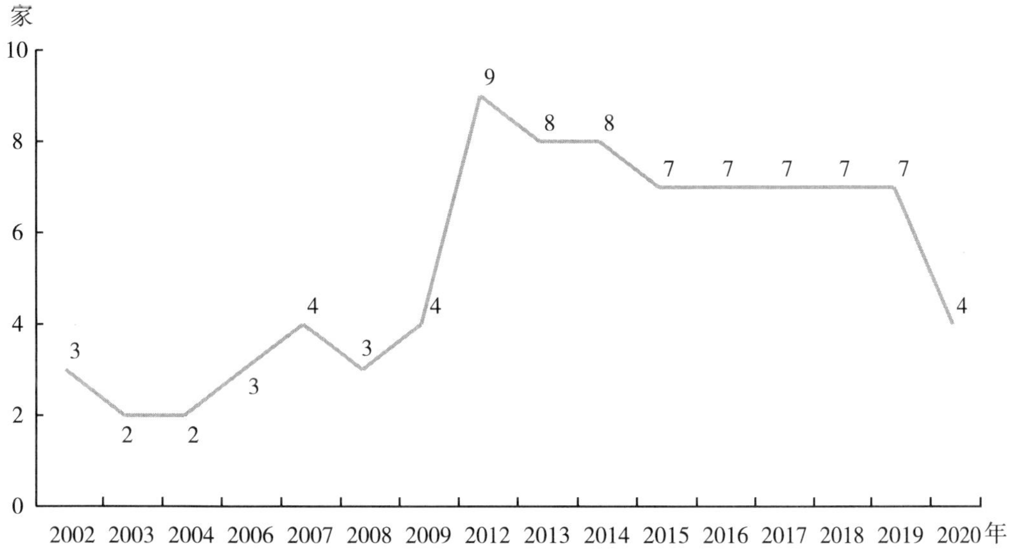


**图5　2002～2020年外国律师事务所驻华代表机构在广州的分布情况**

资料来源：司法部历年关于外国律师事务所驻华代表机构通过年度检验获准在中国境内执业的公告，其中2005年、2010年、2011年具体分布数据暂缺。

大连、青岛、厦门、杭州、天津、深圳、南京等沿海、沿江城市，对外交往频繁，曾分别在不同年份吸引过外国律所开设驻华代表机构，数量普遍在1～2家。值得注意的是，或因毗邻拥有丰厚涉外法律服务资源的香港，至2018年才有外国律所在深圳开设代表机构。

成都、重庆及沈阳背靠西南、东北两大经济腹地，同时作为西南、东北对外交流的窗口和改革开放的前沿高地，也曾吸引外国律所开设驻华代表机构，数量同样处于1～2家范围。

格局调整期间，外国律所对不同城市区域选择的“口味”也出现了“由北到南”的变化。

2013 年以前，外国律所在北方城市开设驻华代表机构的数量均超过或等于南方城市开设的数量。2013 年起，在南方开设的驻华代表机构数量大多数时间都超过了北方，详见图 6。

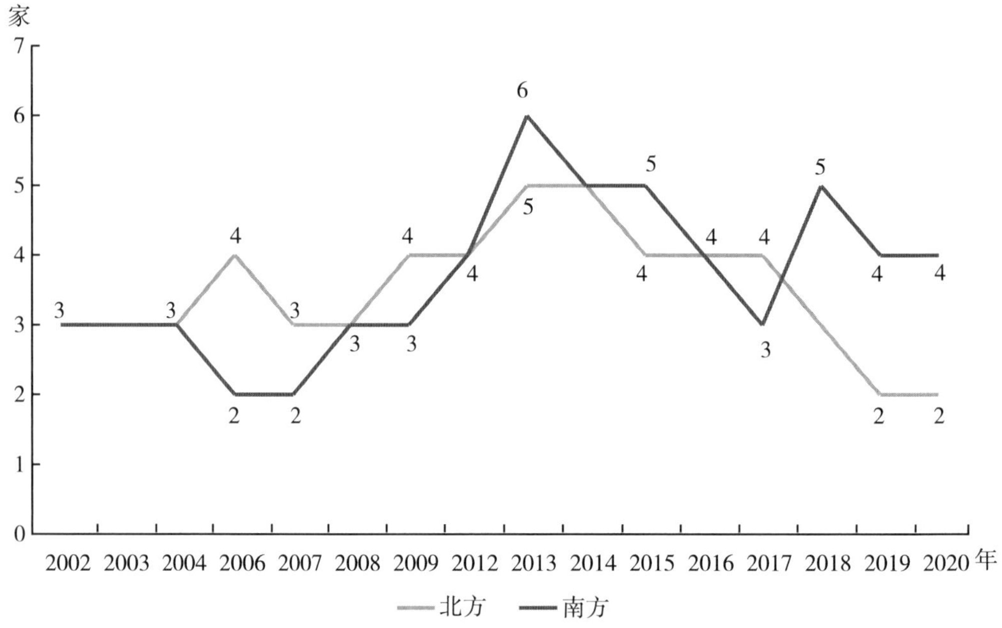


**图 6 2002～2020 年外国律师事务所驻华代表机构地域分布情况**

资料来源：司法部历年关于外国律师事务所驻华代表机构通过年度检验获准在中国境内执业的公告，其中 2005 年、2010 年、2011 年具体分布数据暂缺。

## 三、美国律所一枝独秀，国别构成呈四个梯队

（一）第一梯队

如图 7 所示，在外国律所驻华代表机构国别对比上，美国律所可谓一骑绝尘，将其他国别律所远远甩在身后。在已知数据范围内，美国律所设立的驻华代表机构数量，有长达 8 年时间超过 100 家。

在《外国律师事务所驻华代表机构管理条例》施行初期，美国律所驻华代表机构数量是英国律所驻华代表机构的 2 倍，高峰时其数量曾达英国律所驻华代表机构的 3 倍多。但近年来，受各方面因素影响，美国也成为外国律所驻华代表机构中撤出数量最多的国家。

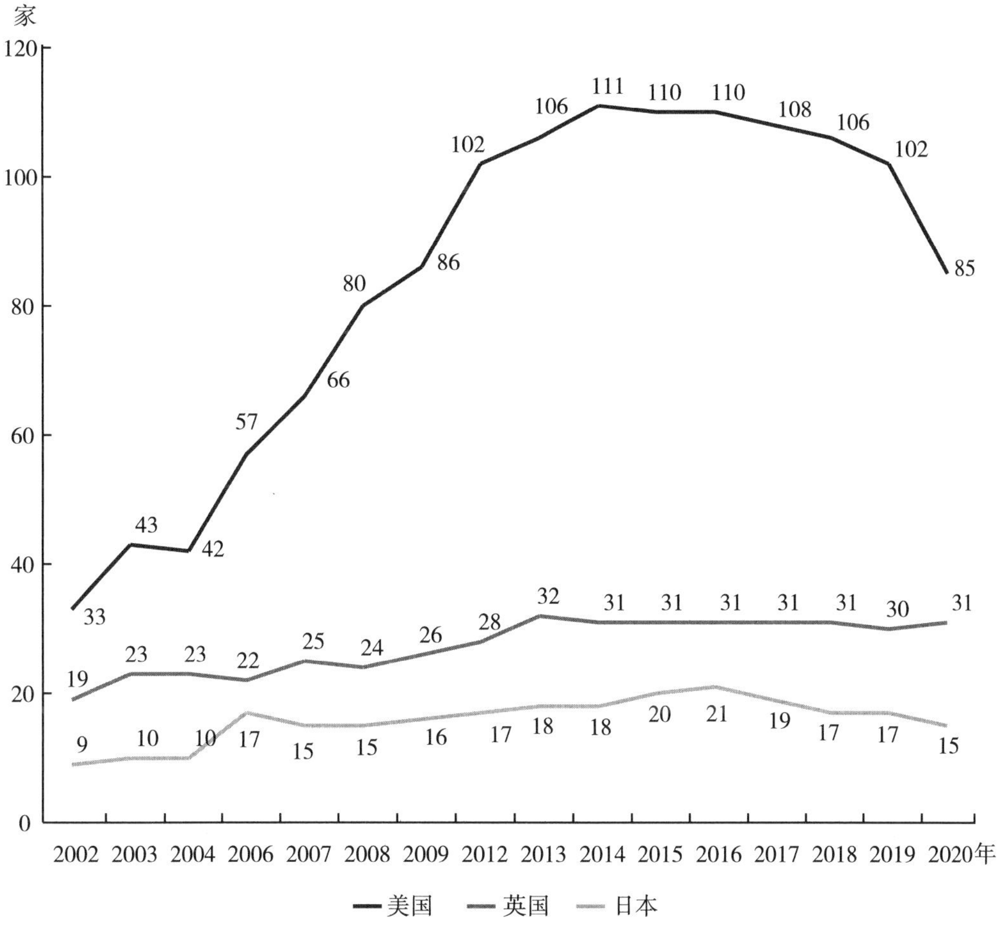


**图7　2002～2020 年外国律师事务所驻华代表机构国别构成情况**

资料来源：司法部历年关于外国律师事务所驻华代表机构通过年度检验获准在中国境内执业的公告，其中 2005 年、2010 年、2011 年具体分布数据暂缺。

（二）第二梯队

如图 8 所示，相较于美国律所驻华代表机构的大起大落，英国律所驻华代表机构的增长则保持相对稳定的发展。稳步从刚放开时的 19 家，逐步发展到“20 +”“30 +”。日本律所驻华代表机构的数量稍低于英国，最多时曾在中国开设 20 余家驻华代表机构。德国、法国、澳大利亚等国律所开设驻华代表机构范围在 5～15 家波动。

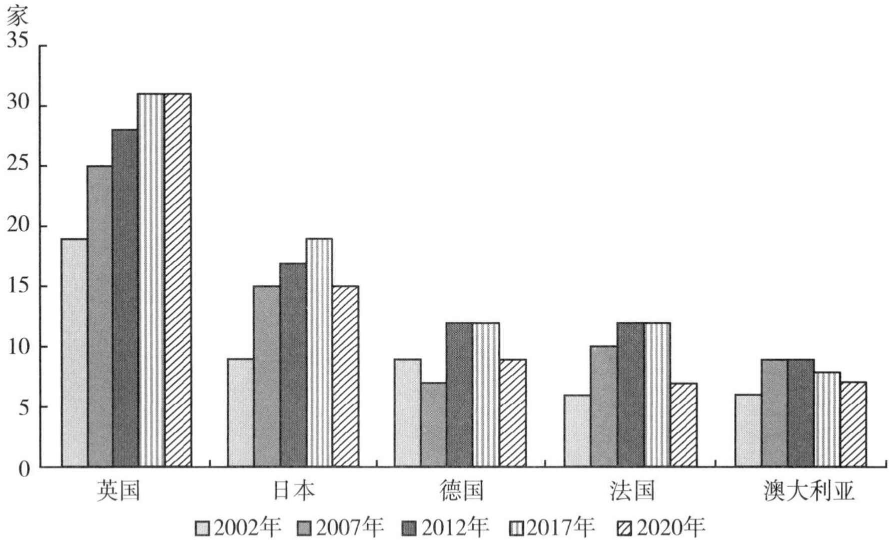


**图8　2002～2020年第二梯队外国律师事务所驻华代表机构数量变化情况**

资料来源：司法部历年关于外国律师事务所驻华代表机构通过年度检验获准在中国境内执业的公告。

注：图中仅选取部分年份数据用以对比展示。

（三）第三梯队

如图9所示，韩国、新加坡及西班牙、意大利是中国在亚洲和欧洲重要的贸易伙伴，来自这些国家的律所也在中国开设了相当数量的驻华代表机构，均在10家以内，共同构成外国律所驻华代表机构的第三梯队。

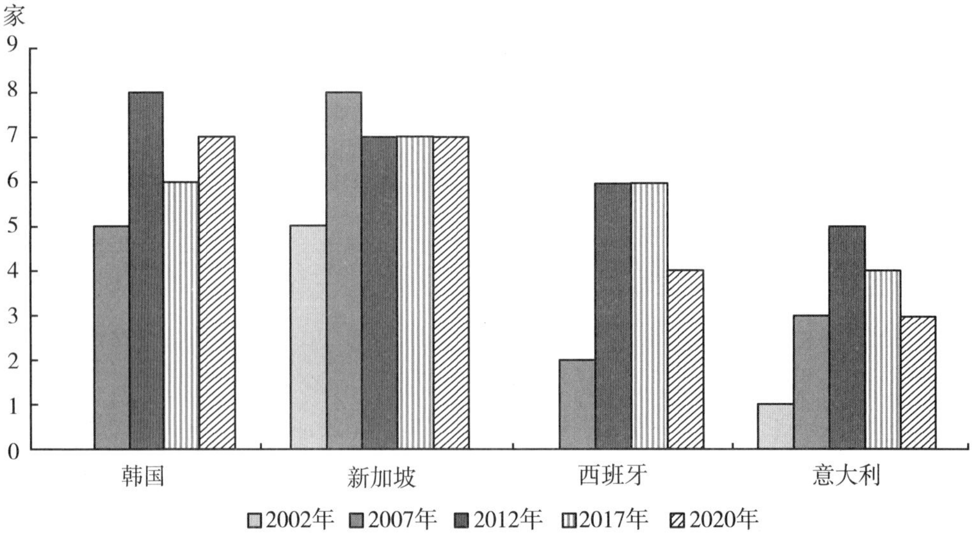


**图9　2002～2020年第三梯队外国律师事务所驻华代表机构数量变化情况**

资料来源：司法部历年关于外国律师事务所驻华代表机构通过年度检验获准在中国境内执业的公告。

注：图中仅选取部分年份数据用以对比展示。

（四）第四梯队

加拿大、瑞士、瑞典、巴西、阿拉伯联合酋长国、荷兰、挪威、比利时、毛里求斯、约旦、印度、葡萄牙、新西兰、以色列、塞浦路斯、尼日利亚 16 个国家普遍在中国开设过 1 ~3 家驻华代表机构，形成外国律所驻华代表机构的第四梯队。

其中，瑞士、瑞典 2 个北欧国家律所的驻华代表机构数量在第四梯队中最稳定，自 2002 年在华设立代表机构以来从未中断。

印度、葡萄牙、新西兰、以色列、尼日利亚 5 国的律所只在其中的某 1 个年份开设过 1 家驻华代表机构。

## 结语

伴随改革开放的步伐，外国律所如雨后春笋般在华生长。从最初的外贸咨询机构，到 1992 年批准首批 12 家外国律所设立驻华办事处，再到中国加入世贸组织后进一步开放法律服务市场时涌现的 96 家外国律所驻华代表机构，外国律所凭借其国际视野和专业优势，一度占据中国跨境法律服务市场的头把交椅。随着中国经济腾飞，外国律所发展迅猛，数量更是曾达到 232 家。

以美、英、德、法、日等为主的数十个国家的律所在中国铺设了辐射广阔的业务与办公网络，代表机构开设范围并未局限于北京、上海、广州、深圳等经济重镇，同样也触及重庆、成都、沈阳、大连、杭州、南京、厦门、青岛、天津等沿海与内陆开放高地。外国律所在与中国律所、律师的交流合作中，也将先进的管理理念、执业机制传入，悄然影响中国律师的生态。

近年来，受外部环境变化、自身发展局限和中国律所崛起等多重因素的影响，外国律所的优势不再像从前那样突出，生存空间也有萎缩迹象，其驻华代表机构数量从顶峰时的 232 家，回落至 2020 年的 185 家。

但是，机遇仍在。近年来，上海、海南等地接连出台支持中外律所联营的政策。外国律所若能把握住新的时代机遇，与中国律所展开平等合作、实现互利共赢，或将在中国开启下一个黄金发展时期。

# 两年净增100家，你执业的地方有多少家“百人所”

蔡　凡

“百人所”越来越多了。

2020年全国有“百人所”360家，在全国3.4万多家律所中，占比刚过1%。再对比2018年年底的数据，两年间净增100家，增幅达17.7%，远高于其他规模律所的增幅。

司法部发布的中国律师行业2020年数据显示，截至2020年年底，全国共有执业律师52.2万人，律所3.4万家，全国有5个省（市）律师人数超过3万人。

行业依然处在“高增速”阶段，律师队伍愈加庞大，竞争将更为激烈。而“百人所”数量的变化，也是区域市场加速整合释放出的一个信号。

## 一、连续三年，每年增长5万名律师

如图1所示，2016~2020年4年时间里，全国执业律师人数从32.60万人增至52.20万人，共增长60.1%，年化增长率12.5%。其中，2018年是近5年全国律师人数增量和增幅的最高点，单年净增5.80万人，智合观察到，从这一年开始，中国律师人数增长方面进入了高速发展的“5万人时代”。

- 2013~2016年，年均增长约2万人，增幅约9.80%；
- 2016~2017年，增长近4万人，增幅约12.00%；
- 2017~2018年，增长5.8万人，增幅近15.90%；
- 2018~2019年，增长5万人，增幅约11.82%；
- 2019~2020年，增长4.9万人，增幅约10.36%。

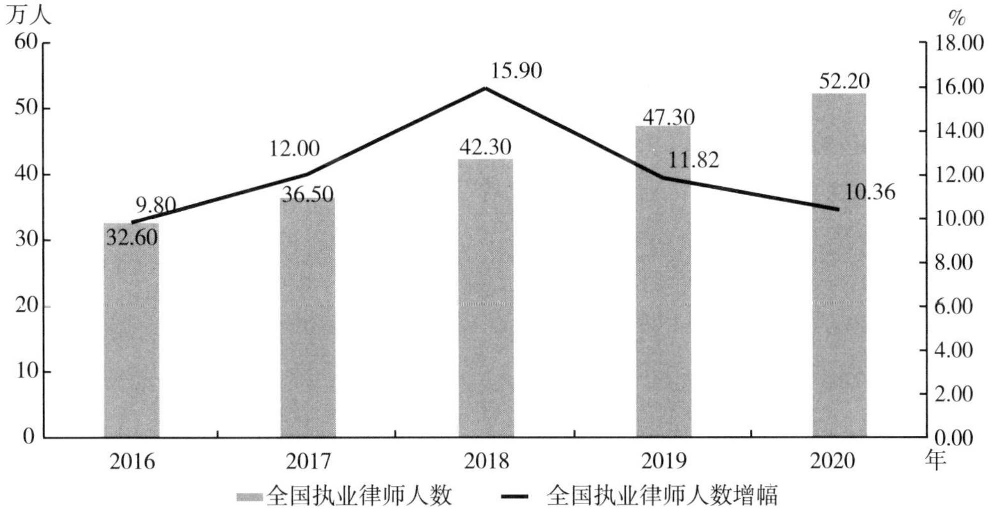


**图 1　2016～2020 年全国执业律师人数变化情况**

以此为起点，2019 年、2020 年中国律师人数的增量有所减缓，但都接近 5 万人，增幅均在 10% 以上。根据司法部《全面深化司法行政改革纲要（2018－2022 年）》的目标——“2022 年全国律师总数预计达到 62 万人”，未来两年中国律师行业将继续保持年均新增 5 万名律师的高增速。

## 二、万人律师，将成各省市“标配”

2020 年多省（市）律师人数仍保持了高增长态势。

如表 1 所示，2020 年，律师人数超过 1 万人的省（自治区、直辖市）共 21 个，其中超 3 万人的省（直辖市）有 5 个，分别是北京、广东、江苏、上海、山东。

**表 1　律师人数超过 3 万人的省（直辖市）**

| 省（直辖市） | 律师人数/人 | 律所数量/家 |
| --- | --- | --- |
| 广东 | 55, 136 | 3496 |
| 北京 | 37, 351 | 2887 |
| 江苏 | 35, 542 | 2188 |
| 上海 | 31, 679 | 1709 |
| 山东 | 31, 468 | 2290 |

资料来源：各地司法厅局、省市律师协会等官方网站。
整理 & 制图：智合。

广东律师人数于 2018 年 6 月率先突破 4 万人，2020 年 4 月突破 5 万人。截至

2020 年年底，广东共有律师 55, 136 人，较 2019 年增长 12. 6%；共有律所 3496 家。

2018 年 6 月至 2020 年年底，两年半的时间内，广东律师人数新增 2 万人以上，增长速度不可谓不快。

其中，广州共有律师 17, 956 人，约占全省律师总数的 32. 6%；共有律所 814 家；全市律师业务创收 83 亿元，较 2019 年增长 8. 5%。深圳共有律师 17, 490 人，约占全省律师总数的 31. 7%；共有律所 1039 家。广州、深圳两市的律师人数占广东全省律师总数的 60% 以上。[1]

北京于 2018 年成为继广东之后全国第二个律师人数超过 3 万人的省市，过去几年中，在基数较大的情况下，北京律师行业仍保持了较快增速，截至 2020 年年底，北京共有律师 37, 351 人，同比增长 7. 47%；共有律所 2887 家。

从律所规模来看，2020 年北京拥有 50 名律师以上的律所共 98 家，较 2018 年新增了 9 家。律师人数排名前 10 的律所分别为：京师、盈科、大成、德恒、中伦、中闻、金杜、炜衡、天驰君泰、中银。以 2018 年数据作为对比，除中银的律师人数减少了 35 人外，其他律所的律师人数均在增长。其中以京师、中闻、盈科 3 家律所增长数量最多。

江苏省的律师人数于 2019 年首次突破 3 万人，2020 年又添 5000 人。截至 2020 年年底，江苏共有律师 35, 542 人，同比增长 16. 7%；共有律所 2188 家。

值得一提的是，不同于许多省份省会城市“一枝独秀”的行业形态，江苏全省律师均衡发展取得较大进展，领先于全国——2019 年江苏就已基本实现全省县域律师人数 50 人以上。2020 年，省会南京共有律师 8679 人，人数居全省第一，但占比仅为 24%，同比 2019 年增长了 7. 9%。江苏的其他 12 个地级市，律师人数的增幅均高于南京，都超过了 13%。

上海于 2020 年新晋成为“律师 3 万人”的省（市）。2008 年上海律师人数突破 1 万人，2016 年突破 2 万人，截至 2020 年年底，上海共有律师 31, 679 人，同比增长 9. 03%，首破 3 万人大关；共有律所 1709 家。

上海一直是国内法律服务重镇，2020 年行业总创收同比增长 7. 12%，占上海 GDP 总量的 7. 6‰。从律所的创收体量来看，创收 10 亿元以上的律所有 4 家；创收 1 亿元以上的律所有 51 家，同比增加 5 家；创收 1000 万元以上的律所有 304 家。

山东全省执业律师人数于 2019 年首次突破 3 万人。2020 年全省共有律师 31, 468 人，同比增长 1. 36%，增幅较小；但全省律师业务收费为 100. 03 亿元，较 2019 年实

[1] 数据说明：广东、广州数据来源为广东律协、广州律协公告，深圳数据来自深圳市律协官网实时数据，该实时数据与 2020 年年底数据有一定出入，供参考。

现了较大比例的增长，达 21. 97%。

观察律师行业发展较快的省市，在 2020 年依然保持 15% 以上的人员增速。

如四川 2020 年共有律师 28, 011 人，较 2019 年增长 18. 92%；共有律所 1718 家，同比增长 11. 6%；业务收费超 59. 7 亿余元。浙江 2020 年共有律师 27, 302 人，同比增长 15. 5%；共有律所 1636 家，同比增长 4%；业务总创收达 139. 38 亿元。陕西 2020 年共有律师 13, 161 人，同比增长 15%；共有律所 713 家，同比增长 9%；行业总创收为 22. 74 亿元。

此外，部分省市如重庆出现"人数持续增长，但律所数量出现负增长"的情况——其 2020 年的律师人数较 2019 年增长 12. 73%，但律所数量减少了 1. 11%。

这也表明当地小微所逐年减少、大中型所逐年增加的格局变化，律所做大做强的动能增强，规模不断扩大，结构持续优化。

## 三、"百人所"增幅亮眼，区域整合加速

近两三年，全国"百人所"数量增长明显。

2020 年，全国的 3. 4 万余家律所中，律师 10 人（含）以下的律所有 2. 27 万余家，占 66. 02%；11 ~ 50 人的律所有 10, 500 余家，占 30. 91%；21 ~ 50 人的律所有 3400 余家，占 10. 08%；51 ~ 100 人的律所有 680 余家，占 1. 99%；100 人（含）以上的律所有 360 余家，占 1. 08%。

10 人以下的小微规模律所仍是市场主体，但值得注意的是——"百人所"数量占比刚过 1%，虽然比例不高但近些年增幅显著。

如表 2 所示，2018 ~ 2020 年的 2 年间，全国"百人所"净增 100 家，在不同规模律所中年均增长率最高，达 17. 7%。

**表 2　2018 ~ 2020 年不同规模律所数量变化情况**

| 律所规模 | 2018 年 | 2019 年 | 2020 年 | 年均增长率 |
|---|---|---|---|---|
| 10 人以下 | 19, 000 家 + | 21, 000 家 + | 22, 700 家 + | 9. 3% |
| 11 ~ 50 人 | 10, 500 家 + | 10, 280 家 + | 10, 500 家 + | 0. 0% |
| 51 ~ 100 人 | 570 家 + | 620 家 + | 680 家 + | 9. 2% |
| 100 人（含）以上 | 260 家 + | 320 家 + | 360 家 + | 17. 7% |

资料来源：司法部。

整理/制图：智合编辑部。

"百人所"的新增，是区域整合加速最为重要的标志之一。

行业内多家本土所合并成为百人甚至两百人大所的现象也越发普遍。根据 2020

年上半年各省市发布的行业数据显示，江苏、上海、广东的“百人所”增长数量更为显著。

2014 年，江苏圣典、中银（南京）两家律所的律师人数破百，江苏省实现了“百人所”零的突破[1]；5 年之后的 2019 年年底，江苏共有 9 家“百人所”，而截至 2021 年 8 月 26 日，江苏已有 18 家“百人所”。约一年半的时间内，“百人所”数量翻倍（见表 3）。

**表 3　2020 年江苏“百人所”情况**

| 律所名称 | 人数/人 | 律所名称 | 人数/人 |
| --- | --- | --- | --- |
| 大成（南京） | 358 | 京师（南京） | 125 |
| 国浩（南京） | 301 | 炜衡（南京） | 119 |
| 盈科（南京） | 247 | 致邦 | 112 |
| 法德东恒 | 221 | 博事达 | 111 |
| 新高的 | 185 | 盈科（苏州） | 109 |
| 圣典 | 143 | 炜衡（南通） | 104 |
| 锦天城（南京） | 141 | 钟山明镜 | 102 |
| 京师（无锡） | 133 | 盈科（无锡） | 102 |
| 中银（南京） | 128 | 盈科（南通） | 101 |

资料来源：江苏省法律服务机构法律服务人员信息公开平台（截至 2021 年 9 月 15 日）。
整理/制图：智合编辑部。

2020 年年底上海共有 47 家“百人所”，较 2019 年新增了 10 家，增幅达 27.02%。与此同时，10 人以下律所数量较 2019 年的 1102 家减少 57 家，降幅为 6.62%。而从 2018 年到 2019 年，上海的“百人所”仅增长了 1 家，对比可见，上海法律服务市场整合趋势正在加强。上海市司法局也发文明确了“到 2025 年规模 100 人以上的律所达 75 家”的目标。

再看广东市场。

2020 年，广州共有 28 家“百人所”，其中 8 家为 2019 年新增；有 8 家为京、沪律所在广州的分所。律师数量超过 200 人的律所有 7 家，广信君达以 619 人的律师数量位列第一，盈科（广州）、法制盛邦、金桥百信、大成（广州）、国信信扬、金鹏紧随其后。

---

〔1〕《南京两家律所率先跨入“百人所”行列》，载江苏律师网 2014 年 1 月 6 日，http：//www.jslsw.org.cn/lvxie/html/portal/detail.html？info＝9304276。

如表4所示，截至2021年9月15日，深圳共有27家“百人所”，较2020年新增了5家，新增的律所分别是：炜衡（深圳）、中银（深圳）、广东瀛尊、国浩（深圳）、万商天勤（深圳）。

**表4 2020年深圳“百人所”情况**

| 律所名称 | 人数/人 | 律所名称 | 人数/人 |
|---|---|---|---|
| 广东华商 | 614 | 广东商达 | 167 |
| 盈科（深圳） | 600 | 广东德纳 | 141 |
| 广东广和 | 516 | 隆安（深圳） | 137 |
| 京师（深圳） | 467 | 炜衡（深圳） | 133 |
| 大成（深圳） | 324 | 金杜（深圳） | 130 |
| 广东卓建 | 285 | 君泽君（深圳） | 129 |
| 广东国晖 | 271 | 广东星辰 | 128 |
| 德恒（深圳） | 268 | 广东诚公 | 121 |
| 锦天城（深圳） | 244 | 广东君言 | 120 |
| 广东晟典 | 240 | 国浩（深圳） | 117 |
| 泰和泰（深圳） | 216 | 中银（深圳） | 114 |
| 中伦（深圳） | 192 | 万商天勤（深圳） | 111 |
| 广东信达 | 184 | 广东瀛尊 | 104 |
| 广东普罗米修 | 178 | | |

资料来源：深圳律协官网实时数据（截至2021年9月15日）。
整理/制图：智合编辑部。

其他省份的“百人所”亦有不同程度的增加——2017～2020年的3年间，浙江的“百人所”从13家增至20家；2018～2020年，福建的“百人所”从10家增至12家；2018～2020年年底，四川的“百人所”由14家增至17家；2021年上半年，重庆的“百人所”新增2家，达到14家。

近些年，京、沪大所的布局扩张激活了多地本地法律市场的应激反应，各区域市场头部位次的争夺越发激烈，本土老牌大所走向合并，并在现今各地的“律所规模榜单”上占据靠前的位置。

但外地律所分所在当地的人才吸引、业务拓展能力仍然强势，从各地“百人所”的类型分布上也可见一斑——深圳的27家“百人所”中，14家为外地律所分所，比例超过一半；江苏的18家“百人所”中，本土律所仅有6家；安徽的9家“百人所”中，外地律所分所就有6家……

规模化，是中国律师业最为明显的趋势之一。

从律所发展来看，一方面，外部环境和市场需求越发复杂综合，律所要想转型“一站式、综合化”法律服务，便需要具备一定的规模；另一方面，当市场竞争达到一定程度后，规模化成为许多律所建立新优势的选择。

从行业演进来看，“人数过百，创收过亿，人均过百万”是衡量律所发展规模和整体实力的重要指标，而这样的“标签”也会在律所发展过程中发挥重要作用。区域市场加速整合，客户和人才资源进一步朝着带有突出“标签”的“头部”律所聚集，现有格局将会发生变化。

不少省市也提出了“进一步推进规模化发展”的目标和规划：

2020年3月，江苏律协发布文件提出：“鼓励引导律所之间强强联合，重点培育15家左右在全国有较大影响力、行业示范引领作用发挥好、律师人数超百人、业务收入超亿元的规模所，培育100家专业特色明显的专业所，培育500家管理规范的精品所”。[1]

2020年12月，天津市司法局发布《天津市律师队伍“十四五”发展规划》，提出“规模律所培育目标”：“到2025年，全市律师事务所的所均律师数量达到10人以上；建成15家左右综合性规模化律师事务所（拥有100名以上律师、年业务收费5000万元以上）……并且，鼓励引导有意向的律师事务所通过加盟、合并、重组等形式提升规模化、专业化水平，发展一批规模大所、专业强所”。

2020年6月，上海市司法局发布《上海司法行政“十四五”时期律师行业发展规划》，明确目标：“到2025年，拥有50名律师以上的大中型律所达到100家左右，其中100名律师以上的规模所达到60家，300名律师以上的规模所达到15家”。

2020年8月，湖南省律协发布的《湖南省律师行业发展规划（2021－2025年）》中提出：“‘四化’建设中，规模化排在第一。”并制定了如下目标：未来五年，全省建设100家拥有50名律师以上、规范管理水平高、法律服务能力强的大中型律所，其中拥有100名律师以上的律所25家，全省律所在境外和湖南自贸试验区设立分所的数量实现较大突破。

可以预见，“百人所”数量的增长势头仍将保持。

---

〔1〕《头条 | 2020年江苏省律师工作怎么做？23条要点来了！》，载微信公众号“江苏律协”2020年3月20日，https://mp.weixin.qq.com/s?__biz=MzAwMzQ5Mzk3OQ==&mid=2651555624&idx=1&sn=ce084299d56e5a94a210abec694c9922&scene=21#wechat_redirect。

中国律所的规模化发展还在继续，但除了单纯的人数上的变化外，业内开始更加关注规模化的质量——如何有效地制定律所战略，形成组织协同，以更好地匹配市场需求。

毕竟，客户和市场需要的不是一家仅仅是“人多”的律所，而是一家拥有良好的运行机制、具有服务品质保障、业务专精能够创造价值的强所。

# 2021年上半年中国律所人事动态研究

蔡　凡　张宏妹

哪些业务领域是晋升热点？又有哪些业务领域是跳槽热点？

从律师晋升的数据来看[1]——据智合的不完全统计，2021年1~6月，共有23家知名律所晋升了不同业务领域律师共计362名。其中，中伦的晋升律师人数最多，为71名；金杜以66名，次之；竞天公诚40名，排名第三；君合和汉坤均为27名，并列第四，详见图1。

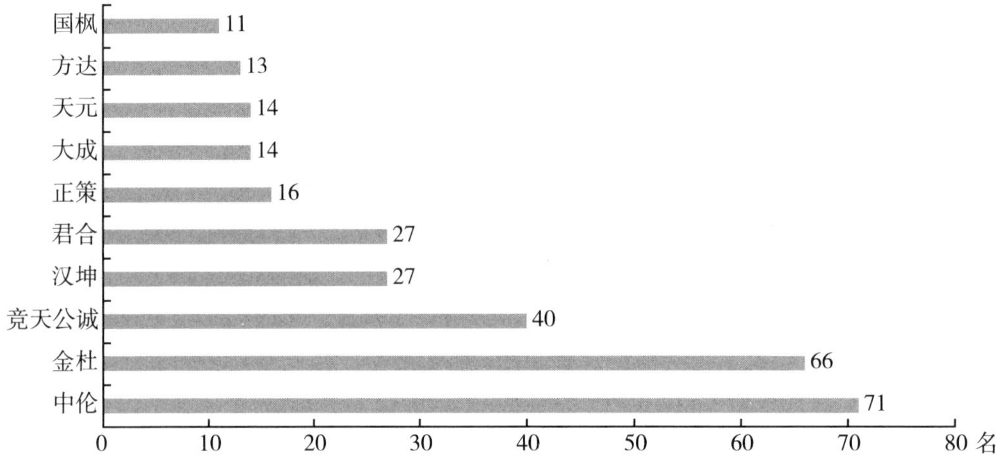


**图1　2021年上半年各律所律师晋升人数（不完全统计）**

〔1〕本次研究的统计基础为智合“一周律所动态”于2020年11月至2021年6月收录的律师晋升和跳槽新闻。各律所新闻表述存在差异，因本次研究之目的，只统计其中写明了晋升律师业务领域的新闻动态，未计入业务领域表述不清晰、表述存在歧义的晋升新闻。晋升职位含各级合伙人、高级顾问和顾问。由于不同律师对其执业领域的归类方式不同，统计数据可能存在些许误差。

从律师跳槽的数据来看——据智合的不完全统计，2020 年 11 月 ~2021 年 4 月，共有 46 家知名律所引进了不同业务领域律师共计 296 名。其中，申浩的加盟律师人数最多，为 66 名；竞天公诚以 22 名，次之；国浩 16 名，排名第三，详见图 2。

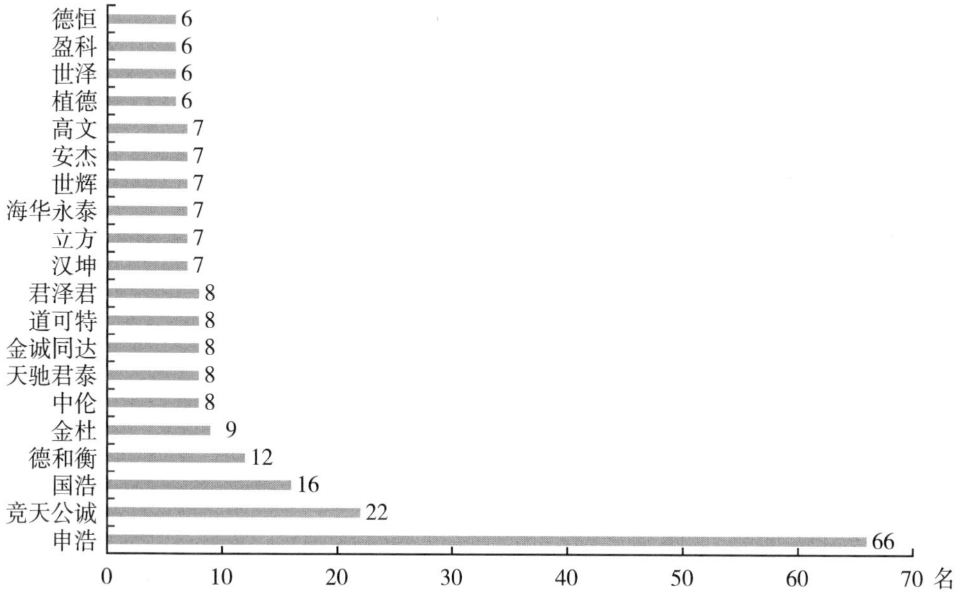


**图 2　2021 年上半年各律所律师加盟人数（不完全统计）**

## 一、362 名律师晋升大数据

除了最直观的晋升人数外，哪些执业领域的晋升人数最多？下文以 362 名律师的两个主要执业领域为数据样本，总结了三个晋升最热的业务领域。

（一）Top3 业务领域：并购

362 名晋升律师中业务领域涉及并购业务的有 82 名，占比为 22.7%。23 家律所中，有 13 家晋升了该业务领域的律师。在晋升总人数超过 10 人的律所中，比例最高的是君合，共晋升了 13 名从事并购业务的律师，占全所晋升人数的 48.1%；中伦、竞天公诚晋升人数更多，分别为 22 名和 20 名，分别占全所晋升人数的 31.0%、30.3%，占比情况详见图 3。

严格来讲，并购属于公司类法律事务的一个细分领域。但其业务比重较大、单项金额较高，为了更精准地对接客户需求，律所、律师通常会选择直接归类。

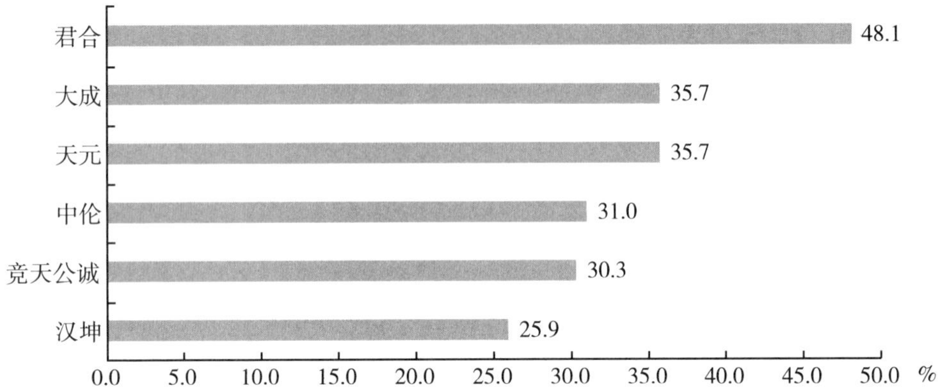


**图 3　晋升并购律师在各律所晋升总人数中的占比情况（不完全统计）**

2021 年，国内并购市场火热依旧。根据普华永道发布的《2021 年上半年中国企业并购市场回顾与前瞻》显示，2021 年上半年中国的并购活动交易数量达到 6177 宗，与 2020 年下半年相比增长 11%，创有史以来半年交易量的最高水平；交易金额为 3121 亿美元，与 2020 年下半年相比，恢复到正常的水平。

2021 上半年，国内并购的许多交易与关键经济主题相一致，如产业升级、新能源汽车、传统能源向可再生能源转化以及科创技术类投资等。而受海外疫情和国际关系的影响，中国企业的海外并购数量仍在缓慢恢复中。

着眼未来，在“双循环”“产业升级”以及国企改革等大趋势的推动下，2021 年下半年国内并购交易的数量很可能仍会保持较高水平。而对于海外并购交易，企业兴趣仍在，但疫情等因素切实影响了实地考察活动。

持续活跃的市场交易意味着并购律师仍将拥有广阔的市场前景。

（二）Top2 业务领域：争议解决

362 名晋升律师中业务领域涉及争议解决的有 97 名，占比为 26.8%；23 家律所中，有 19 家晋升了该业务领域的律师。

业务范围包括了刑事、民商事领域的争议解决，与此同时，案件的专业细分加深。部分律师细分出婚姻家事、劳动就业、经济犯罪、知识产权、海商海事等领域；也有部分律师则专注于特定的行业领域，如房地产与建设工程、能源领域、信托和金融产品等。

长期以来，争议解决业务的数量在各类法律事务中占据较大比重。2020 年，全国律师办理诉讼案件达到了 660.9 万件，占案件总数的 59.3%。仲裁案件数量自

2018 年以来，也保持在了较高水平。[1]

“近些年，客户法律需求的综合性要求越来越高，争议事件也常常是诉讼、非诉相结合。”这是不少从事争议解决业务律师的共同感受，尤其在商事领域，“客户需求复杂化、综合化”的特征更为明显。

客户需求的变化，推动着律所形成更综合化的业务覆盖，以及更通畅的跨专业协作。在大型复杂的商事纠纷中，跨数个乃至数十个专业领域的律师合作办案的情况不在少数，这就要求从业律师要愿意且善于合作。

从某种角度上讲，争议解决可谓是律师业务中的“常青树”。自 2020 年以来，争议解决领域的业务需求呈现增长态势，巩固或增强自身的争议解决能力将是大部分律所人才建设的主要方向之一。

（三）Top1 业务领域：金融与资本市场

362 名晋升律师中业务领域涉及金融与资本市场的有 164 名，占比为 45.3%；23 家律所中，有 18 家晋升了该业务领域的律师。在晋升总人数超过 10 名的律所中，晋升比例最高的是国枫，占该所总晋升人数的 81.8%；竞天公诚、汉坤、天元、君合的晋升比例均超过 50%。此外，中伦、金杜和竞天公诚该领域律师的晋升数量皆在 20 名以上，占比情况详见图 4。

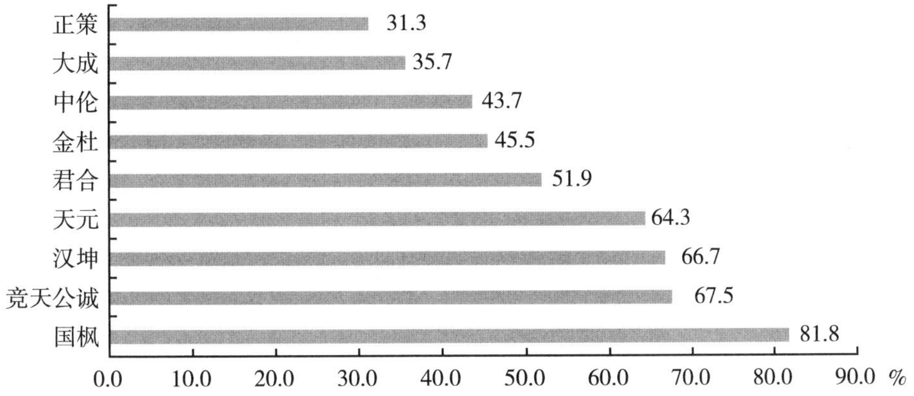


**图 4　晋升金融与资本市场律师在各律所晋升总人数中的占比情况（不完全统计）**

金融与资本市场业务向来是各家律所的“必争之地”。

2020 年全年，A 股新上市企业共 396 家，比 2018 年、2019 年 A 股上市企业数量

[1] 张宏姝：《2021 争议解决：新法颁布，疫情持续，在变化与转折中前行》，载微信公众号“智合”2021 年 7 月 23 日，https：//mp. weixin. qq. com/s/p3IvNr2Q1XFDJE_MoEAcXA。

之和还要多出88家。[1]除此之外，资产重组、再融资、债券发行等业务也呈现良好的发展局面。

2021年上半年，A股IPO势头强劲，245只新股，融资总额为2109亿元，数量和金额均比2020年同期大幅增长。此外，中概股上市活动依旧活跃，2021年上半年美股市场共有35家中国企业首发上市，融资金额为123亿美元；港股市场共47宗IPO，融资金额达到2129.6亿港元，比2020年同期翻倍[2]。

与市场需求活跃相伴的，是近两年中国资本市场的一系列改革举措。“严刑峻法”的时代到来，不良企业将加速出清、退市，也对律师尽到勤勉尽责义务提出了更高的要求。

## 二、296名律师跳槽大数据

除了引进人才，各律所又作出了怎样的布局？律师的哪些执业领域最为热门？未来又将出现什么样的机遇？

下文以296名律师的两个主要执业领域为数据样本，总结了执业律师数量占比在10%以上的四大业务领域，或许可以提供不同的视角。

（一）Top4业务领域：合规

296名加盟律师中，合规律师有43名，占比为15%，排在“高热度领域”的第4位，详见图5。

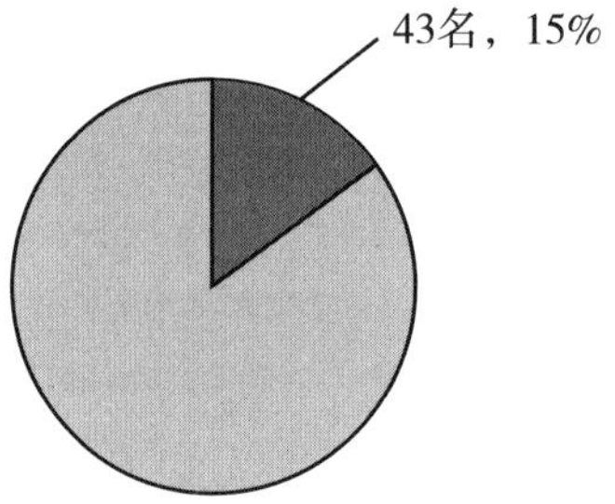


**图5　296名加盟律师中合规律师占比情况**

由于业务分类、律师办案方式的不同，合规业务具有一定的“隐蔽性”。随着合规外延的扩张，有的律所将其划归至其他法律事务中，如IPO、公司并购中的法律意见书就可能涉及合规审查。就其所属行业的特殊性，亦有律所以行业领域划分业务，

〔1〕智合研究院：《2021年中国法律市场：长期主义的坚守》，载微信公众号“智合”2021年2月11日，https：//mp. weixin. qq. com/s/Z4QG8QW3rPsX4phonOwrfQ。

〔2〕《2021上半年A股IPO数量翻番，下半年IPO仍将继续活跃》，载普华永道中国网，https：//www. pwccn. com/zh/press－room/press－releases/pr－020721. html。

不以独立的合规业务命名。也正因如此，在296名加盟律师中，从事合规业务的律师人数可能远远大于43名。

在合规律师的细分领域中，除存在已久的反垄断与反不正当竞争、刑事合规、公司合规外，亦出现政府重大项目合规管理、金融合规、数据合规等多个新兴领域，详见图6。

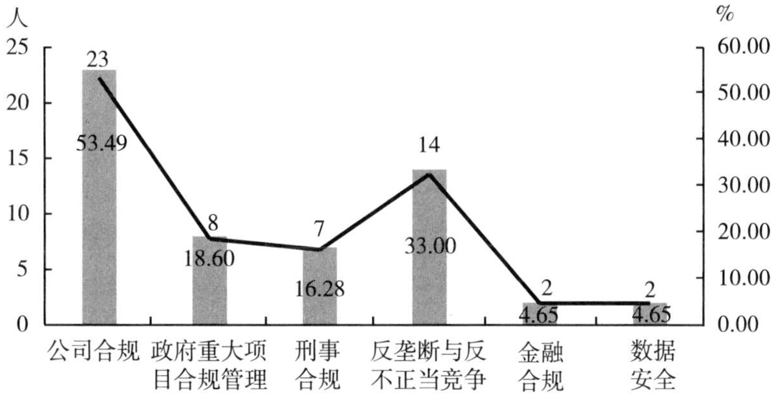


**图6　合规律师细分领域分布情况**

抛开种种隐含因素，合规是各律所用力较为平均的领域。46家律所中共有28家引进了合规律师，占比为60.87%。

各律所中，汉坤、植德引进的合规律师人数超过总人数的50.00%；数量方面则以国浩5名、汉坤4名为多，占比情况详见图7。

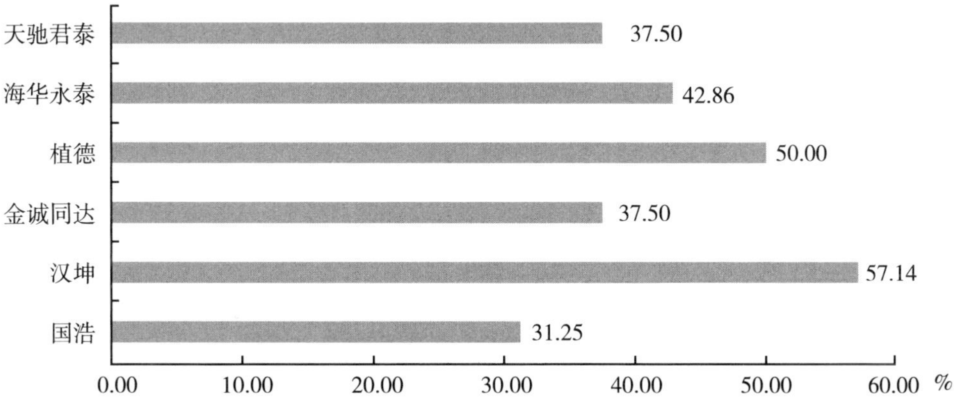


**图7　合规律师在各律所引进总人数中的占比情况（不完全统计）**

无论是未知局势下企业寻求抗风险能力的提升，还是国家对合规业务的提倡，合规需求的增长已是大势所趋。具备一定规模的律所已洞察企业在该领域强烈的诉求，并积极开拓合规业务、搭建合规业务体系。

随着国家层面数据监管力度的增加，数据合规的发展前景更加广阔。多数律所在布局时均认为以数据合规为代表的合规业务仍是一片蓝海，加大了人才招揽的力度，提高了待遇水平。

但从各领域合规律师引进的数量上看，仅有 2 名律师专注于数据合规领域，与各律所相继发放招聘启事的力度形成强烈的反差。这在某种程度上说明，当前作为供给端的数据合规律师仍是短缺的。

数据合规律师供不应求的情况在国外更加明显，有的律所出现了客户排队、不再接收新订单的情况。欧洲市场上甚至衍生出数据合规官（data protection officer）这样一种角色。

尽管新兴领域存在人才缺口是必然的，但就数据合规而言，较强的专业壁垒意味着普通律师朝向数据合规律师的转变并非朝夕可成。提早开始职业规划和业务转变或许可以帮助律师提前进场、抓住蓝海机遇。

（二）Top3 业务领域：金融与资本市场

资本市场向来是各大律所的“必争之地”。296 名加盟律师中，共有 74 名资本市场领域律师加盟各所，占比为 25%，详见图 8，其中注明细分领域的又有 19 名股权投资业务、5 名基金相关业务以及 6 名银行金融业务的律师。

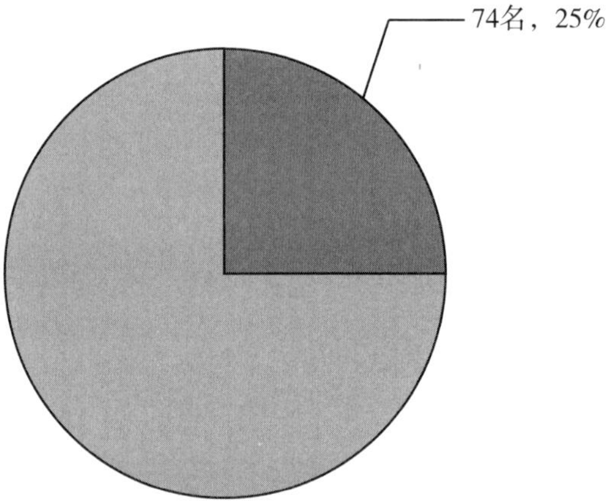


**图 8　296 名加盟律师中资本市场律师占比情况**

就各律所资本市场领域的律师引进情况来看，中伦、世辉、德和衡在该领域的律师比重更大，占比在 50.00% 以上；申浩、竞天公诚则分别以 11 名、9 名的加盟人数高于其他各所，占比情况详见图 9。

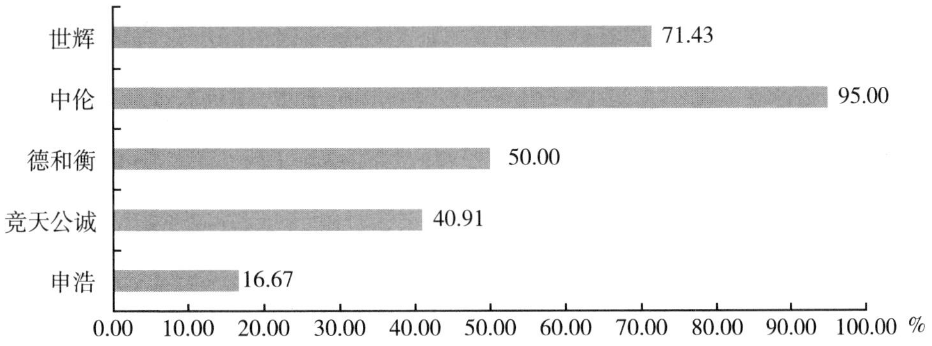


**图 9　资本市场律师在各律所引进总人数中的占比情况（不完全统计）**

从 2020 年上市企业数据来看，境内资本市场迎来更大的发展。全年 A 股新上市企业共 396 家，比 2018 年、2019 年 A 股上市企业数量之和还要多出 88 家[1]。除此之外，资产重组、再融资、债券发行等业务也呈现良好的发展局面。

到 2021 年第一季度，中国资本市场延续了活跃的发展态势。首次公开发行总额为 262 亿美元，同比增长 134%；数量为 157 笔，同比增长 87%；均创下历史新高。

从科创板、创业板注册制的落地，到 2021 年修订的《证券法》的颁布实施，资本市场的欣欣向荣正得益于过去一系列大刀阔斧的改革。在“十四五”规划后，资本市场逐渐转向质量发展，打造规范、透明、开放、有活力、有韧性的资本市场。

作为承接改革机遇的资本市场律师，市场前景仍然存在，但质量发展的背后亦要求律师承担更大的勤勉义务。

（三）Top2 业务领域：并购

296 名加盟律师中，并购律师有 75 名，占比为 25. 34%，详见图 10。

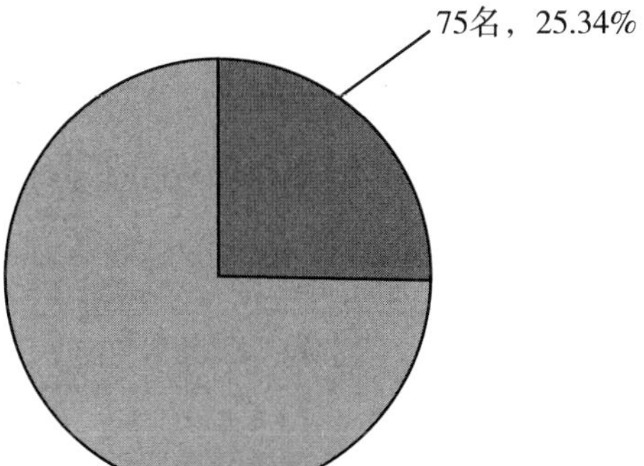


**图 10　296 名加盟律师中并购律师占比情况**

〔1〕 智合研究院：《2021 年中国法律市场：长期主义的坚守》，载微信公众号“智合”2021 年 2 月 12 日，https：//mp. weixin. qq. com/s/Z4QG8QW3rPsX4phonOwrfQ。

从各律所人才引进情况来看，以金杜、汉坤、天驰君泰的人才引进数量占比为大，分别为 44.45%、42.86%、37.50%；申浩、竞天公诚则是引进人数更多，分别为 24 名和 7 名，占比情况详见图 11。

严格来讲，“并购”属于公司类法律事务的一种；为了区分境内外法律事务，也有律所将具有涉外属性的并购业务单独划归至“跨境投资并购”领域。

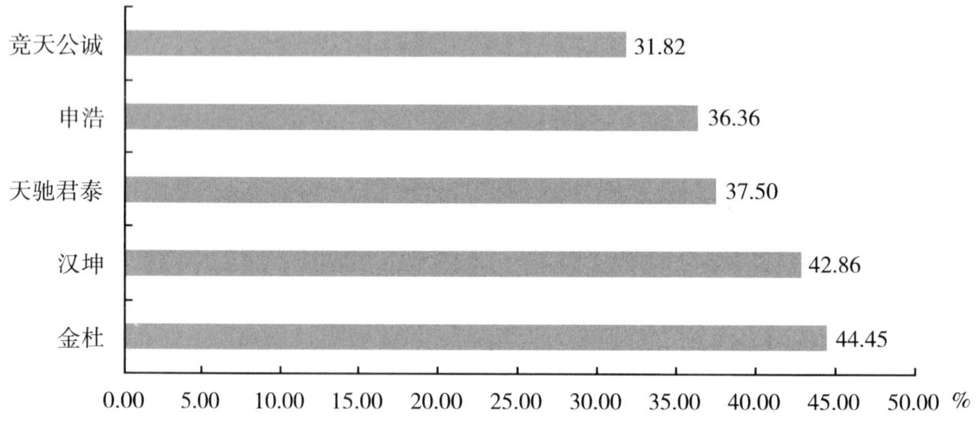


**图 11　并购律师在各律所引进总人数中的占比情况（不完全统计）**

不可否认，并购业务本就在公司各类法律业务中占有较大比重。为了引导客户寻找所需法律服务，律所、律师往往会采用更直白的方式归类。因而可能影响律所人才引进中并购律师的比重。

但无论如何，并购作为细分领域而受到各律所的青睐，更凸显了公司在这一领域的需求。

2020 年，中国并购交易总额为 5813 亿美元，较 2019 年增长 30.1%。尽管 2020 年全年在交易数量上有所减少，但到 2021 年反弹形势迅猛。2021 年第一季度，中国境内并购交易总额同期增长 93.2%，交易数量增长 71.6%，呈现强劲态势。

对于在“黑天鹅”事件中存活下来的公司而言，并购可以助其实现创新能力和竞争力的提升。2021 年持续活跃的市场交易意味着并购律师仍将拥有广阔的市场前景。

（四）Top1 业务领域：争议解决

296 名加盟律师中业务领域涉及争议解决的有 133 名，占比为 44.93%，详见图 12，包括刑事、民商事领域的争议解决。部分律师细分出婚姻家事、劳动就业等领域，详见图 13。

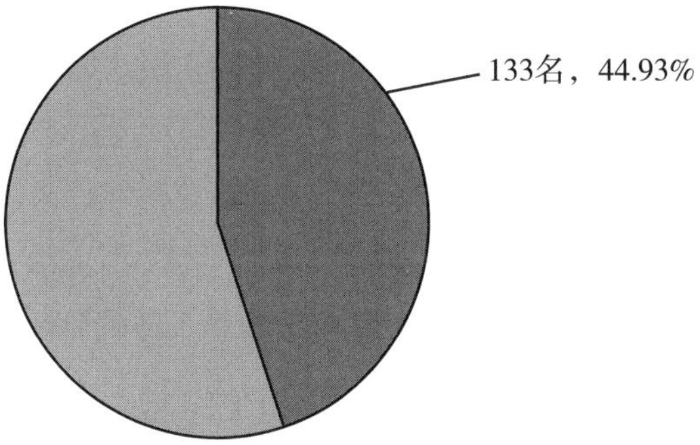


**图 12　296 名加盟律师中争议解决律师占比情况**

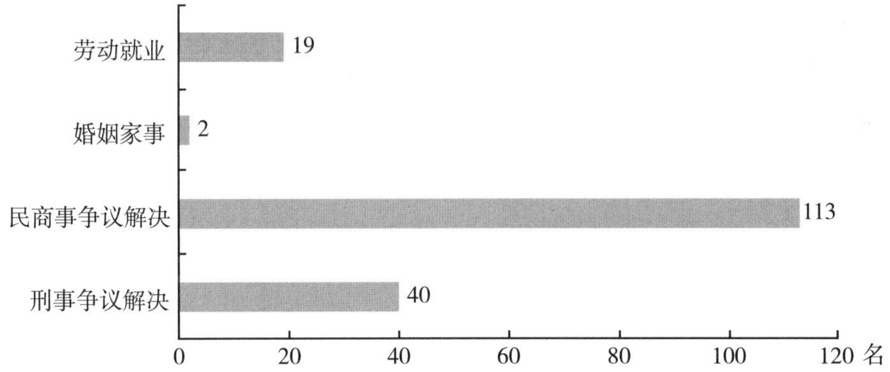


**图 13　争议解决律师细分领域分布情况**

46 家律所中，申浩、金诚同达、君泽君、天驰君泰等的人才引进占比较大，竞天公诚、国浩、德和衡等在引进的律师数量上则占有更大的优势，详见图 14。

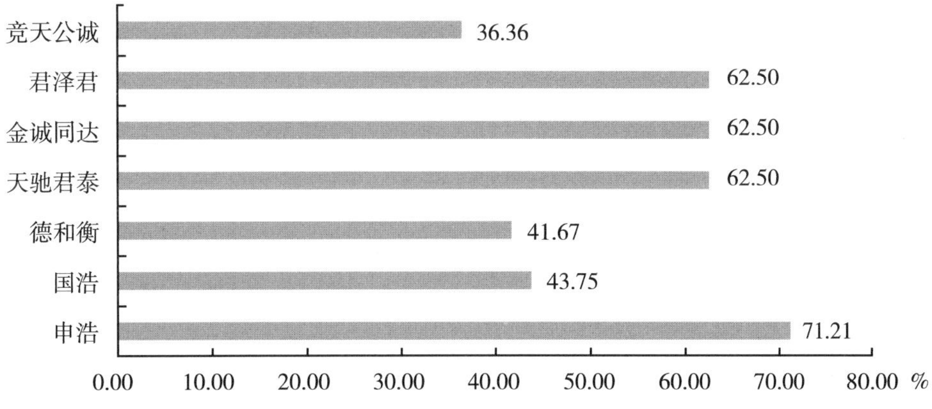


**图 14　争议解决律师在各律所引进总人数中的占比情况（不完全统计）**

传统而言，以诉讼为主的争议解决业务往往在各类法律事务中占据绝大部分的比重。2019 年，全国律师共办理各类法律事务 1119 万件，其中 54.6% 为诉讼案件。争议解决业务也因此成为大部分律所着力建设的业务部门。

2021 年上半年以来，争议解决领域的业务需求呈现激增态势，“人才争夺战”较往年也更为激烈。

以中国国际经济贸易仲裁委员会的数据为例，2020 年上半年，商事纠纷的数量、争议标的额大幅增长。到 2020 年 7 月，其办理的案件标的总额已突破 1000 亿元，相当于 2019 年全年标的总额。[1]

到 2020 年下半年，不少律所的争议解决业务量迅速增长。山东某区域大所主任表示，尽管 2020 年上半年争议解决业务办理一度停滞，但复产复工后这一领域业务迅速反弹，业务承办量超出往年同期数量的 2 倍不止。

长期来看，争议解决业务在各类法律业务中仍将占有较大比重，争议解决律师也将在各律所中占有相对稳固的地位。

## 结语

晋升或跳槽，于律所平台和律师个人，是双向的选择。

对律师而言，做选择往往是从以下两方面入手：

选择适合自身的律所平台——选择的关键在于律所的价值观和个人价值观是否相符、律所的业务结构和自身业务发展需求是否匹配，律所的管理制度、激励机制是否有利于实现自己的职业发展目标。

选择适合自己的业务领域并持续深耕——始终围绕客户需求坚持业务创新，并善于运用外部环境提供的学习交流机会，实现自我提升，从而达到并保持领先位置。

能够较快实现晋升的律师，大多善于选择、懂得付出。

〔1〕 毛姗姗、张宏妹：《疫情之年：全球法律服务市场 2020 回顾》，载微信公众号“智合”2021 年 1 月 1 日，https：//mp. weixin. qq. com/s/OAl6bI49QrUKQOQgZ_w6nQ。

# 全球视野篇

# 五问 2021 年：法律市场环境更好了吗

张宏姝 丨

2021 年已步入尾声。一年前，受新冠肺炎疫情影响，美国法律市场创收增速全面放缓，业务需求呈现大面积负增长；一年后，美国律所适应了后疫情时代节奏，逐渐恢复了发展步调。

具体而言，过去一年美国法律市场有哪些变化？全球法律市场面临怎样的机遇和挑战？对中国律所有何启示？

2021 年 12 月，花旗银行集团（Citi Private Bank Law Firm Group）与希尔德布兰特咨询（Hildebrandt Consulting）公布了 2022 年客户咨询报告（2022 Citi Hildebrandt Client Advisory），从中或许可以找到答案。

## ——“2021 年，客户需求量是增是降？”

——“达 2007 年以来新高。”

一年前，在新冠肺炎疫情这个洪水猛兽面前，全球除中国外的几个主要法律市场均面临客户需求增速减缓甚至负增长的情势。而一年后，这一情况迎来了反转。

根据花旗银行发布的客户咨询报告，2021 年前三个季度，美国法律市场所有细分业务领域需求均保持稳健的增长趋势，甚至与国际金融危机爆发前几年的增长幅度大致持平，为 2007 年以来最高水平。

同时，客户需求增长这一事实也普遍反映于各家律所的业务数据上。报告统计，在美国 2021 年律所 200 强排名榜单（Am Law 200）中，70% ~80% 律所的客户需求均在增长，且增幅基本在 5% 以上。

值得注意的是，2021 年律所业务需求的增长主要集中于**并购、资本市场及诉讼**领域。继去年实现逆势增长后，破产重组业务今年并未如预期一般增长，房地产业务亦表现疲软。

**——“2021 年，律所创收是整体下降吗？”**

——“强劲增长。”

伴随业务需求大幅增长的是律所创收的强劲增长。据统计，2021 年前三个季度，美国律所平均业务创收同比增长了 14.7%，达到了自 2007 年以来的最高水平。

花旗银行的客户报告大致将调研律所分成了四组：根据 Am Law 排名 200 和其他未上榜律所，分成了排名 1 ~ 50 位、51 ~ 100 位、101 ~ 200 位的律所，以及其他律所。在上述分组中，Am Law 排名 1 ~ 50 位的律所客户需求增长了 8.4%，律师费率增长了 6.5%，律所创收增长了 16.4%。

排名 51 ~ 100 位的律所，业务需求增长了 4.4%，创收增长了 10.7%。排名 101 ~ 200 位的律所，业务需求增长了 2.5%，创收增长了 10.7%。总体而言，该两组虽然在业务需求与创收方面均落后于排名前 50 位的律所，但近年来也表现出普遍而强劲的增长态势。

Am Law 200 排名之外的其他律所的业务需求增长更为明显，其律所创收较 2020 年增长了 16.6%，创收增幅为 4 组中最大。

同时，需求增长并非创收增长的唯一驱动因素。与 2020 年同期相比，美国律所平均费率增加了 6.5%，收款周期缩短了 2.1%，这在一定程度上促进了律所创收的整体增长。

**——“2021 年，律所竞争的主战场在哪？”**

——“‘抢人大战’持续白热化。”

需求增长、工作量增大，增长的业务需求促进了律师费率的提高，也使律所在不同案件中有了更大的选择权，但随之而来的另一个结果便是人手短缺。尤其对于本身就维持了较高生产率的律所而言，超负荷工作是其面临的突出问题。

2021 年前三个季度美国律所律师人数平均增长了 0.7%，生产率却提高了 6.1%。在业务需求增长与律所人手短缺的矛盾下，各律所再次打响了新一轮的“抢人大战”，薪酬支出也成为律所总支出中增幅最大的部分。

在统计的 4 组律所样本中，仅有 Am Law 排名 101 ~ 200 位的律所的律师数量有所减少，Am Law 排名 200 之外的律所的律师数量同期增幅最大，为 1.7%。就薪酬支出而言，所有律所均表现出普遍的增长趋势，其中以 Am Law 排名 1 ~ 50 位的律所增长最多，为 16.5%。Am Law 排名 101 ~ 200 位的律所同样面临较大薪酬压力，尽管前三个季度其律所人员数量减少了 0.9%，但薪酬支出仍然增加了 8.8%。

业务量的增多使横向招聘成为多数律所采取的人员扩张策略，同时也带来了另一个问题：如何吸引、留住人才。根据调查，78% 的律所认为 2021 年其人才流失率高于 2019 年，其中超负荷工作是主要原因。

对此，不少律所采用了弹性工作、增加晋升机会、内部调动等多种方式以吸引、留住人才。不过，对于律师而言，2021 年的竞争格局仍然为其创造了多重职业选择的机会。

**——“远程办公，还将继续吗？”**

——“不断探索混合办公模式。”

2021 年下半年，新冠肺炎病毒的变体德尔塔病毒持续传播，不少律所也不得不推迟在第四季度全面回归线下办公的计划。与此同时，也有不少律所在改进混合办公模式，继续优化弹性办公机制。

混合办公模式，是指将确定的办公地点与远程办公等方式相结合的组合模式。调查显示，律所在确定办公方式的组合时主要考虑了三个因素：

（1）什么对事务所最有利？

（2）什么对客户最好？

（3）律师和工作人员想要什么？

据调查，多数律所管理者认为，律师在一周中至少要保证 3 天的线下办公时间。但是，面对当前法律市场的“抢人大战”，如何满足所内律师和工作人员的需求，成了多数律所主要考虑的问题。有的律所也在考虑如何改进办公方式，以便利居住在偏远地区的律师。

长期而言，混合办公模式仍然将是律所采用的主要办公模式。同时，如何在混合模式下建设和维系律所文化、保持所内成员的凝聚力，是律所面临的一大挑战。不少律所坦言，他们将继续寻找能够实现远程办公与办公室人员无缝衔接的方法。

另外，部分律所也在思考混合模式下如何进行人才培养的问题，包括如何分配工作、提供反馈与指导等内容。

**——“全球法律市场的机遇与挑战在哪里？”**

——“业务发展格局扭转，区域性挑战持续。”

2021 年对于美国法律市场而言可谓是迅速回温、机遇不断的一年，其业务需求、律所创收均恢复到了历史最高水平。全球其他法律市场表现如何？又存在怎样的机遇和挑战？

花旗银行针对全球几个主要法律市场面对的机遇与挑战进行了综合评估，其中美国和英国法律市场被律所管理者认为拥有更广阔的市场机遇，即“成长型市场”。欧洲大陆市场则是挑战大于机遇。

在亚洲法律市场，随着中国企业迅速增长并开始逐步扩展到海外，市场机遇也在悄然滋长。新加坡政府近年来着力打造亚洲的科技中心，向外界传递出“亲商”的营商环境，也受到不少律所管理者的重视。

加拿大和澳大利亚的律所同样表现出强劲的增长趋势。但与美国市场类似，人才短缺仍然是制约其进一步发展的重要问题。而在本土之外，如何抵御英美律所的“抢人”攻势也是该地区律所面临的严峻挑战。

就业务机遇而言，多数律所管理者认为，**“并购/公司/交易”**领域，尤其是私募股权交易，具有最大的增长动力。其后则是**“金融/资本市场”**与**“基金/投资管理”**。

随着数据安全日益受到重视、跨国公司监管日趋严格，多数人认为**“监管/调查/合规”以及“数据/技术/网络安全”**“ESG”也是值得关注的业务领域。

此外，多数人对“破产/重组”和诉讼领域的发展持观望态度，而房地产、知识产权、税收以及劳动就业等领域则被视为更具挑战性。

## 结语

在瞬息万变的市场环境中，全球律所面对的共同问题是什么？我们或许可以从前述数据分析中找到答案。防疫常态化下，中、美法律市场体量均在持续增长，与之相伴的，则是律所运营效率遭遇瓶颈、人才紧缺等问题。

因此，律所相继加入涨薪行列，以高薪挖掘顶尖优秀人才。混合办公模式更启发律所管理者寻找降低成本、提高运营效率的方法。在不久的将来，或许律所便会迎来更加完善的形态。

# 全球13家上市律所，后来都赚到钱了吗

伊晓俊 |

开一家律所，借助资本之力挂牌上市，几年后合伙人兑现股权实现财务自由……

全球范围内，澳大利亚、英国等国在鼓励资本进入律所方面走在前列。监管的放宽为法律服务行业提供了新的环境，也推动更多律所的上市。

截至2021年年初，澳大利亚有7家上市律所机构，英国有6家。

这些律所都有哪些特点？

上市都是为了什么？

后来都赚到钱了吗？

## 一、律所上市，喜忧参半

### （一）Slater & Gordon

上市时间：2007年

发展关键词：全球首家上市律所，发展不尽如人意

全球首家上市律所Slater & Gordon成立于1935年，总部位于墨尔本，截至2021年年初在澳大利亚有超50家分支机构，275名律师。

这家律所靠劳工维权业务起家，推出“不胜诉不收费”（No win No fee）等举措，专长于人身伤害、退休金和保险、集体诉讼、劳工法等法律服务。

2007年5月，Slater & Gordon正式在澳大利亚证券交易所上市，随后**专注于诉讼业务市场和技术方面的投资**，规模迅速扩张，并将业务扩展至英国。

2015年，Slater & Gordon以6.37亿英镑**收购一家英国公司失败，市值蒸发了近90%**。随后，律所收到来自股东的集体诉讼，理由是其在对外投资方面有“欺诈性的事实陈述”。

2017年，律所进行资本重组，将澳大利亚和英国的业务分离。截至2021年年初，一个对冲基金财团控制着Slater & Gordon的英国业务。

近年来，Slater & Gordon 的发展不甚理想。2015 年，其股价巅峰时接近每股 700 澳大利元，2021 年 2 月时，每股仅 0. 8 澳元左右。律所营收也呈现出逐年下降的态势。

（二）ILH

上市时间：2007 年

发展关键词：股票停牌，一度濒临破产

有了第一家上市的成功经验后，Integrated Legal Holdings（ILH）也于 2007 年 8 月在澳大利亚证券交易所上市。

上市起初，ILH 通过收购一些中小律所来进行规模扩张。2008/2009 财年，ILH 的收入为 1695 万澳元，增长 59%。

然而几年内，ILH 陷入了艰难运营。外界认为，原因在于律所**过于注重通过合并来扩大规模**，却没有对人员、财务的整合予以关注，**发展战略和商业模式难以吸引投资者的兴趣**。

2013/2014 财年，其净利润亏损高达 540%，2014 年宣布股市停牌，进入破产程序。

根据 ILH 官网显示，目前 ILH 仅有两家办公室，以“扁平化的组织结构”和“云技术”提供一些基础的法律服务。

（三）Shine

上市时间：2013 年

发展关键词：投资技术与新兴领域，稳步发展

Shine 律师事务所于 1976 年成立，总部位于澳大利亚的布里斯班，在澳大利亚的 40 余个办公室共有几百名员工，主要从事人身伤害赔偿、商业诉讼等法律服务。

2013 年 5 月在澳大利亚的证券交易所上市以后，Shine 凭借**开发在线理赔技术等“创新数字产品”谋求发展，**并通过收购其他律所来拓展新的服务领域。

2019 年时，Shine 还与全球首家上市律所 Slater & Gordon 探讨了合并的可能性。

总体来看，上市之后的 Shine 在业务方面表现出色。有专业人士分析，2020 年 Shine 的估值约为 1. 57 亿澳元。

（四）Gateley

上市时间：2015 年

发展关键词：英国首家上市律所，营收逐年递增

Gateley 的总部位于英国的伯明翰，最早成立于 1808 年，目前有 1000 名员工，13 家办公室，唯一的海外办公室位于阿联酋的迪拜。

2015 年 6 月，Gateley 律师事务所在伦敦证券交易所的另类投资市场 AIM 市场（专为小规模、新成立和成长型公司服务的市场）首次公开募股。此次公开募股为其筹集了 3000 万英镑。

此后，Gateley 通过**收购律所以及咨询、税务和地产等商业服务机构，拓宽了其服务领域**。

近年来，Gateley 的营收也逐年递增：2015/2016 财年创收为 6700 万英镑，2016/2017 财年创收为 7700 万英镑，2019/2020 财年创收为 1.09 亿英镑。

（五）Knights

上市时间：2018 年

发展关键词：私募、上市，创始人套现 6100 万英镑

Knights 创立于 1759 年，截至 2021 年年初，已成为一家拥有多家律所和咨询公司的集团公司，在英国有 930 名专业人员，14 家办公室。

2007 年 10 月，英国《法律服务法》生效，其创设的“替代性商业结构”（Alternative Business Structures，ABS）允许非律师人员参与设立律师事务所。

2013 年 1 月，Knights 成为英国首家获 ABS 资格并吸引私募投资的律所，此后开始探索城市规划、企业融资、管理咨询和税务咨询等“非法律”领域。

同时，Knights 摆脱了传统的合伙人模式，主要将利润投资于业务发展。收到私募资金三年内，Knights 进入英国律所 100 强。

2018 年 6 月，Knights 宣布登陆伦敦证交所的 AIM 市场，募得 5000 万英镑。2020 年，在疫情的冲击下，律所营收仍保持了稳健增长。

2021 年 2 月，Knights 的首席执行官大卫 · 比奇宣布兑现其持有的一半股权，从中赚取了 6100 万英镑。

（六）DWF

上市时间：2019 年

发展关键词：英国最大上市律所，专注全球扩张与技术投入

DWF 最早成立于 1977 年，总部位于英国的曼彻斯特，截至 2021 年年初在欧洲、北美和亚洲等地设有 33 个办事处，约有 3100 名员工。

2019 年 3 月，DWF 登陆伦敦证交所主板，以 3.66 亿英镑的估值和 9500 万英镑的募集规模，成为当时英国最大的上市律所。

上市后，DWF 随即宣布，将首次公开募股的部分收益用来偿还员工出资，另一部分用于投资和收购创新业务领域。

2020 年 1 月，DWF 以 1850 万美元收购替代性法律服务提供商 Mindcrest，并收

编其 360 名员工。2019/2020 财年，DWF 的创收同比增长 15%，达到 2.97 亿英镑。

## 二、其他上市律所

除上述以外，目前，澳大利亚、英国还有 7 家已成功上市的律所（机构）：

IPH、Xenith、QANTM 三家是提供知识产权服务的机构，分别于 2014 年、2015 年和 2016 年上市。上市后，它们以收购、兼并、整合等措施在多国吸纳律所、软件开发公司和知识产权代理商，成为拥有知识产权领域全业务类型的集团公司。IPH 如今是澳大利亚证券交易所中最大的 200 家公司之一，市值约为 15 亿澳大利亚元。QANTM 与 Xenith 在 2018 年合并，并购金额为 2.85 亿澳大利亚元。

Gordon Dadds（后合并为 Ince Gordon Dadds）和 Keystone 是英国的第二家与第三家上市律所，在 2017 年上市时分别筹集了 2000 万英镑和 1500 万英镑。2019/2020 财年，Ince Gordon Dadds 的利润为 2620 万英镑，创收为 9850 万英镑。原“虚拟律所”Keystone 在上市之后业绩也保持了持续增长，2019/2020 财年创收增长 16%，达到 4960 万英镑。

英国律所 Rosenblatt 于 2018 年在伦敦证券交易所的 AIM 市场上市，筹集了 4300 万英镑。该律所**上市有四个理由：第一，进一步提高知名度；第二，获得投资以支持业务成长；第三，为战略收购提供必要资金；第四，吸引和留住人才**。首次公开募股之后，律所为摆脱对“纯诉讼业务”的依赖，利用公开募股的资金收购了一家专攻并购业务的精品律所，还设立了一个诉讼融资机构。目前，三者组建为一家专业服务集团 RBG Holdings。

AFL（Australian Family Lawyers）专注于澳大利亚的家事法律服务市场，2019 年通过“借壳”实现上市。据报道，2021 年以来，该律所存在现金消耗速度过快的问题，收入也呈现下降趋势。

## 三、那些“难产”的律所上市

当然，“上市”也并非一蹴而就，业内有多家律所曾为此做出努力，但暂时未能达成目标。

### （一）HWL Ebsworth

HWL Ebsworth 是一家澳大利亚的大型商事律所。截至 2020 年，律所共有 269 名合伙人，850 余名律师。

2020 年 11 月，HWL Ebsworth 宣布取消原定于年底的上市计划。

据报道，该律所未能成功上市的原因主要有两点：（1）无法吸引投资人的足够兴趣，导致募资额度不及预期；（2）合伙人在是否上市的问题上存在分歧意见。

（二）Thomson Geer

另外一家澳大利亚大型律所 Thomson Geer 在 2017 年时，一度将上市纳入其发展计划中。

该律所负责人曾表示，上市是一种有效的激励策略，除获得资本加持外，还能在合伙人之外分配更多股权，充分调动员工的积极性，提升律所的竞争力。

同时该负责人也承认，**上市是一项长期计划，需要一点点、一步步地转变律所结构和组织形式**，以满足上市的条件与相关规定。

此后，笔者未查询到 Thomson Geer 上市方面的新闻和报道。

## 四、上市的优缺点

通过上述事例可以看出，上市至少会为律所带来以下改变：

（1）组织形式变革。上市将改变传统律所的组织形式和薪酬结构，为律所的长远发展提供可能性。

（2）更多机遇和可能性。许多律所借助资本加持，实现了差异化增长，也有机会投资于更多领域。

（3）品牌知名度提升。部分律所因上市等一系列创新实践而获得了大量媒体报道，市场曝光率大幅提升。

但同时，律所准备上市与最终成功上市之间还有很长一段距离。许多律所曾做过一系列准备，内部经历长达数年的讨论，但并未能成功。原因主要有以下三点：

（1）合伙人会面临直接收益的减少。DWF 律师事务所的招股书上曾详细说明：上市将改变合伙人分配所有利润的做法，导致权益合伙人的薪资总额降低 60%，其他合伙人减少 10%。

（2）合伙人身份和角色的改变。上市之后，合伙人将转变为员工或股东，控制权被稀释，重大决策不再是“一人一票”的模式。

（3）股东和客户的利益冲突。有观点认为，上市律所需要对股东和投资人负责，可能会和“以客户为中心”的理念相悖，也将损害律师的专业独立性。

## 结语

经营律所是一门生意，有其特定的商业目标和社会价值，这也部分解释了律所为什么要上市。

律所上市，表面看是专业服务机构借力资本谋求长足发展，背后反映的则是一个国家对于法律行业组织形态创新的认识与接受程度。

从现有情况看，律所上市的利弊并存。

未来，我们期待看到全球律师行业在组织形态、管理结构、技术等方面有更多元的创新形式涌现。

# 不开新分所，雇“远程合伙人”，最强悍诉讼律所意欲何为

伊晓俊 |

如果一家全球知名律所的招聘启事中，只有 3 个要求：

不限执业地点。

不要求到办公室打卡坐班。

仅限优秀的诉讼团队和合伙人。

面对这样的工作机会，你愿意加入吗?

## 一、“远程合伙人”

推出类似举措的是美国昆鹰律师事务所（Quinn Emanuel），这家“全球最强悍的诉讼律所”拥有 21 个办公室，超过 800 名员工，覆盖 9 个国家。

近期，昆鹰开始在未设立办事处的美国城市招聘诉讼团队和合伙人。律所负责人表示，设立一家办公室可能耗时数月甚至数年，还要搭上巨额开支。如果直接雇佣优秀的合伙人，让他们以技术手段实现远程办公，同样能胜任工作，何乐而不为呢?

不仅是昆鹰，在全球疫情的冲击下，不少国际律所开始尝试不新设分所，仅招募“远程合伙人”的创新做法；一些出于成本考虑，永久关闭部分办公室，完全推行“远程办公”。

据说，国际大所的灵感来自正在崛起的“虚拟律所”。

## 二、崛起的虚拟律所

创收突破 1 亿美元大关、设立首家海外办公室、首次跻身美国律所 200 强……

2020 年新冠肺炎疫情波及全球，“虚拟律所” Fisher Broyles 取得创立以来的“最好业绩”。

19 年前的 2002 年，互联网技术在美国兴起，这家主要依靠网络实现在线办公的律所成立。多年来，Fisher Broyles 省去租金、培训、支持人员等高昂成本，在费用方面也比一般律所更具竞争力。

虚拟律所除了**不受物理办公空间束缚，以远程运营和技术手段加持，为客户提供服务**之外，还主要有以下特点：

（1）运营成本低。律师通常是“自雇”，自行解决秘书、助理等辅助性工作。

（2）提成比例高。收入分配比例高，律师自己的案源可获得 80% 以上的收入。

（3）律师收入高。律师不负担租金等成本，收入能达到一些大型律所的两倍。

（4）市场竞争力强。小时费率通常较低，还为客户提供多种灵活的收费模式选择。

这些优点吸引了众多律所的合伙人加入。仅 2020 年，Fisher Broyles 就宣布有 51 名合伙人加盟，其中多数曾任职于美国大型律所。

灵活的计费模式也使虚拟律所受到客户青睐。据 Fisher Broyles 的官网显示，这家律所的客户包括脸书（Facebook）、网飞（Netflix）等全球知名企业。

近年来，欧美国家在虚拟律所工作的律师人数显著增加。据统计，2020 年年初，共有 1270 名英国律师为虚拟律所工作，同比增长 22%。

有国外评论家指出：虚拟律所已从一个引人入胜的想法，成为增长迅速且非常主流的法律职业。

## 三、集体“省钱”的美国律所

相比崛起的虚拟律所，众多美国的“传统”律所却陷入“生存挑战”。如表 1 所示，根据汤森路透的《2021 法律市场状况报告》（2021 Report on the State of the Legal Market），除破产业务同比增长外，2020 年美国律所的其他业务需求均出现不同程度下滑。

**表 1　2020 年美国律所业务需求增长情况**

| 业务类型 | 同比增长率/% | 占比/% |
|---|---|---|
| 专利诉讼 | -7.6 | 4 |
| 房地产 | -4.4 | 7 |
| 税务 | -4.2 | 3 |
| 诉讼 | -4.0 | 28 |
| 专利申请 | -3.0 | 5 |
| 劳动就业 | -2.0 | 11 |

续表

| 业务类型 | 同比增长率/% | 占比/% |
|---|---|---|
| 公司业务 | -1.0 | 25 |
| 破产 | 3.2 | 2 |

资料来源：汤森路透。
制图：智合。

收入减少，使得律所不得不开始“节衣缩食”地过日子。2020 年 4 月开始，奥睿（Orrick）、博凯立（BCLP）、贝克·麦坚时（Baker & McKenzie）等律所开始减薪以应对疫情，拉开美国大型律所削减成本的大幕。

同时，各律所普遍采取“积极的成本控制措施”，停止或大幅减少开销。具体来看，除技术和知识管理的投入较上一年度有所增加外，其他各项支出均呈现负增长。市场和商业开发、专业、招聘方面的投入下滑程度最大，房屋土地和办公方面的投入分别减少 1.5% 和 22.5%，详见表 2。

**表 2 2020 年美国律所各类运营支出增长情况**

| 类别 | 同比增长率/% | 占比/% |
|---|---|---|
| 市场/商业开发 | -44.0 | 5.0 |
| 专业 | -42.1 | 0.3 |
| 招聘 | -40.0 | 2.0 |
| 办公 | -22.5 | 9.0 |
| 福利金（专业人员） | -4.3 | 6.0 |
| 外部服务 | -3.2 | 4.0 |
| 房屋土地 | -1.5 | 26.0 |
| 员工薪酬 | -1.3 | 31.0 |
| 知识管理 | 2.0 | 4.0 |
| 技术 | 2.0 | 10.0 |

资料来源：汤森路透。
制图：智合。

有分析指出，疫情为美国法律行业带来了根本性的变化，包括：对有效利用办公空间的重视、重新考虑人员配置和工作模式变化、调整支持人员的占比、提升数字化程度等方面。具体而言，以下几个关键指标将发生改变：

（1）人均办公面积：律所办公室将由人均 800 ~ 1000 平方英尺（74.3 ~ 92.9 平方米）降低至 500 ~ 700 平方英尺（46.5 ~ 65.0 平方米）。

（2）空间利用率：律所办公室的空置空间将由 30% 降低至 5%。

（3）律师与支持人员比例：将由 2∶1 提升至 5∶1，并采用更为集中的业务支持模式。

面对业务下滑，美国律所不得不走向“虚拟”：通过减少办公空间支出、提升运营效率等提升市场竞争力。

## 四、律所“虚拟化”转型，能走多远

除昆鹰外，2020 年以来，多家律所也开始推行有关远程办公的“虚拟化”尝试。

2020 年 7 月，在全美拥有 700 余名律师、20 余家办公室的赫信百利维律师事务所（Husch Blackwell）组建“虚拟办公室”The Link。

The Link 成立后，该律所各地近 40 名律师报名加入，以换取永久“随时随地办公”的机会。相关负责人称，和其他实体办公室一样，The Link 拥有专门的管理合伙人、行政主管、行政支持人员、绩效考核体系以及技术支持等。

据悉，该机构还计划吸引美国各地律师加盟，允许他们在全国不同地点工作。

面对越来越多律所的“虚拟化”转型，有人提出，传统律所是否会被虚拟律所替代？

至少短期之内不会。

首先，对于律所来说，是否适合采用虚拟办公，很大程度上取决于自身业务类型、管理模式和文化特点等因素。其中，需要律所考虑的问题包括：自身的业务更多是单兵作战还是依赖于相互协作？管理结构是更加紧凑还是相对松散？对技术的应用程度如何？未来的发展战略是怎样的？

其次，对于律师来说，这种模式可能并不适合所有人，当然这也和虚拟律所本身的劣势有关：其一，虚拟律所通常需要律师自己开拓案源，可能更适合那些业务量充足的资深律师及合伙人；其二，虚拟律所欠缺足够的业务管理、运营和品牌营销等支持，一定程度上会制约律师的长期发展；其三，虚拟律所远离实体办公室的弊端是缺少人际互动，诸如培训、指导、监督等需要面对面开展的活动难以实现。

而近期美国大型律所的“虚拟化”转型，更多是在全球疫情冲击下，基于对市场竞争、客户服务、成本控制、技术运用、员工福利等多种因素的综合考量，主动求变的结果。

## 结语

反观中国律师业，全国律师人数突破 51 万人，律师事务所达 3.4 万余家。高度激烈的市场竞争中，人无我有、人有我优、人优我省将是律所树立竞争优势的可行性策略。

同时，中国法律行业正迎来巨大的发展机遇。例如，为便利律师参与诉讼活动，最高人民法院联合司法部上线律师服务平台，为律师提供一站式诉讼服务，保障律师执业权利；为打造国际一流的法治营商环境，上海自贸试验区临港新片区允许境外仲裁机构设立业务机构，允许律所开设同城分所；《海南经济特区律师条例》鼓励律师事务所实行公司制管理，允许非律师参与律所合伙；等等。

开放与包容的大环境下，我们期待看到中国律所从组织形态到业务模式再到技术等多元维度的创新的出现。

# 史上20大倒闭律所排名：它们为何从巅峰走向灭亡

伊晓俊 |

2021年5月，国内首家律所申请破产被最高人民法院驳回引发热议。

律所作为不具有法人资格的组织，资不抵债、宣告破产并不多见。

但放眼国外，大型律所以惊人的方式与速度“死掉”已不是新鲜事。许多曾经“高大上”的律所，白手起家、拔地而起，但最终由于各种原因，一败涂地、走向终局……

这些大所因何而亡，又能给我们哪些启示？

## 一、它们是谁

提起美国律所，很多人想到的可能是那些创收位居前列的大型律所（Big Law），以及专做大生意的华尔街“白鞋所”。

但在这些巨头背后，也有很多曾经风光无限的大所。

本次我们以检索新闻资料的方式，汇总了自1987年以来宣布破产的20家美国大型律所，它们均为百人以上规模，其中律师人数最多的曾突破1000人，详见表1。

**表1 美国大型律所倒闭情况统计（1987～2019年）**

| 序号 | 律所名称 | 总部地点 | 倒闭年份 | 存续期间 | 律师人数（最多时） | 倒闭原因 |
|---|---|---|---|---|---|---|
| 1 | Finley Kumble | 纽约 | 1987 | 19年（1968～1987） | 700人 | （1）盲目扩张；（2）高薪挖人；（3）举债过多；（4）内部矛盾 |
| 2 | Gaston & Snow | 波士顿 | 1991 | 147年（1844～1991） | 300人 | （1）举债过多；（2）人才流失；（3）内部矛盾 |

续表

| 序号 | 律所名称 | 总部地点 | 倒闭年份 | 存续期间 | 律师人数（最多时） | 倒闭原因 |
|---|---|---|---|---|---|---|
| 3 | Bogle & Gates | 西雅图 | 1999 | 108年（1891～1999） | 200人 | （1）违法违规；（2）人才流失 |
| 4 | Hill & Barlow | 波士顿 | 2002 | 107年（1895～2002） | 130人 | 人才流失 |
| 5 | Brobeck Phleger & Harrison | 旧金山 | 2003 | 77年（1926～2003） | 900人 | （1）盲目扩张；（2）业务单一；（3）举债过多 |
| 6 | Altheimer & Gray | 芝加哥 | 2003 | 89年（1914～2003） | 300人 | （1）管理低效；（2）举债过多；（3）盲目扩张 |
| 7 | Arter & Hadden | 克利夫兰 | 2003 | 160年（1843～2003） | 425人 | （1）盲目扩张；（2）人才流失；（3）举债过多 |
| 8 | Coudert Brothers | 纽约 | 2006 | 153年（1853～2006） | 650人 | 盲目扩张 |
| 9 | Jenkins & Gilchrist | 达拉斯 | 2007 | 56年（1951～2007） | 600人 | （1）盲目扩张；（2）违法违规 |
| 10 | Heller Ehrman | 旧金山 | 2008 | 118年（1890～2008） | 700人 | （1）举债过多；（2）人才流失 |
| 11 | Thelen | 旧金山 | 2008 | 82年（1926～2008） | 600人 | （1）盲目扩张；（2）人才流失；（3）举债过多 |
| 12 | Dreier | 纽约 | 2008 | 12年（1996～2008） | 250人 | （1）违法违规；（2）举债过多 |
| 13 | Thacher Proffitt | 纽约 | 2008 | 160年（1848～2008） | 350人 | （1）业务单一；（2）人才流失 |
| 14 | Wolf Block | 费城 | 2009 | 106年（1903～2009） | 317人 | （1）业务单一；（2）人才流失 |
| 15 | Howrey | 华盛顿特区 | 2011 | 55年（1956～2011） | 700人 | （1）业务单一；（2）举债过多；（3）人才流失 |
| 16 | Dewey & LeBoeuf | 纽约 | 2012 | 103年（1909～2012） | 1400人 | （1）高薪挖人；（2）举债过多；（3）人才流失；（4）违法违规 |

续表

| 序号 | 律所名称 | 总部地点 | 倒闭年份 | 存续期间 | 律师人数（最多时） | 倒闭原因 |
|---|---|---|---|---|---|---|
| 17 | Bingham Mc Cutchen | 波士顿 | 2014 | 123 年（1891～2014） | 850 人 | （1）盲目扩张；（2）内部矛盾；（3）决策失误 |
| 18 | Dickstein Shapiro | 华盛顿特区 | 2016 | 63 年（1953～2016） | 400 人 | （1）业绩下滑；（2）人才流失 |
| 19 | Sedgwick | 旧金山 | 2018 | 85 年（1933～2018） | 330 人 | （1）业绩下滑；（2）人才流失 |
| 20 | LeClairRyan | 里士满 | 2019 | 31 年（1988～2019） | 365 人 | 盲目扩张 |

资料来源：彭博法律、Business Insider、各大新闻网站。

整理：智合。

名单中，从 1987 年的芬利·库姆布勒（Finley Kumble）开始，到 2019 年倒下的 LeClairRyan 为止，也不乏像高特兄弟（Coudert Brothers）、海陆（Heller Ehrman）、杜威路博（Dewey & LeBoeuf）等为国人所熟知的名字。

这 20 家律所中，一些颇具代表性的案例值得思考。

（一）最令人扼腕的倒闭律所——芬利·库姆布勒

这家律所在不到 10 年的时间里，律师人数从 50 人激增到 700 人。

最鼎盛时，芬利·库姆布勒是美国第二大律所，仅次于贝克·麦坚时，即便在破产的 1987 年，其仍是全美第四大所。

这家律所的选人范围极广，包括了前参议员、州长、前市长、前总检察长等。为了把这些有背景、有人脉的精英挖来做合伙人，不惜过度借债。

最终，**过高的薪酬成本、合伙人之间的内讧将其压垮**。这家律所存世仅 19 年，其间经历大起大落，它的破产案例也引起了美国律师行业的深入讨论。[1]

（二）规模最大的倒闭律所——杜威路博

2011 年时，杜威路博的创收高达 2.5 亿美元，拥有 1400 名律师，26 家办公室遍布全球，在我国的北京和香港也设有办公室。

杜威路博一度拥有全球顶尖的律师团队，曾在迪士尼 40 亿美元收购漫威的交易

〔1〕 Simon：《【他山之石】这 20 家美国知名律所，何以在存续百年后走向破产解体?》，载微信公众号“律所管理资讯”2016 年 3 月 3 日，https：//mp. weixin. qq. com/s/－1I3oIZV－uZUU－y0ZdJ4Bw。

中担任牵头律所。

2012 年，随着**财务亏空问题的暴露**，300 名合伙人中约有 200 人离开了律所。当年 5 月，杜威路博正式申请破产。破产文件显示：律所负债已高达 3.15 亿美元。

这也成为迄今美国历史上最大的律所破产案。[1]

（三）距今最近的倒闭律所——LeClairRyan

2019 年 8 月，拥有 31 年历史的 LeClairRyan 正式宣布解散，成为当年度的重磅行业新闻。

在倒闭之前，LeClairRyan 在美国律所 200 强（Am Law 200）中排名第 179 位，在全球有 23 家办事处。

2017 年时，随着数十名合伙人的出走，LeClairRyan 的创收开始严重下滑，但其并没有因此停止自己的扩张脚步，仍在海内外开设分所，为自己的"律所 2.0"愿景做宣传。

有专家曾表示，像 LeClairRyan 这样规模的中型所，既不具备很强的客户竞争优势，也无法像精品所一样管理自己，因而在市场竞争中变得"非常脆弱"。[2]

## 二、因何倒闭

92.7 岁，是 20 家倒闭大所的平均寿命。与年轻的中国律师业相比，这些律所可以称得上"长寿"。那么，这些历史悠久、精英云集的律所的终结背后，什么才是主因？下文将对美国大所倒闭的 10 大原因进行分析（见图 1）。

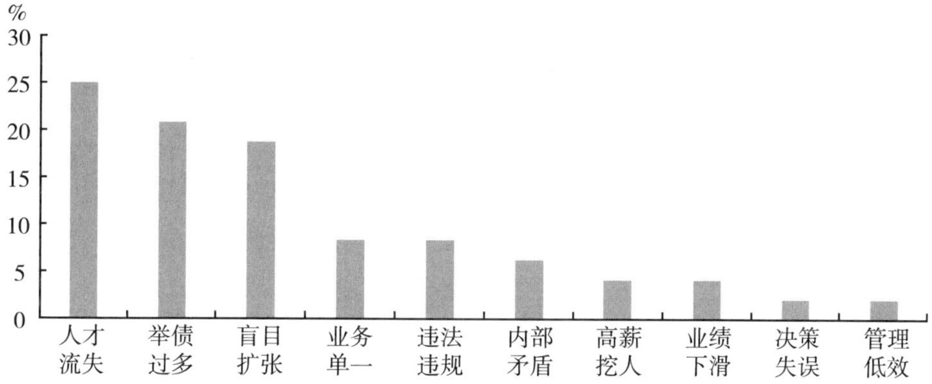


**图 1 美国大所倒闭的 10 大原因**

〔1〕智合编辑部：《负债 3.15 亿！百年大所倒闭，因为这件事没能做好》，载微信公众号"智合"2021 年 2 月 22 日，https://mp.weixin.qq.com/s/vNOY-rF9sR8QILu0jMflUQ。

〔2〕周正：《律所如何基业长青？》，载微信公众号"智合"2019 年 11 月 12 日，https://mp.weixin.qq.com/s/DD3H65gy1ie3tFzQU_zoBQ。

（一）原因之首：人才流失，造成实力大减

通过统计发现，20家律所中，**超过一半都“死”于合伙人出走**。过去30年，一些美国大所之所以取得了长足发展，很大程度是因为它们有满足客户需求的优秀律师。

因此，为提升影响力，它们争相通过横向招募来吸引高创收、有影响力的合伙人加盟。这一方面加重了律所的成本负担，另一方面使整个行业的律师忠诚度下降，发展不顺意时，部分合伙人便会带着客户另谋高就。

正如杜威路博的主席斯蒂芬·戴维斯（Steven Davis）曾经感慨的，**如果凝聚一家律所的唯一因素是金钱，那这种凝聚力约等于零**。

（二）原因之二：举债过多，引发借贷风险

许多国外大所在发展过程中，会通过一定的银行贷款来弥补自身经营资金的不足，操作良好的情况下，这种做法能帮助它们将资金投入回报更高的领域中。

但是，如果过于依赖银行借款，一方面，会让律所背上沉重债务；另一方面，当**律所陷入欠款危机、财务状况不佳时，有可能触发银行的清算条款，导致律所分崩离析**。

历史上，海陆律师事务所的15位知识产权业务合伙人转所，使律所与孖士打（Mayer Brown）的合并以失败告终。合伙人的退出，还造成了海陆的银行授信额度降低，触发了清算条款，继而导致了该律所的破产申请。[1]

（三）原因之三：盲目扩张，导致成本激增

自20世纪80年代开始，美国的大型律所对于规模和利润的追求近乎走火入魔。

规模化发展帮助大型律所在短期内获得了成功。但是从长期来看，这种做法也产生了一些反效果，其中之一是导致律所的成本激增。

杜威路博就是一个典型的例子，在经济下行期，一味谋求人员规模的快速增长，这种急功近利的策略不仅给其造成了沉重的负担，也给日后埋下隐患。

（四）原因之四：业务单一，不敌经济下行

宏观经济的周期性变化，会对企业经营产生重大影响，进而波及律师行业的发展。

在经济不利的大背景下，一些律所能够平稳发展甚至实现收入大增，主要是通过多元化的业务布局，形成了“抗风险”的协同效应。但也有一些律所**长期依赖单一类别的客户/业务，在危机中反应不及时，最终陷入资金困境**。

---

〔1〕伊晓俊、周正：《冻薪、降薪、裁员……危机时刻律所的“绝地求生”》，载微信公众号“智合”2020年3月26日，https：//mp. weixin. qq. com/s/0dTmjiwoiP6FEUt0jiUILw。

2008 年的全球经济危机，给专长于结构性融资的 Thacher Proffitt 造成了致命打击，随着雷曼兄弟公司等重要客户的相继倒闭，其主要业务受到严重影响，收入大减。

（五）原因之五：违法违规，终究自食恶果

伴随律所规模增长和人员增加，个别人“犯错”，使律所利益受损的情况时有发生。律师本身就是同风险打交道的职业，使这种问题发生的概率大大提升。

因此，将一家律所最终逼上绝路的，有可能不是强大的竞争对手，而是自己。**当律所内部不能加强风险管控、防微杜渐时，就可能会祸起萧墙、酿成恶果**。

Jenkens & Gilchrist 是历史上少数因丑闻而倒下的律所。2003 年，该所因向许多大公司和富人提供非法的避税建议受到美国国税局的调查，并最终承担了 7600 万美元的巨额罚金，该所 4 名律师受到逃税、共谋和相关指控，并被判有罪，律所于 2007 年宣布停业。

除上述 5 大原因以外，**内部矛盾、高薪挖人、业绩下滑、决策失误、管理低效等，都是导致律所破产的重要原因**。

当然，很多情况下，各种原因往往是相伴相生、综合作用，最终产生一系列的连锁反应，将律所压垮。

## 三、有何特点

尽管美国大所的覆灭之路或有不同，背后却隐藏着一些共同之处。

（一）覆巢之下，没有完卵

这 20 家律所中，有 7 家“死”于经济衰退：其中 1 家的“死因”与 2002 年的“互联网泡沫”有关，6 家破产是由 2008 年金融危机导致。

在经济波动的背景下，它们暴露出的问题颇为相似：业务构成单一，过分依赖特定业务领域。

这些律所的失败也说明，**业务布局如果不兼顾市场规律，具备抗风险能力，“家底”再厚也扛不过经济下行**。

（二）砰然毁灭，迅速消亡

与旷日持久的大企业倒闭不同，美国大型律所从神坛跌下的速度超乎寻常：一旦出现经营问题，合伙人会在短时间内纷纷离职，加速律所的崩溃。

耶鲁大学法学院教授约翰·莫利曾对美国 16 家倒闭律所做过一项研究，发现这些律所在破产前的 1 ~ 2 年内，都会出现合伙人离职率陡增的现象。

他认为，主要原因在于，如今美国律所**合伙人对律所的经营状况非常敏感，一有**

**风吹草动就会迅速逃离**。

（三）大厦将倾，独木难支

这些律所在面临危机时，还有一个明显的共同特征：**大多寄希望于一场合并来避免危机发生**。例如，海陆在破产前，至少与3家律所讨论了合并的可能性。

为何倒闭律所都希望通过合并来进行最后一搏？原因在于作为人合性的组织，报团取暖是律所抵御风险、恢复信心的重要方式。

显然，由更多的合伙人来承担损失，更易于分摊成本，降低解散的可能性。但现实是，这种稀释风险的做法往往会以失败告终，紧接着就是关门歇业。可见，**大厦将倾之时，试图通过合并来起死回生未必是一剂良药**。

这些特点还反映了美国律师业面临的普遍问题：

（1）增长速度上：律所的扩张速度远超其他行业，多数的增长方式比较粗放，使得律所成为一个个“松散的联盟”。

（2）利益分配上：合伙人所有制决定了合伙人以利润的形式获得报酬，当一位合伙人损害了律所的整体利益并引发危机，晚离开的合伙人比早离开的面临更大的损失。

（3）制度形式上：缺乏相应的制度设计来限制合伙人的流动，使得组织缺乏稳定性，也让律所普遍缺少长久经营的稳定保障。

无论这些大所曾经的规模、创收数字、业务实力是什么水平，由于无法有效应对经营和管理中遇到的问题，最终都以惊人的速度分崩离析。

## 四、中国律所

视野回到中国法律服务市场。

虽然中国法律服务市场仅有短短四十年历史，但市场中频繁流动、分分合合已是常态，行业的变化让人感慨：

1998年，司法部授予的首批20家“司法部部级文明律师事务所”中，至今为行业熟知的仅剩一半；

某些律所的加盟分所因利益分配问题宣布自立门户；

一些律所内部矛盾升级，合伙人带领骨干律师与核心客户离开；

因代际传承，不少创始人黯然离开一手创办的律所，两手空空……

这些事例说明，规模化不断发展的今天，如果律所不能进行管理模式和治理方式的升级，及时把控经营风险，内部问题可能会随之显现。

律所如何基业长青？这并不是一个新话题，但却是律所发展中必须面临的重要问题。

传统松散的律所经营模式，有利于“跑马圈地”、“做大蛋糕”，但在服务质量提升、组织长期建设、资产有效积累等方面，缺少统一有力的推动。

中国法律服务市场还比较年轻，但我们看到，一部分领先律所已开始考虑通过股权模式的分配安排、内部治理、风险隔离来谋求组织的长远发展，例如：

（1）在分配安排上：参照股权模式，对律所创收进行合理的分配设计，根据合伙人的能力、贡献、绩效等进行设置与动态调整，让合伙人形成“命运共同体”。

（2）在内部治理上：把决策权、运营权、分红权分离，由监事会进行监督，职业经理人负责日常管理，形成科学、持续、有效的运营。

（3）在风险隔离上：采用特殊的普通合伙制来避免规模化带来的风险，并为律师购买职业责任险，防范快速发展中的执业风险。

当然，各个地域、各种规模的律所情况各有不同，具体如何谋划发展，也终将考验各家的智慧与魄力。

但居安思危、警钟长鸣，追求战略、组织和管理创新，是中国律所实现百年大计、基业长青的关键。

# 这家律所靠借钱过日子，7 年创收翻了 8 倍……

伊晓俊 |

一家律所通过借钱来“过日子”，7 年时间里：

负债从 2000 万英镑增加到 6500 万英镑，翻了近 2 倍。

创收从 3400 万英镑涨到约 3 亿英镑，翻了 8 倍。

这家律所为何欠款？越负债，就能过得越好？

## 一、负债前行

123 家，超 10 亿英镑。

这是英国律所 200 强（UK 200）在 2017/2018 财年的负债情况。

据英国《律师》杂志（*The Lawyer*）的一份调查报告显示，超过 3/4 的英国律所负担着一定的银行债务。自 2013 年之后的 5 年时间里，英国律所的平均债务上涨了将近 24%。

“负债累累”已成为英国律所的常态。

一年以后的 2018/2019 财年，共有 10 家英国律所的债务超过 2000 万英镑，详见表 1。其中，史密夫斐尔的借款额最高，达到令人瞩目的 1.1 亿英镑（约合 9.9 亿元人民币）。其礼、欧华、西盟斯分列二到四位，负债均高达 6000 万英镑以上。

**表 1　2018 ~ 2019 年度英国负债最高的律所**

| 排名 | 律所 | 负债/英镑 |
|---|---|---|
| 1 | 史密夫斐尔（Herbert Smith Freehills Global） | 1.1 亿 |
| 2 | 其礼（Clyde & Co） | 9700 万 |
| 3 | 欧华（DLA Piper） | 6720 万 |
| 4 | 西盟斯（Simmons & Simmons） | 6520 万 |

续表

| 排名 | 律所 | 负债/英镑 |
|---|---|---|
| 5 | DWF | 4590 万 |
| 6 | 鸿鹄（Bird&Bird） | 4090 万 |
| 7 | 肯尼狄（Kennedys Law） | 3170 万 |
| 8 | 诺顿罗氏（Norton Rose Fulbright） | 2900 万 |
| 9 | 博凯立（Bryan Cave Leighton Paisner） | 2260 万 |
| 10 | 亚司特（Ashurst） | 2040 万 |

资料来源：Smith & Williamson。

制表：智合。

文章开头提到的，是英国最大的上市律所 DWF，在表 1 中位列第五。从 2013 年起，DWF 的银行债务每年都在攀升。截至 2020 年 4 月 30 日，DWF 的负债达到了 6490 万英镑。

这些律所为何负债？钱都用在哪儿了？

## 二、为何借钱

通常认为，商业经营中的负债可分为“良性债务”和“不良债务”两类。

良性债务，比如带有一定投资性质的债务，可以弥补营运和发展资金的不足。一些律所虽然手握足够现金，依然选择了贷款，并将资金投入回报更高的领域中。因此，尽管位列“负债榜”榜首，史密夫斐尔的财务总监也曾表示，**该律所的“财务状况良好”**。

不良债务，是指因经营状况不佳或急需资金作为周转，而身背过重债务的情况。过高的负债有可能导致现金流断裂。

全球面临疫情的 2020 年，“现金”被许多律所视为最安全的选择。削减开支、改善资产负债表、保有一定现金额成为英国律所抵御风险的普遍做法。

借了一大笔债之后，各家律所的用法各有不同：

位居第一的史密夫斐尔的财务总监曾表示，律所的债务融资安排“适合我们这种规模和复杂性的律所”。几年来，该律所也一直**把资金投入 AI 技术、替代性法律服务、新办公室的设立之中**。“创新”逐渐成为该律所的重要标签之一。

排名第二的其礼，专长于保险、运输、能源、基础设施以及贸易等领域，2017 年开始采用**“循环信贷”**（一种在一定额度和有效期内，随借随还的贷款方式）来取得发展资金。近年来，该律所**专注于在亚太等地区的扩张**，还在重庆设立了我国西南地区首家由国际律所联合筹建的联营办公室。

第三位的欧华，在2018/2019财年债务飙升了50%，主要原因有两点：（1）因为一次网络安全事故，律所在IT**升级**方面投入了1770万英镑；（2）伦敦办公室的**迁址**，成为其史上最大的单笔投资。

第五位的DWF目前在欧洲、北美和亚洲等地有30多个办事处，约3100名员工。成功上市后，DWF近年来**将资金主要投入了加速海外扩张、投资法律技术，以及“跨界”法律之外的领域**。2020年，律所表示将把营运资本的贷款额度增加至1.22亿英镑。

同时，一些律所留意到自身债务过高的问题，并开始有意控制。

排名第四的西盟斯，近年来以严格的措施管控成本，注重提升利润率，并减少对于银行贷款的依赖。

## 三、真的好吗

“负债经营”是资金不足的企业和商业机构提升竞争力，扩大生产规模的手段之一。这种做法又能给律所带来哪些好处呢？

（1）一定的现金流。律所在合伙人出资和业务收入外，又流入一笔可操作的资金。将之投入运转体系中，有机会实现财富的最大增速。

（2）灵活经营。便于律所按市场变化做出有效安排，为收购、技术投资、规模扩张等提供保障。

（3）人才吸引。在资本加持下，人才有望获得更优厚的待遇，律所的竞争力和影响力能够获得提升。

（4）长远发展。一些律所注重组织形式创新，改变了管理架构，后续的“股权化”设计也使合伙人获得了长期回报。

同时，规避风险是律师职业的“天性”，一些律所对“借钱”保有谨慎态度，不愿靠负债来扩大经营规模，理由主要有以下几点：

（1）作为服务机构，许多律所缺乏足够的资产来担保债务。

（2）律师业具有流动性强的特点，律所陷入欠款危机、财务状况不佳时，合伙人可能会随时离开。

（3）一些律所更倾向于依靠多种资金来源，包括合伙人出资、未分配的利润等，注重提升催收账款的能力。

历史上，曾有一些律所通过向银行举债来达到高薪挖角竞争对手、谋求快速发展的目的。此种做法让自己背上了巨额的债务，并最终导致律所倒闭。

此外，并非所有英国律所都是“举债经营”。一些则将债务控制在最低水平，最典型的就是“魔圈所”，详见表2。

**表2 英国四家“魔圈所”历年现金盈余情况**

| 年份 | 平均现金盈余/英镑 |
| --- | --- |
| 2015/2016 | 1.19亿 |
| 2016/2017 | 1.36亿 |
| 2017/2018 | 1.70亿 |
| 2018/2019 | 1.49亿 |
| 2019/2020 | 1.58亿 |

资料来源：英国《律师》杂志。

制表：智合。

2019/2020财年，四家巨头不仅没有借钱，平均每家还有1.58亿英镑的现金。从2007年至2019年，高伟绅（Clifford Chance）的现金盈余从9100万英镑增至2.2亿英镑，英国安理则从6100万英镑升至1.249亿英镑。

2020年，年利达（Linklaters）曾向银行贷款1.25亿英镑，但在当年实现盈利后，于9月将欠款全部还清。

综上，**负债经营，有利有弊**。

## 四、中国律所

“借钱谋发展”的做法利弊并存，其背后反映了英国律所管理者重视资本运作，像经营公司一样开律所，寻求长远发展的理念。那么中国律所呢？

目前来看，许多银行的信贷政策中尚没有把律所列为授信主体。

大多数律所轻资产运营、注册资本少、组织松散，不符合相关资格。另外，法律服务业的发展现状下，律所的经营成本主要还是人力，没有大额资本运作的必要。

与此同时，一些国内领先律所开始尝试以“集团化发展、资产化管理”来做大做强，某律所的具体做法如下：

（1）实行“股份制”结构改造，给予将来离开的“老股东”溢价补偿，为律师的退休提供保障。

（2）每年提留一定比例资金作为发展基金，除了部分用于硬件投入外，其余交由专业基金管理公司操盘，以实现资产增值。

（3）“集团化”运作，以律师业务为主轴，律所、影视公司、互联网公司“三体联动”。律师可以持有公司的股份，共享额外收益。

该律所的负责人曾表示，如果律所在创收外，每年又有一项资产管理的“业外收入”，那么律师就没有理由因1% ~2%的提成差别而离开了。

各个律所的情况各有不同，如何根据具体情况，制订发展规划和设计相关制度，则要考验各家的智慧与魄力。

# 最赚钱律所创收 50 亿美元，逆势激增，背后逻辑竟是……

伊晓俊

律师行业有一个值得思考的现象。

2020 年疫情时业内曾哀鸿遍野，不少人感慨行业一夜变天，将迎来百年未有之变局……

现在回头看，2020 年法律行业受到的冲击，似乎没那么大：

在国外，全球最赚钱的一家律所，创收首次突破 50 亿美元大关；

在国内，近期有媒体报道，不少律所去年创收不降反增，迎来新一轮爆发。

经济下行时，律所业绩反而更好。这背后反映了什么问题？

## 一、反周期

经济学上有个名词，叫“反周期性”行业。意思是，有些行业发展情况和经济周期相反。经济下行时，收入反而增加，利润反而上升。

知乎上有一个热门问答，讨论哪些是反周期的行业。

其中有个高赞回答：

“律师，绝对的反周期行业。

“我们制造业破产潮，他们就搞破产清算。

“我们制造业裁员潮，他们就搞劳动维权。

“我们制造业欠债不还，他们就搞经济纠纷案件。

“我们制造业破产后离婚，他们就做离婚律师。”

那么，律师业务真的都“反周期”吗？

恐怕未必。

经济不景气，需求端受到打击，2020 年国外法律行业受到的影响可见一斑。

有外媒统计，在全球疫情冲击下，美国律所在2020年业务出现下滑，不少都开启了降薪裁员潮，详见表1。

**表1　2020年美国律所业务需求增长情况**

| 业务类型 | 同比增长率/% | 占比/% |
|---|---|---|
| 专利 | -7.6 | 4 |
| 房地产 | -4.4 | 7 |
| 税务 | -4.2 | 3 |
| 诉讼 | -4.0 | 28 |
| 专利申请 | -3.0 | 5 |
| 劳动就业 | -2.0 | 11 |
| 公司业务 | -1.0 | 25 |
| 破产 | 3.2 | 2 |

资料来源：汤森路透。
制图：智合。

但同时，破产重整等领域，不仅未受冲击，反而实现增长。这就属于典型的“反周期”。

反周期的律师业务，大致有以下几种：

第一种是**诉讼业务**。

经济不佳时，诉讼往往会变得越来越普遍。困难时期，商业组织更可能通过诉诸法律给财务止损，或用诉讼来避免偿还欠款，控制现金流。

第二种是破产业务。

我们看到，在经济大环境不好的时候，破产重整成为企业“起死回生”或“一了百了”的选择，律师的破产业务量也因此激增。

第三种是反垄断业务。

反垄断与公司并购之间有比较明显的“此消彼长”的关系。美国历史上，在并购退潮后，通常会迎来反垄断高峰。同时，反垄断周期还和产业组织及经济形势息息相关。

此外，近年来律师界“行业化”概念见涨，那些具有较强“行业”属性的业务，受经济周期影响更大。比如，能源、自然资源、化工、工业设备、汽车、金融等领域，是典型的“正周期”行业。而通信、零售、食品、医药、烟草等，则具有反周期属性。

**那些布局了反周期业务的律所，经济下行时通常表现得更稳。**

## 二、提早布局，抓住“风口”

再升级一下，那些逆势暴发的律所，究竟是如何布局的？

曾经被誉为美国“最牛”的律所之一的美邦律师事务所（Milbank），因“逆周期布局”而知名。

20 世纪 90 年代起，这家律所就开始尝试多元的业务布局，在中国香港地区等亚洲市场较早开拓了并购/私募股权、资本市场、收购融资、结构性融资、项目融资和重组六大业务线。

2020 年，因为在重组、诉讼等领域表现良好，这家律所创收猛增 15.6%，达到 12 多亿美元。

律所负责人表示，业务的多元化赋予了律所更多的灵活性：经济上行期，可以重点参与各种交易；而到下行期时，着重应对破产重组等业务的高需求。

在国内，部分“红圈所”的发展轨迹也充分证明了为什么律所要提升规模化、综合化的能力：

业务上，以资本市场起家，逐步拓展争议解决、私募与风险投资、并购、反垄断和合规等领域，对抗经济周期性波动。

人员上，大力投入与长期发展相匹配的队伍建设，在经济景气时提前储备破产等业务人才。

组织上，用一体化运营将各家办公室串联，保证相对稳定的整体增长，在发展模式上实现风险对冲。

不过，当经济疲软时，那些没有提前布局的律所就没有机会，只能等待复苏了吗？

**还有一个变量就是“风口”**。

我们常说的“风口”，其实就是大环境的变化，带来的新机会。

一些拥有二三十年历史的国内老牌律所就是典型例子：

20 世纪 90 年代，两大证券交易所开业，探索资本市场；

2000 年前后，中国“入世”，涉足国际贸易；

2008 年以后，文化产业上升为国家战略，将视野投向数字媒体产业；

2019 年之后，金融业开放新政落地，提升金融服务精细化程度。

可以说，老牌大所们已形成一套善于捕捉财富风口的机制，而这创造性的预见能力，又为其带来了新的发展高度。

很多成功经验告诉我们，应势而谋、因势而动比努力本身更重要。

经济下行并不可怕，可怕的是没有“风险准备＋顺势而为”的能力。

## 三、律师，你如何赶上时代的车

律师业务是经济发展的“晴雨表”。

而最新的趋势是，**外部环境的周期性变化，越发快速地传导到了法律行业**。

2020年，不少律所在经济不利的大背景下反而收入大增，至少能给我们以下启示：

第一，中国律师行业已从“蛮荒时代”进入“精耕时代”，某些老牌律所的战略布局为我们厘清了一条律所在“抗周期”成长的发展思路。

第二，多元化布局或将是律所发展的重要路径，但更为关键的是，如何融合不同业务的特性，形成协同效应，以提升“综合化、链条化”的服务能力。

第三，“得客户得天下”的市场策略，仍会在“后疫情时代”奏效，重要的是律所如何为客户提供具有贴合度的服务，满足客户的需求。

第四，一个业务的含金量，可以试着用“长期主义”的视角来评估。无论是律所做布局，还是律师做职业规划，都建议将时间的尺度放大到三年、五年甚至十年以上。

第五，无论是律所和律师，都要培养一门核心竞争力，并把它发展成“护城河”，总能让你有底气以不变应万变。

**处在经济周期拐点的2021年，回归本质，反思自身业务结构或许更加关键**。

对于律所和律师而言，都是如此。

# 区域市场篇

# 北京律师行业，不止于北京市场

蔡 凡 |

对于有志“到北京去”发展的异地律所或律师来说，北京意味着“新”，能够接触新兴的专业领域，能够获知新潮的行业理念和实践方法。

过往数年，中国律师行业快速增长，但各地发展水平不一，北京无疑是其中市场发育水平最高的地区之一。中国各地的律师行业大多处于“萌芽期”或“成长期”，北京的律师行业在成长中显然走得更靠前些，也因此更快地触达“新”的阶段。

在这个发展前沿的地区，有哪些行业变化正在发生？或许从中能看到其他区域市场发展的下一阶段。智合采访了几位北京的律所管理者，以管窥北京律师行业的发展与变化。

## 一、3.7 万名律师，业务辐射全国

律师行业发展状况与地方经济水平密切相关，大城市和经济发达地区聚集了大部分律师。北京尤其如此。

2020 年，北上广深四城的执业律师总数超过 10 万人，占全国律师总数的 20.3%，其中，北京以 37,351 名律师占 7.3%，详见图 1。

近 5 年来，在已有的大体量下，北京律师人数仍维持较快增速，2018 年北京成为首个律师人数突破 3 万人的城市，2016～2020 年间，北京律师人数增长了 40.6%，年均增长率为 8.9%。未来北京的律师人数还将保持较高增长。

从人才供给侧来看，对于高校毕业生、异地转入的成熟律师而言，北京是一个极具吸引力的执业地点，人才与业务相辅相成，形成了北京律师业务覆盖的完整性。

2020 年北京考核合格的申请律师执业人员有 5297 人，其中实习期满申请执业的律师占比达 75.84%，异地变更执业机构占比为 8.08%。高校林立，每年大量的法学毕业生是北京初级律师人才的重要来源，与此同时也抬升了人才队伍的水位线。“年轻化、多元化、国际视野是北京律师人才队伍的显著特点。”清律律师事务所管理合

伙人郑厚哲说。

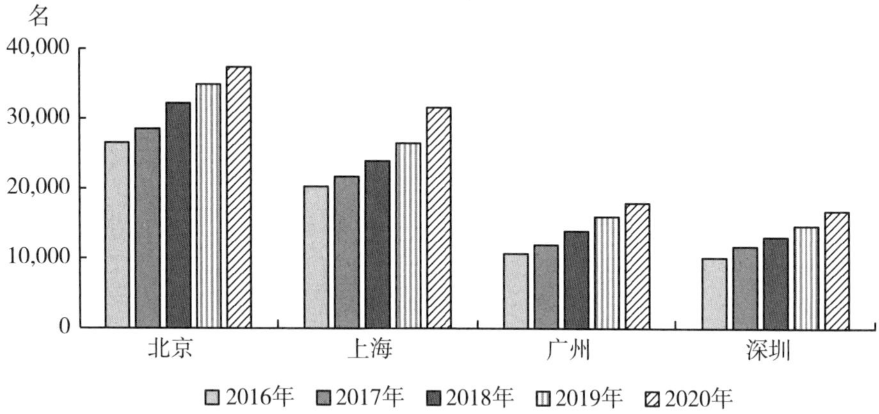


**图1　2016～2020年北上广深执业律师人数变化情况**

隆安律师事务所主任王丹认为，北京的法律服务人才市场呈现两个与其他地区不同的特点：第一，人才聚集带来的行业门槛更高；第二，北京是一个真正覆盖全业务领域的法律服务人才市场，并且无缺口、无断层。

他解释道，一方面，各细分领域领军律师以北京的数量为最多，且覆盖广泛全面，没有业务缺口；另一方面，各领域内的专家律师有很好的迭代交替，没有出现人才断层。

从市场需求侧来看，北京律师的市场辐射、业务来源不限于北京。

北京律师行业面对的是全国性市场，这不仅体现在上市、反垄断等进入门槛较高的业务中，中国证监会、国家市场监管总局等国家级政府部门的主要办事机构都在北京的这一“地利”，也表现在拆迁、刑辩或民商事诉讼等相对传统的业务中，北京律师能够下沉到当地市场中，直接取得业务机会。

在社会文化、市场经验、律所品牌等综合影响下，北京律所和律师具备独特的市场辐射优势，不少北京律所下沉到二、三线城市发展，也显得“特别的”顺利。

过去数年中，不少区域性律所正面临市场竞争趋向全国化的问题，尤其表现在高端业务领域，竞争的“全国化”莫不如说是“北京化”。

随着处于优势地位的总部在北京的律所对全国市场的“攻城略地”，律师业的“跑马圈地”首先在沿海和经济发达地区展开，后逐步向中西部省会城市蔓延。

## 二、规模化策源地，竞争擂台在北京之外

在《美国律师》（*American Lawyer*）发布的“2020全球百强律所”系列排名（2020 Global 200/100）中，中国律所在全球十大规模所中占据6席，分别是：大成

Dentons、盈科、京师、金杜、锦天城、德恒。

其中，起步于北京的律所有5家。

律师人数进入全球前200名的还有国浩、中伦文德、炜衡、德和衡、隆安、泰和泰、中伦、中银、浩天信和、康达、金诚同达、段和段、观韬中茂、方达、汇业、天元、广和、环球、万商天勤、君合、君泽君、竞天公诚、众成清泰。

23家律所中，16家来自北京。

在中国律所的规模化浪潮中，北京是最主要的策源地。一方面，头部“大”者多为北京律所；另一方面，参与者“众”，北京律所也是规模化发展最主要的参与者。但是，这些竞争本身并不直接发生在北京市场。

规模化的一种方式是律所通过合并，有意识地招揽人才，壮大北京办公室的律师队伍。

2017年，海润与天瑞合并成为北京海润天瑞律师事务所；2018年，环球与昊理文达成业务合并协议；2020年，易和与雷杰展达两家均成立于2002年的律所宣布合并，成为北京易和展达律师事务所；等等。

合并是快速实现规模化的方式之一，除此之外，不少北京律所也在制度设计、人才培养上下功夫，以提升律所的人才吸引力，扩充人数。

“规模化仍然是北京律师行业发展的一个趋势，并且越来越多律所加入规模扩张的行列中。”兰台律师事务所主任杨光说。这类律所通常也会呈现一些共性特点：建立一个面积开阔、装修精美的办公场地，设计一套优惠公开透明的成本分担机制，强调为律师服务的理念。

“另一方面，与规模化相对应，精品化亦是北京律所发展的趋势之一。”杨光补充道。北京的精品化律所主要聚集在如诉讼、仲裁、婚姻家事、交通肇事等业务领域，以及并购、数据合规，抑或是某个细分行业项下。

规模化的另一种方式是开设分支机构。北京律所的规模化着眼于全国市场，热衷在各地开分所。

分所布局战略下，规模的扩张给予了律所莫大的发展红利，也形成律所竞争中独有的“北京”特点。

“北京律所之间的竞争是与地方相结合的，绝大多数硬碰硬的竞争场合都发生在北京之外。”王丹说，这也是北京律所热衷开设分所的原因之一，各地方资源的汇集形成对北京总部的支持，进而提升律所整体的竞争力，这构成北京律师行业竞争格局的重要一环。

经过十余年的规模化发展，行业内万人大所出现，千人大所也有十余家。“规模红利还将持续多久？”常常被问起。王丹认为，中国律所的规模化还远未结束。“规模红利驱使下，律所的规模化将愈演愈烈，行业进一步整合，大所将越来越大，中小所的数量会减少。”

## 三、开启专业化2.0阶段

中国法律服务市场广袤，不同地区市场的发展程度差别巨大——有些地方的律师以传统业务为主，鲜有新兴业务，有些地方则处在市场更迭变化的一线；有些地方律师行业的专业化发展还处在脱离“万金油”的阶段，有些地方则开始探索专业化2.0；有些地方的律所管理大多粗放，有些地方开始涌现更多精细化管理模式……

北京，显然是后者。市场对宏观变化敏感，业务类型全面多元，北京律师常常处于业务“捕风口”，往往会更强烈地感受到市场的起起伏伏。

（一）市场浮沉，风起云涌

“律师业务的变化通常与政策环境、经济环境这两大因素密切相关。”王丹说，“有时候，一个细分专业市场仿佛突然间形成。”

如2005年股权分置改革，在原本集中度很高且不温不火的证券业务市场环境中，催生了一大批证券律师。再如破产重整领域，2006年《企业破产法》就已颁布，但此后的推行及业务审理都是滞后的；直到2016年前后，完善市场退出机制被作为评价营商环境的重要指标，政策研究与法律实践都对破产业务高度关注，业务量暴发性增长。

“市场变化之快，也意味着律师团队或是律所层面，要有前置的专业研究投入，才能更好地迎接业务机会。以隆安过往数年增长较快的金融、破产、涉外等板块的业务情况来看，正是内部计划和外部环境的碰撞而产生的。”王丹说。

“从北京的城市战略定位‘全国政治中心、文化中心、国际交往中心、科技创新中心’来看，围绕科技创新的如数据合规、人工智能、区块链等相关业务，以及文创产业、涉外业务近年来备受关注。”郑厚哲说。

（二）先发优势，强者恒强

“原先的前沿业务，逐步成为常规业务。”杨光说，“而在业务演化成型的过程中，形成了进入门槛，很多后来的律所就会越来越难加入。”

典型的如IPO业务，过往业绩是客户选择律所时的重要因素，再如反垄断业务，带有先发优势特征。在新型业务中，往往领先的律所会越来越领先，而未加入其中的律所或律师就会慢慢与此绝缘。回看近些年各大律师行业评级机构的业务榜单，独占鳌头的也多是老面孔。

“在某些领域，有的律所已建立业务护城河，市场份额有固化倾向，但另一方面市场中也持续有新兴力量试图打破，形成市场的博弈局面。”杨光说。

（三）细分领域逐步繁荣丰富，专业化2.0阶段

“细分业务市场从相对荒芜到繁荣。”郑厚哲说，“以娱乐法为例，十年前我进入这一领域时，还很少人提及这一概念，但现在竞争逐渐激烈，在北京不仅有专做娱乐法的律师团队，也有以娱乐行业法律服务为主业务的律所。”

北京律师行业在专业化上的探索已过了以部门法为划分的阶段，而是进入专业化的2.0阶段——以国民经济行业分类为依据，提供“行业化”的法律服务。

“不是以法律为主观视角的专业化，而是从客户需求角度的专业化。”郑厚哲说，当律师在与某行业领域的客户深入合作时，如果只懂某方面的法律，思考维度会有缺失，就很难给客户提供最好的解决方案。因此，律师需要从客户的行业属性、特点出发，融汇该行业相关的法律及商业知识以提供服务。

近些年来，不少北京律所的行业布局正在进行且已有成效，典型的如医疗大健康行业、教育产业、文化娱乐行业、汽车行业、数字媒体产业等。王丹表示：“行业化的实践已成趋势，只是现阶段还未形成整体效应，但我认为在三五年后这将成为北京律师行业的常态。”

## 四、传统竞争外，机制取胜

大部分地区的律师行业的竞争还停留在专业能力、人数规模等传统要素的比拼上，但北京已出现较多管理模式、运营机制上的实践创新，这些律所或团队也因此获得市场竞争优势。

对年轻的后来者而言，提供有别于行业现状的“新”和“不同”更有利于取得优势。“远程办公、不设合伙人办公室，是清律有别于其他律所的特点之一，这是为了让律师节约时间，最大限度地帮助律师提高工作效率。”郑厚哲说。

“与互联网技术的结合带来律师协作模式上的创变，帮助清律凝聚了一批同频的人。律所建设、机制完善是清律发展规划的重点，而不是业绩、人数、规模这些传统数据指标。接下来，在行业内团队协作的趋势下，清律将着眼于信息化建设、中台服务支持等以加强京沪鹏蓉四地办公室的协同。”

“管理者对律所发展的关注点正在由‘外观形态’转向‘内生状态’。”杨光说，“行业发展处于初期阶段时，律所管理重点普遍是人数规模、分所数量、专业类型等‘外观形态’，而随着竞争环境更为复杂，律所要采取怎样的运营管理机制、如何更合理地配置内部资源，这些‘内生状态’将在竞争中发挥更大的作用。”

当行业竞争进入新阶段，律所就必然需要提升整合能力和协作水平，就需要有机制上的创新。杨光认为，一体化会是未来趋势，并且这一趋势已然显现。

“一体化的价值在于作业资源的统一配置。”这也是兰台的亲身实践，通过一体化机制实现“四个统一”：统一收入、统一支出、统一收益率、统一配置作业资源，以此实现将作业资源持续精进、持续统合地满足客户需求。

“单从法律服务内容本身来看，其实没有太多需要创新的地方，发展创新点在于机制，如何将人力、财务等各生产要素拆解再组装，就像搭积木一样，一体化与否的区别就在于是各做各事，还是统一调度。”

杨光说：“因此兰台的发展重点是‘怎样做好一体化’，管理运营进一步精细化、建设良好有效的律所文化和工作习惯，在此基础上进行有质量的规模化。”

为加强一体化整合，现阶段不少北京律所正在加强管理体系的建设，碍于律所内部的融合阻力，有的律所为倡议式的，有的律所则推行得更为彻底。

“未来会有越来越多有特色的一体化律所运营机制涌现。”王丹表示，在接下来的竞争中，律师不进行一体化管理转变就会停滞不前，但照抄他人做法则很容易失败，“照搬会‘死’，不变会退步”，在这种纠结中，最终就会演化出若干条中间路线。

**结语**

据不完全统计，2020 年北京已有 36 家律所在海外设立了 231 家分支机构。北京律所的脚步已遍及全球五大洲，北京律师以及中国律师已然具备相当的国际影响力，陪伴中国企业的国际化进程。

从另一个侧面，在北京的 2887 家律所中，超九成是中小规模律所，除了媒体常关注的一线律所外，北京的律所大部分仍为小规模的普通民商事业务代理律所。这些中小规模律所通过一个个案子，点亮了社会的法治底色。

北京的律师行业已然成为一个有纵深、有层次、有更迭的结构，向不同层看去就会有不同的光景。但毋庸置疑的是，对于中国律师行业前沿发展状态的探索，北京仍在继续。

# 4 家 10 亿元律所，3 万名律师，上海法律市场的未来

陈琼青 |

1949 年，上海的城市人口大约是 550 万人，同时期中国其他城市，人口少有超过 100 万人的。中央银行设于上海，不少大银行总部和证券交易所在上海。

19 世纪末至 20 世纪 30 年代是近代上海经济发展最快的时期，同时也是上海确立工业中心、贸易中心、金融中心地位的时期。

上海是被全世界瞩目的一个城市。

从“十三五”到“十四五”，上海律师有了不少的变化。但当今世界正经历百年未有之大变局，上海律师行业亟须准确识变、科学应变、主动求变，奋力在“十四五”时期实现新的更大作为。尽管受全球新冠肺炎疫情等不利因素影响，2020 年上海的律师事务所仍保持稳定发展态势逆势增长。

随着社会产业结构的升级改造，中国社会的服务业也在不断地优化完善，在经济结构中的占比越来越大。服务业在社会经济中的地位越发重要，法律作为一个重要的服务业部门，随着社会的发展，对其需求会越来越大。

*上海律师行业的发展现状如何？*

*哪些业务值得上海律师关注？*

*上海的律所、律师们又处在怎样的生态和变化之中？*

智合采访了以下三位深耕上海法律市场的资深前辈，试图找到这些问题的答案。（按姓名首字母排序）

黄宁宁　国浩律师（上海）事务所 管理合伙人

刘蓉蓉　北京大成（上海）律师事务所 主任

朱林海　锦天城律师事务所 高级合伙人

## 一、市场发展：经济向好，法律服务需求增长迅速

在职业化、专业化、市场化、国际化方面不断深化发展。

无论从市场需求总量及层次丰富程度、律师队伍发展壮大及素质提升的速度，还是从上海律师曾经造就和正在书写的业绩，上海法律服务市场的发展轨迹对于全国都具有极强的借鉴意义。

从“十三五”以来，上海律师队伍持续壮大，律师队伍结构和综合素质进一步提升。截至2020年年底，全市共有律师31,679人，较2015年增长63.93%，律师人数位居全国第五，万人律师比达到13‱。

从律师结构来看，硕士研究生以上学历的律师有13,050人，占41.20%；本科学历的律师有15,029人，占47.44%。全市律所规模化水平快速提高，呈现梯队式发展壮大的明显态势。

上海共有律所1709家，较2015年增长21.30%，其中，合伙所1312家，个人所397家。100人以上的律所有47家，较2015年增长161.11%。

可是，成倍地增长，是否会导致上海法律市场未来的律师饱和？

“我认为律师行业是一个高度市场化的行业，它能不能保持这样的高增长，主要还是看市场需求。”锦天城律师事务所高级合伙人朱林海谈道，“我们没有人为地拔高它的增长率，也没有人为地抑制增长，即便去年因为疫情的影响，但在正常的概率上来说，上海律师还是呈现正增长。”

在朱林海看来，上海的法律服务市场，因为优质的营商环境、经济活力，仍然有大量的需求，上海律师增长的势头依旧会继续保持，且律师行业也有着自己的“流动性”，有人加入律师行业就会有人离开这个行业，但总体来看，上海律师的增长依旧是健康的。

国浩律师（上海）事务所管理合伙人黄宁宁也有着同样的看法：“未来一段时间，上海律师人数的这种增长的趋势会继续。”他认为，上海律师能够持续保持高增长，一个重要的原因，是上海律师并不仅仅服务于上海本地市场。

“上海律师是国内法律服务水平最高的群体之一，如果按照全国的万人律师人数，仅仅不到5人，因此，上海律师服务全国市场的空间仍然很大，这也会持续促进上海律师人数的高速增长。”黄宁宁谈道。

上海是中国的上海，亦是世界的上海。

“上海除了本身亮眼的城市综合实力表现外，它其实还承载了越来越多的国家战略定位的功能。”北京大成（上海）律师事务所主任刘蓉蓉解释道，“上海是我们面

向世界的窗口，无论是作为我们改革开放的开路先锋，还是把它打造成一个全球资源配置的功能高地，这个过程催生了更多的法律服务需求，我想整个律师行业的发展速度以及它的规模增长，肯定是与之相匹配的。”

不仅如此，刘蓉蓉还谈到，上海整个律师行业的人才引进机制，也是一个积极的、开放的、包容和健康的形态，会吸引更多的人才汇聚到上海律师业中，有的可能是来自法学院，有的则来自其他行业。“水流的源头它是活的，增长必定会快。”

当然，上海增长的不仅仅是律师的人数，律师创收也依旧在全国亮眼。

2020 年，上海律师行业总创收同比增长 7.12%，持续位居全国前列。创收 10 亿元以上的律所有 4 家；创收 1 亿元以上的律所有 51 家，同比增加 5 家；创收 1000 万元以上的律所有 304 家。

上海律师创收连续增长，背后推动的原因有哪些？

在朱林海看来，上海的城市定位起到了非常大的作用，例如五大中心建设。“五大中心建设的城市定位，为上海律师带来了巨大的发展动力和机会。其次就是上海本身的营商环境，就营商条件而言，法制环境是非常重要的一点，律师执业离不开这点。这些年来，上海的人均创收是全国首位，就能体现整体化的服务业水平。”

刘蓉蓉也谈道：“一个数字的增长，背后一定有多种因素的叠加。从行业来看，律师业作为法律服务业，是服务于经济社会发展大局的。整个律师行业的健康良性发展，也是国家建设一个民主富强的现代化国家的标志。上海的城市综合实力是在显著提升。随之而来的，便是更高质量的经济需求，所以也就有了更高质量的、高水平的法律服务。”

从律所来看，所有上海的律所，无论其规模怎么样，一直都是在不同的层面上不断地去强化内功。无论是人才的吸纳培养，还是律所的信息化建设的硬件投入，或是律所的管理水准，都在提升。

## 二、业务趋势：紧抓涉外，蓝海业务竞争广泛

据不完全统计，31,679 名上海律师在 2020 年办理各类诉讼案件 34.7 万件，同比增长 10.08%，办理各类非诉讼业务 17.5 万件，同比增长 16.67%，律师总创收在上海 GDP 中所占的比重已达到 7.6‰。

上海律师行业围绕中心、服务大局，在推动法治建设、护航经济发展、服务对外开放等方面发挥着独特作用。

早在 2018 年 1 月 5 日，《上海市城市总体规划（2017－2035 年）》发布，在原本的国际经济、金融、贸易、航运的基础上，增加了“科技创新中心”。由此，上海形

成了“五大中心”的新定位。

作为国内经济最发达的城市之一，上海早已是律师行业的兵家必争之地。围绕“五大中心”，上海出台了一系列配套政策。在政策红利之下，市场对于金融证券、并购重组、企业创投、股权纠纷、知识产权、海商海事、新经济、自贸区业务等领域的需求也必将水涨船高。

“我认为近年来，可以关注的领域包括仲裁（特别是涉外仲裁和国际仲裁）、合规（特别是境外投资、国际贸易和数据合规）、新产业领域（比如生物医药、新能源、数据产业）、ODI（特别是与‘一带一路’有关的境外投资）、自贸区相关业务等。”黄宁宁说。

在黄宁宁看来，仲裁、合规、自贸区相关业务等是近年来大热的领域，国浩这几年在上述领域均有布局，除了引进优秀的合伙人律师外，国浩还和中改院成功设立了自贸港法律研究院。

与以往的自贸试验区相比，上海临港新区绝不仅仅是简单的面积扩大，而是有明确的、更高的定位，有更丰富的战略任务，更加突出了产业发展新特点。同时，新区更代表着根本的制度创新，是深化改革开放的再升级。

在功能定位上，临港新区把“自由”放在了更加突出的位置，强调“打造更具国际市场影响力和竞争力的特殊经济功能区”；发展方向上，把“产业”放在了更加突出的位置，强调“建设具有国际市场竞争力的开放型产业体系”；区域建设上，把产城融合放在了更加突出的位置，强调“打造开放创新、智慧生态、产城融合、宜业宜居的现代化新城”；管理体制上，把“放权”放在了更加突出的位置，明确提出新片区将参照经济特区管理，被赋予更大的自主发展、自主改革和自主创新管理权限。

而这些改革，给上海律师们创造了更多的机会和机遇。

朱林海则是看好一些“新兴领域”，例如互联网数据保护。“不久前，某互联网平台公司被处罚的案件引起了不少热议，像这样的业务在原来的传统业务里面是很少见的。”朱林海说，互联网数据保护还没有成为大热领域，但前途不可小觑。

除此之外，破产业务近年来增长量也非常可观，在刘蓉蓉看来，破产业务增多和社会经济形态发展密切相关。“律师的业务就是整个经济社会形态的一个缩影。”刘蓉蓉说，“无论是产业结构升级，还是加强行业监管，我们会看到，有很多企业原来存在的经营问题会集中爆发，这时候往往需要通过破产重整来使企业获得新生。”

不仅如此，2021 年 6 月 22 日，上海环境能源交易所发布《关于全国碳排放权交易相关事项的公告》，也给上海法律服务市场添加了一把“干柴”。

交易所在其官网上发文称，根据生态环境部的相关规定，全国碳排放权交易机构负责组织开展全国碳排放权集中统一交易。这是继 2011 年在北京等七省市启动碳排放交易试点后，国家为实现碳达峰、碳中和目标又迈出的实质一步。

除此之外，3 位在上海法律市场深耕多年的资深律师都提到了未来上海的大趋势——紧抓涉外业务。

上海市司法局发布的《上海司法行政“十四五”时期律师行业发展规划》中提到，要加强涉外律师人才培养和引进，积极培育国际一流律所，到 2025 年，上海涉外律师人数达到 7000 人左右，上海律所在境外设立分支机构达到 50 家。

早在 2018 年 7 月，上海召开了进一步扩大开放推进大会。上海市委、市政府制定出台了贯彻落实国家进一步扩大开放重大举措、加快建立开放型经济新体制行动方案，明确了 5 个方面、20 项任务、100 条举措。

深化自贸试验区建设、办好中国国际进口博览会、推进金融机构集聚和金融市场开放、扩大现代服务业和先进制造业开放、优化开放平台和载体、加强知识产权保护、推动对内对外开放联动、建设国际一流的营商环境八个方面的工作，成为上海发展工作的重心。

不仅如此，近年来，随着对外港口的开放，中国企业也有了更多的机会和外商交流，涉外业务正在推动着上海律师快速发展。

“从一开始上海律师业的发展，涉外法律服务就是上海的一张名片，这个对于上海律师业的发展起到了非常重要的作用。”朱林海阐释道，早期外资企业是律师费付费的一个重要群体，也正因如此，涉外法律服务对上海律师的专业度、服务水平的提升，起到了一个很大的促进作用。上海是境外乃至国外律师事务所代表处最多的一个城市，有 140 多家，已经超过了北京。

“涉外法律服务能力提升，最早在 2017 年四部委《关于发展涉外法律服务业的意见》中即提出。”黄宁宁说。

“从政府对于积极打造一个外向型经济社会的要求，也反映了我们的目标是更深刻地融入世界经济发展的潮流与格局中，中国律师在未来和世界经济的联系会越来越紧密。”刘蓉蓉说。

从最开始招商引资让更多的企业进来，一直到后来的“一带一路”，国家层面正在让更多的企业“走出去”，让世界更多的领域，更大的舞台，看到中国的身影，听到中国的声音。“律师在这个过程中要担负更多的历史重任，要帮助中国企业更多地参与到国际化经贸领域规则、标准的制定中去，让中国标准‘走出去’。”刘蓉蓉说。

在这个过程中，更多的复合型的涉外法律人才变成了刚需。大成近年来也在不断地引入与培养涉外人才，与各大院校使用专门的涉外人员基金成立了学院培训基地、“一带一路”研究中心。

从律所来看，人才引进和培养依旧是不可忽视的重点。在朱林海看来，培训课程是一方面，更重要的是青年律师们有实践的机会。“哪有涉外领军人才都是读出来的？读书是前提必要条件，还要经过实践项目去锻造、打造，他才会成为优秀的涉外律师。”

时间紧、任务重，这点对于上海律师来说是一个挑战。上海律协也一直关注着涉外律师的培养，“领航计划”便是其对涉外律师最重要的培养计划之一。

## 三、竞争局面：律所数量增长迅速，品牌如何脱颖而出

上海作为国际经济、金融、贸易、航运、科技创新中心，广阔的法律服务市场吸引了来自全国15个兄弟省市的律所来沪设立158家分所。其中由北京地区律所设立的分所数量最多，达94家，占外地律所上海分所数量的59.49%。

2020年，正值浦东开发开放30周年。浦东新区人民政府发布了《浦东新区法治化营商环境白皮书》，展示了浦东新区和上海自贸试验区先行先试的制度成果。30年来，浦东始终走在时代前列，坚持对外开放，推进政策试点，为律师执业创造了良好的市场环境。

政策扶持、经济增速，让浦东成为2020年上海聚集律所最多的地区。截至2020年年底，上海共有律所1709家，浦东就占了266家。

随着临港新区的开放，上海段和段（临港新片区）律师事务所、上海联合（临港新片区）律师事务所、上海融孚（临港新片区）律师事务所、上海金茂凯德（临港新片区）律师事务所、上海通力（临港新片区）律师事务所获得上海市司法局颁发的登记证书，成为首批律所同城分所，服务国家中心大局，服务上海经济社会发展。

如何在众多律所中打响品牌，脱颖而出，成了每一个在上海扎根的律所的首要问题之一。

“上海是一个海纳百川的城市，它一直以来对外来律所，无论是国内的兄弟省市的律所，还是国外的律所，都有很强的包容性。”刘蓉蓉说，整个上海市场一直以宏大的格局、开放的胸襟接纳所有来这片土地的律所，所以在这样公平的市场中，大成并不畏惧竞争。“优秀的法律服务市场需要通过充分的市场竞争来塑造和完善。其实人多了，竞争加剧了，也就不断促使律师提升自己的专业能力，提升自己的服务水平。”

当然，人才的提升意味着律所也要持续地提升其管理能力，才可以在整个的竞争格局中取得优势，才能使更多优秀的律师在整个市场竞争脱颖而出。

作为本土强所的锦天城，也有着自己的看法。在朱林海看来，上海本土律所想要更好地发展，第一个不能忽视的问题就是——“律师协作”。

“上海律师相当多的还是各自为战，这是律师们普遍会遇见的问题，但事实上律师之间团队化、合作化才能更好地、更专业地完成法律服务，这样对于提高律所的品牌也有着促进作用。”朱林海说。

提高律师的专业能力、法律服务能力自然也是不可忽视的问题。虽然竞争激烈，但是在上海律师眼中，良性的竞争环境，依旧是促进上海律师业发展的良药。

“上海是国内法律服务市场的高地，有自我提高意识的外地律所，都会来上海。作为上海本地律师，我很欢迎这种竞争，对上海本地律师能力的提高和本地服务市场的进一步升级均有好处。”黄宁宁这样看待竞争环境的变化。

无论是上海本土律所、外省市律所在上海开设的分所，还是外资律所；无论是综合性大所，还是精品化律所，都以探索自身的发展模式和研发契合市场需求的法律服务产品为根本。服务供给层次丰富，良性竞争促使服务质量整体不断提升。

## 结语

上海作为中国最大的区域性法律市场之一，不仅本土律所的发展势头强劲，也不断吸引着外国律所进驻，以及外省市律所在上海设立分支机构。这些都得益于上海优质的营商环境。

而随着区域“律所营商环境”的不断优化，上海律师行业也必会持续、加速地发展升级，巩固其全国律师行业发展的标杆地位，并不断实现新的突破。每一次变革和发展都为市场带来巨大的法律服务需求，为上海律师行业带来无限的机遇和挑战。

# 32 年 GDP 位居首位，律师万人比达 4.7‰，广东法律市场何以增速

陈琼青

一直以来，广东都走在全国律师行业改革发展的前列。

1980 年，中国律师制度恢复重建之后，第一家成立的省级律师协会——广东省律师协会就在广东。

随后，广东的“简历”便是“优等生”的样子：

1983 年，深圳蛇口律师事务所正式挂牌成立，成为改革开放后设立的第一家律所；

全国首家涉外经济贸易律师机构——广东对外经济律师事务所成立；

全国第一家专项从事涉外业务的律所——深圳市对外律师事务所组建成立；

全国第一家合伙制律所——段武刘律师事务所。

……

直至今天，广东省律师行业蓬勃发展，执业律师人数连续多年居全国首位，而省会城市广州也成为全国各大城市中执业律师人数最多的城市之一。

历史驱动，经济增速，广东的法律市场到底在面临哪些机遇与挑战？

以下为核心看点：

· 广东法律市场发展趋势如何？法律市场是否饱和？

· 广东业务蓝海方向在哪里？哪些业务应该把握趋势？

· 外来大所不断下沉，本土律所如何破局？

## 一、律师人数领跑全国，高端人才缺口依然不小

2020 年全国律师总数突破 50 万人，每万人拥有律师 3.57 人。根据司法部发布的《全面深化司法行政改革纲要（2018－2022 年）》，到 2022 年，全国律师总数将达到

62 万人，每万人拥有律师数达到 4. 2 人。

而这个万人比在广东，早已突破。

截至 2020 年年底，广东省共有执业律师 55, 136 人，同比增长 12. 6%。其中港澳台地区律师 196 人，占 0. 4%。在广东，每万名人口拥有律师数为 4. 7 人，在全国处于领先水平，其中，广深两地律师万人比已达到 10‱。

不仅如此，在广东，青年律师、女律师的比例也在逐渐增大。据 2020 年广东律师行业发展数据显示，2020 年广东省共有青年律师（40 岁及以下）34, 638 人，占 62. 8%，同比增长 18. 1%；女律师 21, 916 人，占 39. 7%，同比增长 17. 5%。青年律师和女律师增速均高于全省律师增速。

在律所层面，广东律所数量为 3496 家（不含公职所、法援机构、公司机构、公职律师单位、代表处），同比增加 6. 4%。从组织形式来看，合伙所（含普通合伙所、特殊的普通合伙所、分所）有 2405 家，占 68. 8%；个人所有 1045 家，占 29. 9%。

在全国省市内相比，广东的律所数量也依然领跑全国，位居前列。司法部 2020 年公布的“全国优秀律师事务所”中，广东有 16 家律所上榜，位居全国省份上榜律所最多的地区。

“广东的经济增长速度，决定了这个省的律师人数增长速度。”广和律师事务所主任童新说，律师人数的不断增长，恰恰证明了广东的法律服务需求的增长，“因为有需求，所以有人来。”

2020 年，广东省全省地区生产总值超过 11 万亿元，连续 32 年居全国首位，5 年年均增长约 6. 0%；进出口总额跨越 7 万亿元大关，连续 35 年居全国首位……这无疑需要大量的法律人才和法律服务。

活跃的经济，让广东一度成为律师执业首选区域之一。童新谈道，广东的经济总量一直在国内名列前茅，人数多也非常正常，“我认为这是经济、人数双增长，不存在律师饱和的问题。”

君都（广州）律师事务所执行主任姚广峰则认为：“当前广东对于高端法律人才的需求缺口仍在持续扩大，法律人才的专业能力和职业素养与国家和人民日益提高的社会公正企盼相比，仍存在很大的差距。”

在姚广峰看来，广东法律从业者的现状只是一种结构性饱和——低端法律从业者确实已经饱和，但中端或高端人才尚有欠缺。

综合来看，广东律师行业的地域特征相当明显：市场经济活跃，律师基数大且增长快，但高端人才需求依然广泛；律所分布多集中于广深两地，本土律所与外来律所相互抗衡。

## 二、广深“双核”引领，破业务僵局

广州和深圳常常被认为是中国南方最繁荣的两座城市。将新技术作为经济发展驱动力的广东孕育了许多国际知名高科技企业，如华为、腾讯、中兴等。

这两个城市也成为带领广东法律服务行业发展的“驱动器”，备受业界关注。

（一）业务人才稀缺

无论是广州还是深圳，对于高端法律人才的需求都很大，相比北京和上海的法律市场竞争激烈，广州和深圳的法律执业空间更为广泛。

（二）国内头部律所的重视

近年来，许多国内一线大所，特别是京沪大所，都纷纷下沉至广州和深圳，这也侧面证明广东法律市场的蓬勃生机。

（三）本地特色浓厚

依赖于广东本土的知名企业的快速增长，深圳和广州的律师有更多的机会和本地客户直接交流，法律服务上更具本土特色。

广深的合作加强，无疑是推动广东法律市场更上一层楼的“助燃剂”。

**1. 广州：政治属性浓厚，抓紧涉外趋势**

2017 年，粤港澳大湾区作为国家战略正式提出，其包含“9 + 2”共 11 个城市，这之中，广州、深圳、香港特别行政区、澳门特别行政区的经济发展水平最高，为“核心城市”，彼此之间承载不同的功能，连接不同的区域，形成多个城市互联互通的格局。

至此，粤港澳大湾区一跃成为中国南部经济最活跃的地区之一。

2021 年，广东省发布的《广东省国民经济和社会发展第十四个五年规划和 2035 年远景目标纲要》中也重点提到，以粤港澳大湾区为主平台，引领带动全省形成推动国家经济高质量发展的强大引擎。

“抓住粤港澳大湾区的机会，强化粤港澳合作，这也是广信君达正在做的事情。”广信君达律师事务所合伙人会议联席主席邓传远阐释道。2012 年广州仲裁委员会，香港、澳门地区的仲裁机构及法律专家共同组建设立南沙国际仲裁中心，2019 年设立全国首家涉外律师学院，2020 年设立国际商贸商事调解中心，涉外法律服务早已在广州乃至整个广东呈现增长。

不仅如此，近年来，广州市律师行业紧紧抓住“一带一路”和粤港澳大湾区建设的发展机遇，充分推动广州涉外法律服务全力加速发展。

截至 2020 年 10 月，广州共有 167 家律师事务所开展涉外业务，占全市律师事务的21.8%；共有涉外律师648人，占全市执业律师的4.2%，其中23人入选全国律协涉外律师领军人才库，61人入选司法部全国千名涉外律师人才拟入选名单，依旧领跑全国。

在姚广峰看来，中国是一个拥有世界1/5人口和经济总量超万亿美元的巨大市场，对外国企业和资本具有巨大的吸引力，外国企业和资本对相关的法律和商业的服务需求形成了广州法律服务业新的巨大机会。

“为‘一带一路’等国家重大发展规划提供法律服务，为中国企业和公民‘走出去’提供法律服务，为外交工作大局提供法律服务，为打击跨国犯罪和追逃追赃工作提供法律服务……这些都是未来广州法律服务的重头戏。”姚广峰说。

当然，不仅仅是涉外业务，在邓传远看来，广州地区的房地产改造与城市更新业务、知识产权业务、并购重组资本市场业务、合规法律业务等也呈上涨的趋势。同时，他认为广州相比深圳有着更为浓厚的政治属性和社会属性，“作为国家的经济政治中心之一，广州律师要承担更多的政治和社会责任。”

2020年，85名当选各级人大代表、政协委员的广州律师聚焦社会热点难点，为法治建设出谋划策，为社会民生奔走呼吁，为行业发展发声发力，共提出近200份高质量议案、提案、建议，交出了一份份漂亮的“履职答卷”。

“广州致力于打造新时代全国公共法律服务最便捷城市，并涌现了全国‘平安之星’、‘中国律师行业最受关注人物’等代表性律师。”邓传远说，广州还选派律师远赴青海、贵州、海南、广西等服务地开展“1+1”法援和援藏志愿者活动。

**2. 深圳：市场经济更为活跃，高新企业发展迅速**

2003年以来，深圳人口不断增长，随之而来的旺盛的住宅需求和日益紧俏的土地资源，造就了房地产市场的持续繁荣和房地产法律服务需求的连年旺盛，也使得深圳的1万多名律师中，从事房地产业务的占一多半，市场竞争十分激烈。

即便在十几年后的今天，房地产业务依旧火热，成为深圳不少律所争先涉足的优势业务领域。

除此之外，深圳的法律市场是一个快速变化的法律市场。快速变化的原因是商业市场持续在快速地变化，许多创新的产品、创新的服务、创新的商业模式，都在深圳生成和落地，这给深圳律师提供了丰富的法律业务。

“我的个人感受是，在过去几年，因资产管理计划、理财计划等引起的民间借贷纠纷业务增长非常快。”童新说道，“特别是关于理财产品购买方面的纠纷，由于前几年金融创新的不规范，加上深圳小微企业的快速成长，这一类的业务增长迅速。”

新金融、新基建、新能源、数据合规等业务也依旧是深圳未来的业务蓝海。“像数据合规、个人信息的保护规范运作方面，在以前基本是相对空白的。”

近年，通信移动领域、互联网领域都出现了专职的隐私保护、数据合规岗位，在构建数据资产管理体系的大趋势下，企业对于数据合规的需求正在跨层级地提升：对内是数据安全，对外是数据使用。

这也要求更多的专业律师懂行业、懂趋势，才能抓住业务机遇。

在童新看来，法律服务行业新的蓝海，与广东本地经济社会发展的一些新趋势密切相关。“从这个意义上讲，广东省人民政府2021年发布的《广东省国民经济和社会发展第十四个五年规划和2035年远景规划纲要》中提出的构建大湾区国际金融枢纽、构建‘一带一核一区’发展的格局，代表了广东律师未来发展的方向，尤其是在新基建等业务上要抓住机会。”

**3. 加强广深联系，优势互补**

依托于深交所，不少全国性的金融机构的总部都设在深圳，这也为深圳的法律服务市场添了一把“干柴”。

“作为新兴移民城市的深圳具有创新性，且设立了深交所，它的开放性决定了市场化的发展程度。”邓传远没有回避，他回答道：“相比深圳，广州传统企业比较多，且大多发展沉淀已久，管理上缺乏一定的创新，导致法律服务的附加值也没有那么高。”

姚广峰也对此深有同感：“广深两地的法律服务市场最大的不同是法律服务领域上的区别，特别是在证券服务市场、非诉法律服务市场、涉外法律服务上，深圳依托特区优势已经走在广州前面，广州在人才、案源方面存在比较大的差距。”

但广州，也有着深圳没有的优势与特点。“广州的政府律师比深圳多不少，在城市更新方面的业务也比深圳增长更快。”童新谈道。

广深两地作为广东领头的两大法律服务地区，加深合作，进行业务优势互补，加强业务领域的交流、学习，通过两地的深入业务交流合作，提升广东区域在证券、非诉、涉外领域的办案水平，才能为广州法律服务提供更多的赋能。

## 三、律所规模化迅速，行业竞争激烈

随着经济快速发展，越来越多的律所开始快速布局全国，律所规模化已经成为势不可当的趋势。外地规模化律所的进驻与深度下沉导致广东区域律师行业发展不平衡，规模化带来的竞争会进一步拉开律师之间的差距。

“外来所的布局，对于广东本地律所的影响是客观存在的。”童新说，一方面，这些京沪大所给广东本地的律所带来了一些挑战，使后者在某些业务上开始感到竞争压力；另一方面，这种挑战也客观上带来了一些发展机遇。

这是一个促进律师、促进本地律所积极进取的机会——促使本土所追求更好的发展，“换句话说，在外来所的竞争下，广东本地律所没有什么自满的资本。但我认为这两年广东本地的大所在北京的一些大所的冲击下，已经缓过神来，正在走自己的发展路线。”童新阐释道。

“广东律师现在最大的难点就是把专业化做出来，要形成品牌。”邓传远认为，就算是再多的律所下沉广东，终究也是广东内部市场的竞争，如果做得够好，就不存在无法逾越的竞争压力。

作为君都广州的执行主任，姚广峰对于这样的行业竞争也有着自己的看法：“随着规模化律所的无限做大，也可以为广东区域内的二、三线城市的律所提供专业、产品、管理、技术、品牌。规模化律所在这些方面为广东区域内的地域化律所做出了贡献。”

姚广峰认为，越来越多的律所下沉广东，不仅仅是与广东本土所的竞争，其他外来所也一样有着竞争压力。想要破局，还是要落实到律所本身的专业能力和品牌影响。

## 结语

2020 年，广东的 GDP 超过 11 万亿元，一骑绝尘，位居全国榜一。

2020 年，广东律师办理各类法律事务 120 万件，其中收费 1 万元以下的有 56 万件，占 46. 7% 。办理法律援助案件 8. 9 万件。组织律师 43. 1 万人次，通过广东法律服务网的三大平台为群众服务 180. 6 万次，同比增长 26. 3% 。

广东是一个兼具经济实力和社会责任的区域。即便在新冠肺炎疫情的影响之下，广东依旧走在国内法律市场的前端，交出了一份漂亮的答卷。

当然，面对强信息化时代的今天，广东早已不能仅满足于过去的荣誉，如何加大规模化、加深专业化、加剧行业化、加强品牌化，是未来所有广东本地律所要思考的新问题。

快速“内卷”的法律业，对于广东律师来说，是竞争、是压力、是挑战，但与此同时，这也代表着，广东律师们有发展、有机遇、有未来。

# GDP 破 10 万亿元后，江苏律所、律师还将迎来怎样的发展

吴梦奇 ｜

江苏法律服务市场，是自成一派的“潜力股”。

江苏有很多闪闪发光的头衔：全国唯一所有地级行政区均跻身百强的省份、人均 GDP 长期稳居全国第一的省份、人口密度最高的省份、“内斗大省”……

但江苏律所在全国市场的戏份并不多：相较于北上广深乃至邻省浙江，江苏头部大所的知名度和影响力似乎与本省的经济地位还不够匹配——尤其在 2020 年江苏正式迈入了 GDP“10 亿元俱乐部”，这一反差显得更为明显。

**江苏法律服务市场有着怎样的特点？**

**江苏律所、律师的未来去向是什么？**

外部经济环境、内部市场特点、律所发展经历——从这些角度入手，我们或可对江苏市场做一剖析。

## 一、总画像——增长较快，品牌稍弱

（一）全局：快速发展

根据江苏律协发布的 2020 年江苏律师行业大数据，截至 2020 年年底，江苏省共有律师 35, 632 人，同比增长 16. 98%，相较 2015 年更是实现了人数翻番。[1]

地域分布上，南京、苏州、无锡分别以 8683 人、5910 人、3290 人居于前三，13 个设区市律师人数全部实现破千。除南京外，其他 12 个设区市的律师人数增长率均超过 10%，其中南通、连云港、淮安、盐城、扬州、镇江、泰州、宿迁等市的增长率更是超过了 15%。江苏律师人数的增长不仅快于北上广，亦快于浙江、福建等绝

〔1〕《2020 年度江苏律师工作大数据》，载江苏长安网 2021 年 4 月 21 日，http：//www. jszf. org/zyyg/szdw/ssft/202104/t20210412_59762. html。

大多数省市。

年龄分布上，30～49 岁的律师共有 22,728 人，占 63.79%；其次是 29 岁以下的律师，共有 6453 人，占 18.11%。性别层面上，男女比例约为 68.2∶31.8，整体结构与全国数据相近。

（二）律所：头部力量待增强

在律所方面，截至 2020 年年底，江苏共有律所 2187 家，合伙所与个人所的比例约为 9∶1。规模上，10 人以下的律所达 1238 家，占比为 56.61%；“百人所”仅 14 家，占比为 0.64%。相较于 2019 年全国律师行业的总体数据，江苏 10 人以下律所占比较少，但 100 人以上律所占比更少，大部分律所处于数十人的中等规模——**考虑区域律师人数仅次于北京、广东位列第三，江苏头部律所在发展水平上仍有较大提升空间**。

“得益于依法治国战略的推进，近五年来整个法律服务行业都处于高速发展中，江苏律师行业搭上这班快车。但苏中、苏北地区的经济体量仍偏小，导致当地律师持续南流，形成了当下南强北弱的格局。”法德东恒律师事务所主任万永松表示。作为本土头部大所之一的法德东恒，2019 年由两家“亿元所”法德永衡、东恒合并而成，如今规模及创收均居于省内前列。

“江苏向来处于中国经济创新发展的前列，经济活跃度高，居民生活水平和法律意识相对较高，对法律服务的需求也相对旺盛。”盈科江苏区域执行主任，盈科南京、南通律所执行主任马培梅表示。盈科很早便关注到江苏市场的潜力，2010 年设立的第一批分所中就有 2 家入驻江苏。目前，盈科南京已拥有超过 230 名律师。

（三）分布：地域不均

江苏律师行业的地域不均表现在两个方面：

一方面，头部大所中外地品牌占比较高：截至 2021 年 1 月底，江苏拥有的 16 家“百人所”中，外地大所在苏分所即占了 11 家，本地律所仅占 5 家。[1]

另一方面，与其他大部分省份类似，江苏的 16 家“百人所”的分布也相对集中在省会及发达城市：南京 12 家，无锡 1 家，苏州 2 家，南通 1 家。前三者是传统经济强市，南通则在近年来主推制造业高质量发展，工业增长较快。与之相对，苏中、苏北地区仍以中小型律所为主。

（四）亮点：县域律师的普及

与法律服务行业同样较为发达的广东相比，江苏在律师人数快速增长的同时，显

---

〔1〕 孙记者：《盈“十”满“百”，江苏第 16 家百人律所诞生》，载微信公众号“律媒智库”2021 年 2 月 1 日，https：//mp. weixin. qq. com/s/r－LQGEdTMs96OIAWoyzfWQ。

现出了县域律师相对发达的特色——2019年年底江苏省内各县域基本实现了律师人数50人以上，近90%的县域实现律师万人占比1‰以上——这种普及到县域的法律力量，在国内各省中做到了领先。

这与江苏的地域经济特点不无关系：不同于北上广深的高度集中，县域经济在江苏经济中占据重要地位：2019年全国共有34个县级市经济总量超过千亿元，江苏就占据14席，且包揽前三。截至2020年，江苏已有16个县级市GDP过千亿元。

以上县级市大多集中在苏南，但也反映出江苏县域经济高度发达的市场特征，也因此，江苏高度重视县域律师行业发展，从行业层面加以落实推进，才实现了如今各县域律师人数基本达到了50人的“硬指标”——这也使得相较于拥有法德东恒、新高等本土大所的苏南而言，缺少强所、规模所的苏北律师行业在县域特色上会更为明显。

综合来看，江苏律师行业的地域特征相当明显：**律师基数大、增长快，分布上南多北少；律所南强北弱，相对缺乏具备全国认知度和影响力的本土品牌，但县域律师发展极具特色**。

## 二、看市场——一片有局限的沃土

### （一）优势条件：经济基础好

**地区经济的活力，决定着当地法律服务市场发展的基础条件——从这一角度看，江苏无疑有其先天优势**。

2020年，江苏地区生产总值突破了10万亿元，人均GDP则达到12.5万元，稳居各省（区）第一。

经济构成方面，江苏实体经济优势明显，拥有全国最大规模的制造业集群，产值占全国约1/7，制造业规模、工业利润总额、实际使用外资金额均在全国名列前茅。同时，江苏战略性新兴产业产值占比达37.8%，高新技术产业产值占比达46.5%。[1]

一项来自第三方机构、以23座万亿元GDP城市为样本的研究报告[2]显示，2015~2020年，23座城市的第二产业增加值平均增速为28.09%，同期GDP的平均增速则达到52.33%，两者的增速差为24.25%。但在南通、苏州等制造业驱动的城

〔1〕 吉强等：《2020年江苏GDP跃上10万亿大台阶，人均稳居全国各省（区）之首》，载微信公众号“江苏1号”2021年1月26日，https：//mp.weixin.qq.com/s/Q6Ev0U1GSVhz5uiTIZNOZA。

〔2〕 李果：《研选丨万亿GDP城市制造业变迁：南通苏州无锡最“稳”！部分城市应警惕产业空心化》，载微信公众号“长三角一体化”2021年4月21日，https：//mp.weixin.qq.com/s/SLFQVIVD DGElOUlujDlaBw。

市，这一增速差则很小——在“十四五”规划纲要将“实施制造强国战略”的位置上调并首次提出“保持制造业比重基本稳定”的大背景下，作为制造业强省的江苏无疑也会迎来更大的发展机遇。

（二）现有短板：业务结构失衡

**发达的经济基础给江苏法律服务市场提供了优渥的土壤，但与北上地区相比，江苏律师业的发展程度相对欠缺，仍存在诉讼领域结构性过剩、非诉讼领域结构性短缺等问题。**[1]

虽未公布创收，但2020年全年，江苏全省共办理各类法律事务967,356件，较去年下降约11.34%。其中诉讼案件662,787件、非诉事务55,260件，诉讼、非诉配比的失衡可见一斑。此外，江苏的涉外法律服务、知识产权法律服务等高端业务亦相对不足。

“江苏市场具有两个明显特点：一是本土化，大部分业务局限在省内，全国性业务相对偏少；二是高端业务、高附加值业务偏少，亦缺乏与之对应的高精尖人才。”万永松表示。

本土大所深耕本地多年，往往拥有深厚的客户资源和人才优势。如法德东恒，就凭借在本土市场的长期耕耘，与本地民企、国企以及政府机构有着深入接触与长期联系，因此在获取本地资源方面具备一定优势。但在IPO、金融证券、涉外等高端业务领域，本土大所相比京沪大所仍有一定差距。

而对京沪大所在苏分所而言，由于可以调度全所的资源加以扶持，其在资源共享、管理运营、专业化、标准化等方面更胜本土大所，在高端业务领域也更具竞争力，但业务结构仍会受限于本地市场环境。

（三）变化趋势：非诉快速增长

所幸近年来，**江苏市场诉讼过多而非诉较弱的失衡结构，正在内外因素交织下被慢慢改变：**

例如IPO市场，2020年，A股市场共有396家企业完成IPO，其中江苏企业达61家，仅次于浙江的62家；江苏全年IPO募资总额达524.48亿元，仅次于上海和北京。[2]这种客观发展给意欲改善自身业务结构的律所提供了更多的发展机会。

例如，在涉外法律服务领域，江苏近年来进行了重点布局。截至2020年10月底，江苏有涉外专业律师达845位，91位律师入选司法部全国千名涉外律师人才库，

〔1〕 丁国峰：《江苏律师业发展如何实现华丽转身》，载法治网2018年5月19日，http：//www.legaldaily.com.cn/index/content/2018－05/19/content_7548452.htm。

〔2〕 金融小强：《2020江苏上市公司IPO报告：61家公司上市创纪录，募资超过500亿》，载微信公众号“江苏金融圈”2021年1月4日，https：//mp.weixin.qq.com/s/Z1QjOPTAZY－3r81ENEGCSw。

45 位律师入选全国律协涉外律师领军人才库，4 位律师入选全国律协“一带一路”跨境律师人才库。

颇具特色的是，2020 年江苏还在德国、越南、泰国、日本、新加坡、巴西、莫桑比克、乌兹别克斯坦、菲律宾等国家新建 9 个海外法律服务中心，与此前的 7 个中心一道，覆盖了“一带一路”沿线主要国家。

除客观市场的变化外，在主观层面上，江苏律所也在对市场、对自身的研究审视中不断调整着业务的发展方向。

以法德东恒为例，2020 年，在破产清算、金融和知识产权这几个领域，法德东恒的增长率均超过了 100%，此外，在刑事业务领域也取得了较大的增长。在客户端，法德东恒亦加强了对创新型、潜力型企业的关注，通过介入客户的具体成长过程并扶持其发展，来增强客户信任感，并基于对客户的深度了解为其量身定制法律服务，以此培养和发掘客户，逐渐形成自身的新的竞争优势。

**先天条件，决定了江苏市场是一片有局限的沃土，但当下的政策和变化，则决定着这片沃土未来会更具活力。**

“随着‘构建国内国际双循环相互促进的新发展格局’战略的进一步实施，以及长三角一体化发展战略的持续深化，江苏的创新力和竞争力将不断增强，经济集聚度、区域连接性和政策协同效率也会进一步提升——这会不断夯实江苏的经济基础，并为法律服务市场带来新的变革和进步。”马培梅表示。

## 三、谋未来——抓住趋势，求大、求强

规模化和品牌化是近年律所的发展潮流。规模化意味着“做大”，品牌化则意味着“做强”——对江苏律所而言，扩大规模、树立品牌也是走向全国、通往“国际化”的必经之路。

### （一）规模化方向：聚焦省内，完善布局

**规模化是江苏律所很早就开始尝试的发展方向，本土律所和外地分所的规模化方式也各有特点：**

外地分所多借助京沪大所的品牌影响力实现人员、创收规模的快速增长。其中有的分所基于律所战略落地江苏，依托地区经济和全国品牌快速发展，如 2010 年作为盈科第一批 13 家分所之一的盈科南京；而有的分所本身就是基于本土强所发展而来，如大成南京的前身就是在本地享有口碑的江苏联盛律师事务所。

本土大所往往通过一轮乃至数轮强强合并或吸收合并才逐步形成如今的品牌规模。如法德东恒，先由 2002 年法德与永衡两家律所合并为法德永衡，法德永衡又于

2019年与东恒合并为如今的法德东恒；又如新高的，在2018年年底由江苏高的律师事务所与江苏薛济民律师事务所整体合并为江苏新高的律师事务所；再如圣典，成立以来先后与三维、新业新、金阳光等多家律所进行合并重组……即便在近年，在规模化潮流和江苏律师行业政策的支持下，仍有多家本地律所尝试通过合并来增强竞争力。

但即便在有意识的规模化下，江苏头部大所的规模也很难与北上广的头部大所相比。而同属长三角地区的浙江，在GDP总量低于江苏的同时，头部大所如天册、六和等，在体量上也相对江苏头部律所占优。

这种差距一方面得归因于地区的经济特征、上海的虹吸效应，另一方面则是因为江苏本地律所品牌影响力偏弱——这些差距使得江苏头部大所既缺乏向北上等地扩张并赢得当地客户的品牌口碑，也缺乏浙江那样跟随和服务浙商的客户土壤，只能在省内寻求规模和利冲的平衡。

“我们自己做过测算，在江苏本土这样一个市场环境，一家律所的规模天花板可能在500人左右，超过这一数值，利益冲突、管理成本等负面影响所导致的边际效应就会越发明显。”万永松表示。

尽管如此，但万永松也认可江苏本土市场的发展速度与整体发展潜力：“法德东恒的定位是深耕江苏，因而选择提前在苏中、苏北各市布局，一方面保证在各地均能为客户提供高效的响应并进行多所协同，另一方面也便于未来进行新兴业务开拓。”

**基于此，现阶段江苏律所的扩张重点仍在完善省内布局方面**。如今，法德东恒已在苏州、徐州、南通、泰州、吴江、溧水、无锡、连云港、宿迁、盐城、淮安等地设立了13家分所，基本覆盖了江苏全域，其他本土大所乃至中型律所也在进一步推进布局。而京沪大所分所亦在符合自身战略的情况下向苏中、苏北扩张，典例如盈科，除南京外，在江苏区域还设有其他16家分所，新近的宜兴分所也已在筹备当中。

（二）品牌化方向：人才、管理多管齐下

**规模扩张的同时，如何打造律所和江苏律师行业品牌，亦是本土大所、外地分所的共同课题**。

正如省内规模化解决的是律所对区域市场的影响力，品牌化更多是为未来江苏律所“走出江苏”打通瓶颈。因此，无论本土律所还是京沪分所，都将增强自身品牌的认知度、影响力摆在了未来规划中的重要位置。

“现在的江苏律师行业还缺乏在全国范围内具备影响力的律所品牌，而法德东恒打造江苏地区最好的律师事务所这一愿景未曾有变。要实现这一愿景，就需要人才、战略、管理等多方面的协同配合：人才方面，要培养出更多的领军人才，让他们来带动形成行业影响力；战略方面，要不断开拓创新，做大做强；管理方面，要加强调配，用管理来创造效益。”万永松表示。

“江苏在对外投资、境外收购、企业合规、国际工程、知识产权保护、环境资源等领域需求明显，盈科恰好能通过多地联动和一体化规划运营发挥自身长处。”马培梅表示。“对盈科南京而言，当下主要的发展战略是紧跟习近平法治思想和国家战略，汇聚人才、培养人才、优化专业、整合资源，打造头部律所，对内成为盈科内部创新管理、品质发展的标杆，对外与行业同人一道探索江苏法律服务市场的未来成长，从而服务于地方企业、百姓，服务于地方经济发展和法治社会、法治政府建设。”

（三）补短板：苏中、苏北的升级

对于此前长三角地区的律师而言，沪宁杭往往是执业第一选择，但随着律师增量不断提升，热门地域的竞争也会越发激烈。未来的苏中、苏北市场，是否值得执业律师，尤其是江苏本地的执业律师考虑？

需分情况而论。

从宏观经济环境来看，江苏省内的产业转移和政策转向，决定了未来必然会产生更多法律服务需求与发展空间。2020 年苏南、苏中、苏北的 GDP 在全省所占比重分别为 57.8%、20.8%、21.4%，而 2010 年，这一比值分别为 60.21%、18.54% 和 21.25%，苏南 10 年间下降了近 3 个百分点。法律服务机构归根结底是服务于社会经济发展，江苏省内的经济结构调整也必然会对律所的整体发展战略、律师的个人职业规划提出要求或产生导向。

从律师行业自身发展来看，苏中、苏北法律服务市场本身也在产生着一系列积极变化：

**一是规模发展取得了阶段性成果**。2020 年 12 月，炜衡南通分所执业律师人数正式突破百人，成为苏中、苏北地区首家，全省第 13 家“百人所”。考虑南通本身经济实力较强，未来苏中乃至是苏北地区是否会涌现更多“百人所”，还有待观察，但这一现象本身也印证了经济发展会逐渐为律所规模化提供土壤。

**二是南北交互增多**。行业层面，有先后出台的《推进江苏律师业高质量发展实施纲要（2019－2023）》《关于推动全省律师行业创新发展的指导意见》以及南北挂钩结对等措施，鼓励跨地域合作。2020 年，江苏律协就在淮安、宿迁等多地召开深化江苏律师业南北挂钩结对互助座谈，研究部署苏南、苏北律师业对接合作工作，以期借助苏南优势资源帮扶苏北律师行业发展；律所层面，由南向北的扩张和自发性合作亦在增多、深化，如 2020 年年底，南京、无锡、泰州、江阴四地的永衡昭辉、法舟、江豪海信和申越四家律所就进行了跨苏南、苏中地域的合并。

**三是出现专业细分**。2017 年 4 月，“苏北首家刑事专业律所”——世君律师事务所在徐州诞生；2020 年 9 月，“苏中地区第一家专注刑事领域的律师事务所”——江苏尚学律师事务所在泰州开业……囿于经济结构相对传统和律所业务转型较慢的因素，苏中、苏北可能尚不具备哺育非诉专业所的土壤，但以刑事为代表的专业所的出现，仍意味着市场对专业服务的需求正逐渐增加——无论对本土所还是对外来所而言，这都值得重视。

**四是政策扶持增多**。如 2020 年 5 月，连云港市灌南县政府就曾发布《灌南县律师业发展奖励扶持办法》，通过实际经济手段对律师、律所进行扶持。这类扶持相较经济环境、司法环境的优化更加“短平快”，未尝不可视作长期发展过程中的补充手段，对于起步期的本土律师行业亦有所裨补。

这些趋势、变化，都说明一个事实：苏中、苏北市场正变得越来越具活力。而随着疫情的逐步消解，经济会迎来复苏乃至是报复性增长，这些都会给苏中、苏北这类以往被视作法律服务市场欠发达的地区带来更多机遇。

## 结语

作为我国经济发展最活跃、开放程度最高、创新能力最强的区域之一，江苏在“十四五”时期承担着撬动和畅通“国内大循环”的重要使命。[1]在江苏省发布的《江苏省国民经济和社会发展第十四个五年规划和二〇三五年远景目标纲要》中，“加快建设科技强省”“聚力打造制造强省”“积极拓展内需市场”“深化东西双向开放”分列第二、三、四、五篇，描摹出一个更先进、更活跃的市场蓝图——服务于经济发展的律师，也势必会迎来一个更大的舞台。

考虑刚刚过去的“十三五”时期，江苏律师行业交出了一份漂亮的成绩单，让人很难不对其未来发展怀有更多期待。

当然，期待之余，更需要每位行业人士参与其中，随着律师们越来越重视个人能力的增强和个人 IP 的塑造，律所们越来越多地探讨如何打造具有江苏特色的律所品牌，未来的江苏法律服务市场，还将迎来更全面、更系统地快速发展。

这也是属于江苏律所、律师的新机遇。

---

〔1〕 查志远：《原创丨总理考察江苏，这个细节有深意》，载微信公众号“江南智造总局”2021 年 3 月 29 日，https：//mp. weixin. qq. com/s/Q7fcG0XrlxkTtBAdk8HKpw。

# 人均创收已达51万元的浙江法律市场，面临着怎样的变局

张宏妹 |

“东南形胜，三吴都会，钱塘自古繁华。”

宋代词人柳永在一千多年前对浙江的赞美，用今天的眼光看依旧没有任何不妥。

古往今来，文人墨客、革命志士、商业奇才、法律精英……无数豪杰志士诞生、奋斗于此。从鱼米之乡到商品经济的海洋，浙江的富饶从未改变。

2021年6月10日，中共中央、国务院发文，认可浙江省在探索解决发展不平衡、不充分问题方面取得的明显成效，支持浙江建设共同富裕示范区，开拓自身发展潜力。

随着经济而发展的浙江律师业，又有怎样的特点？本文采访了几位浙江律所主任，他们是怎么看的？

以下为本文关注的问题：

· 为什么各地法律市场差距悬殊？

· 企业需求有何变化？

· 浙江的下一个业务蓝海在哪里？

· 浙江本地所实现市场主导地位的秘密是什么？

· 外来大所扭转市场局势的关键在哪里？

· 助力智慧浙江，律所未来将去向何方？

## 一、市场格局：虹吸效应明显

近年来，常有人以“马太效应”或是“虹吸效应”形容浙江省法律市场。他们存在一个共同点：**“强者恒强，弱者愈弱。”**这是因为，基于最初营造的优势地位，强者对各类资源的吸引力更强，更容易通过掌握的优质资源巩固自己的地位。

就全国法律市场而言，“马太效应”是普遍的，但在浙江这里表现得更为明显。

（一）区域法律市场差距悬殊，为什么？

2020年，浙江全省已有27,302名律师、1636家律所，法律行业总创收达到139.38亿元；其中杭州以全省39.33%的律师，实现了50.22%的业务创收。作为浙江省第二大法律市场的宁波市，律师、律所的全省占比分别为15.40%和10.88%。2020年杭州、宁波数据对比如图1所示。

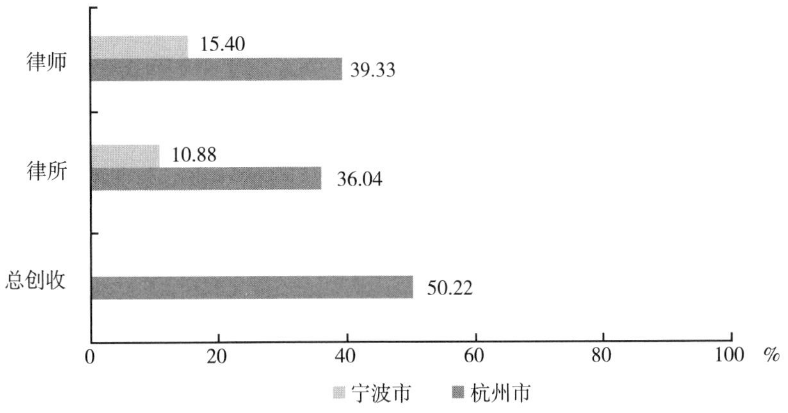


**图1　2020年杭州、宁波数据对比**

尽管多数情况下，地区法律市场的发达程度取决于该地区的经济发展状况，但浙江的法律市场差距要比经济差距来得更加明显。

以杭州、宁波为例，2020年宁波的GDP总额约为杭州的77%，但在律师行业创收方面，单以2018年的数据看，杭州的总创收便已经达到了宁波的3倍多[1]。实际上，综观浙江全省，各地市经济差距并不大，但反映到法律市场中却是千差万别。

相较于经济差距，依附于经济发达程度的法律市场为何会出现如此大的差距？关键在于城市的资源集中度。

“法律服务向中心城市集聚，本身就是律师行业的发展规律。杭州作为浙江的政治、经济中心城市，无论在人才吸引力还是法律需求上都更为突出。”浙江天册律师事务所主任章靖忠说。

经济活动越发达，就越需要借助法律规制规范、引导自身发展，经济发展所需的配套服务也就越完备，法律需求便自然而然地产生。

实际上，多年来随着杭州互联网行业的不断发展，杭州逐渐聚集了一批千亿元市值的公司，投融资、上市等一系列高利润业务的需求增多，拉大了杭州与其他地市之

〔1〕由于宁波未公布2019年、2020年的创收数据，故以2018年的数据作为参考。

间的创收差距。

“法律市场的区域不平衡是必然的，而这种不平衡又加剧了中心城市对周边区域市场的虹吸效应。”浙江海泰律师事务所主任邬辉林说道。

在邬辉林看来，杭州在浙江法律市场中的意义，在于稳定本地市场的客户资源，通过本地发达的民营经济与本土律所业务之间的相互促进带动，提升本地律师行业整体业务能力，实现市场的良性循环。

（二）人才市场竞争环境，怎么样？

杭州的中心辐射效应，更直观地表现在人才吸引力上。近年来，浙江省户籍人口数量逐年攀升。杭州、宁波去年净流入人口均超过了 240 万人，为净流入人口最多的城市。

与大量人口流入相一致的是，2017 年以来，浙江省每年律师数量的增长速度保持在 10% 以上。但就全省而言，杭州对于人才的吸引力仍是突出的。

作为法律市场竞争的亲历者，邬辉林对浙江法律人才市场有更深的感触：

“尽管宁波是浙江第二大城市，但受上海、杭州虹吸效应的影响明显。如果没有进一步的聚集产业与破局动作，宁波在人才、客户、业务等核心发展因素上与杭州的差距可能会越来越大。”

然而，充足的人才市场也加剧了区域市场中的人才竞争。近年来，浙江省律师万人比从 2016 年的 3.97‱攀升至 4.67‱，杭州增长更为明显，到 2020 年律师万人比达到 10.36‱，再创新高。一定程度上也说明，浙江省内的人才市场竞争，更多是杭州的竞争。

浙江六和律师事务所执行主任刘珂认为，律师万人比的增长尽管加剧了市场竞争，却也是法律服务市场需求不断增长的表现：“浙江省经济的不断增长、良好的营商环境和法治政府建设的推进，都为律师行业的不断发展提供了保障和引领。”

作为浙江市场的“外来者”，北京市盈科律师事务所浙江区域主任刘春晓对本地风格有更为直观的体会：“相比其他省市，浙江政府‘最多跑一次’的精神无处不在，服务意识远高于全国其他省市。而近年来司法改革动作频频，为私权代言的律师业自然春江水暖、蓬勃发展。”

（三）企业需求，有何变化？

从浙江省 2020 年的经济数据来看，其 GDP 增速有所下降，但仍保持住了增长的步调。但是，从法律市场反馈来看，疫情对当地企业仍然带来了不小的冲击。最直观的体现便在企业对法律服务的购买力上。

盈科浙江区域主任刘春晓表示：“过去一年，客户在律师的选择上变得更加理性、更注重律师解决问题的能力，关注性价比。”

尽管各企业经过疫情洗礼后发展逐渐好转，但法律服务预算也在减少却成为越来越普遍的现象。

但从外部环境而言，浙江企业的发展环境依然存在利好，原因之一则在于政府持续将改善营商环境作为政策目标之一。

2020 年，在全国工商联发布的《2020 年万家民营企业评营商环境报告》[1]中，浙江被评为营商环境最好的省级单位，城市榜中前 10 名入围的城市中浙江占了 3 名。

“随着法治政府建设的推进，近年来六和的政府、国企客户日益增多，客户需求也更加专业化、精细化、数字化。”刘珂说。总体而言，浙江法律市场需求于质于量都在不断提高。

## 二、业务格局：体量领先，机遇涌现

相较于其他省市，浙江法律市场的体量一直保持着领先地位，律师人均创收更超过了全国大部分发达地市。

现有法律市场的业务格局，往往是基于企业需求产生的。在浙江省大力发展民营经济、推动互联网产业转型升级的同时，法律市场中新的业务机遇也在萌发。

（一）哪些业务增长最迅速?

本次受访的几家律所中，金融与资本市场、破产重整与不良资产、合规等是其增长最为迅速的几类业务。

1. 金融与资本市场

资本市场领域向来是高利润领域之一，随着近年来浙江营商环境的改善，千亿元市值的企业不断涌现。

截至 2020 年 12 月 31 日，杭州共有上市公司 218 家，同比增加 28 家。以同为沿海省会城市的广州作为对比，广州共有上市公司 201 家，同比增加 22 家[2]。

从市值来看，杭州上市公司的总市值是 8.19 万亿元，是广州上市公司总市值 3.8 万亿元的 2.5 倍。

上市公司数量多、市值高，无论在需求还是收费方面都刺激了法律市场高净值业务的发展。

---

〔1〕 该报告由一线企业从要素环境、法治环境、政务环境、市场环境、创新环境 5 个方面打分得出（也有客观数据的权重），堪称营商环境“大众点评”。

〔2〕 李卓：《新一线崛起，要不要去杭州?》，载微信公众号“虎嗅 App”2021 年 2 月 15 日，https://mp.weixin.qq.com/s/VPHZlBeQWYVrn01AZiGwpQ。

2. 破产重整与不良资产

破产业务需求激增，在全国乃至全球都已不算是新鲜事了。而浙江拥有庞大的民营企业群体，其破产业务需求更甚于其他地域。

在项目处理难度和收费上，破产业务有其优点。

“破产业务作为本地区域大所应对品牌律所下沉的抓手领域，其办理过程不像IPO那样过于倚重北京、上海等地政府监管部门、交易平台及券商资源，但收费以及费效比有时可能会远超IPO业务。”

据邬辉林解释，目前资本市场的收费普遍在100万~300万元，而好的破产业务收费往往会超过200万元，甚至达到千万元级别也有可能。

3. 企业合规业务

企业合规逐渐受到重视同样是一个普遍现象，但浙江市场中新兴经济下产生的合规需求更具地域特色。

近年来，随着互联网转型的推进，杭州乃至浙江的数字经济体量不断增长。2020年全省数字经济核心产值增速13.3%，远远超过增速3.9%的GDP总额。其中，伴随直播平台兴起的网红经济相关客户逐渐成为法律市场需求方的一大主体，催生了一系列新型创投机制，也带来了相应的合规问题。

“新兴经济中，如何通过制度架构保护原始创业团队、激励后辈，是一部分企业客户较为关心的问题。由此萌生了一些新型股权架构设计、合规审查的需求。”章靖忠说。

（二）私人财富或成蓝海业务？

“藏富于民”往往是人们谈及浙江时，第一个想到的词语。在全国GDP城市排名中，浙江仅有杭州、宁波入围前20名[1]，但在人均可支配收入20强中却有7个城市入围[2]。

全省上市企业的增多也培植了一批富裕企业。加之多年积累，民营企业中的家族企业仍占有一定的分量，家族财富业务的需求开始萌发。

但是，法律市场对这一领域的探索仍在起步阶段。

“目前，家族财富业务还处于学习境外模式的快速成长期，但是过于侧重宣传营销，导致业务落地上凸显泡沫质，而市场上相关服务产品的架构与国内法律制度衔接

〔1〕《2020年，中国内地TOP30城市GDP排行榜》，载百家号“新浪财经”2021年2月7日，https://baijiahao.baidu.com/s?id=1691017893927592639&wfr=spider&for=pc。

〔2〕《2020年全国城市人均可支配收入排名20强，北方仅一城入围》，载百家号“西壹安鲜”2021年3月31日，https://baijiahao.baidu.com/s?id=1695721412204105481&wfr=spider&for=pc。

还有很多不够完善的地方。”邬辉林说。

实际上，邬辉林介绍，目前省内家族财富业务大多是通过私人银行互相推荐，其服务的客户层层筛选，最终服务的可能是私人客户名下的企业，而律师也就从私人顾问变成了企业的法律顾问。

“家族财富领域目前还是蓝海，但市场下一步如何发展，还有待进一步观察。”邬辉林说。

**三、律所格局：本地所与全国所的时间竞赛**

浙江法律市场中最独特的一点，便是京沪大所打入各区域市场多年后，本地所仍然可以守住本土优势、抵御大所的冲击。这一点，单看杭州数据便可了解一二。

浙江法律市场竞争中，杭州基于其区位优势，是各大律所打入浙江的“兵家必争之地”。因此，看杭州市场的律所格局如何，便可推知浙江整体的律所格局。

（一）浙江律所的规模化进程，达到了什么地步？

从市场中律所的规模来看，本地所仍然占有相当大的资源优势。

2020 年，杭州已有 590 家律所，其中 30 人以上的有 64 家，100 人以上的有 12 家。

12 家百人所中，5 家为全国性品牌，7 家是本土品牌[1]。本地律所仍然占据杭州律所规模化的主导地位。

就浙江全省来看，自 2017 年算起，历年各律所的平均人数在 3 年内增长了 3.52 人。

相比于律所的自发性扩张，外部管理的引导似乎更加明显。浙江省司法厅对设立个人所的审批渐趋严格，浙江省律协对个人所及其律师收取的会费也一直处于较高的水平，此外，年度资质、荣誉的评选也对律所规模有一定限制，实际上变相控制了过小规模律所的存在。

尽管司法厅、律协在有意识地控制律所的规模底线，但长期来看，小规模律所仍会大量存在。

“律所规模化的核心驱动力来自客户的需求和市场竞争的压力。在规模化基础上更有助于律所形成自己的品牌，推动专业化分工与资源整合，降低管理成本。但就法律市场的分工而言，占有优质客户资源的律所仍将是少数的。”刘春晓认为。

（二）本地所守住市场主导地位的秘密是什么？

浙江法律服务市场自兴起便紧紧围绕服务浙商这个中心，本地所与当地企业有着

---

〔1〕 法罼：《2020 年杭州律师行业大数据：人均创收 65 万，总创收接近 70 亿》，载微信公众号“法律行业观察”2021 年 6 月 10 日，https://mp.weixin.qq.com/s/_33CZo0z93qC_vYvjsLuyQ。

较为紧密的联系。因此，当外来品牌大所进入市场后，本地所依然能够保持稳定的客户资源，在市场中保持优势地位。

刘珂解释："民营经济发达、政府服务市场的意识强，是浙江法律市场的独有优势。本地律所在与企业合作过程中建立了密切的关系，并不断改进法律服务，形成差异化的产品竞争优势。"

这一点，一些外来所在开拓浙江市场时，多少会因"水土不服"而面临些许困难，盈科初入市场时也不例外。

对此，结合全球视野与本土智慧，因地制宜调整本所政策及运营方案，也是盈科近年着力探索的方向。

那么，浙江的本土特色是什么？全国范围内的规模化、品牌化优势，为什么到浙江这里就行不通了？

在章靖忠看来，主要有两个原因。首先，浙江本地所在长期服务本地客户的过程中，已经形成了较强的"战斗力"，能够为客户提供一站式、全方位的高质量服务。其次，则是根植于民营企业家身上的务实创新精神。

"民营企业的一大特点就是务实创新。企业真正关心的并非你的名气、出身，而是你的服务能否落地、能否做到有求必应。浙江本地所在这一方面更加'接地气'。"章靖忠说。

其实这也从侧面说明，浙江民营企业在法律市场方面并未形成品牌意识，过往的合作经历可能仍是民营企业选择律师时的一大考量因素。

由于大部分民营企业内部行政管理部门职责并不十分明确，法务"人微言轻"，企业负责人决定与谁合作的情况更多。企业管理者缺乏对法律市场的了解，也就导致一向声名远扬的知名大所在打入下沉市场中遇到阻力。

（三）品牌、规模发展如何成为本地所的发展短板？

谈起浙江的知名律所，天册、六和、海泰等均是绕不开的名字。几家律所均先后立足于浙江开始省内规模化布局，并逐渐扩展至省外的其他地市。但就规模、品牌而言，从浙江省走出的全国性规模大所仍在少数。

一方面，区域律所突破地域限制、实现全国布局的困难是客观存在的。律所能否实现全国布局，往往取决于其所依托地域的影响力，比如北京、上海。"律所面向全国布局，'自下而上'比'自上而下'更困难。"章靖忠说。

另一方面，本地律所的规模发展意向也成了一大制约因素。"浙江本土规模所在非本地市场的优势不突出，同时向全国辐射、开设分所的意愿不足，可能会成为本地所长期发展的短板。"刘珂说。

浙江市场中，杭州向来为各大律所的“兵家必争之地”，律所对市场走向也更为敏感，而外来律所远未触及的其他地市，相对仍处于较为安宁的状态。

近年来盈科不断发展下沉市场，对各地动向更为敏感。“相比于杭州充分觉醒的竞争和求变意识，浙江其他城市比如慈溪、宁波、绍兴等，因当地相对富庶、安逸的大环境，部分律所、律师仍处于‘小富即安’的状态，关注自身幸福指数，缺少变革动力。”刘春晓说。

但长期而言，规模化、品牌化发展问题仍可能将浙江本地所置于不利境地。

本地所面向全国的规模化破局与外来所的市场破局之间，堪比一场时间赛跑。

在邬辉林看来，如果未来几年浙江省内没有实现本地所品牌的强势输出或敢于破局的大动作，来自全国的一线品牌律所随着市场的逐步下沉并结合本土化发展的市场策略，很有可能会极大程度上挤压本地所的市场空间，甚至取代本地所的原有优势。

“品牌、规模是外来所本就具有的优势，其打入浙江法律市场、打通全国上下的服务链条往往只是时间问题。而当对方在本地市场建立起品牌、规模优势，本地所在缺乏品牌输出、配套服务体系的情况下便很有可能丧失原本的优势。”邬辉林说。

## 四、未来展望：助力智慧浙江，律所可以做什么

在2020年12月31日发布的《法治浙江建设规划（2021－2025年）》中，浙江省再次立足于互联网经济，提出“在以数字化牵引法治化上率先突破，建设智慧型法治省份”的战略目标，也给法律市场带来了新的机遇和挑战。

近些年来，浙江省逐步推进数字化转型，从最初兴起的互联网、电商行业，逐步向社会各行各业全面推进。互联网、数字化已成为浙江的代名词。这一政策与近些年来大热的律所数字化转型不谋而合。

智能化、数字化建设在法律市场中发挥着重要的作用，主要体现在两方面：管理方式的变革与新业务机遇的涌现。

各受访律所均就数字化做出系列决策：

◎海泰

保持对新型科技、经济形势的敏感度，加大产品研发投入；

考虑引入智能工具用于律所数字化管理、客群画像等市场策略制定等。

◎六和

加大信息化建设投入，考虑设立专项资金，及时更新软硬件，配备专业人才加强信息化管理；

加强知识管理体系建设，采用先进知识管理技术建立和不断完善律所的知识库，

在知识采集、储存、分享、利用等环节做好工作。

◎天册

加大信息技术的投入力度，重点提升知识管理与信息化管理的能力。

◎盈科

谋划、布局线上律所转型，不断完善现有的智能管理系统；考虑其他法律科技项目的实施。

在浙江数字经济的大环境下，人工智能、互联网与法律的结合，将有效提高律所管理效率与律师的业务工作效率，降低成本。

未来几年，数字产品在律所区域破局中将扮演什么样的角色，我们尚未可知，届时浙江法律市场的格局又将如何变动，或可期待。

# 4 种不同规模律所，看四川法律服务市场

伊晓俊

“天府之国”四川，自古就是物产充裕、人杰地灵的富庶之地。如今，“悠闲生活”“火辣美食”“网红地标”等多种元素汇聚，为四川的发展注入了全新的活力。

2020 年，四川省 GDP 排名全国第六，省会成都的经济总量位列全国城市前茅；四川的律所在市场中各显神通，交出了近 60 亿元创收的成绩单，3 年间增长 150.2%。

本次，智合联系了四川省内的 4 家不同类型、不同规模、不同业态的代表律所，试图从几位负责人的视角，来呈现四川法律行业的发展状况。

## 一、市场环境：诸多利好

四川在人口、面积、工业、农业、旅游等方面，实力领跑西部，各地呈现较为鲜明的发展特色。

成都作为中西部重镇，领跑全省，已步入了“新一线城市”行列；成都之外，绵阳、德阳、乐山、宜宾、泸州、南充、达州等重要的区域中心城市摩拳擦掌，开始为成为经济副中心城市的竞赛冲刺。

这些城市资源分布各异，定位也各不相同。例如，绵阳是高科技聚集城市；德阳是中国重大技术装备制造业基地；宜宾正在从资源型城市转变为新兴产业的集聚区；等等。

在律师行业的发展方面，四川更是绝对的“大省”。截至 2020 年年底，四川共有 28,011 名律师，每万人拥有律师数达到 3.34 人，高于全面建成小康社会监测指标（≥2.3 人）[1]；省会成都“一骑绝尘”，万人比高达 9.5‱，接近北京和上海的

---

〔1〕《2020 年四川律师行业大数据重磅发布！共 2.8 万余名，其中博士 895 人！》，载网易号“学术之路”2021 年 4 月 9 日，https://www.163.com/dy/article/G75A0U1D0516C2P4.html。

水平。[1]

律师“高密度”的背后，当地的市场环境状况到底如何？

时间回溯到2014年，国务院批复明确，在成都设立全国第11个国家级新区——四川天府新区。自此，天府新区成为“一带一路”建设和长江经济带建设的重要支点，也是促进四川经济开放的新门户。

7年后的2021年，全国首个省级推动建设的中央法务区——天府中央法务区正式揭牌，成为继续推动天府新区建设的重要环节。

综观国外，伦敦金融城、纽约曼哈顿、新加坡滨海湾等全球知名金融中心，均有类似法律服务聚集区的配置。对标这些城市功能区定位，天府中央法务区也将为成都及四川全省的经济发展提供高水平的法律服务保障，成为当地良好法治营商环境的一个缩影。

除政策上的利好之外，四川背靠西南广阔的市场腹地的地理优势，成为吸引内外资的重要引擎。

2020年，四川先后出台“扩大开放促进投资”“外资20条”等政策举措，推动扩大高水平对外开放。官方数据显示，2020年四川省新设外商投资企业842家，同比增长24.56%，领跑西部。[2]

截至2020年年底，共有364家世界500强企业在四川落户。[3]众多跨国公司、国企、知名民企继续“加码”四川，为当地律师业发展带来了诸多新的变化。

盈科（成都）律师事务所的执行主任曾新程在采访中表示，近年来明显感受到律所客户群体的增长，以及客户质量的提升。另外，企业或政府部门对于法律服务的需求越来越大，支付能力与付费意愿也普遍提高。

经济发展营造的良好环境，让四川律师有了大展拳脚的舞台，在市场中不断开疆拓土。

四川致高律师事务所主任罗俊观察到，许多之前没有律师介入的领域，现在律师都在全面地参与其中。比如，政府法律服务过程中社会风险的评估、在建筑工程房地产领域中投资咨询方面的业务等。

罗律师还表示，“有事找律师”已成为成都等地区的普遍观念，无论是企业，还是个人，对律师服务的接受度和认可度都在提升。

---

〔1〕 参见成都市律师协会：《成都律师行业发展报告（2020）》。

〔2〕 《四川省发布〈外商投资指引〉外商投资迎多重利好》，载四川省人民政府网2021年1月15日，https://www.sc.gov.cn/10462/10464/13298/13299/2021/1/15/53c3b264141c45588d4db03c89434d46.shtml。

〔3〕 罗之飏：《在四川落户世界500强企业增至364家》，载百家号“川观新闻”2020年11月17日，https://baijiahao.baidu.com/s?id=1683570584714609624&wfr=spider&for=pc。

政策利好、城市定位、产业集聚、消费观念，这些为律师行业的发展提供了充足的原动力。

## 二、业务趋势：热点及蓝海

四川社会经济的发展势头也反映到了律师业务层面。

从四川律协发布的数据看，2020 年四川律师业的民事案件、行政案件收费有大幅提升；因刑事辩护全覆盖的全面推进，刑事案件的收费也呈明显的增长态势。

盈科（成都）的曾新程律师分析认为，这一数据情况反映了在四川当地，民商事、刑事、行政等传统领域仍是律师业务的主力，因此增长也更多体现在这些方面。

致高的罗俊律师表示，在这些传统领域，律所普遍面临着“红海”市场的竞争，一些招投标业务存在价格压得比较低的情况。不过，那些疑难复杂、对技术水平要求高的领域，如重大民商事争议解决等，近年来则呈现持续增长的态势。

“原因在于，市场上可供选择的律所和律师相对较少，很多高端的民商事诉讼和仲裁业务，基本上是几家大所之间在竞争。”罗律师表示，在房地产建筑工程方面的重大争议解决业务，目前律所有三名合伙人在牵头，每年都会承办一批四川本地重大的、诉讼标的额较高的案件。

传统业务之外，“合规业务”也日益成为四川法律服务市场的一块必争之地。

伴随监管环境的趋严，以及特定行业企业在技术、业务模式上的特殊要求，自 2019 年起，四川省开始加快推进省属企业的合规建设，并试点国有企业的合规管理工作。

2021 年，在各地加强反垄断合规监管的大形势下，四川市场监督管理部门发布《四川省经营者反垄断合规指南》，目标是建立与完善反垄断机制，防范企业违法风险。

政府部门和企业的不断重视，催生了刑事合规、税务合规、数据合规等细分领域的合规法律服务需求。

四川律师也关注到当地市场的“合规热”。曾新程律师表示，对于企业合规，盈科（成都）正在进行相关的理论研究和产品设计。近期，律所推出了针对民营企业家，以及国企高管人员法律风险防范的法律服务产品。

专门从事刑事业务的四川卓安律师事务所，已顺应市场趋势，开拓了创新业务类型，如刑事合规、刑事风控等。

“目前，刑事合规在律所业务中占到越来越高的比重，未来，刑事合规等新型刑事业务的比重极有可能会超越传统的刑事辩护。”卓安所主任陈绍娟说。

几位受访律师还在采访中透露，明显感受到当地破产业务的增长，无论案件数量还是收费情况，都呈现激增的局面。

近年来，四川产生了一批在全国范围内有较大影响的破产重整案件，如涉及资产高达384亿元的川煤集团破产重整案、涉及120亿元的达州钢铁集团破产重整案等。

2020年7月，最高人民法院批复同意在成都市中级人民法院设立专门审理破产案件的机构；2021年4月，成都破产法庭正式成立，入驻天府中央法务区。[1]这些都标志着当地破产审判专业化取得了显著成果。

致高所的罗俊律师认为，未来5年，破产业务将会增长得比较快，今后还将有很大的发挥空间。同时，律所之间在该领域的竞争亦异常激烈。

罗律师透露，考虑破产业务对时间、人力方面投入的要求较高，致高所专门建立了一支公司化运营的破产业务团队，来保证破产业务的专业化、集团化作战。

此外，在四川法律服务市场上，政府法律服务、涉外法律服务等也呈现比较明显的增长势头。

受访律师称，从担任各级政府法律顾问，到为各级机关制定、施行重大决议出谋划策，再到助力大型城市基础建设、活动赛事项目……近年来律师在提供政府法律服务的类型上更加多元，也更多地承担了助推四川经济社会发展的角色。

在“一带一路”、自贸区建设等重大国家规划的带动下，四川涉外法律服务的数量和质量正在逐步提升，律师行业对涉外人才的需求也进一步扩大。

“人才建设要先行。为满足涉外法律服务要求，我们也提前储备了一批具有海外留学经历和相关业务经验的人才，来应对未来的更多挑战。”罗俊律师表示。

## 三、行业现状：机遇与挑战

四川律师行业的竞争环境也日渐激烈。

这首先体现于“两极化”的律所规模上。从四川律师行业的相关数据来看，一方面，2020年四川省有泰和泰、明炬、盈科（成都）、大成（成都）等17家“百人所”；另一方面，30人以下律所占到91.1%，中小律所仍是当地市场的主流。[2]

同时，这也体现在外地所与本地所的竞争格局上。以成都为例，截至2020年5月，北上广知名律所在成都设立分所59家，占到外地在蓉分所的74.7%。总体上，省外律所在四川设立的分所数量逐年递增。[3]

---

〔1〕 川观新闻：《成都金融法庭和成都破产法庭今天正式入驻天府中央法务区》，载成都法院网2021年4月9日，http：//cdfy. chinacourt. gov. cn/article/detail/2021/04/id/5981153. shtml。

〔2〕《2020年四川律师行业大数据重磅发布！共2.8万余名，其中博士895人！》，载网易号“学术之路”2021年4月9日，https：//www. 163. com/dy/article/G75A0U1D0516C2P4. html。

〔3〕 成都市律师协会：《成都律师行业发展报告（2020）》。

当不同类型和规模的律所汇集于四川本土市场时，它们将如何甩开追赶者，又如何赶超领跑者？

作为**全国规模大所**分支的盈科成都分所，成立于2010年，律师人数已有300人以上。执行主任曾新程认为，律所在四川本土市场的优势主要是品牌影响力、一体化的运营管理能力以及规模化的红利效应。这些让律所在法律服务招投标、资源的集中调配、高效解决客户问题等方面获益颇多。

与此同时，案件质量把控以及风险管理、利益冲突的解决等，是盈科（成都）以及所有规模大所当下面临的挑战。

**本土大所**四川致高律师事务所成立于2001年，律师人数在200人以上，其发展定位是成为一家区域市场的领先者。主任罗俊认为，要做到这一点，关键是要发挥作为一家本土所的优势，即深耕本土市场、专注在擅长的领域上。

"对于一家大所，我们希望做到'全所要综合，团队要精专'，这样既确保了律所的资源整合能力，也能在市场中与那些精专化律所相竞争。"罗律师说。

成立于2013年的**精专化律所**四川卓安律师事务所，目前有30余名律师。律所主任陈绍娟建议，传统中小律所可以通过确立差异化优势，提升运营能力在市场立足。

"2020年，律所的单案收费有大幅度提升，我认为原因之一是在新冠肺炎疫情的影响下，'数字化''在线化'的发展，对客户的消费习惯改变很大，卓安运用线上品牌运营的优势也就进一步地凸显出来。"陈律师说。

2021年成立的**新晋律所**四川卓锦律师事务所，人数在50人以上。主任邵东认为，中小所的生存之道主要在于三点：成本领先、差异化服务、专业化路线。目前，做好细分领域，利用好自身"小快灵"的优势，是律所的发展策略。例如，在服务中小企业客户的领域里，卓锦与人力资源、财会、专利等机构开展合作，为企业提供"一站式"的服务。

"我们认为，未来的律所将有新的合作机制，不再局限于某个地点与品牌，而是一切以法律服务为中心，通过互联网打破传统律所的边界，提升案件处理的效率，创造出共生共建的律所新模式。"邵律师说。

四种律所，不同模式，展现了当地法律市场多元化的生态，也为1700余家四川律所提供不同的路径参考。

对于规模大所来说，利用规模优势，打造自身的法律服务网络，使规模化的红利充分释放，将是发展的关键；对于中小律所而言，寻找并确立差异化的竞争优势将至关重要。

## 结语

第七次全国人口普查的数据显示，以四川为代表的成渝地区成为中国新兴的人口流向地。今后，该地区高新产业与年轻人口集聚的趋势将越发明显，并将推动四川成为国家的又一创新驱动发展中心。

可以预见，在多项国家战略的深入实施下，四川地区法律服务的需求将继续增加，对法律服务专业化、精细化的要求将更加迫切。

我们也期待看到，以天府中央法务区为代表的法律服务产业生态集群建设，为当地律师行业带来更多的创新发展思路，向中国和世界展示四川法律服务的高质量和高水平。

# 创收 42 亿元，连年激增背后，重庆法律市场的趋势和展望

伊晓俊 |

“山城”重庆，“一带一路”的枢纽城市，长江经济带的重要连结点，近年来驶入了经济高质量发展的“快车道”。

2020 年前三个季度，重庆的 GDP 总量一度超越广州，坐上第四把“交椅”，打破了长久以来“北上广深”的城市排名格局。

经济增长驱动下，重庆的法律服务业也迎来良好的机遇。本次调研，我们采访了几位当地律所负责人，以管窥重庆法律市场的发展。

以下为核心看点：

1. 重庆律师如何看待行业创收的“逆势增长”？
2. 哪些业务势头正劲？哪些是“潜力股”？
3. 规模大所“入侵”下，重庆的中小律所如何应对？
4. 中联重庆负责人如何评价“联盟做大”新模式？

## 一、趋势回顾

2.5 万亿元，增幅 3.9%，这是重庆市 2020 年 GDP 的表现。

重庆常住人口超 3000 万人。人口基数、消费总量是拉动当地经济的重要因素，大体量的固定资产投资亦起到推动效果。

宏观经济的增长势头也反映到法律市场层面，使其主要呈现以下几点趋势：

### （一）创收逆势上涨

过去近 10 年，重庆律师行业整体创收则由 7.7 亿元增至近 42 亿元，实现了超 5 倍的增长。2020 年，全市律师行业总创收 41.88 亿元，在疫情冲击的不利情况下，逆势上涨 8.1%。2018～2020 年重庆市律师行业总产值详见图 1。

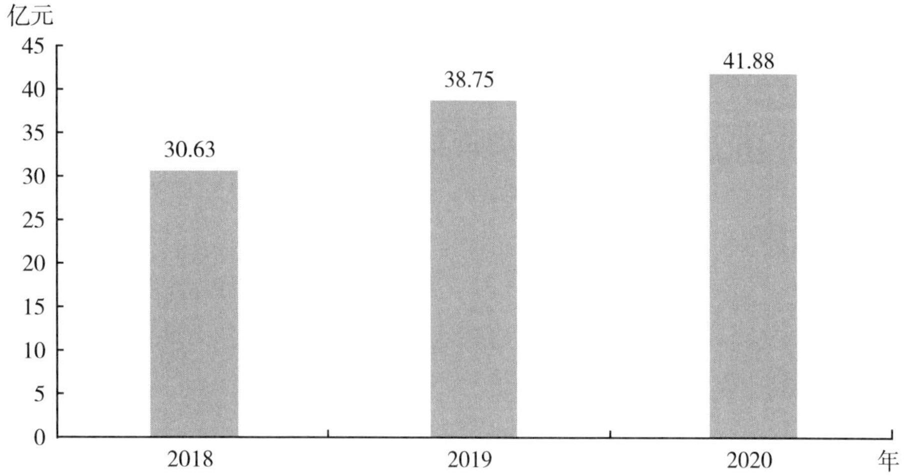


**图 1　2018～2020 年重庆市律师行业总产值**

在上海中联（重庆）律师事务所主任韩利锋看来，一方面，这与重庆经济增长的关系密不可分；另一方面，也是当地律师业多年来创收激增势头的延续。

同时，韩律师也表示，重庆经济增速和行业发展成果固然可喜，但也不能盲目乐观，因为其他兄弟城市的法律市场也保持了较高增速，整个行业的竞争压力依然存在。

行业整体的增长亦体现到律所层面。重庆志和智律师事务所主任江勤表示，2020 年，志和智的创收同比增加 22.7%，并有望在数年内达成创收破亿元的既定目标。

随着经济向好和法律服务需求的增加，未来重庆律师行业创收或将继续保持较快增速。

（二）破产业务激增

几位受访人在采访中均表示，近年来明显感受到当地破产业务的激增，无论是案件数量还是收费情况，都呈现“爆发式”上涨。

2019 年年底，重庆破产法庭挂牌成立，成为我国西部地区首家破产法庭。截至 2020 年年末，重庆破产法庭受理各类案件 1586 件，审结 1248 件。

重庆市第五中级人民法院发布的《重庆破产法庭破产审判白皮书（2020 年）》显示，2020 年该法庭审理的破产及强制清算类案件收、结案数大幅激增，原因主要包括当地营商环境优化、市场主体观念转变、破产案件审理效率提升等。

特别是，近年来重庆出现了一批在全国范围内有较大影响的破产案件，如力帆系企业破产重整案、北汽银翔公司破产重整案、重庆华生园食品公司破产重整案等。

韩利锋律师表示，这些规模较大的企业破产，所产生的社会影响之大，牵涉的利益关系之多，对各家律所破产团队的业务能力和经验水平都提出了较高要求。

近年来，他所在的中联重庆（原索通）面对破产业务不断增长的态势，增加了此类业务的人员配置，现有两支专门承办破产管理人业务的团队。

破产规则和制度的健全也为律师执业提供了保障。江勤律师表示，2021 年 1 月，重庆市第五中级人民法院发布《预重整工作指引（试行）》等规则，使律师能在破产法律服务方面发挥更大的作用。

例如，在“预重整”的过程中，江律师所在的资本市场团队运用经验和资源，在厘清债权债务等法律关系的前提下，引入社会资本收购项目涉及资产，以此提升重整的效率和成功率。

未来，随着破产企业数量激增和案件类型的多元化，重庆地区的破产法律服务将迎来更大的发挥空间。

（三）争议解决业务整体向好

重庆律协发布的数据显示，在诉讼业务方面，除刑事诉讼呈现下降趋势外，民事诉讼、行政诉讼、仲裁等业务均保持了稳定的增速。

根据江勤律师的观察，近年来重庆地区诉讼业务的上升趋势主要体现在**建设工程纠纷、民间借贷纠纷**等领域。

另外，重庆地区涉外纠纷案件数量呈逐年上升的态势。《2018—2020 年度重庆市涉外案件纠纷大数据分析报告》显示，重庆地区的涉外诉讼案件主要集中于合同、无因管理、不当得利纠纷、劳动争议、人事争议和执行方面。

从行业领域来看，金融业和制造业的涉外纠纷最多，其次为建筑业、房地产业、批发零售业。

重庆地区诉讼业务总体增长的态势下，一些律所根据法律市场状况的变化，进一步优化、调整自身业务结构。

以上海中联（重庆）律师事务所为例，近年来，律所在诉讼业务布局方面投入了更多精力，将诉讼业务的占比从总体的 30% 提高至 60% 左右，以提升律所的竞争力，维持创收的持续增长。

（四）非诉业务潜力巨大

上市企业数量是衡量一个地区资本市场发达程度的指标之一。

2020 年，科创板加快推进、注册制改革、新三板改革等多项改革叠加，重庆资本市场迎来了新一轮机遇。

2019 年，共 4 家渝企成功 IPO，募资高达 90 亿元。截至 2020 年年底，重庆在境内外上市公司总计 74 家。

虽然资本市场成果显著，但和国内许多发达地区相比，重庆上市企业的数量仍处于下风。与此同时，为赋能区域经济发展，重庆当地政府通过各项举措为企业上市营造良好氛围，提升企业利用资本的意识。

可以预见的是，**重庆资本市场法律服务尚有较大发挥空间，未来或将成为更多律所布局和深耕的重要阵地**。

此外，伴随监管环境的整体趋严，以及高新产业企业在技术、业务模式上的特殊性，“合规”日益成为重庆法律服务市场的一块“必争之地”。

韩利锋律师也注意到近期重庆市场的“合规热”，他认为，企业客户的不断重视，催生了刑事合规、数据合规等细分领域的合规需求。

“总体来讲，在合规领域，无论是市场需求的扩大，还是律师服务的升级，都将会是一个持续的、新的行业增长点。”韩律师说。

## 二、未来展望

2020 年 10 月，《成渝地区双城经济圈建设规划纲要》获中央审议通过。

至此，“成渝双城经济圈”建设上升为国家战略，成为继京津冀、长三角、粤港澳之后的中国经济增长“第四极”。

国家战略层面，重庆地区的发展有更多深意。全球经济下滑，在东部沿海地区受外部影响更大的情况下，重庆地区发达的工业体系、庞大的消费市场和人口聚集可以对冲风险，为中国经济稳步增长提供新动能。

未来，在国家战略引领，以及经济建设的驱动下，重庆法律市场将面临以下几方面的机遇：

### （一）“2345”战略落地

2019 年，重庆律协制定《重庆律师行业第三个发展规划纲要（2019—2022)》，明确提出实施“2345”的发展战略。

“2”，即培育在中西部及全国具有影响力的 20 家领军大所；

“3”，即培育在重庆地区及中西部具有影响力的 30 家专业强所；

“4”，即培育在所占区县具有影响力的 40 家区域骨干所；

“5”，即支持发展贴近基层、群众认可、管理规范的 500 家以上民主优所。

重庆律协负责人曾表示，在战略指引下，将引导律所对标创建，打造一批示范标杆所，形成大中小所各具特色、均衡协调发展的格局。

根据重庆律协的统计，2020 年**百君**、**坤源衡泰**、**中联重庆（原索通）**、**中豪**等 8 家律所跻身“亿元所”行列，其中创收超 2 亿元的有 3 家。

2020年10月，重庆市律师协会“年度律师和律师事务所年度大奖”颁布，**坤源衡泰**、**德恒（重庆）**、**大成（重庆）**等8家律师事务所荣获“年度最佳”称号。

另外，从近年来某知名法律行业评级机构“公司商事：西部（重庆）”领域的上榜情况看，**中联重庆（原索通）**、**中豪**、**百君**、**坤源衡泰**、**中伦**等律所一直榜上有名，详见表1。

**表1　2020年重庆律师事务所大奖名单**

| 奖项类型 | 获奖律所 |
|---|---|
| 年度最佳律师事务所 | 重庆坤源衡泰律师事务所<br>北京德恒（重庆）律师事务所<br>北京大成（重庆）律师事务所 |
| 主城新区年度最佳律师事务所 | 重庆言实律师事务所<br>重庆君策律师事务所 |
| 渝东北片区年度最佳律师事务所 | 重庆夔府律师事务所 |
| 渝东南片区年度最佳律师事务所 | 重庆川东南律师事务所<br>重庆渝鑫律师事务所 |

资料来源：“重庆司法”微信公众号。

可以看出，在重庆法律市场上，占据市场前列的几家律所已形成“强者恒强”的稳定发展格局。

将来，头部律所或将通过组织、管理、技术等创新模式谋求更大的突破，广大中小律所也将迎来更加激烈的竞争。

（二）竞争格局加剧

自2013年开始，京沪大所纷纷进驻重庆，其品牌优势对重庆本土所带来了前所未有的冲击。

根据《亚洲法律杂志》的一份统计，2015年左右，中国规模最大的前20家律所中，有7家在成渝两地均设有办公机构。近年来，外地律所进驻重庆市场的脚步并未放缓。

在江勤律师看来，相较重庆本土所，全国规模所的优势主要体现于两个方面：一是品牌，二是相关资质。这些优势在业务招投标的过程中体现得尤为明显。

但是，她也注意到，部分外地所进入重庆，仅仅依靠“品牌输出”，实际上分所的资源整合能力较为有限，缺乏长期、持续的竞争力。

面对越来越多的进入重庆市场的规模大所，各家本地所的应对方式也各有不同。

江勤律师认为，本地律所想赢得竞争，必须落实到律师的服务能力本身。只有做精做细，提供让当事人满意的服务，才能在激烈的市场竞争中立足。

韩利锋律师则建议，本地所可以扬长避短，发挥自身灵活性强的优势，同时主动向全国规模大所学习一些先进经验。

“最关键一点，则在于律所的核心合伙人如何选择自身定位，如何在执业平台上让律师的价值得到充分发挥。在此前提下，再考虑是扩大规模，还是保持现有规模、增强灵活性和自身特色。这是本地中小律所应当考虑的问题。”韩律师说。

（三）“新模式”探路

2020年年末，重庆共有律所894家，较上年减少10家。这是当地**首次出现律师人数持续增长，但律所数量，尤其是小微所的数量反而减少的情况**。

这一现象表明，重庆律所“做大做强”的趋势越发明显。

2021年3月，成立于1995年的索通以吸收合并的方式，整体转入“中联重庆”，成为上海中联律师事务所的首家分所，开启了“联盟做大”模式的探索。

在韩利锋律师看来，律所整体转为中联重庆，至少有以下几方面的好处：第一，“盘子”变大以后，平台优势的发挥将为律师间的交流与合作创造条件；第二，便于学习与借鉴其他办公室先进的知识管理、品牌建设理念和经验；第三，有利于各个办公室在一体化运营的平台上干出一番事业，如通过破产等业务的资源整合，实现跨区域合作。

韩律师也坦言，虽然上海中联律师事务所已成功起航，但这只是漫漫征途的开始。“接下来，我们还要让大家认识中联，要让中联在行业中找到自己应有的位置，还有很长的路要走。”

在“规模化”的大势下，中联重庆为重庆地区的律所提供了一个“运用全国一体化运营的品牌优势，实现跨区域合作”的思路。

## 结语

法律行业是经济发展的“晴雨表”，重庆当地经济形势的利好自然反映在法律服务层面。重庆律师协会会长袁小彬曾对媒体表示，面对机遇，重庆律师有很强的紧迫感。

同时，重庆律协也在提升律师职业化、制定高端商事法律服务标准指引、着力打造西南地区的司法高地三方面加快行动，让重庆律师更好地匹配和服务重庆经济社会发展。

未来，在新一轮西部大开发、西部陆海新通道建设等多项利好战略下，充分利用成渝“经济圈”的优势，或将成为重庆法律服务业发展的重点。

我们期待看到重庆律师行业“打造西部法律服务高地”的奋斗目标早日实现。

# 武汉法律市场：逆势上扬，中部轴心蓄势待发

吴梦奇 |

当我们谈论法律服务市场时，往往会优先将目光投向北京、上海、广州、深圳这些法律服务起步较早、发展程度较高的一线城市。

基于这些区域市场的强大影响力，立足于这些城市的律所的发展程度往往也相对较高，适合于研究市场的最新动态和未来方向。

其次是杭州、重庆等快速发展的“新一线”，这些市场在发展程度上稍有逊色，但发展潜力较大，自身特点亦十分鲜明。

研究这类市场和立足于这些区域的律所，往往可以管中窥豹地看见更广阔区域内曾经、正在和即将发生的事实与变化，了解更广大律师群体的真实生态。

武汉，九省通衢之地，中部六省中唯一的副省级城市，2020 年 GDP 位列全国第 9——毫无疑问，属于新一线城市中的佼佼者。

**武汉有怎样的市场特点？**

**律师行业的发展现状如何？**

**律所、律师们又处在怎样的生态和变化之中？**

智合采访了数位武汉律所管理者，试图借他们之眼找到这些问题的答案。

## 一、市场篇：中部重镇，经济、人才优势明显

一地法律服务市场发展格局，必然与其地区地位、发展状况和市场特色紧密相关：北京是全国政治文化中心，律师行业起步早的同时也具备辐射全国的先天优势；上海作为经济中心，深厚的经济基础和高度国际化的市场环境也给律师行业发展提供了有利条件。而广东、浙江等地，由于开放较早、经济基础好、人才供给充足，律师行业亦处在各省中的第一梯队。

湖北，作为中部六省中的经济重省，生产总值总量位列河南之后，人均生产总值则居于第一，这为律师行业发展提供了扎实的经济基础。2020 年湖北省生产总值超 4.3 万亿元，虽较上年有所下降，但这是在直面疫情冲击的情况下交出的成绩单。

但湖北经济又呈现典型的“一城独大”特征：2020 年武汉生产总值为 15,616 亿元，占全省生产总值比重约 36%，而排在第二位、第三位的襄阳、宜昌分别为 4601 亿元、4261 亿元，其他地市均低于 2500 亿元。这种环境下，武汉律师行业也占据了全省的“半壁江山”。

相比成都、杭州、南京、重庆，武汉没有足够明显的长板，但胜在均衡，产业链条齐全。近年来，在“建成全国经济中心、高水平科技创新中心、商贸物流中心、国际交往中心四大功能为支撑的国家中心城市”这一目标下，武汉产业从原先的以“钢铁、纺织、烟草”为主转变为以“光电子、汽车、石化”为驱动，在光电子、生物医药、人工智能、高端装备制造、商用航空航天机器等各个产业均有布局。

东湖高新区是武汉高新产业发展的代表，已打造出“5 + 2”产业体系，以光电子信息、生命健康、节能环保、高端装备制造、高技术服务五大千亿级产业为主导，辅以集成电路和新型显示、数字经济两大新兴领域，形成了“芯屏网”的产业名片。

“芯”即芯片，华为海思、联发科、泛林半导体等芯片厂商先后入驻武汉；“屏”即屏幕面板，京东方、华星光电、天马微电子等面板厂商均在武汉投资设有生产线；“网”指的则是光纤互联网，武汉是中国最大的光纤光缆生产基地、光电器件生产基地、光通信技术研发基地及激光设备生产基地，其光纤光缆生产规模全球第一。

对法律服务行业而言，这种传统与新兴行业并存的全面均衡的经济环境，意味着武汉在各个领域都有相对肥沃的市场土壤，各类新型业务机会往往也会第一时间出现——不同领域的律师都能在这片土地上找到其可发挥之处。

此外，作为一座拥有近百所高等院校、超百万名大学生的教育大城，武汉为全国各地输送了大批高素质人才，其中就包括来自武汉大学、中南财经政法大学等院校的优秀法律人才。对武汉律所而言，这也是一大优势——尽管京沪等地对人才的吸引力更强，但如今这些地域竞争越发激烈，作为生源地的武汉一旦条件合适，人才也会优先考虑留下。

区域内突出的经济地位、相对全面的市场结构、丰富优质的人才资源，都是武汉在中部法律服务市场的发展优势。

那么，当前的武汉法律服务市场，是否利用好了自己的优势？

## 二、行业篇：逆势上扬，兼具活力与韧性

答案是：正在利用，正在挖掘真正潜力。

2021 年 2 月，武汉公布了律师行业过去一整年的成绩单：截至 2020 年年底，武汉已有律师 8241 人，同比增长 9.87%，男女律师分别占 60.79%、39.21%。同期，湖北全省的律师人数约为 1.6 万，武汉即占了约 1/2。

创收方面，尽管受到疫情影响，2020 年武汉律师行业整体创收仍超过了 27 亿元，同比增长 5.17%，接近 30 亿元大关。

这与武汉在湖北经济结构中“举足轻重”的地位相符，但显然，在人员体量、创收规模、发展程度上，武汉律师行业都还和自身生产总值全国排名前十的地位不那么匹配。

“相对江浙沪而言，武汉民营经济限于区域特点、发展时间等因素，在比例和活跃程度上可能有一定差距，但由于产业链条的齐全，律师仍有较多的服务机会。”天达共和律师事务所合伙人、党支部书记杨斌表示。

不过，武汉的土壤足够丰沃，未来的业务发展值得期待。

“武汉可以说是在各个法律服务领域实现全覆盖的城市，从传统的民商事法律服务，到近年时髦的数据合规、出口管制、反垄断业务等，在武汉都有丰富的需求。”中伦律师事务所武汉办公室主任邹明春表示。“现阶段武汉法律服务市场的体量相较于整个武汉市的生产总值体量仍占比偏低，万人拥有律师量也偏低，存在巨大的发展空间。”

业务发展层面，如上文所言，由于武汉产业链条较为完整，各种类型业务均有其发展空间，具体而言则依据企业发展阶段而各有特长：

**房地产基建**是武汉的传统优势行业，众多知名建工领域的大型国企、央企均在武汉布点。依托于海量的工程项目，武汉有非常充足的建工业务资源，但在某些较为前沿的细分领域尚待挖掘，如城市更新。

**资本市场**方面，近年来武汉涌现出斗鱼、斑马快跑等多家独角兽企业，发展速度较快，但由于本地律师经验、业绩方面的不足，在 IPO 等方面的竞争力暂时比不上京沪等地律师，但也正慢慢从客户端积累经验、寻求突破。

**破产重整**方面，武汉亦有丰富的相关业务，多家律所也因此设置了专门的破产业务团队。武汉不仅拥有大量破产相关的业务资源，在理论研究方面也有优势，每年都会有多场破产相关法律论坛、讲座活动召开，为破产实务提供了理论支撑——这一领域近年的增长因此相当快速。

尽管整体仍以传统业务类型为主，随着近年产业结构的调整更新，武汉法律服务市场在新兴业务领域的表现也可圈可点。

“譬如高新技术领域的相关业务如知识产权、医药健康、游戏直播等，都是在相关产业的快速拓展这一大背景下，给了武汉律师很多开拓新业务的机会。以天达共和武汉办公室为例，开拓的客户中就包括斗鱼、长飞光纤等多家知名相关企业。”杨斌表示。

在业务结构更新的同时，部分律所也已经开始有意识地进行“行业化”。“在武汉发展重心转向新经济的情况下，将相关传统法律服务与新兴行业进行有效对接，打造有特点的高附加值的法律服务就是未来服务中的新‘蓝海’。这也是中伦武汉大力推进专业化升级的原因。”邹明春表示。

2020 年年初疫情的突然到来，对武汉法律服务市场而言，既是冲击，也是革新的号角——这种革新并不一定由疫情直接带来，更多的其实已经在近年行业的快速发展中潜移默化地发生。

“当下的武汉律师行业正处在快速变化之中：一是**服务方式**，疫情带来的被动隔离，使很多业务的开展被迫通过线上方式进行，侧面带动了律师服务方式的革新，也丰富了业务的拓展、开展手段；二是**业务领域**，近年来武汉的产业结构升级带动了律师业务理念的转变，与新经济相关的法律服务正变得越来越多；三是**律师自身**，正如抗疫过程中涌现出一批有责任有担当的‘80 后’‘90 后’医师，年轻一代律师在法律服务市场和律所管理中发挥出的作用也越来越明显。”邹明春这样解读他眼中武汉律师行业的主要变化。

“尽管在疫情中饱受冲击，2020 年武汉律师行业仍实现了逆势增长——这也从侧面展现了武汉经济的活力和韧性。”杨斌说。

## 三、律所篇：各有路线，齐头并进，优化升级

律所，作为律师行业中的基本组织单位，往往直观地显示本地行业的发展水平。

截至 2020 年年底，武汉共有律所 448 家，同比净增长 37 家，其中规模百人以上的律所共 12 家。[1]

除本地律所外，北京在汉分所 25 家，成都在汉分所 1 家，广东在汉分所 5 家，上海在汉分所 5 家，浙江在汉分所 1 家；省内在汉分所 1 家，武汉律师事务所同城分所 18 家。

相对而言，本地所由于发展时间更长、客户积淀更深厚，有一定体量优势和先发优势，而外来所则在品牌、资源、业绩方面能够体现出更强的竞争力，但大体而言，由于业务空间比较充足，目前武汉形成了外地所、本地所“共生共荣”、齐头并进的格局。

---

〔1〕 律小政：《律师人数突破 8000！2020 年武汉律师行业数据出炉》，载微信公众号“武汉政法”2021 年 5 月 22 日，https：//mp. weixin. qq. com/s/XHqbmkXzfKrWyvWIReiowg。

此外，基于自身的区位特点，武汉对周边地市的辐射能力极强，也因此许多武汉律所在周边地市建有分所——在自贸区政策施行后，不少头部大所也选择在光谷等地区同城开设分支机构，进一步强化自身影响力。

但正如上文所言，这片市场发展尚不完全，也因此大多数律所的组织运营方式仍停留在“单打独斗”的状态。不过，随着体量的不断增长、外地律所品牌的不断入局，越来越多的本地所、外地所开始认真思考自身的战略目标、发展模式和管理思路，这些方式具体表现上各有不同，但最终目的都是提升服务质量、实现长久发展。

以天达共和武汉为例，其采取了精品化策略以服务其战略目标。

“律所的精品化，首要考虑的并非规模，而是专业服务能力、服务品质、团队素质层面的精品化。以天达共和武汉办为例，聚焦于人才精品化、业务类型精品化、客户精品化进行发展。”杨斌这样解释天达共和的“精品化”策略。由于天达共和采取的是一体化运作模式，对“单打独斗”的局限性一直有所认识，也因此武汉办公室并没有将规模、创收作为发展重点，而是围绕服务质量的“精品化”进行稳健运作——这种策略最直观的表现便是，近年来天达共和武汉办公室在适度规模化的同时，引入的新人中研究生比例超过95%。

在武汉律所人均创收排行榜上年年稳居前列的中伦武汉强调的是专业化。但邹明春表示，更进一步的发展战略已在推进当中：“中伦武汉目前的工作重点是专业化升级——这种专业化已不再是单纯法律服务的专业化：在业务上的体现是，在中伦目前组建的六大行业委员会基础上，不断将高附加值的法律服务有效嵌入具体行业尤其是新型行业中去，这将是一个持续性的长期工程；在运作上的体现是，借助DM系统、律师助手等高效解放生产力的法律科技与工具。这些‘专业化’的目的是，让律师工作更聚焦，更好匹配武汉法律服务市场的不断进化。”

如果落在北京、上海这类已经成熟的市场，这些探索也许并不让人意外，但在市场化程度尚不够深、律所发展程度参差不齐的武汉，却颇有些大胆和潮流的意味。

某种意义上，这也许是“敢为人先，追求卓越”的城市精神在武汉律师这一载体上的真实写照。

## 四、未来篇：属于江城律师的新章

2018年，湖北省推出了以“一芯驱动、两带支撑、三区协同”为核心内容的“一芯两带三区”区域发展战略布局，服务于武汉城市圈的升级。

而从武汉市来看，“打造五个中心、建设现代化大武汉”的目标任务也已在加速推进之中——如何抓住变化中的机遇，如何应对机遇中越发激烈的竞争，无疑是武汉律师、律所需要思考解决的新问题。

“新的格局正在慢慢成形。变化之下，律师需要保持自身对新法新政的敏锐度，主动服务于新的发展格局构建，律所则应当在夯实专业、做好管理的基础上，为律师提供一个适合他们成长、发展的平台。”杨斌表示，“如果我们在律所管理、人才培养、风险防控、品质提升等方面做的一些有益探索，能够或多或少给到其他律所一些参考借鉴，未来的武汉律师行业，也许也会因此多出一些意想不到的变化”。

“武汉正变得越来越开放和国际化，从某种意义上讲，这也倒逼武汉律所将自己和国内、国际头部律所进行对标——这是一个追赶先进、超越自己的绝佳机会。在这一方面，中伦武汉希望能够成为一面旗帜，为武汉律师业发展贡献中伦力量。”邹明春说，“武汉人骨子里‘不服周’，武汉律师也不甘人后，这种直面问题、敢于竞争的勇气会更加激励武汉律师求变、求发展”。

这种干劲和决心，也许会是武汉律师、律所在未来越发激烈的竞争中赢得优势的关键。

毕竟，没有谁比他们更了解武汉，以及武汉的法律服务市场。

# 过去40年GDP排名上升最猛的省份，律师面临哪些机遇和挑战

蔡 凡 |

改革开放以来，福建省生产总值翻了639.44倍，生产总值排名上升最猛——从1978年的第23名，上升至2020年的第7名，跨越16个名次。

福建又是如何逆袭的？

与“邻居”广东、浙江相比，福建的受关注程度似乎打了折，而福建近年来被大家关注的点有哪些？厦门的高房价，泉州、漳州、莆田的民营经济，资本市场大热的宁德时代，频上热搜的鸿星尔克、贵人鸟等“晋江系”运动品牌……这些也从侧面反映了福建藏富于民、韧劲十足的经济特征。

伴随福建经济发展的律师业务，又有哪些特点？面临怎样的机遇和挑战？

## 一、市场特点

（一）双城并举，区域化特征明显

如果制作一张福建省律师分布图，就会发现，沿着台湾海峡一侧的地区明显颜色更深，密度更大；视线向西扫去，靠近武夷山脉，律师密度显著下降。而在沿海一带中，又有三个城市最为突出，其中，福州、厦门是密度最高的红色，泉州则是密度次之的橙色。

2020年，福建共有律师14,950人，其中，福州5025人，厦门4154人，泉州近2000人。三城律师总人数超1.1万，占福建全省的近75%。从律所数量来看亦是如此，在福建的1137家律所中，福州、厦门、泉州三城占超65%（福州299家、厦门259家、泉州约190家）。

福州、厦门旗鼓相当，泉州紧随其后——构成了福建省律师行业的总体格局。

中国绝大多数省份的法律服务市场格局呈现“人才和业务量均向省会城市聚拢”

的“强省会模式”，例如，成都之于四川——2020 年成都律师人数约占四川全省的 2/3。

一般来说，强省会的发展模式大多是政府主导投资，集中优势，定点突围。而弱省会的发展模式则更多的还是依靠民间资本的自主选择。

在许多人印象里，福建各大城市，拥“经济特区”名号和“文艺小资”属性的厦门名头最盛。但很多人不知道的是，泉州才是福建生产总值最高的城市，且已持续 22 年。法律服务行业的蓬勃发展依赖经济的繁荣。2020 年，福州、泉州生产总值均已破万亿元，厦门仍在 6000 亿元量级，在省内排名第三。

福州是省会城市、省高级人民法院所在地，政治资源、司法资源更为丰富，争议解决业务优势显著。但福州常常也被称为“最低调的省会城市之一”——在省内，泉州生产总值更高，厦门城市能级更强，厦门、泉州两城优势同样明显，这导致福州的省会集聚效应被稀释，福州地区的律师业务区域化特征显著、法律服务的辐射范围受限，大部分律师主要为本地客户提供服务。

区域性特征明显，不止体现在福州。有律师谈到，厦门律所要在福州布局、跨地经营也未必容易。开分所若从厦门派驻可能未必有律师愿意前往；若是直接吸纳当地团队，当地团队也可能会有不愿意加盟厦门品牌的心理。

（二）民营经济活跃下的法律服务市场

锦天城律师事务所福州分所主任林伙忠总结道，福建法律服务市场有四个主要特点：“第一，总体上行业收入与地方经济总量并不匹配，尤其与广东、浙江、江苏等其他沿海省份对比时，收入差距较大；第二，省内市场区域性特征明显，律所经营、律师发展较难突破地域限制；第三，大部分律师的主要客户为民营企业，并且涉外法律服务较为活跃；第四，省内律师人才的业务结构不平衡，传统业务领域内竞争激烈，但在高端法律服务市场中人才竞争力不足。”

福建地貌多山少耕地，生存条件并不算好，但东面傍海、绵长的海岸线又为福建人打开了新的一扇窗。自古以来，福建地区商贸活动频繁，在外闽商也常以敢闯敢拼而闻名，海外华人中很大一部分来自福建，“落叶归根”思想影响下，大多数来自福建的侨商会回乡投资。20 世纪初期，许多闽南地区规模比较大的轻工业企业都是典型的华侨企业。

改革开放后，福建成为我国最早实施对外开放的省份之一。

凭借自身的区位优势，福建积极引进外资，承接各种加工装配业务，以及国际产业的转移，推动了福建的纺织、服装、电子设备组装等一大批劳动密集型的工业迅速发展。在“爱做生意，不爱打工”的经商传统下，福建民间创业活跃，本地民营企业逐步发展，孕育了一批在零售、食品、服装和体育用品制造行业的著名公司品牌。

2020年，福建民营经济占全省生产总值近70%，提供70%的税收，贡献70%的科技成果，吸纳80%的就业岗位，企业数占90%以上。

行业广、实力强、活力足，蓬勃发展的民营经济为福建的富裕做出了很大贡献。很长一段时间中央并未在福建部属太多重量级国有企业，因此国企在法律服务费用上的总体支出相对有限，许多本地律师要更进一步地挖掘民营企业需求。

“福建省民营企业多，国有企业少；中小型企业多，大型企业少。重商主义影响下，民营企业大多偏好用市场化手段解决问题，导致了这批企业的法律消费意愿和水平较低。”林伙忠说，“此外，福建人偏好‘走出去’，闽商在全国各地和海外的投资、经营活动都很活跃，对外投资体量大，相形之下本地投资较少，这也导致本地的法律服务收费增速较慢”。

“家族式经营”也是闽南地区许多民企的显著特征。这种模式有助于企业在发展早期快速形成资本积累，但随着企业的发展，弊端逐渐显现。福建省天衡联合律师事务所主任孙卫星说：“许多闽南地区的民营企业是在‘家族式经营’模式下成长起来的，企业管理依赖家庭成员，缺乏与现代化管理理念和方法的结合。这会导致企业自身的法律重视程度低，没有意识或不善于运用法律服务来助力发展；反过来，法律服务业如果不能主动和企业经营发展结合，也会影响当地经济往更高质量的方向发展。”

2020年福建省民营企业100强发布，榜单和相关分析显示，福建省民营经济高质量发展成色明显——入围门槛继续提升、百亿级企业明显增多、结构优化稳步推进、发展质量持续改善、创新研发实力不断增强……在近年来福建奋力推进民营经济转型升级、高质量发展的背景下，民营企业的法律服务需求有望进一步提升。

## 二、业务机遇：趋势和蓝海

近些年，福建法律服务市场体量稳步增长。从律师业务统计情况来看，因刑事辩护全覆盖的全面推进，福建的刑事案件数量有明显增长；值得一提的是，非诉讼法律事务量增长显著，2020年全省共承办了4.4万件相关事务，较2018年增长了94%。[1]

受访律师表示，从业务量来看，本地化特征明显的房地产和金融领域业务仍然比重较大。而在福建产业结构转型优化背景下，律师也迎来了一些新的业务机遇。

---

〔1〕 福建省司法厅：《2010年－2020年律师业务统计（图表）》，载福建省司法厅官方网，http：//sft. fujian. gov. cn/zwgk/tjxx/lsgz_5257/202102/t20210219_5536251. htm。

（一）并购、破产重整

福建的民企以中小规模的居多，在现阶段优化营商环境背景下，并购、破产重整业务需求有明显提升。2020 年 8 月，福建省第一家破产法庭——厦门破产法庭在厦门市中级人民法院正式挂牌成立，这标志当地的破产案件审判越发专业化、规范化、便利化。

林伙忠表示，此类需求会尤其体现在房地产行业。2017 年以来，中国房地产行业进入调控周期，融资政策不断收紧，多渠道、多维度限制了房企融资，部分企业可能面临倒闭破产风险，破产重整业务有显著发展。

（二）知识产权保护

近年来，福建全省法院受理知识产权案件数量大幅增加。2019 年，全省法院共受理各类知识产权案件 15,560 件，同比增长 64.88%，且案件标的额显著提高，涉科技前沿领域纠纷案件频现；2020 年，全省法院受理各类知识产权案件 14,557 件，案件数量仍维持在较高水平。

2021 年 4 月，国家知识产权局发布 2020 年全国知识产权保护社会满意度调查结果——福建得分 81.72 分，高于全国平均分（80.05 分）1.67 分，位列全国第五；较 2019 年提高了 6.32 分。[1]满意度的提升也从侧面反映了政府层面、法律层面在知识产权保护上所下的功夫。

随着知识产权工作受到更多的重视，2020 年福建知识产权质量效益持续提升，全省专利受理申请同比增长 18%，专利授权增长 14%。

过往福建的产业结构偏轻偏传统，加之高水平科研机构不足，创新投入规模和强度偏低；近些年福建正加大力度在科技创新方面补齐短板，加快推进省创新实验室建设并推动科技成果转移转化。社会保护意识和综合运营效益的提升，以及产业转型的需要，使福建的知识产权法律服务市场正在培育和引导中逐步扩大。

（三）数字经济、互联网产业

福建正积极打造“数字应用第一省”，加快数字产业化、产业数字化，数字经济正成为福建高质量发展的新引擎。福建省传统优势产业以纺织鞋服、食品、冶金、建材等为主，大部分属于中小型企业且面临转型难题，数字化转型将对改造提升传统产业发挥重要作用。

“数字福建建设和数字产业集群发展形成新高地”也正是福建省“十四五”规划的主要目标之一。在此背景下，数据应用、互联网行业相关的法律服务需求或成为福

〔1〕《全国第 5！福建 2020 年知识产权保护社会满意度创新高》，载福建省市场监督管理局官方网，https：//scjgj.fujian.gov.cn/zt/fjzscq/zscqbh/202106/t20210621_5629909.htm。

建律师的一个新“蓝海”。

《福建省律师协会促进福建省律师行业发展规划纲要（2019－2023）》中特别强调培养涉外、知识产权、生态环境、互联网、金融证券等新兴业务领域的高层次人才。

（四）涉外业务

作为东南亚华侨最多的省份，福建涉外法律服务特点体现在与东南亚国家之间频繁的商贸往来和投资活动。

“近年来增多了在东盟国家，如泰国、越南、柬埔寨等国家的投资与贸易，且多涉及矿产与自然资源、能源、农产品以及金融等，涉外法律业务呈现出沿‘一带一路’国家发展的趋势。”北京观韬中茂（厦门）律师事务所执行合伙人安寿志说，“此外，随着福建省企业的发展及其在全球影响力的提升，企业反垄断和反不正当竞争、数据合规与安全、体育与国际赛事、跨境并购业务等将成为新‘蓝海’”。

“福建地区涉外法律服务多以传统型涉外业务居多，典型如跨境争议纠纷，比如海事海商纠纷、国际贸易纠纷。”福建重宇合众律师事务所常务副主任郭真说。

未来，福建涉外法律服务哪些业务发展潜力大？

“跨境合规领域或是‘蓝海’业务之一。”郭真说，前些年在对外交流时发现，跨境合规领域比如出口管制和制裁合规服务、反垄断合规服务等新领域在福建地区受关注度不高，同时此类业务的客户群体多集中在北上广深地区的头部企业，福建本地律师获客概率不大。但随着国际形势的变化，以及我国近两年出台了《出口管制法》等新规及制裁措施，外向型出口企业较多的福建省也出现一些跨境合规市场需求。

“另一个会成为‘蓝海’业务的是跨境争议解决中的国际仲裁业务板块。”郭真表示，福建作为外贸大省，国际贸易纠纷频发，以往企业鉴于国际仲裁业务多半需要委托外国律师导致国际仲裁法律费用较高，衡量成本后都会选择放弃通过仲裁方式解决跨境争议。

随着福建涉外律师的涉外法律服务能力不断提高，既可以实现在复杂且标的较大的国际仲裁案件与外国律师紧密配合，也可以在处理一般不那么复杂的案件中单独出庭应对，这样就导致国际仲裁中的律师费用大大降低。另外，疫情影响下，线上开庭成为趋势，国际仲裁中的差旅成本也大大降低，让不少福建企业产生了通过国际仲裁解决纠纷的意愿。因此，未来的国际仲裁业务会出现很多小额国际贸易纠纷，也给福建涉外律师带来市场机会。

## 三、行业挑战：如何破局

福建律师行业的竞争也日益激烈。

规模化红利驱使下，北上律所品牌入驻区域市场，是过往数年中的一大趋势。大约在2010年前后就陆续有全国性品牌律所进入福建市场，这些外地律所分所开始对本土律所形成较大竞争压力大抵在2015年。

“主要的冲击是三个方面，一是全国性品牌律所对年轻律师的吸引；二是在招投标业务中，分所可以借助总部已有的业务成绩、信息数据；三是品牌的全国化网络机会，如信息共享、交流活动。如果分所善于运用这些资源，也会在本地业务竞争中取得更多优势。”孙卫星说。

2009年，天衡联合作为成员所加入中世律所联盟（SGLA），“应对全国性律所品牌的竞争，是全国各地区域大所的共同主题”。孙卫星说，“本土区域大所在竞争中有其自身优势，如与本地客户更深的连接、已有的人才积累和培养体系，关键在于区域律所发展一定要主动向外，去交流、去碰撞，去了解行业的整体趋势和阶段变化”。

2020年全年厦门律师行业总收费为16.9亿元，而在2013年则为4.6亿元，7年间翻了近2.7倍，增幅显著。与此同时，行业内业务两极分化现象逐步加剧。

2020年，厦门收入超5000万元的律所共8家，总律师人数占全市的28%，收费合计8.77亿元，占全市收费一半以上。如果将范围扩大至收入超500万元的律所，对应数值则变为49家，人数占六成，收费合计13.9亿元，占比超过80%。[1]

律师行业的市场集中度加剧，福州也不例外。2018年，福州全市律师行业收入12.7亿元，其中业务收入前十位的律所总创收为5.9亿元，占比46%。而这10家律所的总人数不超过1000人，在当年福州近4000人的律师队伍中仅占比23%。

过往五年中，这种大者恒大、强者恒强的马太效应在全国各地的法律服务市场中已然显现。且不少律师认为，这一趋势仍会维持，甚至加剧。

两极分化、竞争加剧引发法律服务的“价格战”，低价中标、无序竞争进而导致行业创新力的消退。多位受访律师表示，低价竞争问题和人才结构问题是福建律师业未来发展的重要挑战。人才结构问题主要体现在“一方面很拥堵，另一方面又很空缺”——传统业务领域一片“红海”，竞争激烈，但高端业务和新兴业务领域人才匮乏。

“高端业务人才不足，尤其是高端涉外法律服务人才严重匮乏，这导致本省不少专业性较强的业务需求流向了一线城市，而这又会进一步导致本地区律师专业化水平难以提升。”林伙忠认为，这一问题的整体解决依赖于市场调节，但从律所发展角度可以主动采取一些措施，一方面是加强培训，对于培养高端法律服务人才要有长期投

---

〔1〕《厦门市律师行业2020年度大数据分析报告》，载厦门律师网2021年7月14日，http：//www.xmls.cn/Details.aspx？ID=5976。

入的耐心，相关单位也应鼓励律所走专业化发展的道路；另一方面是通过加盟或联盟全国性品牌律所，依托总部的资源人才优势和紧密协作为客户提供相应服务，留住本地的高端专业人才，“既要培养人，也要留得住”。

“传统业务领域内疑难复杂案件是少数的，而从占绝大多数的业务来看，其中法律技术性问题差别不大，主要是服务上的区别，因而更易陷入同质化竞争。而专业性、技术性差别较大的往往是新兴业务领域，律师必须知识跟得上，才能服务得了。但当下本地律师业对新兴业务的研究投入较少。”孙卫星说，新兴业务大多在培育阶段，业务量有限，研究投入则是前置的，律师需平衡“当下生存”和“长期专业”之间的矛盾。

“大多数本土律师较少主动挖掘，主动和新经济领域进行对接。”福建拓维律师事务所首席合伙人许永东说。

他认为，这背后的原因是多方面的：其一，在短期的、直观的利益驱使下，大多数律师会选择进入发展成熟的业务领域以更快地收获；其二，“坐冷板凳”需要经济实力的支撑，行业内大多数律所仍然保有过去相对传统的作业模式，组织结构松散，无法集全所之力做一件事，就难以支撑有效的培养机制，青年律师无法解决生存保障问题，专业研究便无从谈起。正是基于以上对福建市场的观察和思考，拓维选择了差异化的发展策略，采取公司化运营模式，集整体之力推动专业发展形成业务优势后，逐步向全国市场拓展品牌。

从各项数据上看，福建律师业取得了快速发展，但“草莽生长”环境下的律所管理粗放、团队合作少、缺乏凝聚力、专业化不足等难题，至今仍是行业发展的桎梏。“福建律所的管理发展需要向现代化靠拢，专业化分工、团队化协作，有些新兴业务的扩张仅靠个人的力量是无法完成的。”孙卫星强调道。

挑战在前，如何破局？在采访中，多位律师都谈到了团队化、专业化、长期主义以及更多的向外交流互动。《福建省律师协会促进福建省律师行业发展规划纲要（2019－2023）》亦指出律所发展“信息化、规模化、专业化、规范化、精品化、品牌化、国际化”的大方向，并鼓励“走出去”和“引进来”，积极开拓和发展新兴业务领域。

作为“数字中国”发源地、21世纪海上丝绸之路核心区、国家生态文明试验区，福建正立足自身特色优势，谋划做好数字经济、海洋经济和绿色经济“三篇文章”，以厚积薄发的姿态迎来属于自己的新时代。

转型升级的时代背景下，法律市场中新兴的业务机遇正在萌发，福建地区将越来越受到市场关注。挑战与机遇并存，期待福建律师业能走出一条独具特色的道路。

# 海南法律区域市场观察

盛正茂 |

截至 2021 年 4 月，海南省的律师已经达到了 4100 多人，比起一年多以前增长了 67%，一派欣欣向荣的景象。然而，过去的 30 多年里海南法律市场的发展势头大多不被看好。在 1988 年建省之前，海南全岛 19 个市县总共仅有 22 家律师事务所，执业律师不到百人。[1] 从那时开始，这颗南海明珠上的律师行业经历了三个跌宕起伏的阶段，最终才迎来了今日的繁荣。

## 一、海南律师行业发展的三个阶段

第一个阶段自 1988 年始，至 2003 ~ 2004 年结束，对应海南省房地产飞速发展和泡沫破裂的前后几年。在“南方谈话”后，海南经济特区作为改革开放的“桥头堡”之一，吸引了大量房地产投资。在海口，公寓每平方米售价从 1000 元到两三千元只花了不到 1 年，在某些中心城区每平方米更一度突破万元关口。这样的暴利吸引了全国各地的生意人和开发商，出现了海南以最少人口创造出全国商品房销售额第 3 名的奇观，也导致地方财政严重依赖房地产，经济结构较不稳固。[2]

1993 年下半年，随着宏观经济调控力度加大，海南房地产热急速降温。这使大量资产滞压，间接造成了金融机构的损失。这也导致了各种各样的法律问题，尤其集中在债务、金融和房地产三个领域。数据显示，在 1993 年和 1994 年之间海南各法院所接到的房地产类诉讼从 359 起激增到 605 起。金融类案件更是直接翻了 3 倍，从 20 件涨到了 78 件。债权债务类案件体现了一些滞后性，但仍然从 1994 年的 760 起增长至 1 年后的 1666 起。[3] 详细数据见图 1。

---

〔1〕 李敬忠：《海南律师业发展的历史与现实——关于海南律师规模化专业化进程的法律思考》，载《中国律师》2001 年第 8 期。

〔2〕 甘远志：《海南房地产泡沫》，载《资本市场》2000 年第 5 期。

〔3〕《海南省二轮省志 · 审判志（1991 – 2010）》，第四章“民事审判”，特别注意表 4 – 2 – 3“1991 – 2010 年海南省法院主要民商事案件新收案情况表”。

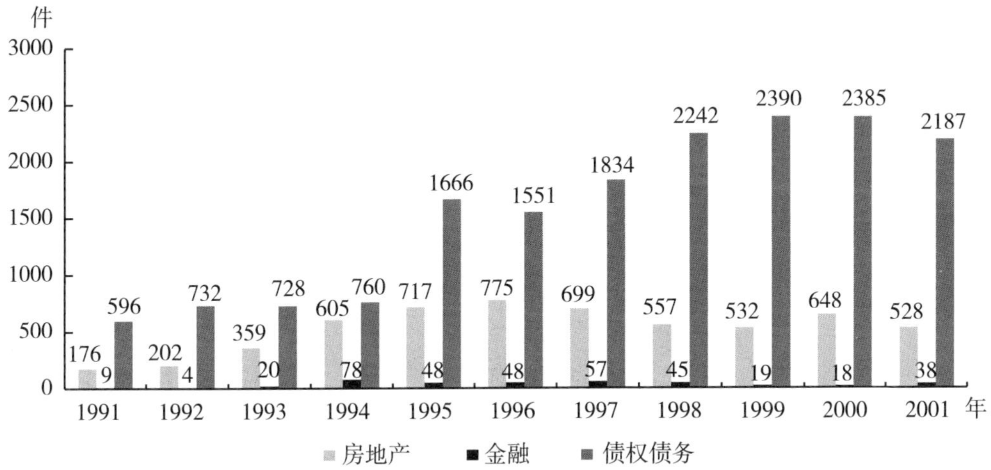


**图 1 海南省法院主要民商事案件新收数量（1991～2001 年）**

这一波诉讼热潮带来了对法律服务的大量需求，也催生了一批律所与律师，如成立于 1992 年的方圆所、[1]1993 年设立的维特所，[2]还有 1994 年诞生的法立信。[3]最早的全国所海南分所——君合律师事务所海口办公室也在海南房地产热达到高潮的 1992 年迁入了位于滨海大道的办公室。在整个 20 世纪 90 年代，海南的法律从业者们大多不愁业务，专职律师的数目也从 1990 年年底的 177 人[4]增加到了 2000 年的 530 人左右，[5]是为早期发展的阶段。

但是，随着这场泡沫的影响渐渐散去，海南律师行业陷入了一段时间的低速发展期。尽管在 2000 年到 2005 年的“十五”规划内全省生产总值平均年增速达到了 10%，这一可喜的趋势却并没能很好地转化成法律业务的成长。[6]举个例子来说：宁夏回族自治区的人口仅为海南省的 3/4，生产总值也不到后者的八成，[7]但在 2005 年和 2018 年之间却几乎总能在全省（区）律师和律所数量两个指标上压海南一头。[8]

---

〔1〕海南省律师协会：律所查询“海南方圆律师事务所”。

〔2〕海南省律师协会：行业招聘“海南维特律师事务所招聘启事”。

〔3〕《律所介绍》，载海南法立信律师事务所网 2022 年 3 月 14 日，http：//www. flxlawyer. com/index. php? m = content&c = index&a = lists&catid = 2。

〔4〕《海南省志 · 司法行政志》，第四章第四节“律师人员”。

〔5〕俞能强：《“海南分所开了吗?”2 年 57 家名所蜂拥而至！海南律师业三十“新”立丨律新社观察》，载网易 2022 年 3 月 14 日，https：//www. 163. com/dy/article/FEVK78DG0512D80K. html。

〔6〕《2005 年海南省经济和社会发展统计公报》。

〔7〕拿 2015 年来说，海南省人口约 910. 82 万人，地区生产总值 3702. 8 亿元；宁夏回族自治区人口约 667. 88 万人，地区生产总值 2911. 77 亿元，分别为前者的 73. 3% 和 78. 6%。相关数据见两省（区）统计局公布的 2015 年国民经济和社会发展统计公报。

〔8〕资料来自两省（区）的统计年鉴，主要参考的年份为 2010 年、2015 年和 2020 年。

详细数据见图2。

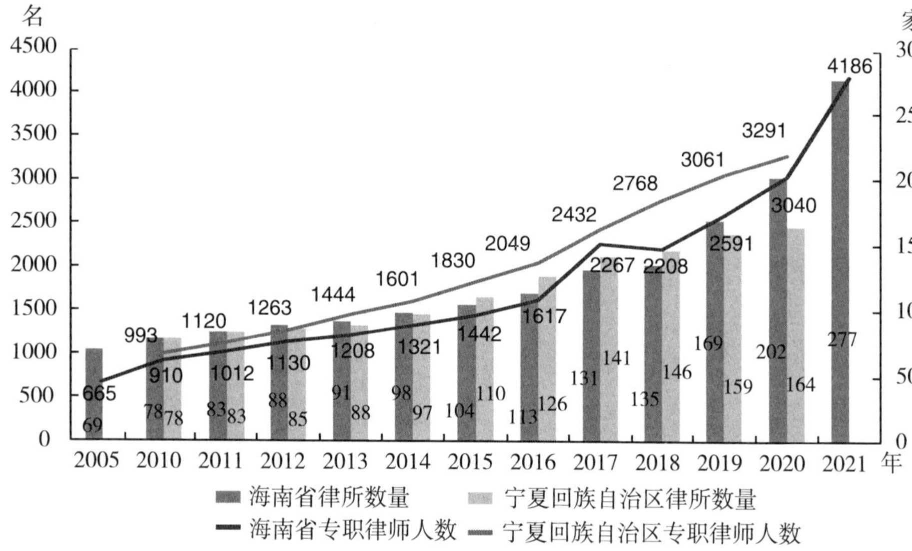


**图2　海南和宁夏律师行业发展规模的对比**

这一现象也许可以在一定程度上归结于海南省的经济产业分布。拿2011年的数据来说，宁夏回族自治区的第一产业（农牧业等）占全区产业增加值的8.9%，第二产业占52.2%，第三产业占38.9%；而在海南省，第一产业的占比足有26.2%，代表工业的第二产业仅有28.4%，而囊括了服务业的第三产业则为45.4%，显著高于宁夏回族自治区，和浙江等经济发达地区持平。[1]

这样的情形给海南本土法律市场造成了两个主要问题：

第一个问题是，农业经济所需要的现代法律服务不仅在规模上较小，在种类上也是较为单一的，难以支撑一个现代、发达的律师行业。而有能力将农业规模化、企业化，从而产生法律需求的种种科技与制度，如数字化、机械化、电子商务和产业扶贫，在当时的海南仍然鲜有存在。因此，一个庞大的第一产业很难给“花果岛”带来法律业务，自然也不需要太多法律从业人士。[2]

第二个问题在于服务业的具体组成。尽管占本省产业增加值的比例几乎相同，浙江的第三产业拥有较发达和完善的金融、证券与保险业，能带来协助企业上市、融

〔1〕关于这些数据，同样请见海南、宁夏、浙江三省（区）2011年经济和社会发展统计公报。

〔2〕事实上，海南省早在2008年之前就提出了“推进农业标准化、产业化，大力发展绿色农业、品牌农业、精致农业”的目标，但是这一进程短期内的影响不太明显，第三产业仍是海南经济的龙头。参见卜云彤、姜琳：《海南经济特区20年：近5年进入历史最好发展时期》，载中国政府网，https://www.gov.cn/govweb/jrzg/2008-04/14/content_944361.htm。

资、分立等高附加值法律业务。与之相对，海南的第三产业极大地偏向于中小企业和旅游业，尤其是批发、零售两方面，规模化程度偏低，对专业法律服务的需求也偏小。[1]详细数据见图3。

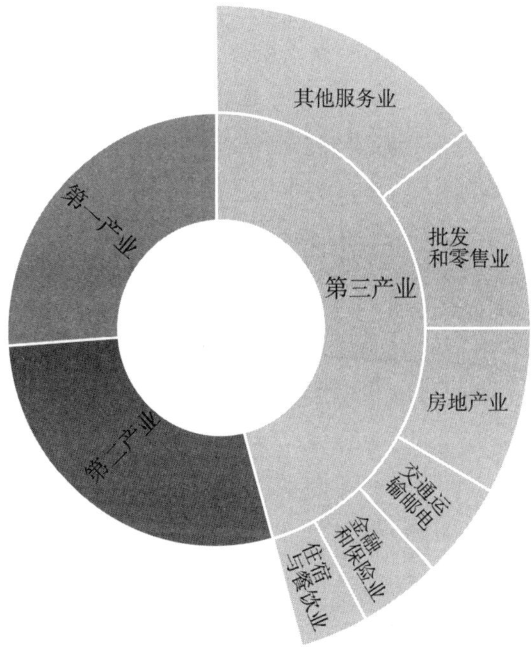


**图3 2011年海南三大产业增加值占比**

到了2018年，随着全岛建设自由贸易试验区决策的落地，海南的律师行业进入了快速发展的第三阶段。自贸区以及2020年提出的海南自贸港很好地回应了第二个发展阶段的两个主要问题，在保留并发扬海南省传统经济优势的同时将三大产业与现代法律需求做了衔接，更明确了要打造"高质量的营商环境法律服务""增强律师涉外法律服务能力"，力求建设一支专业、高效、开放的律师队伍。[2]

## 二、海南建设自贸区（港）带来的法律服务前景

为了达到上述目标，海南自贸区（港）双管齐下，同时从产业和人才两方面入手。产业上，自贸港针对不同产业做出不同的规划。在其八大重点产业之中，[3]热带

〔1〕钱耀军：《从数据看海南经济特区三十年发展》，载《中国统计》2018年第9期。

〔2〕李磊：《省司法厅解读〈海南经济特区律师条例〉》，载《海南日报》2019年10月2日，第20版。

〔3〕八大产业，即旅游产业，医疗健康产业，现代金融服务业，会展业，高新技术产业，热带高效农业，油气产业，以及国际总部、区域总部和境外机构（业），具体行业细分见海南自由贸易港官方网站"营商环境"标题下的"重点产业"一栏。

高效农业的开发有效地将海南经济中占比较高的第一产业和金融、科技等概念结合，开辟了法律服务的新热土。比方说，国际热带农产品期货交易的启动将提供包括合同纠纷解决在内的法律需求，而农业对外开放则会带来外商投资和知识产权等领域的新机遇。

在第二产业的范围内，自贸港的投入重心在于油气产业，尤其是整体产业链的形成与精细化发展。自20世纪90年代起，海南的工业化就遵循“不污染环境”与“不破坏资源”两大原则，大力推进循环经济。[1]这样严格的环保要求极大提高了相关法律审核与合规经营的紧迫性和必要性，给重大油气项目的招投标设定了较高的门槛。这一政策也提高了对法律从业者的专业要求，但同时提供了能源基础设施投资建设和垄断合规以外的新业务。

而在服务行业，海南自贸港则突出了数字化、科技化、规模化和国际化四大特点，很大程度上扭转了先前海南第三产业中“房地产业一家独大”、[2]“旅游业形式单一、与相关产业融合度不高”等趋势。[3]比方说，高新技术产业就被赋予了引进国际领先技术企业和发展数字创意产业的重任，其中所涉文化IP的交易、结算，专利和知识产权保护，以及高新科技企业税务申报、融资担保和研发投入等法律问题[4]都有希望形成规模可观的新市场。

除高新技术产业之外，自贸港服务业的另一个亮点在于其完备的金融体系。一方面，海南进一步加强了已有的金融服务机构，包括2004年成立的海南产权交易所和2014年设立的海南股权交易中心。这两个机构有较成熟的交易规范和监管系统，也已经有律师在其中担任审核委员与顾问等职。随着它们交易范围和影响力的扩大，更多中小企业有望在其中挂牌，而在这一过程中必然少不了资本市场律师的参与。另一方面，自贸港也在着手探索新的金融交易模式，尤其是碳排放权交易和能源交易。就在2021年2月，我国《碳排放权交易管理办法（试行）》方才施行，与之配套的绿色金融标准体系仍不完善。[5]可以想见，在海南碳排放权交易不断成熟的过程中，绿色债券、绿色信贷和绿色融资等相关金融产品也会应运而生，形成一个目前尚未被涉足的法律服务领域。详细信息见表1。

---

〔1〕 赵叶苹、黄佳琪：《海南：10年生态建省实现环保和经济增长“双赢”》，载中国政府网，http：//www.gov. cn/jrzg/2009－07/31/content_1380558. htm。

〔2〕 朱建房：《海南省第三产业发展现状研究》，载《经济论坛》2017年第3期。

〔3〕《海南省旅游业发展“十三五”规划（2016－2020）》。

〔4〕《海南省人民政府关于印发海南省支持高新技术企业发展若干政策（试行）的通知》。

〔5〕 王遥：《加快完善碳排放交易相关立法，碳市场才能有法可依》，载新浪财经2021年3月23日，https：//baijiahao. baidu. com/s? id＝1695008832328753408&wfr＝spider&for＝pc。

**表 1　海南自贸港八大产业及其对应法律服务需求**

| 海南自贸港八大产业 | | | 对应的法律服务需求 |
|---|---|---|---|
| 三大产业分类 | 主要产业 | 产业细分目标 | |
| 第一产业 | 热带高效农业 | 深化现代农业对外开放 | 外商投资、知识产权的保护和交易 |
| | | 特色农产水产品期货品种 | — |
| | | 做好热带特色高效农业 | 农业基础设施投资与建设、农产品跨国交易、环境法律服务、农业科技相关知识产权与专利 |
| | | 建设生态循环农业示范省 | |
| | | 打造热带现代农业科技 | |
| 第二产业 | 油气产业 | 打造较完备的石油化工产业链 | 特许经营、垄断合规、购气合同、基础设施投资与建设、交易并购和产业集中、行业安全、环境法律服务、项目招投标与审核 |
| | | 打造较完备的天然气化工产业链 | |
| | | 打造较完备的精细化工产业链 | |
| 第三产业 | 医疗健康产业 | 建设养老服务设施 | 养老服务业税务申报、养老基础设施投资建设 |
| | | 医疗技术、装备和药品的研发应用 | 医疗相关知识产权和专利等 |
| | | 引进国内国际优质医疗资源 | 外商投资、合资企业设立 |
| | 现代金融服务业 | 设立碳排放权交易场所 | 绿色金融，绿色债券的发行、碳排放相关立法 |
| | | 设立国际能源交易场所 | |
| | | 设立产权交易场所 | 资产评估、尽职调查、协议起草、资本市场、拟挂牌公司法律顾问等 |
| | | 设立股权交易所 | |
| | | 设立航运交易场所 | 航运交易智库、海商海事法、离岸金融服务 |
| | 会展业 | 举办国际商品博览会 | 品牌交易、国际贸易法律服务、多语言法律服务 |
| | | 举办国际品牌博览会 | |
| | | 举办国际电影节 | 中国（海南）电影投资高峰论坛、电影 IP |

续表

| 海南自贸港八大产业 | | | 对应的法律服务需求 |
|---|---|---|---|
| 三大产业分类 | 主要产业 | 产业细分目标 | |
| 第三产业 | 旅游业 | 深化体育领域对外开放 | 体育产业投融资、税务申报、设施建设等 |
| | | 构建完整有特色的旅游产业体系 | 文创产业品牌、文化设施建设 |
| | | 打造热带风情精品小镇 | |
| | | 加密直达客源地的国际航线 | 航空租赁、法律咨询、商业保理等 |
| | | 旅游产业规模化、品牌化、网络化 | 全域旅游发展基金和新业态旅游基金的设立 |
| | | 在旅游产业集聚区设立演出场所 | 基础设施投资与建设、投融资 |
| | | 发展度假民宿等新兴租赁业态 | |
| | | 允许外资试点设立演出经纪机构 | 外商投资 |
| | 高新技术产业 | 推动高新科技和实体经济融合 | |
| | | 引进高新技术产业企业 | 企业税务申报、融资担保、研发投入等 |
| | | 发展虚拟现实技术 | 知识产权与专利、投融资 |
| | | 发展数字创意产业 | 文化 IP 的交易与结算、版权和知识产权等 |
| | | 深化电信领域对外开放 | 电信和互联网业务领域的外商、内资投资 |
| | | 建设“数字海南” | 数字基础设施的投资与建设、产业投资基金 |
| | | 建设航天领域重大科技创新基地 | 产业引导基金的设立、航天金融服务 |
| | | 建设全球动植物种质资源基地 | 外商投资、合资种业公司的设立 |

续表

| 海南自贸港八大产业 | | | 对应的法律服务需求 |
| --- | --- | --- | --- |
| 三大产业分类 | 主要产业 | 产业细分目标 | |
| 第三产业 | 国际总部、区域总部和境外机构 | 外资金融机构 | 外资基金的设立等 |
| | | 引进国内高校和研究机构分支机构 | |
| | | 鼓励企业在海南设立国际、区域总部 | 企业资格认定申请、税务申报、企业管理等 |

自贸区（港）法律市场另一个值得注意的特点在于其较强的跨学科专业性。在海南农业、渔业和油气产业较发达，医疗产业和高新技术产业蓬勃发展的大背景下，自贸区（港）的法律服务行业必然需要不仅懂法律更熟稔相关专业知识的从业者。这一技能多元化、团队跨学科化的趋势很可能是在将来的海南法律市场中提升竞争力的重要元素。

而为了吸引这样的复合型法律人才、建立跨专业律师事务所，海南省在 2019 年通过了《海南经济特区律师条例》。该条例一方面放宽了特殊普通合伙制度下的律师事务所合伙人准入条件，允许除律师之外的专业人士担任律所合伙人；另一方面也降低了合伙律所的设立条件，给青年律师创业提供了方便。[1]在海口，优秀涉外律师和其他人才一样能够享受资金和政策上的奖励，而具备涉外法律服务能力的中外联营律所也有资格获得部分租房补贴。[2]在三亚，成功引入、辅导或协助上市企业和优质企业的律所也能享受 100 万元的一次性奖金，给律师提供了良好激励。[3]

最后，海南自贸港的规划中也给全新的替代性、专门性法律服务留下了充足的空间。在 2020 年一年，海南省接连成立了国际仲裁院、国际商事调解中心和自贸港知识产权法院，都给律师开启了新业务、新服务的大门。调解中心在成立后 3 个月内已调解案件 20 多宗，标的金额 300 万元，聘任法律实务调解员 244 人。[4]而在知识产权领域，专门法院的设立也很好地回应了 2019 年 9 月以来海南知产案件数量的大幅

〔1〕 李磊：《省司法厅解读〈海南经济特区律师条例〉》，载《海南日报》2019 年 10 月 2 日，第 20 版。

〔2〕《海口市人民政府关于印发〈海口市促进涉外律师业发展奖励办法〉的通知》。

〔3〕《三亚市人民政府办公室关于印发三亚市培育引进上市公司三年行动计划——白鹭计划（2019－2021 年）的通知》。

〔4〕 海南国际仲裁院：《调解中心简介》，载海南国际仲裁院网 2022 年 3 月 14 日，https：//www. hnac. org. cn/list/32. html。

上升，鼓励了知产业务律师的发展。[1]

### 三、海南法律市场发展不平衡带来的机遇

自贸区与自贸港的发展为海南乃至全国的律师带来了潜在的业务增长极。而海南省内法律市场发展的不均也给法律服务的进一步下沉深化提供了条件。目前，海南过半的律师事务所集中在海口、三亚两地。[2]作为省内经济规模第三大的市县，儋州市的 GDP 约为三亚市的一半，但律所数量仅有三亚的 1/4；与其经济规模相似的澄迈县尽管拥有 12 家律所，执业律师的数量却不及三亚的 1/5，规模化律所有限。详细数据见图 4。

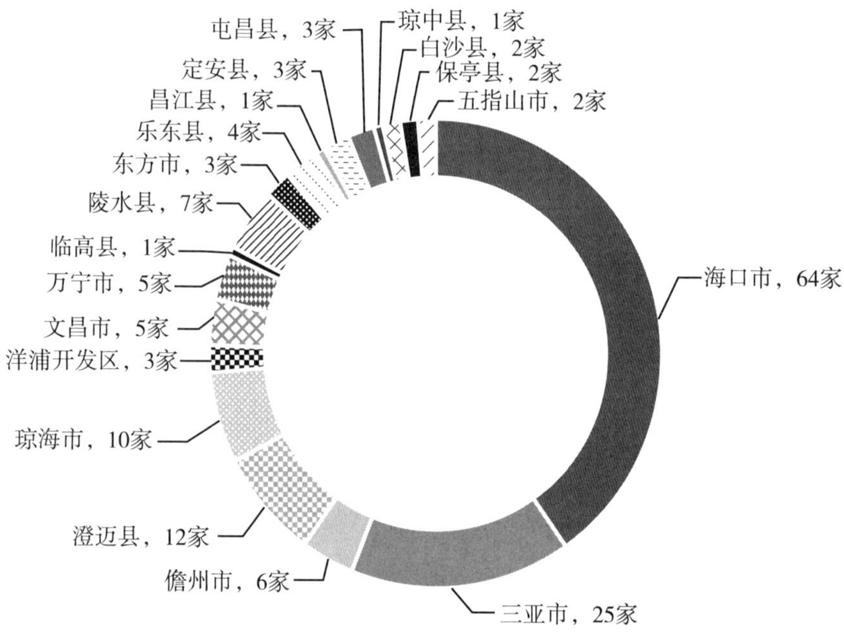


**图 4　海南省律师事务所分布（2019 ~ 2020 年）**

君合（海口）律师事务所合伙人夏儒海律师对这一现象评论道：

“海南岛本身不大，从北到南开车也只要三到五个小时。因此许多律所只要布局海口或三亚，就可以辐射全省。其他律所中的大多数则集中在海口、三亚周边的重点园区，比方说澄迈的软件园和文昌的航天城。而在岛内纵深，大部分法律业务都偏日常性，商业性质的比较少，难以吸引品牌所和全国所。”

〔1〕《海口知识产权审判白皮书发布！（2019. 9 – 2020. 9）| 附典型案例》，载微信公众号“知识产权那点事”2020 年 11 月 17 日，https://www.sohu.com/a/432483012_120054912。

〔2〕《海南省律师协会 2019 年度律师执业年度考核情况公告》。

但是，这一相对的不平衡也意味着海南的法律市场仍有可观的潜力。尽管缺乏商业性法律服务的土壤，位于岛上内地的县市仍然有望借助产业升级的契机完成农业的规模化、品牌化、信息化。而这三大趋势都将带来法律服务和支持的需求。比方说，这些市县大多已铺开了“龙头企业 + 产业基地 + 贫困户”的模式，鼓励合作社、党支部和职业院校等协助地方农户从事现代化农业、打造地方特色品牌、推进电子商务和农旅融合的经济发展方式。

在琼中，截至 2020 年年中，全县已建成 25 个村级电子商务服务站，农副产品网络交易额超千万元。[1]在屯昌，国家农业公园内已建成 8 个乡村旅游点，观光农业、休闲农业增长迅猛。[2]五指山则利用了当地热带山地气候，建立了从种茶科学研究到成品茶包装、销售的全产业链，也获得了五指山红茶的原农业部地理标志认证。[3]而在白沙，农村电商更形成了单独的产业园区，从运营管理、网店开发、产业规划、品牌打造等各方面带动农产品销售。[4]不难看出，类似产业带来的不仅仅是农村人口的全面脱贫，也有对法律保驾护航的需要。

与此同时，椰岛的公共法律服务市场也经历大发展。截至 2019 年年底，海南便实现了村（居）法律顾问全覆盖，[5]而到了 2021 年年初，岛上已经建成了公共法律服务“一个圈”，从省级到村居的法律服务中心（站）全面铺开。在 2021 年 1 月到 5 月，海南省通过线下、网络、电话三大平台提供公共法律服务 8.7 万人次，[6]在同等经济规模的省区市中排名靠前。这说明居民的基础法律服务需求高涨，发展前景较为乐观。

而海南自贸区的园区设置也进一步提高了一些县市对高质量法律人才的需求。在全岛的 13 个主要园区之中，有 7 处坐落在海口、三亚之外，其经济溢出效应将有效带动这些县市法律服务的发展。同时，《海南经济特区律师条例》也明确鼓励“在欠发达地区设立律师事务所或者分所”，[7]且已经收到了一些成效。在 2019 年 9 月到 2020 年 6 月，海南省共引入和新设律所 57 家，其中就有直接设立在琼海的北京普

---

〔1〕李梦瑶等:《琼中大力实施农业特色产业脱贫工程》，载《海南日报》2020 年 7 月 17 日，第 9 版。

〔2〕刘袭、邓积钊:《屯昌打造现代农业新产业新业态，培育新的经济增长点》，载《海南日报》2015 年 3 月 26 日，第 4 版。

〔3〕《五指山市：农业发展“小而精”产业融合“美而富”》，载搜狐网 2019 年 6 月 24 日，https://www.sohu.com/a/322733534_751997。

〔4〕《白沙全力打造特色农业品牌 生态土货俏卖“绿色银行”富农》，载搜狐网 2019 年 12 月 11 日，https://www.sohu.com/a/359739485_114731。

〔5〕金昌波、符永甘:《我省村（居）法律顾问实现全覆盖》，载《海南日报》2019 年 11 月 23 日，第 2 版。

〔6〕《我为群众办实事丨海南省司法厅建设全岛同城化公共法律服务体系 》，载搜狐网 2021 年 4 月 20 日，https://www.sohu.com/a/461955587_120207619。

〔7〕《海南经济特区律师条例》第 15 条。

华。〔1〕在2020年9月，四川及第也在洋浦设立了自己的分所，〔2〕可能预示更多律所在除海口三亚之外地区的落地。

## 四、海南本土律所与全国所的竞争与合作

这一不断发展的趋势给海南省内的法律市场带来了两个较深远的影响：

首先是全国性律所在当地业务的扩张，以及由此导致的与本土律所间的竞争。

一方面，在高端法律服务领域，经验更丰富的全国性大所面对本土律所有一定先发优势，比方说，目前海南省仅有的两家香港联交所主板H股上市公司，在上市时均由君合律师事务所担任发行人律师，且在上市后相当长期限内继续由君合海口分所提供法律服务。而在跨境贸易、商事争议解决等业务中则有德和衡的积极参与。君合合伙人、管委会委员张平补充道：

“随着海南自贸港建设的推进，海南省内未来会有许多新增法律业务是来自外省市、全国性企业在当地的投资、合作等交易项目。而这些企业可能倾向于选择具有相应的业务专长、自己更熟悉也有过合作经验的外省律所为其提供服务。这也是外省律所尤其是拥有全国性品牌的律所的一大优势。考虑到这些企业的项目通常标的较高，拥有全国性品牌的律所在海南高端市场的业务占比仍将会比较大。”

另一方面，大所的海南的分所也积极投入较传统的建设工程、房地产，以及刑事诉讼等领域，在一定程度上和当地的律师形成了竞争关系。一些全国所更下沉至县市级法律市场担任各级政府法律顾问，甚至有进一步向村（居）法律服务扩张的意向。〔3〕详情见表2。

**表2　海南省部分政府法律顾问单位名单**

| 单位名称 | 顾问单位 |
|---|---|
| 临高县县政府 | 国浩（海南）、海南威盾、海南法立信、上海瀛泰 |
| 澄迈县县政府 | 国浩（海南）、海南外经、海南先国、海南法立信、海南以宽 |
| 陵水县县政府 | 国浩（海南）、海南威盾 |
| 文昌市市政府 | 广东深天城（文昌）、海南外经 |

〔1〕《海南为引进和新设立的57家律师事务所集中颁证》，载中国新闻网，http：//www.hichinanews.com.cn/hnnew/2020-06-05/529147.html。

〔2〕《杨浦经济开发区2020年度律师事务所检查考核情况公示》。

〔3〕《江苏彭隆（琼海）律师事务所开展博鳌村居法律顾问服务》，载海南律师网2018年8月4日，https：//www.hainanlawyer.org/index.php？c=contont&a+show&id=2461。

续表

| 单位名称 | 顾问单位 |
|---|---|
| 白沙县县政府 | 海南上哲 |
| 保亭县县政府 | 北京德和衡（海口） |
| 昌江县县政府 | 海南大华园 |
| 海南省水务厅 | 北京浩天信和（海口） |
| 海南省民族宗教委员会 | 大成（海口） |

也有的全国所已经开始从本土律所中吸纳人才，以充实自己的海南律师队伍。[1]长远看来，海南法律市场很可能迎来新一批大所对小所、外省所对本地所的兼并，而对面临这些挑战的海南律师事务所而言，提高自身规模化程度、争取在某一个或几个领域建立领先地位，可能是未来发展的主旋律。昌宇律师事务所主任王航兵律师也表示：

“全国所落地海南带来了许多管理和品牌上的优势影响力，而这正是我们提高自己的机会，去达到规模化、专业化、品牌化、国际化的目标。而为了建成立足海南同时具有全球影响力的大所，我们必须走综合化道路，尽量在每一个业务领域都达到可以和全国所分支机构抗衡的程度。”

当然，除潜在的竞争之外，全国所与本地所之间也有合作的前景。一个这样的例子便是昌宇对德衡旗下全球精品律所联盟（EGLA）的加盟。用昌宇所合伙人李永涛的话来说，这样的联盟不仅满足了海南本地律所走出去“交朋友”、介绍业务的需要，也促进了国内外自贸港法律服务经验的交流：

“海南未来的自贸港建设必将带来不同大洲的客户。这些外商越来越多，也必然催生两大需求。一大需求是律师服务，尤其是中国律师服务。而我们加入（全球精品律所）联盟，也是期待联盟能带来更多有类似需求的客户。另一大需求则是自贸港的进一步国际化。在这一点上我们可以听听联盟里我国香港特别行政区、新加坡、迪拜、欧洲等地律师的经验，学习他们的服务特色。”

自 2018 年以来，德和衡也加强了和其他海南省内本地强所譬如维特的交流。目前，各类其他国内、国际律所联盟尚未布局海南，留下了一个可供填补的真空。也许在不远的将来，我们将得以见证海南省本地律所的进一步发展、联盟与合并，从而打造出“椰岛”自己的全国性大所。

[1] 目前海南规模最大的兼并可能是国浩对嘉天的合并。原先的海南嘉天律师事务所现在为国浩（海南）。

# 律所管理篇

# 忘掉管理流派之争，律所发展的五大支点是这些

贾　锐 | 北京市隆安（重庆）律师事务所高级合伙人

“公司制”是组织形式，“提成制”是分配制度，本没有可比性。某法律行业在线教育平台主编和大成功勋管理人王忠德老师曾先后很郑重地跟我说：把中国律所分成这两个流派是错误的！

但可能是习惯使然，说起这两个流派，律师都懂，并都能找出各自的典型。

直观的印象是：“公司制”强干弱枝，“中央财政”强且公共支出大；“提成制”诸侯林立且公共支出少。

关于“公司制”与“提成制”优劣的口头争论和现实比拼，持续了很多年。结果是：没有结果。

至少单从近十年的总体业绩上看，无法得出“公司制”律所发展效率高于“提成制”律所的结论。相反，有时还出现了一些所利用提成制实现跨越式发展的案例，典型的如大成、盈科、京师以及一些省份的头部大所。另一方面，“公司制”名所的“高端”和“贵族”形象，仍然被行业广泛认可。

上面提到的有些实施提成制度的所未必承认自己是“提成制”，但在同行眼里，这些所和金杜、君合、方达等“纯正”的“公司制”律所是不同的。

我个人的观点是：“公司制”高级，“提成制”简单透明；反过来说，“公司制”不够简单透明，“提成制”不够高级。

很多中小所合伙人疑惑了：

“公司制”太高级我学不会……

“提成制”我又做不强大……

我们所是不是只有在这种“又不高级又不强大”的处境中沉沦？

有没有两全其美的中庸之道？

有！

对于学不会“纯正公司制”的广大中小所来说，只要忘掉“公司制”和“提成制”这种两分法，而改为把握住几个支点，就可以变得比以前更高级、更强大。

说是“支点”而不是“要点”，因为这些点是基因性的、根本性的。

根据我十余年从事一线律所经营管理的实践，结合我所了解的一些律所的经验与教训，在此提出我认为最重要的五大支点。

## 一、企业文化（为了什么）

倘若有人来谈加盟，不愿听你讲使命、愿景、价值观……不谈也罢。

企业文化要回答的根本问题是，“为什么要做这个企业？”

企业文化建设这个话题很大。篇幅所限，这里只讲纲要。

**使命：为了谁？**

例如，阿里巴巴的使命是：“让天下没有难做的生意。”

**愿景：成为谁？**

例如，阿里巴巴的愿景是：“成为一家活 102 年的好公司。”

**价值观：怎么做？**

阿里巴巴的价值观是六句话，号称“新六脉神剑”，比较啰唆，这里只引用第一句：

客户第一，员工第二，股东第三。

阿里巴巴有没有忠于自己的使命，有没有遵循自己的价值观行事，这几年有争议。但是，阿里巴巴对于企业文化内容的设计，是教科书级别的，值得参考。

特别强调：

企业文化不是个别人意志的体现，而是全体同人共同意志的体现，要特别注意“从群众中来，到群众中去”。

例如，美国最大的鞋类电商“美捷步”的企业文化手册是全体同事“众筹”编写的，不但企业文化用语是大家讨论的，而且对企业文化中每一句的解读，都是**原文刊载**每一位同事的理解汇编而成（详见《回头客战略》一书）。

有些律师认为律所谈企业文化是理想主义，其实这也是实用主义。

律所的人员招聘、人才培养及心理疏导、分配制度设计、业务拓展方式……方方面面都用得上企业文化。企业文化建设可以让律所的主要工作更高效，还可以避免很多不必要的争论，弥合很多内部矛盾。

例如，有一家很成功的大型律所（可归类为“提成制”）从建所之初就坚持一条价值观：

律师不赚律师钱。

这条价值观对于这家所招人、留人起了很大作用。

有的合伙人说，我也没想过要赚其他律师的钱啊！我也是这样认为的啊！

——**想到还不够，还要说出来，并且要用于指导律所的制度设计和经营管理**。

这家大所就是这样，他们的分配制度很透明也比较公平，认真贯彻了“律师不赚律师钱”这条价值观。

顺便说一下，这条价值观是不是正确，不能一概而论。不同的律所、同一律所的不同发展阶段，对此都可能有不同的理解。就以这家所而言，由于规模效应摊低了成本，有些高级合伙人实际上已经在赚其他律师的钱了。这个结果并不是律所创办者主动追求的，而是业绩高速增长之后的自然结果。我倒不认为这家所背弃了自己的价值观。

## 二、产权计点制（属于谁）

律所是典型的轻资产机构，不需要合伙人太多出资（甚至一些大所实际上把合伙人出资都给退了，因为现金流太好了），那么如何确定合伙人对律所的产权？

——计点好！

根据合伙人在业绩、管理、培训、品牌宣传等各方面的贡献，为合伙人计点，并根据点数确定合伙人的表决权和部分分红权。

产权明晰之后，事务所的成本分担和分红办法也比较好解决。

这样比“一人一票”的“大锅饭”更公平，激励效果更好。

说到计点，有人以为那是“公司制”律所的专利。我再强调一遍，我们要忘记“公司制”和“提成制”！只要是律所都能计点。

中小律所的计点可以简单粗暴一点，一般是以业绩贡献为主（如 1 万元一点），以其他贡献为辅（如担任管理职务、引进人才、品牌宣传）。不要担心计点机制不科学，重点是一视同仁。我的经验是找一个复杂的律所计点版本，然后大刀阔斧地简化，以客观评价项为主，尽量去掉主观评价项，从而降低考核工作量，避免争议。

## 三、“四会”民主治理结构（谁来管）

“四会”分别是合伙人会议、管理委员会、执行委员会、监督委员会。管理委员会、执行委员会、监督委员会都由合伙人会议选举产生。

合伙人会议类似于公司的股东会，监督委员会类似于公司的监事会，这个不言自明。

管理委员会部分类似于公司董事会，但没有产生执行委员会的权力，主要负责发展战略和基本制度的制定，以及部分重大事项的讨论。

执行委员会类似于公司经理层，具体负责律所日常经营管理。

有人问：管理委员会和执行委员会为什么不合并？

答：如果是“独裁型”管理，且不考虑律所代际传承，那么这两个会没有必要分设，甚至连“四会”都是摆设。反之，则管执分设很有必要，理由有三：

第一，权力制衡的需要。合伙人会议太“虚”，监督委员会太“弱”，执行委员会太“强”，管理委员会也属于“实权”常设机构，管执之间可以客观上相互牵制。

第二，分担压力的需要。律所管理人员的专职化还有很长的路要走，大部分律所都是合伙人兼职管理（基本不拿工资），这种情况下，管理人员多一点，可以更好地实现忙闲调剂。

第三，合理分工的需要。执行委员会负责“重要而紧急”的工作（如行政、财务），管委会通常负责“重要而不紧急”的工作（如制订发展规划、完善制度、品牌推广、专业化、规范化）。

## 四、“三合一”薪酬体系（怎么发钱）

这里是讲怎么给干活的人发钱。比例分成和月薪制是目前在律所最流行的两种模式。

比例分成适合于资深律师乃至其他合伙人承办案件的情况，即案源律师直接向承办人分配一定比例，简单透明。但由于每个案子的复杂程度不一样，容易出现比例不合理的情况，进而导致合作双方发生矛盾。

月薪制便于合伙人控制成本，但容易出现干多干少、干好干坏一个样的情况，因为大多数合伙人的薪酬体系设计能力都比较差，而且通常不会请专业的 HR。

“公共时薪制”可以成为一种有益补充，优点是可以实现人才（公共助理）分时共享，让合伙人根据业务量调整工资支出，无须承担固定的月薪助理工资。对于成长中的、暂时无力承担私人助理费用的合伙人来说，这一点尤为重要。

没有完美的制度，那就各取所需。

可以允许合伙人自由选择比例分成、私人月薪助理、公共时薪助理三种方式打造自己的团队。

其中，公共时薪制尤其受到发展中的较年轻的合伙人的欢迎，因为他们请不起私人助理，但又需要助手处理立案、查档、合同初审等基础工作，以及帮助解决繁忙时分身乏术的问题。

## 五、市场化激励机制（怎样奖励）

奉献精神要讲，但奉献只能靠自愿。从事务所层面看，一定要对有贡献者给予物质和精神奖励。

合伙人的贡献可换算为点数（类似于股份），同时实行全员积分制。积分可以兑换礼品或培训费用报销等福利，也可以在升合伙人时换算为点数。

总之，亲兄弟，明算账。

## 结语

（一）忘掉流派做实事

当前的潮流，正如大陆法系与英美法系的融合一样，“公司制”和“提成制”也在融合，再纠结于流派没有意义。

如果一家“提成制”律所说要做“公司制”改革，常常会吓坏团队，甚至出现了多起因强推“公司制”改革导致律所崩溃或分裂的事件。

正如企业界不能只有头部企业一样，律师界也需要各种律所，才能形成一个健康的生态。例如，有的律师，因性格或年龄原因，忍受不了大所严格的规则和较低的效率，就可以去小所；有的律师特别想专精一门，就可以从综合所到专业所。总之，只要依法执业，各种类型的律所都有其存在的价值，都值得尊重。

我认为，如果主要合伙人还没有就改为“公司制”达成共识，可以不做改或不改的选择题，就从本文所说的五件实事开始做。如此一来，就不会引起思想的混乱和团队的抵触，即便不成功，也不会“成仁”。

如果“五大支点”的建设成功或部分成功，其实是朝着“纯正公司制”方向前进了一段路，之后是停在原地还是继续朝“公司制”方向走，可以再做打算。

（二）拒绝完美主义

有些人说律所问题头头是道，说解决方案则语焉不详。

因为这些人有个思维误区：认为律所管理应该做到 100 分。

问题在于：大多数律所的管理现在还不到 60 分，去想 100 分的事情没有意义；做到 70 分、80 分就很好了；不要去跟最好、最大的律所比，邯郸学步要出问题。

另外，中国没有 100 分的律所，95 分的都没有。中国律所的平均管理水平，是低于中国企业的平均管理水平的。可能有 95 分的企业，但没有 95 分的律所。如果一家律所做到了 80 分，就应当为这个团队点赞，因为他们远远超出了行业平均水平。而且，我也不建议他们继续提高分数了，因为这时候继续攻管理指标，性价比可能就不高了。这个逻辑比较微妙，这里不展开。

（三）躺平即沉沦

几年前我到位于保定的国家律师学院参加了一个主任培训班，一半的课程都是讲“公司制”。一些主任听后感叹“不好搞”，于是安慰自己说“适合自己的才是最好的”。

当时我就想说，他的这句话约等于躺平，但出于对同行的尊重没有开口。律所管理，做总比不做好，创新总比不创新好。这里讲的创新不是跟头部律所比，而是跟自己比。每天多做一点点，争取做到比同行平均水平好上那么一点点，日积月累，必有成效。如果连起码的事业心都没有，什么模式和方法都没用。

未来，律所之间的竞争会进一步加剧，办所如逆水行舟，不进则退。

# 坚守“小而精”还是大胆规模化

张宏姝 |

“花了五六年培养的优秀律师，转眼就跑到某个综合性大所。这种情况越来越多，我们都快成‘律师培训学校’了。”一位精品律所的管理合伙人谈起律所近几年的发展打趣道。

放在几年前，这种情况或许是精品律所未曾预料到的。当初选择走规模化道路的律所如今逐渐显现出整合效应，反而带动了此前短板业务领域的提升，整体综合实力得到加强。精品所的人才流失问题变相反映了这一点。

除此之外，品牌优势的弱化、客户资源稳定性降低也拉大了精品律所与综合大所的竞争差距。对于这些专业精品律所而言，该如何发展？

## 一、精品律所的发展困境

创始初期迎着行业发展的政策红利，精品律所通过明确的定位建立起律所优势。但是，这种优势如今似乎在规模大所的资源整合效应面前正慢慢淡化。

2014 年，中国律师业迎来新一轮扩张和整合浪潮。不少律所通过兼并、下沉市场扩大规模、展开全国布局。据统计，2014 年有 11 家律所律师数量超过 500 人，到 2019 年这类律所已经超过了 30 家；千人大所有 18 家，比 5 年前增加了 12 家。

规模化趋势下，大部分尚未开始扩张的精品所面临一些共性问题。

### （一）品牌优势在弱化

大部分精品律所在创始之初之所以能够形成品牌优势，即是依靠精准的业务定位打造服务标签，从而吸引同类客户并在业务圈子内打响知名度。但如今规模大所在下沉市场过程中营造的品牌印象比精品律所长年累月积淀的品牌更容易打进普通客户的心里。

网络时代，任何一个热点和品牌的传播效率与 10 年前相比都大不相同。选择壮大规模的律所，其服务品质虽不能与精品律所抗衡，但对于大部分普通客户而言，规模化形成的“人尽皆知”的品牌效应，往往能够胜过局限于某个圈子的专业品牌。

（二）人才流失

精品律所对专业服务有更高的标准，因而更重视对于人才的培养。然而，在人才培养的过程中，一部分年轻律师往往更看好能够跨领域推介客户的综合大所，致使精品律所人才不断流失。不少精品律所也因此调侃自己更像律师的培训学校。

除了因自身属性问题面临的困境，精品律所若想继续向前发展也是困难重重。精品律所定位的细分市场本就有限，同时还需与专业实力迎头赶上的规模团队竞争，现有市场的开拓空间正在告急。如果同样选择规模扩张，则难以保证下设分所的专业度，反而消解原来在专业领域建立的品牌优势。

（三）客户群体不稳定

规模律所通过整合资源为客户带来的综合性、一体化服务，是大部分精品律所无法实现的。随着客户面临的法律问题变得复杂多元，精品所由于其服务种类单一，在留住客户方面反而不及规模大所，从而导致一部分客户流向规模律所。

同时，不少律所由于过于清晰的专业定位，客户的复购能力和意愿是不稳定的。比如，在婚姻家事类法律服务中，诸如离婚、设立遗嘱等需求是不稳定的，律所很难与同一客户保持持续、稳定的合作关系。

还有一些律所对标的客户群体之间可能存在利益冲突，也间接导致了部分潜在客户的流失。

层层难关之下，精品律所该如何选择破局之道？

## 二、精品律所的破局之道

谈起精品律所，“小而精”往往是多数人存在的固有观念。“精致”似乎总离不开“少”“小巧”“细致”等词语，也因此带上“专注某个业务领域”“团队规模不大”“服务专业”等标签。

然而，纵观一些国际律所的发展路径，他们在成立之初便专注某一业务领域做精、做强。随着律所自身的发展，扩大规模、拓展业务领域往往成为大部分律所的选择。比如：

凯易律师事务所（Kirkland & Ellis）成立之初专注于为传媒行业提供诉讼法律服务。多年后，随着资本市场的不断发展，凯易又聚焦私募股权，将资本市场、并购相关业务作为业务范围。目前，该律所的主营业务包括诉讼、知识产权、公司交易以及重组四大板块，并且四大领域均得到国际法律媒体、评级机构的高度认可。

艾伦格禧（Allen & Gledhill）是新加坡知名律师事务所，也是目前东南亚规模最大的律师事务所。其最初以银行金融为主营业务领域，经过百余年发展，其业务范围逐渐综合化，并扩展至资本市场、公司交易、反垄断、劳动雇佣等多个业务领域。近年来，在各评级榜单中，艾伦格禧几乎实现“大满贯”，其大部分业务领域均获得东南亚地区榜单的高级别推荐。

自成立以来的56年里，沃奇尔律师事务所（Wachtell, Lipton, Rosen & Katz）一直专注于公司法律服务，并且在全球仅开设1家办公室。目前，沃奇尔被广泛认为是最负盛名的律师事务所，其律师、合伙人的人均收入均排名全美第一。

昆鹰律师事务所（Quinn Emanuel Urquhart & Sullivan）成立于1986年，其业务定位为提供争议解决服务。自2007年起，昆鹰律所开始了规模扩张之路，目前其在全球已拥有27家办公室、近900名专业人员。在业务领域方面，昆鹰律所在争议解决领域下根据行业、服务内容、案件所处阶段等细分出人工智能、隐私保护、反垄断、上诉案件等众多领域。

在这些律所发展过程中，有的律所仍然坚持初始定位，控制律所的规模与专业质量；有的律所在保留精品标签的基础上适度规模化并适时、有针对性地拓展业务领域；也有律所的精品化标签不再明显，转而发展成为一家综合性律师事务所。但我们仍然可以从这些律所的发展中看到两种具有明显差异的发展路径。

（一）适度规模扩张与主营业务下细分领域的横向拓展

4家律所中有3家律所在坚持原有业务方向的基础上在业务与规模方面进行了不同程度的扩张。

凯易在诉讼业务的基础上增加了公司业务，并随公司业务的壮大开始规模化、国际化发展，最终形成稳定的四大主营业务板块。

艾伦格禧的发展显得更加“大刀阔斧”，其以银行金融业务为起点，逐渐增加擅长的业务领域并扩大规模。

昆鹰的发展过程则更符合精品律所的“正统”发展路线，即以争议解决为业务核心向下探索、发展细分业务，实现核心业务领域的综合化。同时，昆鹰也在全球设立办公室，搭建全球一体化平台、持续输出本所的专业实力。

随着业务发展的成熟与本地市场的饱和，律所在发掘市场空间需求的刺激下开设分所、扩大规模，这也是其发展的必然。同时，律所“应时而动”，适时横向拓展律所的核心业务也是很多精品律所选择的路线，有时这也是打破发展瓶颈、实现突破的契机。

比如，凯易作为当今世界顶尖律师事务所，其创收实现飞速发展的时期更多是在20世纪90年代末期业务范围扩展至私募股权、公司业务的时候。随着新业务领域的巩固成熟，凯易也建立第一家分支机构——纽约办公室。

（二）严格把控规模、保持精准业务定位，并持续强化专业影响力

相比其他律所，沃奇尔的发展之路更为特殊一些。它将律所规模严格限定于纽约一家分所，同时严格限制所内人员数量，尤其是在员工与合伙人之间保持较低的比例，用以避免其他律所中普遍的层级分配结构。这种方式在沃奇尔看来能够“使员工有机会承担案件责任、迅速发展”。

同时，凭借自创始以来在公司并购领域的深耕不辍，沃奇尔是当下这一业务领域中当之无愧的行业标杆。在反恶意收购领域中著名的“毒丸计划”便是由沃奇尔的创始人之一马丁·利普顿（Martin Lipton）先生所发明。

多年来，沃奇尔在律师、合伙人人均收入方面均排名全美第一位。2020 年其权益合伙人人均收入超过了 630 万美元，比第二名的凯易高出了 100 多万美元。

但是，沃奇尔模式的特殊之处在于，其始终在专业领域保持绝对的实力与影响力。持续增强专业能力，首先需要坚持最初的业务定位，也意味着律所要在非专精领域案件中做出取舍。若抵御不住这些“诱惑”，律所的品牌定位就会走向模糊。这对于多数精品律所而言往往是一条艰苦卓绝之路。

## 结语

我国法律服务市场发展时间较短，市场还没有达到饱和，但随着竞争对手的不断涌入和国际形势的变化，竞争日趋激烈。精品律所转型面临的最大困难是所剩无几的时间。

在既往国际律所的发展中，有两条路径可循：一是持续深化原有专业，在细分领域内部形成顶尖的专业实力与影响力；二是整合内部资源，充分发挥所内组织能力，在保障一定专业实力的前提下实现适度规模化。

但是，律师事务所发展没有万能钥匙。明确定位、组织、运作各层次之间的关系，并根据自己的实际寻找路径，也许答案将逐渐清晰。

# 不进行“再组织化”，律所难以由大到强

张大超 ｜ 上海正策律师事务所战略发展总监

近年来，规模化基本上是很多律所的宿命，百人所、亿元所成为标配。然而，在律所做大以后，如何做强，乃至做久，才是更为重要的命题。岁末年初，坊间传来部分规模律所因为合伙人争斗、律所经营危机、律师团队集体出走等管理问题面临分崩离析的窘境，越发让人感觉到律所的“再组织化”是律所规模化以后的必经发展阶段。

律师事务所从小到大，组织的层级也不断提升。所以，就一个规模化律所组织而言，要想让专业团队创造佳绩，必须强化律所的组织功能，而不仅是律师的简单积聚和成本分摊。律所的“再组织化”是规模化律所提升整体效能的必然选择，是一项系统工程。

个人认为，律所的“再组织化”包括三个维度：首先，是律所的合伙人会议（股东会）、管委会（董事会）、监委会（监事会）、执行层（经营层）的治理体系建设，这是律所长治久安之根本；其次，是律所的职能部门建设、专业部门建设等管理运营体系建设，这是律所管理运营之基础；最后，是律师“再组织化”体系建设，这是团队提质增效之关键。

## 一、治理体系的“再组织化”

对于任何一家律所而言，其首先是商业组织，那么就存在产权问题。律所的权益合伙人本质上是律所的股东，对律所的经营风险承担无限连带责任。

故而参考公司治理的经验，在律所层面构建股东会、董事会、监事会的治理结构就成了律所“再组织化”的前提。

· 权益合伙人会议（股东会），是律所的战略决策机构，负责律所的战略、投资、扩张等；

· 管委会（董事会或执行层），是律所的经营管理机构，负责律所日常的人才招

募、品牌运营、市场开拓、信息化建设、风险控制等；

· 监委会（监事会），是律所的监督机构，负责对律所决策和执行工作的监督。

许多规模化律所是由小律所、个人所转型升级而成，也有部分规模律所是由多家律所合并成立，那么，基于律所章程规定的合伙人会议议事规则某种程度上就成了律所真正的“名利场”。大部分权益合伙人对于律所的管理工作都有浓厚的兴趣，而且这也是合伙人应有的基本权利，必须尊重权益合伙人们的诉求。所以，权益合伙人会议强调的是公开、公平和参与度。在权益合伙人会议层面更多的是战略研究，以及更多通过沟通去达成共识。

不同律所有不同的管理基因，故而在是否设置管委会层面，其实也有不同的情况，部分律所的管委会基本上是董事会，而部分律所的管委会基本上等同于律所的执行层。这当然也与律所的总体规模与管理幅度有关。管委会兼顾决策效率和高效执行，故而管委会人数不宜多，且必须为单数。

监委会的类似于监督机构，查缺、补漏、纠偏，让律所的运营尽量在正确的轨道上运行，也是律所权力机构的一种平衡和妥协。监委会强调的是信息的透明以及监督工作的实效。

对于一些超大型律所，在管委会之下，还会设立专门委员会和专业委员会，专门委员会包括品牌营销委员会、战略规划委员会、业务发展委员会、公益文化委员会等；而专门委员会则是基于专业或行业层面，比如证券法委员会、劳动法委员会、知识产权法委员会、跨境交易委员会等，参见图 1、图 2，这里不再展开。

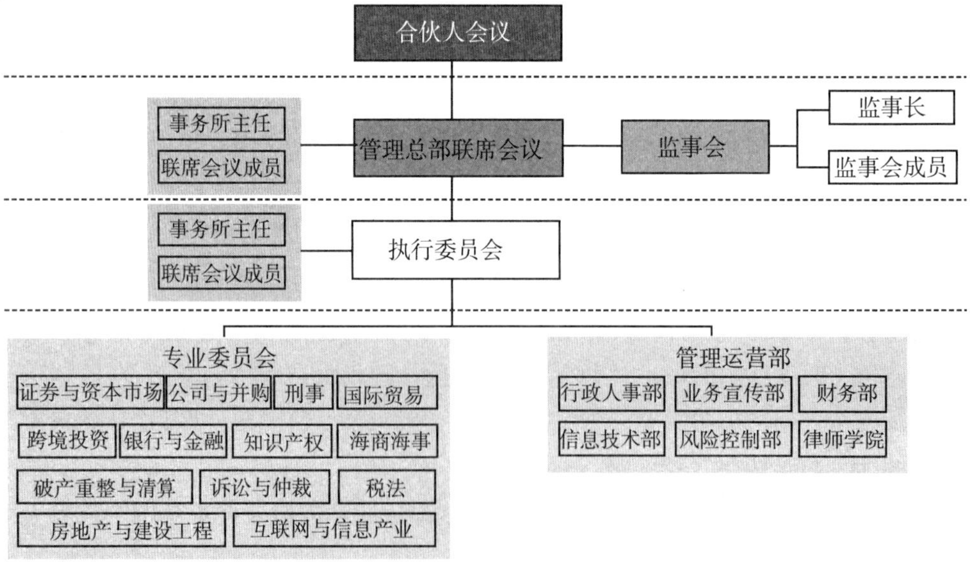


**图 1　上海锦天城治理架构**

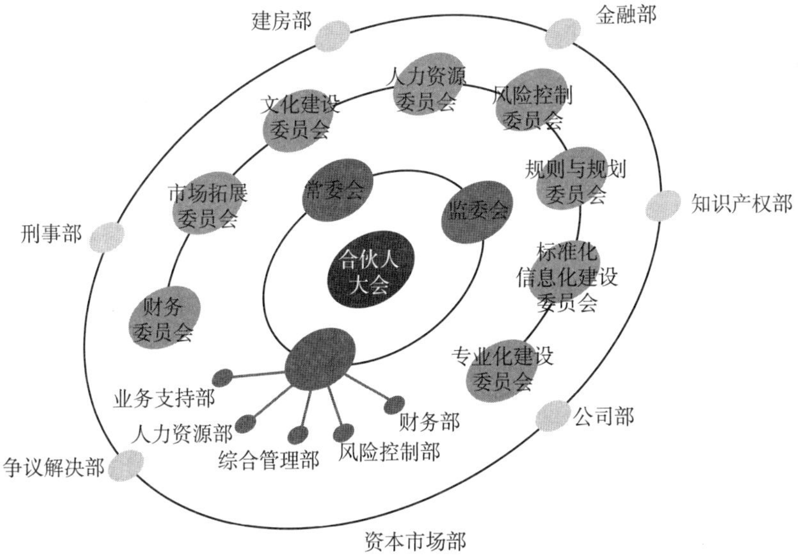


合伙人大会——最高决策机构，由全体合伙人组成，实行民主讨论、投票表决的决策制度。

董事局——常设决策机构，由 9 名合伙人组成，主任和执行主任为董事局的当然董事，其他董事由合伙人大会选举产生。

执行机构——具体负责组织、指挥、协调分所各项制度、分所合伙人会议及董事局会议决议的执行。

监委会——监督机构，由 5 名合伙人组成，由合伙人会议选举产生，每季度召开一次例会，需要时可以召开临时会议。

**图 2　大成上海治理架构**

## 二、管理体系的“再组织化”

律所规模化发展，必然对律所管理运营体系提出更高的要求。小型律所，一个行政可以兼任前台、财务出纳，配合一位勤勉的律所主任，基本上就可以保证律所的基本运营。但是，对于规模化律所而言，律所的各项职能都需要职业化的团队才能保证律所的运行，包括人力资源管理、财务管理、品牌市场、信息化、风险控制等方方面面。

部分规模大所已经有了专职的执行主任或者战略运营总监（COO），负责执行管委会的日常决策，带领律所的各职能部门全面推进律所的日常管理工作。

执行主任或战略运营总监的职业化问题也已经成为行业里讨论的热点，这里不再展开，但是，无论如何，非律师的职业管理人员已经成为不少规模律所的标配。

对于律所各项管理职能的界定，大致可以包括如下方面：

· 人力资源部：负责律师及律所运营团队的招募、培训、考核、薪酬福利、晋升、劳动和执业关系等；

· 财务部：负责律所的财务预算、现金、财务管理、退费管理等；

· 风控部：负责律所风控体系建设及实施；

· 品牌部：负责律所品牌的运营及拓展，包括官网、公众号、论坛、评奖等；

· 信息部：负责律所信息化建设，提升律所整体运营效率；

· 行政部：负责律所档案管理、前台管理、印章管理、信件收发、会议室管理、采购管理等。

对于不同规模的律所，部门设置可以不同，但职能基本上应该涵盖以上范围。当然，还有一些律所设置了更为细化的部门，比如知识管理部、律所文化部。

## 三、组织体系的“再组织化”

对于规模化律所，在律所治理结构及管理结构“再组织化”之后，更为重要的是要推进律师组织体系的“再组织化”，才能真正发挥律所的规模优势。

而目前一些规模律所的组织基本上是点状为主的网络型扁平组织，律师之间的连接相对松散，基本上以每个人单打独斗为主，不同律师之间偶尔进行案件合作。

传统的层级型组织更多适用于公司制的组织中，这种主要是合伙人律师团队内部的组织模式，也就是高级合伙人带初级合伙人，再带工薪律师和律师助理的模式。

部分规模化律所，比如大成、锦天城，目前已经不再允许独立提成律师的存在，这就是“再组织化”的选择之一。律师习惯于独立的作业方式，但是并不符合律师发展壮大的组织规则，无法发挥规模律所的规模效应。

《重新定义工作》一书描绘了未来组织的样子，这本身是对公司层级型组织结构弊端的改革和探索：

· 以小团队的形式分布（三人以上为团队，“两个比萨原则”）；

· 扁平化组织和分散式决策（减少层级，“支部建在连上”）；

· 内部创业（赋能，每个人都是产品经理，创新）；

· 相互连接的员工网络（云端，任何地点、任何时间、任何设备联系到任何人）。

结合笔者近年来对律师朋友们的观察，专业人士的典型特征就是，受教育程度高、独立性强、悟性高，但厌恶被管理，有的甚至愤世嫉俗、挑剔苛刻，有很强的自尊心，同时也很脆弱。故而要想让律所创造佳绩，应尽量避免管理和领导，而应教练、激励和引导。扁平组织、灵活机动、内部创业以及云端互联的律师团队组织，从某种程度上说，这就是最适合律师的生产组织模式。

对于规模律所而言，要发挥律所合伙人、律所管理部门的主观能动性，对所有律师分散管理，从专业、行业、文化等领域划分更多的团队。

·专业维度，去推进专业部门建设，引导律师进行专业化建设，并协同进行市场推广和专业品牌建设；

·行业维度，去推进行业部门建设，引导律师专注行业研究，对细分行业进行深度挖掘，提供有针对性的法律服务；

·文化维度，可以在律所内部打造足球、跑团、篮球、自行车等社团，用文化凝聚人，只有了解才有互信，只有互信才有合作。

总之，不要让任何一位律师乃至律师助理游离于组织之外，加强律师与律师之间的连接，才能真正发挥规模化律所的规模优势，否则只是“虚胖”。

“再组织化”是规模化律所的必然选择，也是规模化律所转型升级的组织保障，律所从小做大相对容易，从大到强很难。这里面的关键就是“再组织化”，优化律所治理结构，才能凝聚合伙人的集体智慧，确保律所战略的先进性和可实现性；优化律所的管理结构，才能更好地管理和服务律师，确保律所日常经营的高效与安全；强化专业建设，提升市场组织，推动文化融合，推动律师团队建设，增进律师间的连接，才能真正发挥规模化律所的规模优势，确保律所真正可持续健康发展。

# 律所管理者应如何看待律师
## ——成本，资产，还是客户

李俊辰 |

对于律所/合伙人而言，律师[1]是什么？

这个问题的答案似乎显而易见，但是如果你去问不同的人，他们很可能给出不同的答案。

同一样事物，不同立场和需求的人，完全可以给出不同的理解。比如，你在上司眼里是员工，在父母眼中是孩子，在商家眼里是顾客，在销售眼里是提成……但其实都是同一个你。

对于律所/律师团队的管理者而言，应该以怎样的视角理解“律师”，其实也视乎不同律所/团队的需求和运作理念。

### 一、律师是成本，还是资产

公司化运作的律所，常常采用授薪制，管理者当然可以把这笔人工支出视为一种成本，相当于公司花钱雇用员工。

但不同于一般公司的是，律所作为一个智力密集型的专业服务机构，对人是高度依赖的，因此律师当然也可以被视为一种资产，是律所获取经济利益的基础要素。

虽然现在都流行说“人才是宝贵资产”，但其实将律师理解为“成本”还是“资产”都有其合理之处，其背后体现的是律所/团队运营管理中更深层次的问题。

对于这个问题，我们可以借用财会的一些理念来解释一下。

对财会有基本了解的朋友可能知道，在记账的时候，不一定所有人工支出都会被

---

〔1〕 需事先明确的是，本文讨论的律师仅指非权益合伙人律师，毕竟权益合伙人的地位和状态与其他律师相比颇为不同。

视为费用，从而成为利润表中的减项，有些人工支出会成为资产的一部分。

我们举例来说，一家手机制造企业，用于生产手机的人工支出（如工人工资），会和原材料成本、运输费等，一起计入手机的初始账面价值，而手机作为存货，属于这家公司的资产，所以这种生产手机的人工支出就成为资产账面上的一部分，计入资产负债表。

如果这家手机制造企业还十分注重研发，那么在技术处于开发成熟阶段的研究人员工资，可以计入这家企业无形资产（如专利权）的初始账面价值，成为无形资产的一部分。

而这家企业与生产手机无关的人工支出（如行政人员和销售人员的工资），会被视为费用，记在利润表上作为减项，从而导致公司的净利润减少。

上面的例子说明，从会计的角度看，付给员工的工资究竟是归入费用（也就是我们通常所说的成本），还是归入资产，其实关键就在于一点：员工的劳动是不是为企业的产品创造了价值。

毕竟，没有生产工人，手机就是一堆零件，对使用者没有价值；而研发人员的努力，可以让企业不再做一家组装厂，提升这家企业在手机产品上的附加值。

做完这番类比之后，我们重新回到对律师行业的讨论：

法律服务，虽然是一种无形的产品，但是依然需要律师去为这种无形的产品创造价值。传统上，律师事务所被定义为一种智力密集型组织，律师的经验、能力和创造力直接决定了法律服务的水平——这种“无形产品”对客户的价值大小。因此，虽然给律师授薪意味着每月的人工开支，但是将授薪律师视为律所/团队的一笔宝贵“资产”合情合理。

但是，将律师视为“成本”就一定不合理吗？倒也不一定。如果一家律所/团队的法律服务已经高度标准化，律师的角色更多是执行者、操作者，那么这个时候，将律师理解为一种成本负担就有其合理之处，因为这时候律师个人的经验能力对法律服务的水平质量已经没有太大影响了。

说到这里，我们会发现，管理者是以“成本”还是以“资产”的视角来看待律师，其实很容易受到业务类型、业务结构的影响。

《专业服务公司的管理》一书的作者大卫·梅斯特（David Maister）将律所的业务类型分为专家型、经验型、程序型三类。越是偏专家型的业务，服务的精细化、定制化程度越高，对律师经验和才华的要求也越高；偏程序型的业务则相反。

物质决定意识，利益决定思维，一家律所/团队的业务结构中，是偏专家型业务的占比更高，还是偏程序型业务的占比更高，可能会导致管理者倾向于以不同的视角去理解其管理下的律师。

## 二、律师是员工，还是客户

上一节所讨论的，主要是拿工资的授薪律师，或者在混合薪酬结构中以固定收入为主的律师。能做到这点的往往是公司化程度比较高的律所。

但是，在广大的律师群体之中，更为常见的是提成律师，或者在混合薪酬结构中以提成收入为主的律师。

如果说“成本”和“资产”这两种视角还是把律师当“员工”看待，那么“客户”视角则是完全改变了看待两者关系的方式。

从法律关系上看，签了劳动合同的自然是员工，这个毫无疑问。

但是，我们从利益交换的角度看，一个律师自己风里来雨里去，办案子、研究学习、交通杂费甚至找案源都基本由自己包下，挣来的辛苦钱还得与律所或合伙人按比例分成，究竟是图什么？

除了法律规定律师必须挂靠一家律所执业之外，无非就是因为律所这个平台可以提供行政支持、品牌支持、转介网络等单靠个人独行江湖所欠缺的东西。

换句话说，所谓提成，也可以看成拿出一部分收入换取律所这个平台提供的服务或资源——花钱买东西，能不能算是客户呢？

如果你有一些保险行业的朋友，你会发现保险顾问多数有一种借平台自己创业的心态，而不是员工心态。对于业绩好的保险顾问，有些保险公司会在办公场地、行政后勤、培训等方面提供支持，让这些保险顾问发展自己的团队。这时候保险公司更像一个为保险顾问事业发展提供支持的孵化平台，而不像一个传统意义上的雇主。

如果是以“客户”视角看待律师，那么对律师的管理就会减少，赋能就会增加，会吸引更看重执业自由度的律师加盟。

是以“员工”还是“客户”的视角去看待律师，往往与业务类型关系不大，更可能是受行业竞争现状的影响：在一批先发律所已经占有了大量优质律师和高端业务的情况下，另辟蹊径，换一种发展理念，或许才能闯出一片天。

最后，我们不能排除一种情况，就是某些律所对律师基本处于“放养”状态，并未太多考虑过人才的发展问题。如果是这种情况，就不涉及看待律师的视角问题了，在这里也就没有讨论的意义了。

## 三、怎样看待律师，与怎样运营

“成本”“资产”“客户”这三种看待律师的视角，既由客观因素（业务类型、行业竞争）所决定，也会反过来影响律所/团队的运营风格和发展方向。

同时，客观环境是复杂多变的，这三种视角在管理者的思维中并不一定是非此即彼的关系，完全有可能同时存在。也就是说，一个律所/团队的实际运营中，有可能同时体现出这三种视角的印记。

关键在于，管理者如何在三种视角中寻找平衡点，赋予不同视角怎样的权重。

（一）“成本”视角

前面提到，以“成本”视角看待律师，说明相应的业务类型偏向标准化程度比较高的程序型业务。这类业务已有一套成熟完善的运作标准，律师已经不能为这套法律服务“产品”创造太多新的价值。这种情况下，将律师视为“成本”的逻辑才能成立。

由于程序型业务的收费低，这类业务的运营会追求效率和标准化，并且非常注重市场营销，通过业务量的增加来提升总利润，类似于“薄利多销”。同时，对这类业务而言，人工支出的高低会非常敏感，但是对员工素质的包容度会高很多，反正能把既定的程序和标准执行到位即可，对于律师的培养模式，更多是向“高效的执行者”这个方向发展。

但是，这类业务给予律师个人的发展空间是有限的。一方面，高度标准化的业务不能锤炼律师的能力。另一方面，既然服务的价值主要依靠程序、标准和营销，那么律师升为合伙人、参与律所权益分配的空间就有限。

如果律所/团队内部没有其他更需要律师经验和创造力的业务提供给律师进一步发展，有雄心、有抱负的人才很可能不会留太久，律所/团队的发展有可能会长期固化在程序型业务的赛道上。

（二）“资产”视角

能将律师视为“资产”，说明相应的业务类型是偏向经验型、专家型业务的。这样的法律服务“产品”或许能进行一定程度的标准化，但是因为服务的精细化、定制化程度高，还是很依赖律师的经验乃至创造力。由于这类业务的服务价值有很大一部分是由律师创造的，这时以“资产”视角看待律师也就顺理成章了。

这类业务的收费一般比较高，所以给从业者开出的工资可以比较豪气，但是对于律师人选的要求会很高，最好能是名校毕业的优等生，最好能有海外留学背景，最好还能考出过几张律师证以外的证书。所以，要变成“资产”也不是那么容易的。

对人才的门槛高，也意味着管理者在发展中不会刻意追求人员规模的扩大，而是会将更多的注意力放在保持业务的高端定位上。

毕竟，从会计的角度看，“资产”是会减值的。就律师行业而言，对应的是随着

“蓝海”业务逐渐变成“红海”业务，律师在现有业务上的经验和能力的市场价值（报价）会逐渐下降，不匹配此前给予的薪资待遇。因此，以“资产”视角看待律师的管理者，一定会关注行业的前沿动态，投入资源开拓新的“蓝海”业务，让律师的经验和能力“迭代升级”，使自己的人才资源保值增值。

对律师个人而言，从事这类业务有不错的发展空间。首先，有挑战性的业务能磨炼自己的能力。另外，由于律师经验和能力对提升服务价值的重要性，管理者也更有动力将利益分享给优秀的律师，让其成为合伙人。而且，实在晋升不了合伙人，毕竟能力已经有了，天涯何处无芳草，还是有可能出去换一家律所做合伙人的。

（三）“客户”视角

以上两种仍然属于“员工”视角，但是律师也可以被视为律所的“客户”。

将律师视为“客户”，这主要是一个发展理念问题，理论上与业务类型并没有必然的对应关系。既然把律师理解为服务的对象，管理者就会倾向于表现出“重服务、轻管束”的特点。

重服务，意味着对律师的包容性会更强，不会对律师的业务类型、经验能力等设置过高的门槛，倒是更可能思考律所要满足律师的哪些需求，如何让不同类型的律师都能在自己这个平台成长。

约束少，意味着管理制度的系统化、统一性不会太高，不太可能强制律师进行专业分工，或者强制推行同一套分配制度。毕竟“条条框框”太多，似乎不是“待客之道”。但是，由此导致的问题是，如何加强内部的凝聚力和协同性会成为一种挑战，毕竟凝聚力与内部的利益分配设计和分工模式有关，协同性则与管理的系统化、标准化程度有关。

最后，既然是“客户”，自然多多益善，所以只要能确保内部风控和利益冲突不出问题，管理者一定有扩大规模的内驱动力。而这种规模本身也是为平台上的律师提供更多发展和晋升的空间。

对于律师而言，这类律所既适合那些不能一步进入大所但依然愿为律师职业奋斗的律师，也适合那些独立性强、更看重执业自由度的律师。

（四）三种视角的平衡

正如前所述，以上三种视角在实际的业务运营中并不一定是非此即彼的关系，完全有可能同时存在。关键在于寻找三者之间的平衡，赋予怎样的权重。

一家律所、一个团队要面对的内外部环境往往是复杂多样的，比如多样的业务类型、变化的竞争环境。因此，在现实中，除非在律所/团队创立之初就定下了明确的理念，很少有管理者可以只用单一视角理解其所管理的律师。

比如，虽然管理者把律师视为重要的资产，愿意以高薪吸引优秀律师，但是依然需要考虑经济环境的变化对创收的影响，考虑成本和节流问题。

或者，业务类型比较多样化，既有相对高端也有相对程序型的业务，或者高端业务中也有不少程序性的工作。这时，管理者就需要用两种思维看待内部分工，以及人才的培育问题。

目前以程序型业务为主的团队，也可能谋求开拓高端的业务，实现业务转型，从而使管理者更愿意用“资产”视角看待律师，并给以相应的待遇。

又或者，虽然以“客户”视角看待律师，但是在提供各种支持和服务的同时，又顾及律所品牌，对律所的整体品质有一定要求，因此适度提升内部管理的标准化程度。这时，管理者就同时具有管理和服务两种思维。

……

所以，很多时候，管理者往往需要在三种视角之间做切换和平衡，有可能在运营理念中突出其中的一个视角，也有可能需要三者雨露均沾。

对于律师个人而言，也可以用这三种视角来为自己寻找定位，选择一个最适合自己的发展平台。

# 一体化改革后，团队成员也走得七七八八

蔡 凡

智合在策划撰写《中国律所访谈（四十周年纪念版）》时，曾参访过许多省市地区的律所，也与不少律所主任或律师团队负责人有过交流。

在走访中，我们发现一个有意思的现象：不少二线、三线城市的律所主任和团队负责人都对“一体化”很感兴趣——他们中，有的人尚处于了解阶段，希望借鉴一些做法改善当下的管理；有的人在身体力行，尝试通过改革突破区域律师的发展困境；有的人已完成改革，建成了一体化律所/律师团队，但改革期间的阵痛无异于“大换血”。

从松散式的传统管理模式，向紧密度更高的一体化模式靠拢，律师行业中“管理变得更加重要”这一意识的觉醒和强化，是律师们对激烈竞争环境的本能反应。

但是，谈“一体化”者众，做“一体化”者少，成功者则少之又少。为什么会这样？

## 一、一厢情愿：无视业务体量和市场特征

一体化律师团队的优势是显而易见的：

业务上的分工与合作，让个人的专业化程度和工作效率得以提高，产能提升推动创收增长；

更高效、更深层的资源整合，有助于实现团队整体价值最大化；

服务流程上、品质上的整体把控，有利于形成团队品牌效应。

但实现这一切，是有前提条件的。

曾有律所尝试一体化改革，带来的结果却是大批量的人员流失，从原来的 50 余人骤减至不足 10 人。导致失败的原因方方面面，但其中最主要的是，团队是否有足够量的统一案源？案源又以何种规则分配？

一体化模式能否跑通，需要统一的业务基础作为支撑，这与当地法律服务市场的整体体量以及细分领域业务容量息息相关。

还有一个难点则是，那些看似明确可行的一体化原则，如何与当地的律师行业特点相结合，落地成为现实中的行动。

例如，一体化团队中的授薪律师，能否允许他们独立接案？

可能不少律师都这么认为，当然不可以，这不是与统一案源相违背吗？更何况，业内典型的一体化律所大多是明确禁止授薪律师独立接案办案的。

但这样明确禁止的举措放在二线、三线城市的法律服务市场中可能未必合适。

一来有些地区的律师行业中，“人情”特征比较明显。有些律师的案件源于自己的亲朋好友，案子本身可能未必疑难，两人相熟，客户对该律师有天然的信任，如果强行划定案源归属或一概拒绝，未必合适。

二来受地方经济和市场体量的影响，当地律所能够给到的薪水是相对有限的，这部分“额外”的案源既有助于增加律师的收入，更重要的是帮助律师在职业上有进一步的提升和发展。个人的发展愿望是挡不住的，律所或团队更应鼓励或帮助，而非抑制。

因此，有律师团队采取一体化管理时，就有所变通——允许授薪律师独立接案，但合伙人要对案件难度及律师能力做评估；同时，授薪律师独立承办的案件如同“副业”，不计入考核工时。

一体化模式的原则，看似“非黑即白”，但在实际管理中，却往往少不了与现实情况相结合的“弹性”，并非一腔热情就足够。

## 二、以偏概全：将计点制等同于一体化

在收入分配上，是提成制，还是计点制？这可能是一体化管理模式与传统律师管理模式之间最明显的区别。

但仅分配制度并不足以概括一体化。一体化，意味着对人力、客户的统一管理。利益如何分配，则是一体化模式下人力管理的核心问题。此外，业务如何定位、案源如何规制、公共管理如何开展等，这一整个体系构成一体化模式。

利益分配，不仅关乎薪酬制度的设计，还与文化理念的建设、人员的考评激励等紧密相关。观察不同一体化律所/律师团队的分配模式，在具体的分配规则背后，往往与其团队发展理念、激励导向有关。

以金诺律师事务所为例，在合伙人分配机制上，金诺采取 lock - step，即合伙人分为 1 ~ 20 级，20 级封顶，入伙时评定初始级别，每年述职通过则晋升一级，原则上不跳

级，但有不晋级、降级和淘汰的机制。相比“综合评估合伙人创收、管理及其他贡献的实际表现给出当年点数”的综合考评方式，金诺的 lock – step 是更模糊化的。

之所以采取这样模糊化的分配机制，背后的理念是“不区分你我”，承认不同分工都具有同等价值，无论合伙人做管理还是做业务，以及无论做什么业务，都应享有价值贡献同等的评价。

同时，金诺设有配套的激励机制，以弥补模糊分配下对合伙人激励的不足，主要为合伙人责任目标制度，包括年初工作计划、工作职责描述和目标、每月工作计划表、自评和互评、年终述职和淘汰机制等。

金诺律师事务所首席合伙人李海波曾在接受采访时表示，模糊化的分配模式，更接近金诺希望实现的“利益共同体”。配套激励机制则承载集体对合伙人个人的期待，合伙人的级别并非单纯一个利益分配的指标，级别越高实际上压力越大。

理念与制度相适应。

再以兰台律师事务所为例，主任杨光曾在采访中表示，律所发展的创新点在于机制，如何将人力、财务等各生产要素拆解再组装，就像搭积木一样，一体化与否的区别就在于，各做各事，还是统一调度。

由此出发，兰台一体化机制的核心为“四个统一”：统一收入、统一支出、统一收益率、统一配置作业资源。其中，后两个“统一”是兰台的独特之处。基于统一收益率，合伙人向律所让渡作业资源的统筹配置权，具体体现在分配机制上，即合伙人当年收益 = 年度创收总额乘以律所收益率。

这样设置的导向在于：其一，合伙人收入与个人创收总额正相关，以此鼓励市场开拓；其二，合伙人收入与律所整体收益率相关，不因自身业务占用的人力、物力等成本高低而改变，从而实现人财物等全部作业资源皆从律所层面统一调度。由此可见，每个项目可按专业需求情况匹配最适合的服务团队，从而提升律所整体的市场开拓能力和服务能力。

同为一体化，但金诺和兰台的具体制度大不相同。

对不同的律所/律师团队而言，仍需结合自身特点和现实情况，照搬某个成功案例未必明智，关键在于构建适配的分配机制和管理体系。

### 三、有道无术：忽视了管理技术的支持

制度落到现实，走了样，很可能是管理技术不支持。

管理技术，是指管理方法和管理手段的总称。要求“统一”、强调“合作”的一体化模式下，管理技术的要求往往是更高的，但也被不少改革者们所忽略。

一体化，意味着要在律所/律师团队内形成几个方面的统一：

案源统一：统一收案，再根据一定的标准分配案件、匹配团队。

收支统一：成本、利润皆统筹分配。

人员统一：授薪律师并非某个合伙人的徒弟，而采取公共律师制，根据专业特长，而非隶属关系分配任务。

知识统一：打造公共的客户信息库，共同发掘客户需求；打造公共的案件信息库，形成知识沉淀。

实现以上统一，非一蹴而就。江苏某团队经过三年时间，成功从“草台班子”改革为一体化律所，该所主任感慨：“对于团队一体化，我最大的一个感触是，一体化是一个相对漫长的动态过程。”

难题在于：其一，决策机制要明确，要有能够拍板、管理团队并承担责任的领导者，否则决策上的摇摆就可能造成战略上的偏差、管理上的消耗；其二，执行人员要到位，业务分配、财务核算、律师考核、知识管理等，这些事项都需要有人完成，由谁来做，怎么做。

唯有落到实处的管理举动，才能产生管理效能。

**结语**

管理需要与自身情况相适应。

不同的管理体制，都有其优势和适应场景。就像一体化管理，尽管有不少优势，但也存在管理运营成本高、规模化难度大等劣势，同时也有适用局限性，有律师就提出“刑事辩护业务就未必适合一体化管理”。因此，对管理者而言，关键在于选对自己的路径，他人的方法仅为参考。

管理是一个随发展阶段变化的系统工程。期待通过单点照搬解决全盘问题往往是不现实的。管理者需要建立体系化的思考、理念和方法论。

# 职业经理人在律所，真的会“水土不服”吗

蔡　凡

当大部分律所的管理还停留在“主任大包大揽”的阶段时，有一些律所已经开始尝试外聘高层管理人员，从兼职管理向专职化管理靠拢。

律所真的需要外聘专业的管理者/职业经理人[1]吗?

这是一个颇具争议的话题。有律所在职业经理人制度的加持下，实现了迅猛的规模扩张。但更多的例子是，律所与外聘的职业经理人在“艰难且短暂”地磨合后，最终以“分道扬镳”告终。

明明是高薪聘请的资深人士，为何到了律所就“水土不服”?

## 一、动机：焦虑还是真的需要

前几个月，两则律所发布的“100 万年薪外聘管理人员”招聘信息引发讨论。有人看好，认为是管理专业化的一个体现；也有许多人不看好，“噱头而已”“这个要求，100 万招得到?”……

争议之下，恰恰表明了律所对管理的重视程度日益攀升。从律所管理的演变来看，现在中国律师业可能正处于从粗放时代走向精细化的阶段。

市场竞争的压力越来越大，律所发展遇到瓶颈，希望通过调整内部管理机制来突破。当内部没有合适的管理人才，就想办法从外部引进专职管理人员，指望“外来的和尚念好经”。

但是，问题一样很多。律所外聘职业经理人，是因为真的需要吗?

---

[1] 职业经理人，在国内尚无明确定义，在律师行业中更是如此。本文从广义范围探讨律所中的职业经理人，即律所中的高层专职管理人员，统筹安排或独立负责律所客户管理、人力资源、风险控制、财务预算、品牌市场等方面的工作。

“可能更多的是出于焦虑。”新则创始人余朋铭说，自己管不好，或者不想管，就想把这个事情交给别人来做。但大部分律所主任及合伙人的观念并没有跟上——首先要给外聘管理者足够的支持，其次合伙人作为律师也要接受“被管”，主任或合伙人心态上不一定能真正接受。

“有的律所（聘请职业经理人）可能只是一时冲动”，恒都国际律师集团董事局主席、恒都律师事务所创始人江锋涛说，“聘请后发现（职业经理人）管很多，觉得烦又不让管了，或者让管但要给很大的授权”。

从社会分工发展规律来看，聘请职业经理人，让专业的人做专业的事，是未来趋势。宏观上，就中国律师行业而言，是否已经达到了相当的市场成熟度？

微观上，具体到某家所的实际情况，律所发展是否到了需要专职管理者的阶段？

业内大多数律所是“合伙人共同商议”的管理模式，决策效率低且难以统一，以律所迁址为例，可能要“前后上下做沟通工作”，协商数年才能实现。律所的工作环境和氛围也是外聘职业经理人时需考量的因素。

“第一问，是否需要；第二问，是否合适。”江锋涛解释道，首先，律所是否有合适的环境，允许一个外聘管理者在所内发挥作用；其次，这个人是否合适，并且很多人忽略了管理上的合适是动态平衡，不同阶段合适的人可能不一样。

现实问题是，对大多数律所来说，合适的职业经理人并不好找。

以某家位于长沙的律所的招聘要求为例：

执行主任、市场总监岗位要求如下：

1. 年龄45周岁以下，本科及以上学历（不限于法学专业）；

2. 身体健康、品行端正、有职业素养，踏实勤勉，能承受一定工作压力；

3. 有较强的管理、组织、协调、沟通能力和较强的执行力；

4. 有丰富的律所管理经验，有创新意识和创新能力；

5. 根据目标导向，完成目标考核任务的，可达年薪100万元左右，符合合伙人条件者可加入合伙人。

法蝉联合创始人王亚哲曾和一位业内颇有影响力的某大所主任聊起，对方表示对此非常不看好！核心理由是，既懂律师又懂管理的人，为什么不自己开律所呢？

背后的道理在于，引进的执行主任想要建立信任，需要其自身有足以让其他合伙人信服的本事。这个本事，包括对业务、组织管理、客户、本土市场等均有理解，同时，要有足够的耐心，了解律所文化和律师。综合下来，比新开一家所难度大多了。

“找到一个合适的专职执行主任真的不容易，甚至比内部培养还要难（实际上，那家所现在还没有招到人）。”王亚哲说。

## 二、选择：哪些律所需要？

“几乎所有律所都说自己有战略计划，但实际上大多数律所只有类似‘要成为什么样的律所’的目标，但这不是战略计划。战略计划是组织客观盘点自身优势和劣势、机会和威胁，并以目标为导向运用自身条件。”一位在美国头部律所中拥有多年管理经验的非律师职业经理人说。[1]

律所是否需要专职管理者，核心看组织本身。律所想要系统化的战略推进，更科学的管理方式，更完善的运营建设，但这些事情所需要的能力往往不是律师擅长的，就需要吸引具备对应才能的人。

王亚哲认为，是否需要引进职业经理人，与律所的市场策略紧密相关。在某些情况下，没有专职的管理人员是“玩不转”的。

他举例说，某专业化律所只做某个行业的法律服务，为了快速抢占市场，它通过低价或是免费常年法律顾问及全风险的案件代理模式攻城略地。

之所以敢这么做，是因为其内部能够将法律服务的成本降低。怎么降低？将诉讼业务分为不同部门，开拓部负责市场营销，客户部负责客户维护和案源挖掘，诉讼部只负责出庭，最后还有执行团队负责案件执行。分配上除了开拓人员外，其他部门人员都是授薪模式。

这种模式下，想实现律所持续健康发展，必须靠强有力的组织能力，一方面要确保服务客户的能力过关，以此促成反复交案；另一方面内部各个环节的衔接要顺畅，确保案件万无一失，并且分配上的贡献要明晰等。而这些都需要专职、专业的管理投入。

“如果律所只是做业务，各做各的，没有公共案源支持，有没有职业经理人都一样。”王亚哲解释道，只有公共资源，才是律所能够沉淀下的核心资产。否则，可能最大的案源人离开，律所也就不存在了。律所要提升品牌价值、把控法律服务质量、扩大区域内影响力、提升客户满意度，就一定要加大对公共资源的投入。为了让这些投入都能够立竿见影，就需要有专人来运营。

## 三、处境：“尴尬”的职业经理人

“律师通常不喜欢被‘非法律人/外行’告知该如何做。”——在 Quora 问答网站

---

〔1〕 Scott Green（Pepper Hamilton），*Most Law Firms Don't Know Whata Real Strategic Plan Looks Like from a Business Standpoint*，leaderleague（Mar. 17，2021），https：//www. leadersleague. com/en/news/scott – green – pepper – hamilton – i – don – t – think – most – law – firms – know – what – a – real – strategic – plan – looks – like.

“为什么律所没有像企业设有 CEO 一职”问题下，有位律师如是回答。[1]

“产销一体”的职业特性，让律师群体既有向往独立的心，也有追求自由的底气，“束缚多了，大不了拍拍屁股走人，换家所照样执业”。这一行业特性，让律所管理与企业管理相比有许多不同和特殊难点；而对于“外来者”形象的职业经理人来说，管理难度更是进一步叠加。

难题一：如何发挥管理的作用，律所会如何认定管理的价值?

在律师们的观感中，管理发挥的作用远不及做业务来得直接明了。现阶段，不少律所和律师对管理的认可和重视程度都有提升，但江锋涛表示，这背后存在两种逻辑，看似殊途同归，但初心大不一样：

第一种，认为管理确实可以产生价值，因此律所需要管理。第二种，则认为有人管理可以解放高创收合伙人的时间精力，进而更多地投入业务中，挣更多钱，以此给管理者发薪。

两者的差异在于，前者是出于组织的发展目标，认为对管理应该有专门的投入；后者的目标是减轻负担，因此在意愿上可能未必舍得，即使舍得了，但心态上还是“我可以授权你管理，但你不要管我，你是我花钱雇的”。

在这种情况下，职业经理人的管理权威有限。当只是给合伙人们做好服务成为全部工作重心，不能创造更大、更直接的价值时，职业经理人就会陷入较为尴尬的处境。

此外，不少律所并不会让职业经理人插手业务规划、战略目标，而是将其职责圈定在人事、行政、财务等方面。这些也是通常被认为“不挣钱”的服务部门，那么职业经理人如何体现自身价值?

直观的思路有两种：要么是预算不变的情况下，干的活儿更多了；要么是节约成本。相比前者，“省钱了”是更容易被看到的，并且对于合伙人来说，“聘请职业经理人”是一项成本开支，因此对其工作成效的评定也会更为严苛。

难题二：跨行业如何磨合，律所是否足够支持?

“既想马儿跑又想马儿不吃草”，余朋铭以此总结律所引进职业经理人的常见误区。他说，很多律所合伙人在心态和观念上并没有认可管理的价值，在实操层面也没有给予经理人足够的支持。

律所的支持包含多个方面：

首先，授权上，是否充分且明确。与企业不同，律所的所有权和经营权不分离，

---

〔1〕 *Why don't Law Firms Have CEOs Like Corporations*?, Quora (Mar. 17, 2021), https://www.quora.com/Why-dont-law-firms-have-CEOs-like-corporations.

经理人在律所中的管理权限也模糊许多，且在不同律所中也大不相同。因此，经理人要发挥作用，需要律所授予其较独立的财务权、人事权、决策权等。

其次，财务上，是否有足够的激励回报。如果经理人原本是律师，放弃业务只做管理，极大概率是他从事管理的回报高于或者至少等于做业务的回报；如果是非律师管理者，那么他的回报也应当匹配其市场价值，等于或高于他在企业做管理的回报，否则会丧失动力。

只有激励明确且充分，才能让管理者的才能更好地发挥。

最后，文化上，是否帮助经理人跨行业磨合。法律服务行业有特殊性，即便是公司化律所也与企业并不相同，这给非律师的经理人增加了跨界的难度。

余朋铭强调，行业特殊性让非律师管理者很难第一时间上手，即使自身有管理才能也需花时间协调适应，因此合理的磨合绕不开“教”这一步骤，管委会要帮助他熟悉业务形态和律所文化，经理人才有机会发挥作用。

## 结语

中国律师行业的管理正处于由粗放到精细的过渡阶段。

早期，许多律所采取粗放式或“合伙大拼盘”的模式，恰逢律师业刚刚兴起，并没有太多管理经验可供借鉴。市场变迁，有的律所折戟沉沙，有的律所随之升级，行业内也形成了不同的体制和管理模式。

在时间维度外，中国律师行业在空间维度上具备“广袤”和“纵深”的特点——不同地区的市场发展程度差别巨大，同一地区的业务层次多元。因此，我们会看到管理水平和现代化程度不尽相同的律所管理模式。

律所专职管理者，引进职业经理人，这些都是律所管理向精细化发展的尝试。跨行业磨合、管理理念更新，这些都可能是必由之路。管理问题颇有些“家家有本难念的经”的意味，对各家律所来说，适合的或许才是最好的，故步自封与照搬照抄都不是科学的方式。

# 都在谈律师专业化，但什么是专业化

李俊辰

专业化，目前在业内不断被提及和强调，这是一个大家普遍认同但又会长期讨论下去的话题。

一般认为，社会分工有助于提升效率，提高单位投入所产生的价值。法律服务行业也不例外，越是发达的律师行业，往往服务内容越多样化、精细化，这是行业成熟度高的标志。而且，专业化也有利于减少内部竞争，为后起之秀提供突破的窗口。

概言之，专业化是法律服务行业走向成熟的发展大势，也是积极的发展方向，这一点基本已成为律师界的普遍共识。

问题仅在于：专业化究竟指什么？应该如何做？

专业化就是专业人士不断提升专业能力，强调一个“专”字，直观感觉就是指不断挖掘并深耕细分领域，事实上也的确可以这么理解。

英文词汇 professional、expert、specialist 都可以翻译为“专业人士”，其中 expert［及相关词 expertise（专业知识）］、specialist［及相关词 specialization（专业化）］也都强调对特定主题的知识和了解。

但是，professional 的含义似乎更宽泛一些，其相关词“professionalism”至少根据剑桥词典的解释，是指“习业者资质之合”（the combination of all the qualities that are connected with trained and skilled people），更强调特定职业者的综合素质。

“专业化”的定义可以有多种维度，不同人心中的答案也许有不同的侧重点。在今天这样一个不同领域日益交叉、对人才复合能力提出更高要求的时代，我们或许可以从广义的视角看待专业化，将知识和经验的综合性也纳入其中。

“做医生不能只懂自己的专业，要对人体作为一个有机的整体有个全面的了解。医生治的是自然人，我们律师‘医治’的是法人，法人也有头疼脑热、生老病死，也是一个统一的整体，许多法律领域之间也有紧密关联，也要整体看待和处理。”汉坤律师事务所合伙人李晓鸣的这个比喻解释了专业人士综合能力的必要性。

不同领域的专业化，发展方式不尽相同，如果非要抽象成一个模型，或许可以用“一个核心基础，两个推进维度”来概括，或者可以是：专业能力 =（差异化知识/经验 + 体系化知识/经验）×基础知识/经验。

基础知识/经验是核心，至少应该包括对一个领域所有法律法规、典型案例的了解，以及对该领域所有核心业务模块都有足够的实操经验。无论怎样的专业化，基础夯实都是一切的根本，基础不稳固，则差异化和体系化无从谈起，一切归零（所以将其置于公式的乘数位置）。

两个维度，就是走得更深，即差异化，以及走得更广，即体系化。（体系化与差异化并不互为前提，因此在公式中是相加关系。）

差异化，是在稳固的基础知识/经验之上，向更“高精尖”的领域钻研深耕，形成脱颖而出的品牌，获得竞争优势。

体系化，是在基础知识/经验之外，尽可能广泛涉猎与自身专业领域泛相关的其他领域，以更全面、更高维度的格局分析问题，避免“只见树木，不见森林”的问题。

专业化发展模式详见图 1。

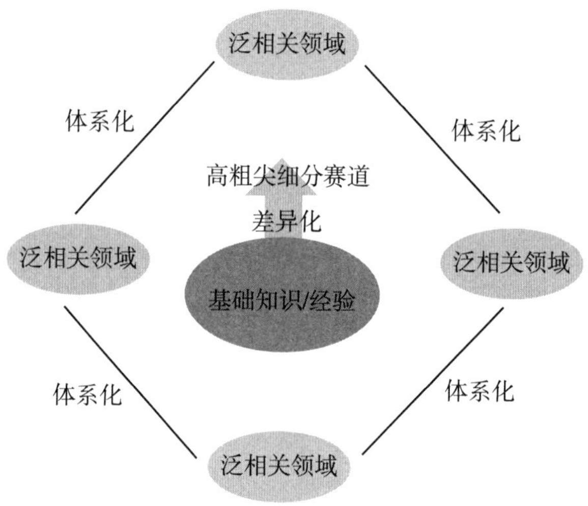


**图 1　专业化发展模式示意**

## 一、稳固的基础，是专业化的前提

事有本末，专业化也不例外，尽管不同律师的专业化路径可能不尽相同，但是通常都要建立在扎实的基础知识/经验之上。

根据目前法律行业的实践看来，专业化的切入点主要分为两类：一是以特定法律领域为切入点，如融资、劳动法、反垄断；二是以特定行业/客户群体为切入点，如建工、能源、新经济领域。

第一种专业化的切入点是基于法律学科本身的知识划分，关注这一法律领域项下的不同细分领域、各类客户群体。第二种方式则直接以客户为导向切入，关注特定客户群体在不同场景下的法律需求。

若是以法律领域为切入点，那么专业化的核心基础就是全面掌握相关法律领域的法律法规、典型案例、核心业务板块，在某些情况下，或许还包括法律背后的跨学科理论基础。

以反垄断这个法律领域为例。“反垄断律师的专业化，首先就是要穷尽这个领域所有的法规和案例，包括基础法律、各部门法规、各项政策、执法机构和法院公布的案例，不能有不理解或者不明白的细节。”德恒律师事务所合伙人、竞争法专业委员会负责人丁亮说。

“其次是要做到反垄断项下所有核心业务领域的全覆盖，在有自己专攻领域的同时，各种类型的核心业务都要有基本的掌握。最后就是在反垄断领域，光熟悉反垄断法律法规是不够的，必须有深厚的经济学功底，知道如何做竞争分析。”

在基金投融资业务中，一个专业律师需要对募、投、管、退等环节有一个全面认知，即便其可能专注其中的某些环节。

“有些律师可能是专做基金设立的，但也必须了解，在投资环节，投资者和被投资者各有什么要求，到了上市阶段，又会有怎样的情况。否则，在设立阶段将GP与LP之间的关系和利益分配写得再完美，也可能在后期发现无法满足被投资者需求，或者发现不符合上市监管的要求，需要下大力气‘拆雷’。”李晓鸣说。

若是以特点行业为专业化的切入点，那么除相关的法律法规之外，对商业模式、运营方式等各种行业情况的全面认知，就是基础知识/经验的一个重要部分。

这种情况下，对行业的认知，甚至可能比法律知识更基础。比如，有一些专注特定行业的律师，就不是学法出身，而是作为一个此前相关行业的资深从业者，中途转行做律师的。

当然，关于基础知识/经验中具体应该包含什么，覆盖范围有多广，这其实是一个主观判断问题，不同人所处情况不同，给自己划定的边界宽窄不同，答案也可能不同。但是，无论怎样，一切专业化都需要有一个稳固的核心基础，这点应该大部分人都会同意。

## 二、两个推进维度，构建全面的专业能力

在有了扎实的基础之后，专业化的进一步推进，或许可以分为两个维度：一是走

得更深，二是走得更广。两者看似矛盾，却是对立统一的。

（一）走得更深

走得更深，提升的是律师的差异化能力。

这更多是一个业务细分（specialization）问题。“specialization 是社会分工的基础，也是法律人交叉推介的基础。”丁亮说。

推动律师做专业化的其中一个重要动力就是摆脱与同行之间陷入惨烈的同质化竞争。因此，将注意力集中到某个细分赛道，追求高精尖领域的研究，本就是专业化应有之义。那么，业务的细分要“深”到什么程度？

丁亮的看法是：“在一个细分领域，没有其他人研究得比你更深、办案经验比你更丰富、了解得比你更多，你在这个领域是最终答案，有最终的话语权。”

这个目标，或许可以算是专业化往深走的终极境界。

从法律领域切入的专业化，若要培养更具有差异化的能力，可以从行业（客户群体）角度切分更细化的赛道，为特定客户群体提供这一法律领域的服务；也可以在该法律领域中寻找更细化的法律业务。

例如，反垄断就是一个与行业密切相关的领域，律师必须了解客户的行业情况和商业模式。“比如为医药行业提供反垄断意见，需要了解药品的招投标、两票制、推广、物流、原研药与仿制药、原料药与制剂，以及国家医药改革进展等各种情况，否则就很难理解企业的商业模式，就最多只能根据法条给出一些泛泛的答复，无法给出切合实际的法律意见。”丁亮说。

从行业角度切入的专业化，如要培养差异化能力，可以从法律业务模块入手，围绕同一个客户群体的不同需求细切业务赛道，比如针对能源企业的投资并购、工程建设、项目融资、环保合规、绿色金融、争议解决等法律需求划分业务种类；也可以对同一个客户群体再进行细分，比如建筑行业的客户可以再进一步划分为地产商（工程甲方）以及施工方（工程乙方）两类。

此外，曾经相关性不高的专业领域，也可能交叉碰撞出新的业务类型，比如刑事业务与合规业务，在近年来改革试点的推进下，结合形成了刑事合规这一个目前备受市场关注的业务领域。

这就涉及“走得更广”这一维度。

（二）走得更广

走得更广，提升的是律师的体系化能力。

任何一个专业领域都不是孤立存在的，通常都与其他一些专业领域存在或多或少的彼此联系，这种联系或许不那么强，只在某些场景下有交集，我们不妨称为“泛相关”领域。

对于跨境投融资而言，出口管制与经济制裁是其中衍生出的高精尖赛道，国际贸易、涉外仲裁、数据合规可以视为可能与之产生联系的泛相关领域。

这些泛相关领域，虽然不是你所在专业领域的“核心基础”，但是也能影响一个律师专业化能力所达到的境界。

锦天城律师事务所合伙人邱梦赟认为：“在新经济形势及目前复杂的国际背景下，越来越多的跨境业务呈现出复合型特点，且所复合的专业也逐渐展现为目前新出现的细分专业领域。”

例如，邱梦赟介绍说，倘若中国企业拟收购一家美国技术研发公司，虽然看似常规的海外收购，但是其中可能涉及技术出口管制的问题，若在投资谈判前期没有为客户考虑其拟购买的美国技术是否涉及被美国限制、禁止许可至中国企业，则即使该收购项目成功交割，也可能无法为客户实现其最终商业目的。

又如，以往常规的中国企业的离岸私募股权投资项目，若被投资企业在高新科技领域赛道，则被投资企业涉境外的出口管制风险梳理及数据合规问题在目前新政策之下也可能需在投资前期就纳入重点考量范畴了。

“当一个律师听到客户有某个单项需求的时候，如果他没有全盘考虑的能力，可能就会以为这就是一个简单的项目。但其实有经验的律师要考虑客户的最终商业目的是什么，以此出发，从而考虑围绕该商业目的的后续一系列的法律问题。”邱梦赟说。

再如，在反垄断领域，丁亮介绍说，熟悉公司法的反垄断律师在处理公司业务剥离时，在公司架构设计以及与企业法务/老总沟通方面，比纯粹的反垄断律师更有优势。参与过企业整体合规体系搭建的反垄断律师，更懂得如何将反垄断合规嵌入公司大的合规框架之中，如果没有对企业合规体系的认知，提供的反垄断意见就容易流于局部和片面。另外，复杂的反垄断争议对律师的诉讼功底也提出了极高的要求。

有些泛相关领域与你的专业领域可能是平行的关系，同时存在于一个场景中，比如上面提到的公司法、合规与反垄断之间的关系，跨境投融资与国际贸易、数据合规之间的关系。

有些泛相关领域与你的专业领域可能存在发生顺序上的先后之分，属于上下游关系。

诉讼与其他非诉业务之间，就存在这样一个事前事后的关联性。李晓鸣举例道，在境外上市的公司，可能遭遇集体诉讼，而集体诉讼绝大部分是指控上市公司披露不准确或者不完整。在诉讼获得的经验和教训，可以反过来指导未来的招股书撰写得更准确完整、风险披露写多少以及如何写。

“诉讼是一个事发之后负责前线打仗的部门，但是在有些律所，诉讼部门与业务部门之间有沟通不畅的问题，这样诉讼部门的经验就内部消化了，没有反馈传导到业务部门来，这是需要避免和克服的问题。”李晓鸣说。

不过，哪些属于泛相关领域，这是一个很难界定的问题，最终可能还是以实际项目中的客户需求为导向，在真实的项目中自然而然去了解可能存在关联的领域，并用心学习。

当然，这就意味着，一个律师的广度，很大程度上取决于其客户。如果客户需求总是单一的，没有过多复杂的业务，那么律师的体系化认知就很难提升。

## 三、律师的专业化，怎样定义

在讨论了一番专业化如何推进之后，我们再回到文章之初的问题：专业化，该如何定义？

关于这个问题，我们或许需要先回到问题的本源——当我们讨论专业化时，究竟是在讨论什么？

无论从整个律所还是律师个人角度，讨论专业化，大多数时候都是在讨论一个问题——如何提升竞争力，或者说，如何提升为客户服务的能力。

因此，可以说，专业化的最终导向，是客户对它的需求和认可。以客户的视角定义专业化，或许更为合理。

“一个好律师，一个专业的律师，最终是由市场来决定、由客户来决定的。我认为能够为客户合法且最大程度实现其商业目的，就是一个优秀的专业化律师。如果一个律师自认为对一个细分领域研究得很透，但是却没有客户因此而选择他，那么恐怕也不能算是一位优秀的专业化律师。”邱梦赟说。

这一观点或许能为“专业化指什么”做一个有力的注脚。

从客户的角度看，差异化知识/经验、体系化知识/经验都是必不可少的。

邱梦赟认为，可以用钉子来形容差异化与体系化之间的关系，纵向的尖头（差异化）决定了钉入的深度，而横向的圆帽（体系化）则确保钉子的稳固。纵向与横向发展都重要。

差异化能力，让律师能够在细分领域为客户提供更高效、更高水平的服务，为客户创造更大价值，因此更容易受到客户信任。

体系化能力，让律师能够对客户的商业目的能否实现、如何实现作出判断，即使接到的是客户的细分需求，也能做出综合分析。并且，在做出判断之后，知道寻找哪些领域的法律专家共同组成一个项目团队。

如果不能帮助客户实现商业目的，那么差异化能力就如无本之木。

## 结语

正如文初所说，专业化，已是业界一股不可逆转的趋势。

精专律所通过更精细的赛道拆分，获得特定领域的竞争优势，在综合大所林立的当今市场格局下站稳脚跟。条件允许的综合性律所，也在内部推进“主业 + 辅业”的律师专业化建设，除了提升各领域的服务质量，也可以缓解律所的内部竞争。除了律所层面对专业化的重视，有明确业务定位的律师团队，也会有团队内部的专业化方案和要求。

除了提升效率，法律服务行业的分工也有利于缓解垄断、推动合作。

分工的细化可以为行业的新入局者提供一个“搅局”的机会，头部大所或成名的律师固然已在传统领域掌握了优质的业务资源，但是，新兴律所或团队往往更为灵活，可以寻求单点突破，开创一片新天地，站稳脚跟，以图后续发展。

对律师个人而言，深耕细分领域意味着更多的案源推荐机会，这不仅是因为你在特定领域的优势，更因为你的优势只在特定领域，律师同行将业务转介于你，无客户被夺之忧，毕竟在利来利往的市场上，共赢才是根本。

不过，无论是哪种情形，客户应该是专业化的最终导向，随着经济和客户需求的变化，对专业化的讨论一定会长期持续下去。

# 客户要求，等于客户需求

李俊辰

“客户不是要买电钻，而是要买墙上的那个洞。”这句经典评论，一针见血地总结了客户表面要求与核心需求之间的差别。

客户提出要买电钻，你可以孜孜不倦地介绍各种电钻的型号、功率、价格。但是，你也可以问对方要打多大多深的洞、在哪里打，再向对方介绍合适的电钻。前者是在卖电钻，针对客户的表面要求。后者是在卖“打洞”，解决客户的核心需求。

客户想要的不是产品，客户想要的是达到目的。

回到我们所在的律师行业。法律服务的本质是什么？是法律，还是服务？对于这一问题的理解，或许能影响一位律师的成就甚至境界。

从客户的视角看，法律服务的本质，是服务。这就意味着，客户需要的不是法律知识，而是解决问题、达到目的，这是法律服务存在的价值。法律知识和分析只是手段，不能落地解决问题的法律知识和分析，对于客户是没有意义的。

有些非法学背景的客户，他们可能根本不在意你精妙的法律分析（甚至听了头晕），他们需要的只是一个答案、一个结论。这并不是因为法律分析本身没有意义，而是因为法律服务作为一种服务，其价值本质不在于此。

因此，对于律师而言，在拥有扎实的法律专业能力之余，必须把洞悉客户的核心需求作为自己的一项核心竞争力去培养。

然而，明确客户的核心需求并不像说起来这么容易。

客户提出的要求，往往可以粗略分为两个层面：一是最终目的（核心需求），二是实现手段（表面要求）。这些都是客户真实想要的，但是重要性完全不同。

而在实际的沟通中，客户往往提得更多的是表面要求，比如：

·客户提出想要上市，但其实只是需要融资，完全可以采用其他方式更好地实现。

·客户想收购一家企业，向您要股权转让协议的模板，但是客户收购标的企业，其实更看重的是对方的设备，而不是对方的股权。

· 客户想做股权激励，想要你提供一份股权激励协议的模板，但是其实模板只能覆盖一些共性需求，不能达到客户的具体目的。

这还是客户对自己的需求相对明确且愿意表达的情况。实际沟通中，律师完全有可能遇到客户需求不明或者遮遮掩掩的情况。

那么，阻碍律师洞悉客户核心需求的因素有哪些？又有哪些技巧可以帮助律师了解客户的核心需求呢？

## 一、是什么，妨碍你洞悉客户核心需求

笔者采访了几位律师，经过分析整理后发现：信任度、对接人角色、客户认知不足，这三大因素，往往决定律师能否获取有效信息，详见图 1。

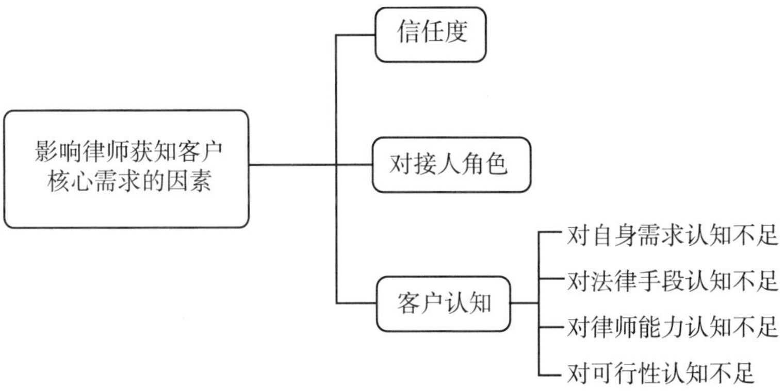


**图 1　影响律师获知客户核心需求的因素**

### （一）信任度

客户对律师的信任度，直接决定了客户面对律师时的表达意愿。信任的培养需要更多面对面的交流，并且极其考验律师的沟通能力与技巧。律师不仅要让对方信任自己的专业能力，而且要学会倾听与等待。

王毅，君合律师事务所合伙人：

“律师是跟人打交道的工作，这类工作的共同点，首先就是彼此之间有一个信任的基础。所以除了讨论法律问题，还需要有更多面对面的交流，在复杂的业务中尤其如此。这样做至少有两方面好处：

“首先是让客户知道我们做过哪些项目，克服过哪些难点，通过这样的信息传达，让客户对我们的专业能力和专业水平有所信任。

“其次是了解客户的情况，包括客户的个性、说话的方式，等等。比如，表达很

婉转的客户，可能一开始只会说些浅层次的需求，沟通多了之后对我们产生了信任，才会把更深层次的需求说出来。在帮助客户设计股权激励方案的时候，对企业内部的人际关系了解得越深，提供的解决方案就越可能符合对方的需求。”

高丽珉，金诚同达律师事务所合伙人：

“首次接触的客户，往往会隐藏一些真实想法。比如，常见的收并购项目中，一些客户基于经营策略等保密性考虑，对项目深层次的交易目的及后续安排，初期沟通会有所保留。

“客户表达真实想法的程度，一般与对律师的信任度成正比。而这种信任度，需要通过持续、真诚、专业的沟通交流去累积。客户和律师之间一定会经历一个彼此了解的沟通过程。这个过程中，律师立足客户的角度考虑问题，以专业能力为客户解决问题；客户得益于律师的专业服务，不断累积信任度，最终形成信赖。同时，律师也更容易接近客户最真实的想法，并有助于解决客户问题，形成良好反馈。”

（二）对接人角色

在实际工作中，与律师直接对接的未必是公司或项目的决策层，而是负责推动项目的专业人士，甚至只是传话人。这意味着，与律师对接的人员，可能本身并不掌握项目的完整信息和背景。或者，对接人基于自身立场，有属于自己的判断与考量。这些都会影响律师掌握一个项目中公司的核心需求。

作为律师，要尽量了解决策者的想法和项目的整个背景，也需要与企业法务等直接对接人建立密切的合作关系，充分考虑对方的立场与想法。

王毅：

“在沟通中，比较重要的一点是设身处地思考对方的身份和立场。与我们律师对接的有可能是对方的法务或公司请来的负责上市的专业人员，这些人的想法和老板很大程度上是不一样的。

公司的法律专业人员对公司股东负责，对结果和过程都要负责，压力更大，也需要在老板面前维持专业形象。

公司法律专业人员更了解企业情况，律师更了解法律。与企业法律专业人员打交道，重要的是让他们意识到，我们律师与他们其实是一个联盟关系，共同合作把项目做好，并没有威胁和挑战他们在项目中的位置。这样，使彼此之间的交流沟通更为坦诚、没有保留，否则，如果对方基于自身判断过滤掉一些问题，律师就无法知道项目的全貌。

企业老板或大股东的需求特点是，他们通常是结果导向的，主要关注结果。他们未必关心法律条文是怎样的，只要获得对方信任，可能就只需要直接给对方一个答案，过程的分析很多时候是不必要的。”

王喜平，竞天公诚律师事务所合伙人：

“需要考虑客户内部的管理体制，不同管理体制之下与律师对接的人员可能是不同部门、不同层级的人员。有时候客户那边负责与律师对接沟通的可能是具体的项目执行人员，本身不太了解项目的全貌，只是负责传达领导的意图。在这种情况下，就可能会发生真实意图不能有效传达过来的情况。如果发觉项目执行人员传达的信息存在不清晰、不合理的情况，要尽量与公司更高层的决策人员沟通清楚，或者请执行人员再确认领导要求背后想要实现的目的。”

（三）客户认知

认知，直接决定了信息能否有效传达。具体而言，客户认知不足，可再细分为以下几种类型：对自身需求认知不足、对法律手段认知不足、对律师能力认知不足、对可行性认知不足。

对自身需求认知不足，是指客户并不清楚自己需要什么。对法律手段认知不足，是指客户提出的要求并不是实现其意图的最佳方式。对律师能力认知不足，是指客户并未意识到律师有解决其问题的能力与经验。对可行性认知不足，是指客户的需求超出了自身的实际承受情况。

以上四种认知不足，都会导致客户在沟通中所表达的内容不会明显反映其核心需求或真实意图。

1. 对自身需求认知不足。其实，对于自己究竟需要什么，客户完全有可能自己也不清楚。如果客户对自己核心需求的感知是模糊的，就需要律师为他梳理清楚。如果某个需求是客户自己完全没有意识到的，那就意味着律师有创新、开拓一片新天地的机会。

喻鑫，竞天公诚律师事务所合伙人：

“有时候，客户的想法其实本身也不是很明确，只是有一个初步的构想，他们在与律师沟通的时候，本身也是在了解自身的需求是否合理，律师能提供怎样的法律服务。换言之，客户的需求本身也还在一个逐步明确的过程中，需要通过与律师的沟通予以确定。这是我们经常会遇到的情况。

“另外，客户的真实需求完全有可能还没有被客户意识到。所谓创新，很多时候就是前瞻性地分析客户自己还未意识到的需求，这些需求是很难通过交流直接获得的。很多时候，客户提出要 A 服务，只是因为大家都提供 A 服务，如果你提供了更创新的B服务，客户会更高兴。”

高丽珉：

“限于认知及知识结构，客户常意识不到或者说忽略了自身的真正需求。

“曾经有一个投融资项目，客户公司在发展到一定阶段后，同多数初创公司一样开始寻找适合的投资人进行融资。因为缺乏经验，拿到投资人提供的投资文本时，感觉很多条款非常苛刻，且与其愿望相背离，于是通过各种渠道进行咨询，得到的反馈基本都是说这是市场上非常常见的投资条款，投融资项目就是这样。于是客户初步形成了思维定式，也认为市场上的投融资方式就是如此，从而忽略了甚至说是隐藏了自身希望通过投融资实现的真实目标。

“在客户找到我时，我了解到客户是第一次接触投融资市场，为了更深层次地了解客户的顾虑和疑惑，帮助其准确说出需求，我花了很长的时间去倾听客户的创业经历，交流彼此对创业的看法。

“大多数创业者的目标无外乎两种，一是实现经济价值，二是实现人生价值，而小部分创业者的目标是实现社会价值。这位客户从创业之初即属于最后一种情况，可能在没有这次对话之前，客户对于自身的真正目的表达是模糊的，只是‘随大流’想要完成一轮又一轮的融资。

“在挖掘出客户的真正目的后，我请客户大胆提出创见，根据客户提出的细节需求梳理了条款，基于法律以及投融资实操，对一系列所谓市场常规条款进行了突破，并与投资人进行充分磋商，最终为客户实现了其超乎‘常规’的目标。”

2. 对法律手段认知不足。客户清楚自己要什么，但未必知道实现手段有哪些，因而向律师提出的并非最佳方式。这时，律师就要有专业敏感性，发掘出客户的真实目的。

王毅：

“有些客户的确不具备法律方面的基础知识，只能提出一些简单的直接需求，但是没办法把需求细化成可以操作的问题，没有完整的问题框架，这时候需要我们一层层把他们的问题理清楚，这是专业律师应该做的。

“比如，有些客户过来直接提出想要上市，当时明显又不符合上市要求，或者暂时很难获得一个理想估值。这时候我们就要了解他上市的目的是什么，有些客户其实只想融资，那么这时候虽然从公开市场上募资很难，但是可以去找私募投资机构再做一轮到两轮的融资，这样效率还更高一些，而且不需要过早披露公司的核心资料。

“还有一些客户有一定的业务和法律经验，但是不太全面，比如有些经验是道听途说的，或者相关的法律和政策环境已经发生了变化，以往的经验不能用了。面对这类客户，如果律师不是很有经验，就容易被过于自信的客户带跑偏，到项目后期才发现问题。这时候就比较考验律师，指出客户的问题不容易，但是如果最后结果不好，也会影响客户关系。”

王喜平：

“有一次，客户向我们要一份股权转让协议，要收购一家标的公司，当然我们可以根据客户要求做，不过当时我们又就收购的整体背景情况与客户做了深入沟通，发现客户看重的其实主要是对方的设备，但对方的设备还存放在海关保税区内，无法在规定期限内直接将设备转出保税区（否则要补税），因此采取收购股权的方式。

“在了解了这个大背景之后，显然若只是向客户提供一份常规的股权转让协议，虽然可以满足客户的‘要求’但并未真正满足客户的‘需求’，客户真正需要的应当是一份同时纳入了资产转让交易相关条款（比如对资产权属及相关权利负担、资产核验及交接流程的详细约定）的股权转让协议。”

3. 对律师能力认知不足。客户清楚自己要什么，但不一定知道律师能提供什么，因而没有把自己的最终意图表达出来。这时候，律师还是要甄别客户的最终意图，并用实际案例赢得客户信任。

喻鑫：

“此前有客户向我们要股权激励的协议模板，说是在自己协议写完之后，请我们审核一下协议有没有问题。这类法律需求其实很常见。

“但是，我当时与客户多交流了一下，发现客户其实并没有请管理咨询公司，也没有这方面的经验和能力，对具体怎么做自己也很头痛，所以想找一个模板作为参考。但是，客户并不知道，其实律师可以帮他们做股权激励方案。

“其实，我们律师可能已经做过三四十个股权激励方案，对于不同行业的一些主流做法，我们大概是知道的，可以把这些经验与客户分享，设计一个成熟的股权激励方案。

“毕竟，模板只能涵盖通用的情况，不一定能符合客户的实际情况。一份合法的股权激励协议，未必是一份有效的、能落地的协议。”

4. 对可行性认知不足。需求不是追求。自身客观条件足以承受的是需求，否则或许就属于追求。有时候，客户明确表达了自身的核心意图，但如果超出了其承受范围，那就不是真正意义上的需求，律师需要帮助其分析切合实际的需求是怎样的。

喻鑫：

“客户的需求与他们所能支付的成本之间有时是不匹配的。比如，客户要做一个合规项目，但是定的标准和目标比较高，需要投入的时间精力和法律成本也会比较高，超出了客户的预算。这个时候，我们就需要说服客户降低一下目标，因为有时候合规不需要一步到位，可以分阶段推进，这样相应的时间和成本投入能与自身需求达到一个平衡。”

## 二、如何有效分析客户需求

法律服务是一种与人打交道的工作。本文开头提到，客户提出的要求，通常可以粗略分为最终目的（核心需求）、实现手段（表面要求）两个层面。法律服务的真正价值在于帮客户达到目的。这意味着沟通能力的重要性。如何有效分析客户需求详见图2。

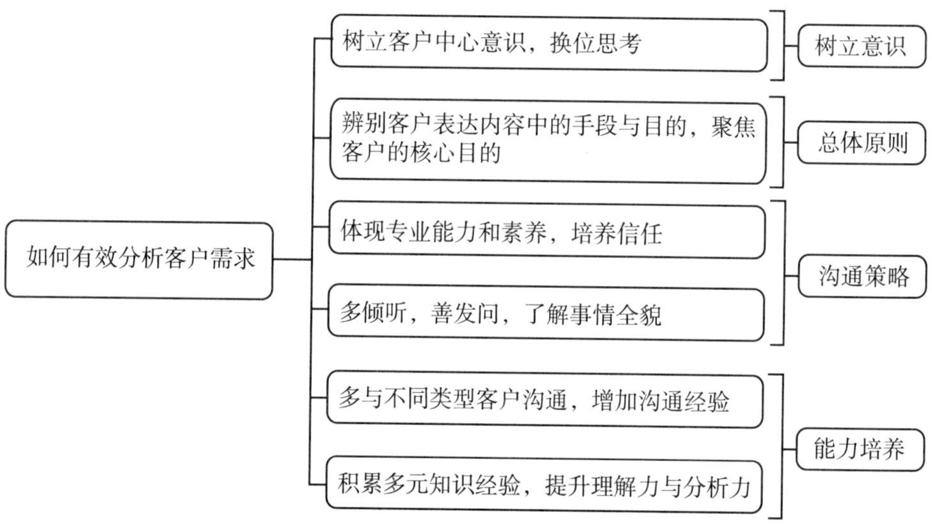


**图2 如何有效分析客户需求**

王喜平：

“客户提出的需求可以粗略分为两类：一是目的，二是手段，把这两者区分开来很重要。有时候客户表述的是手段，但是目的没表述清楚。有可能按照客户的手段展开工作，最后发现那个手段其实并非最优解。

“所以，在接到客户需求的时候，需要与客户沟通清楚，了解项目的背景和客户想要达到的效果，以客户目的为角度，回头来看是否有更好的实现途径。

“比如，客户让我们提供一份房屋买卖合同。在这里面，房屋买卖合同是手段，出售房屋是目的。对于企业客户而言，出售房屋有多种手段，比如，如果企业的主要资产就是房屋，其实也可以考虑股权转让，这种方式所涉及的税费成本可能更低。如果未进行深入分析，只是简单地回应客户的表面需求，可能就错过了以最恰当的手段实现客户的最终目的的机会。”

王毅：

“律师需要对跟人打交道这件事更敏感一些。我发现很多年轻律师，很多时间用在了做案头工作和专业能力上，与人打交道能力会差一些。所以，我建议年轻律师多多出去，跟不同背景、不同性格的人多聊一聊。背景、性格甚至区域不同的客户，在表达方式上都有各自的特点，有些直来直去，有些很婉转，有些可能是在测试我们的专业能力。只有在这方面的经验积累多了，我们才能真正理解客户的真正问题和需求。”

喻鑫：

“在洞悉客户需求的时候，我觉得最重要的一点就是以客户为中心。这点听上去好像很空洞，但是其实在我们这个行业很重要。

“律师是提供法律服务的，而客户需要实现的是商业目标，这两者之间能否契合是关键问题。律师经常容易犯一个问题，就是对商业经营不太了解，在客户提出需求的时候，更多考虑的是自己能提供怎样的服务，而不是分析客户需求背后的商业目的。这样就是以自我为中心，而不是以客户为中心。以这样的思维状态，很难有效洞察客户的真实需求。

“要做到洞悉客户的真实需求，我觉得律师主要应培养以下三方面的能力：

“第一是沟通能力，尤其是发问和倾听的能力。经常会发生客户对自身情况的介绍不充分或比较含糊的情况，这时律师就需要通过发问和倾听去发掘对方的实际情况和想法。

“第二是多元化和多类型的实战经验积累。不同行业和类型的公司有不同的需求，比如，同一个服务方案在金融行业适用，在科技行业就不一定适用。律师需要有丰富的经验来应对不同客户的不同需求。

“第三是综合性的能力与知识的积累。商业、行业、财务、技术等各个方面的综合知识，能帮助律师更深刻地了解客户的想法，否则与客户的沟通可能只是流于表面，很难提出有效的解决方案。”

高丽珉：

“记得早期从业过程中与客户交流时，比较多的是在表达自己的观点，希望通过专业来说服客户或者解答客户的问题。例如，在交流时一旦捕捉到某一要点或有用信息，就会直接说出自己的见解，此时客户很可能没有表达完整，话题由此也可能带偏。用这种方式，对客户的需求认知难免发生错漏，甚至是法律分析都可能存在偏差。

“通过多年的项目经验积累后，现在我更愿意在交流之初去耐心倾听，让客户能够充分表达。

“很多客户确实会在与律师交谈时花费大量时间描述方方面面的细节，天马行空，对于律师而言，可能其中真正与项目相关的有效信息只有几点，但这样的交流仍然非常有意义。客户是无法准确判断律师需要的有效信息的，提示客户时间及提示客户讲重点，最终往往导致更多次的重复沟通，更不利的是，可能将部分客户带离其真实目的，从而被动接受了律师给其定义的目的。

“通过客户对项目整体情况的详尽表述以及律师适当的引导，可以从交流中捕捉要点，辨识客户的真实需求，从而降低沟通成本，客户也会在律师的帮助下，更加明确自己的目标。总体来说，我认为充分的倾听非常重要，从结果来看是节省了彼此的时间，更好地实现真实的目标。

最后，还有一个要点，我所遵从的始终是用法律人的知识结构站在客户角度思考。法律专业再强始终只是一种工具，合理合法为客户实现他们的真实需求，才体现了工具的价值。”

概括而言，要做到有效分析客户需求，律师首先要树立客户中心意识，站在客户的立场看问题；通过有效的发问和倾听，不断发掘客户委托之事的背景和全貌，从而辨明客户表达的究竟是最终目的，还是实现手段。

# 律所案例篇

# 建纬：如何通过规模化打出“差异性”

吴梦奇 |

规模化，是近年来法律服务行业的潮流。一家律所成为“百人所”，即可视为规模化进程起步，但更进一步做到“千人所”的国内律所，至今也只有不到20家，且几乎清一色都是综合性律所。

除了建纬。

这家以基础设施、建设工程、房地产作为主要法律服务领域的专业所，如今从业人员已超千人，在全国设有多达26家分支机构。

本文以建纬为案例，着重研究两个核心问题：

· 一家精专定位的律所，如何做到综合性大所的体量？

· 精专所做“规模化”的理由是什么？

在规模化渐成行业趋势的当下，对建纬的分析或许能为业界理解“规模化”提供一个有益的视角。

## 一、规模之路：从6年0所，到7年20所

1992年，作为国办所的上海市建设律师事务所正式成立，隶属于上海市建委，带头人是在建工领域经验丰富、声望卓著的朱树英，律所业务也以解决行政系统范围内所涉及的建设工程、房地产领域纠纷为主，这使建纬从一开始便被注入了建工房地产基因，并自此专注这一领域近30年。

建纬在成立初期是一家典型的“精专所”。从创所起，到1995年改制，再到后来逐步取得市场认可，建纬用了10余年时间深耕专业，在建工房地产领域做到了前列，并坚定了专注建工房地产领域的发展路线——这一阶段被视为建纬的“专业化”发展阶段。

2002年，建纬设立了第一家分支机构——北京分所。至2008年4月，建纬已在深圳、昆明、武汉、长沙、杭州等地设立了分所。这一阶段，建纬进行了一定的规模

化尝试，但战略重心仍是树立和推广建纬自身的律所品牌，增强律所在客户群体、行业内部的口碑与影响力——这一阶段被视为建纬的“品牌化”阶段。

而在 2008 年之后的 6 年里，建纬新设的分支机构数量为 0。

“作为一家从上海走出来的专业精品所，彼时建纬已经设立了 6 家分支机构，但在管理上其实并无先例可循，处在‘边游泳、边学习’的摸索阶段。”建纬律师事务所主任邵万权表示。因此，在杭州分所成立后，建纬内部也达成了共识，认为有必要暂缓扩张脚步，优先进行内部整合以实现更好的内部磨合，形成一定的发展合力。

这一时期，建纬在探索和实践中建立起在每年召开两次的总、分所年会上讨论规模化发展问题的机制，逐步形成适合总分所需求的议事规则。

同时，建纬也在已经布点的省市进行更为精细的品牌建设、业务拓展工作，帮助分支机构取得了明显的业绩增长。在深圳分所的早期发展中，建纬正是通过总所与深圳分所合作承接深圳证券交易所大楼全过程法律服务等重要项目的形式，帮助分所打开了当地市场的大门——在 2008 年到 2014 年这段沉淀和内部整合期，建纬亦采取了类似的业务协作等多种形式帮助各分支机构丰富案源、扩大影响力，从而树立在当地建工领域的专业形象。

这 6 年，建纬在没有新增任何一家分支机构的情况下，通过内部整合实现了规模、创收的快速增长，也为更进一步的规模化做好了准备。

2012 年至 2013 年，以中小律所并入大型律所、中型律所间相互合并等情形为特征，律师行业出现了新一轮律所规模化潮流。而建纬在数年养精蓄锐后，也迎来了厚积后的薄发，正式步入创所以来的第三个发展阶段——“规模化”。

自 2014 年起，建纬保持年均 2～3 家分所的布点速度，至 2021 年年初，已在全国各地新设了多达 20 家分支机构，总人数也随之突破了千人大关。

早几年，行业中对建纬并非没有质疑：专注于建工房地产这个领域，会不会限制了建纬的市场空间？

建纬的发展回应了这些质疑。在扩张规模的同时，这家律所仍保持并不断提高建工房地产领域的专业性。

## 二、精专所规模化的理由：“差异化竞争”策略

作为律所发展路线中的两大分支，规模化和精品化的争执由来已久。两种路线有方向之别，无优劣之分。

那么，精专所有什么理由去规模化？

**建纬的答案是，差异化竞争。**

一般认为，规模所选择规模体量，以综合、全面的服务能力覆盖尽可能多的市场，拿下尽可能多的份额，代价可能是业务多而不精、管理费时费力等；精专所选择精耕细作，以某一领域的服务质量赢得客户的口碑、黏性，代价则可能是客户范围偏窄、抗风险能力差等。

建纬的差异化竞争则体现在：在和综合所的竞争中，建纬因多年专注建工房地产领域，拥有更具优势的人才梯队、研究能力和服务经验，针对性的部门设置也能做到满足大客户的衍生需求；而在和精专所的竞争中，建纬拥有更强的跨地域、跨部门大团队服务能力，能兼顾大体量客户多样化的需求和小体量客户定制化的需求。

邵万权将之概括为："比规模所更精专，比精专所有规模。"

对于精专所做规模化，一个普遍的担心是：在市场相对不那么发达的地区，很难保证优势业务在分支机构业务构成中占据主要地位，这反过来也会影响到律所在当地市场中的品牌形象。

建纬的解决方式是，以专业为纽带，通过"授之以渔"的形式带动各地分所调整业务结构。目前，总所在建工房地产领域的业务占比稳定在90%以上，这构成了建纬带动其他分支机构发展建工房地产业务的基础。

建纬会通过内部的资源调配整合总分所建工方面的业务团队支持，再通过总所与分所、分所与分所之间的业务协作完成这些项目，让各地办公室逐步愿意承接从前没有底气或没有能力接的项目，一方面保障了业务质量和律所品牌，另一方面也得以将整个律所的业务池不断做大。

此外，由于建工领域具有明显的属地化特点，房地产企业、建筑工程企业都需要接受政府各条线上的属地化管理，这意味着在当地设有实体的企业更容易取得竞争优势——它们在遭遇法律问题时，自然也会希望获得律所、律师的现场服务。建纬在各地设立分支机构，也便于为客户因地制宜地提供服务，兼具地域资源与律所资源优势。

毫无疑问，建纬的差异化竞争思路值得借鉴，但需要明确的是：对于精专所而言，想走规模化路线，做好"专业"是一个必要前提。

"专业"是精专所的核心，也即在某一领域取得比其他律所更大的专业优势，能提供更高质量的服务，并建立起相对其他律所的专业护城河。

建纬的专业优势，表面上在于其很早就开始进行专业化，甚至早于大多数律所的成立时间，深层次原因则是它在人才打造、专业研究、部门设置等方面做出的长期努力——在建纬的视角里，专业化绝非在某一领域进行量的堆积，而是一个多层次的概念。

人才打造方面，建纬不仅拥有一大批有法律背景的人才，还吸收引进了诸多具有行业背景的人才。这些来自房地产企业、施工企业、设计院、监理单位、造价咨询单位的复合型行业人才，既懂专业，又懂法律，在服务客户的过程中能直击其痛点，对他们最为头疼的问题给出针对性建议和解决方案。

专业研究方面，建纬在过去近30年里持续进行专业研究，出版了数十本相关著述，还定期为客户提供建纬律师撰写出品的研究刊物，为客户解读经典案例与前沿问题。同时，基于对建纬律师专业性的认可，建工领域的规则制定以及立法、示范文本制定中亦有建纬律师的身影，这给了建纬更高的起点，进一步巩固其专业优势。

部门设置方面，建纬在专注建工房地产领域的前提下，根据客户的不同领域进行了详细的部门划分，包括房地产、建设工程、工程总承包、不动产金融、城市基础设施（PPP）、涉外、企业合规风控等。基于这种市场细分，建纬针对性地进行产品线开发和推广，满足客户既有需求的同时也预判客户的未来需求。同时，建纬还在传统建工房地产的基础上拓展行业上下游，开发衍生业务，给客户提供更全面的服务。

如此，一套包含复合型人才、深层次研究、精细化分工协作的专业化体系逐渐成形，并为建纬实施规模化、打出差异性奠定了基石。

## 三、如何更好地规模化："全国管委会"体系

事实上，对精专所而言，即使有明确的规模化需求，在规模的扩张过程中往往也会面临两个显而易见的问题：

一是**"往哪扩"**。精专所想扩张，受到的局限远比综合所大：市场越发达，细分领域的发展空间越大，但发达地区的高集中度决定了精专所很难触及更广泛的地区，布点密集了会有利益冲突问题，布点松散了则有生存问题。

二是**"怎么扩"**。直投直营还是自收自支？怎么设计管理架构，以消解分歧、形成合力？怎么在扩张中保持主赛道的绝对优势？

这些问题，建纬也遇到过。

对于第一个问题，建纬在不同阶段选择了不同的策略：2008年以前，建纬的发展重心仍在"品牌化"，因此更倾向于在经济相对发达的地区，通过吸收合并当地的成熟律所进行扩张。而在2014年之后，经历了内部数年的沉淀、思考，建纬的规模化策略体现出了更明显的方向性，转变为基于国家战略、市场趋势等因素，有意识地选定发展区域进行接洽、布局。

"如'一带一路'涉及一批有发展潜力的西部城市如西安、乌鲁木齐，建纬就已经在当地设立了分支机构，包括2004年设立的昆明分所，也是在响应国家西部大开

发战略的大背景下设立的。”

而对于第二个问题，建纬在过往近20年里进行了大量实践，以此检验和不断修正自己的路线。

最近的一次更新是，2021年3月，建纬正式组建了全国管委会，由朱树英担任主席，邵万权担任执行主席及会议召集人，加上其他9名首届委员，组成了这届共计11人的建纬总分所协同管理机构。

需要注意的是，11人中，总所仅占5席，来自分所的人员则占比过半。用邵万权的话说："如果所有分所都反对总所的决定，那这个决定一定是有问题的。"

全国管委会下设5会1院：风险控制委员会、品牌运营委员会、市场拓展委员会、财务预算委员会、职业发展委员会，以及建纬研究院。考虑建纬分所数量众多，每家分所都至少有一名对应的管理合伙人，分别参与各个委员会的工作——建纬希望通过这种模式给未来的发展定下基调。

"6个委员会，对应了当前体系下建纬急需解决的重点问题。"这是建纬对管理架构设计思路的解释。

风险控制委员会的职能是处理内部利益冲突。由于建纬的业务集中在建工房地产，且全国布点的数量越来越多，因而对利益冲突风控这块需求强烈。

品牌运营委员会和市场拓展委员会侧重统筹总分所进行品牌建设和市场拓展活动，区别在于侧重点的不同。

财务预算委员会负责建立总分所的资金池，从而给各专门委员会的活动提供资金支持。

职业发展则是着眼于事务所的长远发展，为建立人才储备而生，负责组织包括统一校招、内部文化建设等方面的工作。

而建纬研究院不仅负责律所研究成果梳理、新兴技术预研等专业类研究工作，还承担了律所发展规划与战略的制定。

这套架构从2019年年末开始系统性搭建，目前已经逐步走上正轨，各个分支机构的参与度、积极性都有了明显提高。

"这几个板块都是根据建纬在规模化过程中所遇到的具体问题而逐步设计确定，如果律所有条件，可以在确立总分所发展制度的初期，就将这套制度体系固定下来。"邵万权表示。

这是建纬的经验之谈，不一定是其他律所的最优选——对精专所而言，了解自身并对症下药是最佳策略。但作为精专所中的规模化表率，建纬仍会继续探索出更多可供行业参考借鉴的经验。

## 结语

自1992年起，建纬用10年打造出了一家建工房地产领域的精品专业律所，成为精专所中的先行者。

自2002年起，建纬又通过不断摸索修正，走出了一条精专所通过规模化实现“差异化竞争”的独特道路。

2021年3月1日，我国首部关于流域保护的专门法律《长江保护法》正式生效，同日，建纬主办的“工程总承包法规制度宣传周”开幕，并宣布成立“水项目业务部”——这是建纬专业化基因的传承。

也是在3月，在中山东二路的外滩新地标BFC外滩金融中心31楼崭新的办公区，建纬完成了管委会换届，由邵万权接替已经72岁的朱树英，成为新一任律所主任——这是建纬规模化中枢的焕新。

有一点是明确的，并不是所有精专所都适合规模化。每一家律所都应结合自身实际来制定具体的发展战略，建纬本身亦定位为与建工领域特征相匹配的适度规模化。

建纬的故事在延续，它的成长经历也许不会被复制，但个中亮点与思路却值得行业借鉴。

# 阳光时代："隐形冠军"模式在法律行业是否可行

伊晓俊

时下，有个热词叫"隐形冠军企业"。这一概念由德国管理学家赫尔曼·西蒙提出，通常这类企业具有以下特点：

**规模不大；**

**在某一细分行业或市场占据领先地位；**

**隐身于大众视野之外（但在特定行业客户中享有知名度和声望）。**

仅从这些特点来看，是不是与法律行业中某些"精品化律所"很相近？

在规模化不断发展的法律行业中，有一家规模不算"大"的律所将目标对准能源、环境及基础设施领域。近年来，它频频登上各大国际评级机构榜单，被客户誉为"中国能源和环境领域最专业的律师事务所"。

本文以阳光时代为例，将着重研究三个核心问题：一家精专所如何探索自己的业务纵深，克服业务结构单一的风险？一家精专所如何在规模大所林立之中确立优势、立足市场？一家行业化精专所，其发展模式如何与行业特性相契合？

从"隐形冠军"视角解读这类律所的发展模式，或许能帮我们找到答案。

## 一、定位市场

对于任何商业机构和组织来说，选择和定位市场是其战略的出发点。《隐形冠军》一书作者赫尔曼·西蒙认为，那些典型的"隐形冠军"成功的第一步，就是选对了专攻的特定领域和市场。

这种做法最直接的好处是，能够让商业组织避免陷入无序、低价、激烈的市场竞争中。在明确定位及目标客户群体后，再通过提升专业竞争力，打造深入人心、脍炙人口的差异化品牌，不断提升市场的辨识度和认可度。

但是，也应看到，细分市场的体量通常较小，需要尽可能纵深挖掘潜力、培育客户需求，而非一味地走综合化、规模化生产的路线。这也使“隐形冠军”常常面临业务结构单一、抗风险能力较弱等问题。

以阳光时代为代表的“精专律所”是如何解决定位和发展问题的？

**首先，找到深耕领域，建立差异化的竞争优势**。能源、环境及基础设施法律服务就是法律服务市场的一个“小众”领域。阳光时代将此领域定为深耕方向，专注于尚未被满足、被开发的市场需求，建立起差异化的竞争优势。

1995年成立后，阳光时代即明确了大的行业方向——电力，这与创始人陈臻的个人经历有关。她早年曾任职于浙江省电力部门，参与了大型基础设施BOT、电力项目境外融资等，办所后，“服务电力项目解决缺电问题”成为她的创业初衷。

2005年前后，度过十年探索期的阳光时代开始思考下一步的发展问题，陈臻对外部环境和自身优势特点进行分析，明确了律所的发展道路，即“成为一家专注于能源、环境及基础设施领域的行业律所”。

陈臻认为，这一业务方向对阳光时代而言是最适合的选择，既符合社会经济形势，也契合自身发展特点，同时还能为客户提供优质的服务，为社会经济发展做出一定贡献。

**其次，明确自身战略定位，奉行“长期主义”原则**。要做一家“隐形冠军”，明确未来赛道后，保持初心，并辅之以一以贯之的坚持则更为关键。

正如阳光时代主任陆利忠所言，战略的要义，就是坚持有所为有所不为。多年来，当面对其他业务的“诱惑”时，阳光时代敢于做出取舍，体现了其对自身战略定位的坚守。

1999年左右，基于宏观调控政策等原因，国家收紧了对电力投资项目的审批，阳光时代服务的许多项目面临停摆。但在最难的时候，阳光时代也没有动摇其最初的定位选择，当时有人给律所介绍了律师费高达70万元的涉外离婚案件，陈臻考虑再三还是推辞了。

面对一时的困境，阳光时代一方面维护老客户，另一方面组织律师学习专业知识、修炼内功。陈臻本人也在那时高分通过了证券律师从业资格考试，具备了为电力行业上市公司及能源投资集团服务的能力。因为对专业的坚持，阳光时代被当时的国家电力公司邀请到北京提供法律服务。以此为契机，2004年，北京办事处应运而生，阳光时代迎来了发展的转机。

**最后，根据趋势进行业务布局，继而引领市场**。聚焦并非一成不变，当遇到市场份额饱和、增速放缓等“天花板”后，依托原有技术或优势进入相近、相关的业务是“隐形冠军”组织的惯常做法。长久以来，阳光时代在电力、能源、环境、基础设施等领域条理性地革新布局和深入挖潜。

世纪之交，中国电力体制迎来变革，传统的电网企业面临业务类型和商业模式的转变。于是，阳光时代顺应客户需求的变化，前瞻性地布局煤炭、石油、天然气、核能、新能源等能源领域的法律服务。

“能源”与“环境”关系密切，两个领域相伴相生，互相影响。2005 年，以《京都议定书》正式生效为契机，阳光时代开始涉足气候变化领域，成为全国最早开展碳排放交易法律服务的专业机构之一，率先为国内清洁发展机制（CDM）提供全过程法律服务。

当时该领域尚看不到明朗的前景，但阳光时代相信，在环境领域的布局定能在未来获得丰厚回报。陈臻开始带领一个小团队从课题研究和立法咨询入手，不断摸索业务机会。

在基础设施领域的布局，亦得益于阳光时代在能源方面的长期投入。能源开发过程涉及大量的基础设施建设，能源项目资金投入高，法律关系极为复杂。21 世纪初，国家一方面采取积极措施加大对基础设施建设的投入，另一方面鼓励外资和民营资本对基础设施项目的投资，这同时也催生了相关法律服务的“蓝海”。阳光时代利用自身优势，抓住机遇，参与了大量基础设施项目，以及伴随中国企业“走出去”的一系列海外投资开发建设项目。

陆利忠认为，**一家律所的业务定位，同其自身优势、过往发展中累积的经验、客户资源等因素息息相关，所处的时代背景、外部环境的变化也是重要的考量因素。内与外多方面因素的结合与需要，使阳光时代有了今日清晰明确的业务格局。**

## 二、构筑壁垒

“隐形冠军”企业能创造并利用自身独特的“壁垒”，是其在市场中安身立命的关键。

在某个领域站稳脚跟之后，“隐形冠军”会面临来自两方面的压力：其一，来自对手，面对竞争压力较小、具有广阔潜力的市场，竞争对手势必通过各种手段试图跨进“门槛”；其二，来自客户，特定行业客户特殊化、个性化的服务需求，对于“专业性”以及解决问题的能力要求更高。

要突破这两方面的障碍，需要组织修筑“护城河”，巩固和确立自身优势。对于阳光时代而言，陈臻曾指出，选择能源与环境行业这一相对较窄的方向，会带来“三高”，即客户集中度高、对律师素质要求高、品牌影响度高，三者“一荣俱荣、一损俱损”。因此，如何在细分市场中做优做精，同时满足特定行业客户需求，成为需要重点思考并解决的问题。

**第一，解决客户集中度高的问题**。行业集中度高的客户，业务结构、运营模式等相似性也较高，服务的“可复制性”更强。做好一家，同类型客户的服务则更好入手，因此，搭建完善的项目管理体系、风控体系、知识管理体系等就至关重要。

在能源领域，大型企业、大项目居多，客户对律师团队的专业及高效服务能力更加看重。阳光时代针对行业客户的特点，引入了在工程项目管理中应用普遍的项目管理工具，作为提升作业效率、平衡冲突、规避风险的有效方式。

这一领域技术含量及专业门槛高，单兵作战难以满足大客户及大型项目的特点，阳光时代提出了“团队化运作”的作业方式，即业务办理实行“大兵团、多兵种”，使主管律师、主办律师、承办律师和律师助理间形成优势互补、信息互通，有效整合并精准投放人力资源，尽最大能力满足客户要求。

**第二，解决人才素质要求高的问题**。聚焦细分领域的“隐形冠军”，通常以“高人才密度”著称。那些专注服务特定产业的律所，不仅需要其人才具备这一领域的知识技能，还要求人员对行业趋势有敏锐的洞察力与机会意识，能从关注自身“专业”转向关注客户“需求”。

就阳光时代而言，其很早就开始注重“懂行律师”的选拔和培养工作，提出了打造4个“四分之一”复合型专业人才的口号（四分之一法律、四分之一工科、四分之一财经、四分之一国际），力求打造对法律知识技能、行业背景、企业运作都通晓的人才。

此外，阳光时代每年会在所内组织从“律界新人”到合伙人的全周期培训。除了合伙人外，阳光时代还会邀请咨询机构人员、高校教授、企业家等外部讲师授课，从宏观的行业发展角度为律师和律所的发展提供方向性建议，目的是培养律师保持对相关产业发展关注的能力，从而形成“行业化”思维。

**第三，解决品牌影响度的问题**。在“隐形冠军”的相关评判标准中，“不为外界所知”是其中的重要标准之一，原因并非在于这类组织不重视品牌，而在于其将建设重点放在了积淀品牌、提升核心竞争力、满足客户需求上。

对于客户而言，“隐形冠军”的品牌享有极高的知名度和声望。专攻细分市场的律所，品牌影响度附着于专业服务能力、客户满意度、市场评价等多个维度中，在竞争日益激烈的当下，品牌影响力和市场美誉度越发成为各家机构立于不败之地的根基。

2005年左右，得益于服务大型企业的经验积累，现代企业制度、先进管理体系让陈臻打开了律所建设的思路。她意识到，律所也需要像经营公司那样去经营，保障律所资源的高效配置，打破传统个体户律师各自为战的弊端。

于是，在管理方式上，阳光时代确立了质量控制、客户管理等各项管理制度，尽量满足客户对于专业资源的最佳配置需要。同时，在多年发展中，阳光时代注重将品牌回归专业化，努力沉淀品牌，将品牌建设寓于细节中。例如，拿出去的每一份文件、报告、PPT 都要有阳光时代的符号，有专业的独特文化烙印；通过大型项目和案例累积，形成对外宣传的行业专家形象，最终以品牌的方式沉淀下来。

### 三、确立优势

在赫尔曼·西蒙的观念中，“隐形冠军”所形成的“市场领导地位”并非取决于其所占市场份额，而是取决于其他一些因素。其中，“活跃的创新力”是其奠定地位的根基之一。

“隐形冠军”发展到一定阶段时，难免会受到市场规模的掣肘，因此在发展中后期，这类组织往往有两条道路可选：一是以原有优势为根据地，向其他领域进军；二是继续巩固并确立与竞争对手相抗衡的能力，即提升自身创新能力与核心竞争力。那些选择了第二条路的组织，则会将主要精力放在提升产品及服务质量以及创新层面，以此确立和巩固地位。

面对当前法律市场的发展格局和日趋激烈的竞争环境，陆利忠有两个基本判断：**第一，中国法律行业还有广阔的发展空间，增量还很大，远未达到“饱和”的程度。第二，客户越发需要律师提供差异化的服务，具备解决复杂问题的能力**。

基于这两点，阳光时代的关注重点不在于如何应对市场的竞争，而在于在市场不断变化的时代，如何坚持“做自己”，守正出奇，把客户服务好，成为更好的阳光时代。

例如，在“30·60”碳中和目标的大背景下，阳光时代专门设立了绿色金融事业部，组织了一批有志于研究气候变化领域的律师与顾问，研发碳金融相关法律服务产品，每周坚持一次业务学习，钻研绿债发行、绿色电力证书、碳排放权交易、环境权益交易、新能源项目资产证券化等业务。

近年来，根据对行业发展和客户需求的判断，阳光时代聚焦市场开发模式创新，致力于成为环境、能源及基础设施领域行业客户的首选律所、培养行家型律师这几大目标。为此，陈臻将其概括为一套“核聚变”心法：

核，就是以阳光行家型律师为核心竞争力；聚，就是聚焦能源、环境、基础设施行业，聚集各路英才；变，就是时刻关注行业变化，整合资源，跟上客户发展的脚步。近年来，阳光时代在专业、研发、管理等各方面的创新举措也与这套心法并行不悖：

**第一，构建培养“行业专家”的组织体系**。丰富的顶尖人才储备是事业成功的基石，但稀缺的人才资源也成为很多“隐形冠军”发展的瓶颈，当市场上没有现成的专家时，隐形冠军只能通过“自己动手、丰衣足食”，来保证让知识和经验薪火相传。最新的发展趋势是，当业务类型变得越复杂时，人才的竞争力就显得更加重要。

阳光时代面临的情况也较为类似，近年来业务的发展使其对于“行家型”律师越发渴求。2018 年，阳光时代开始谋划设立以行业为单元的事业部，部门以业务研究和开发为先导，本质上是律所对业务的长期布局。事业部同业务部门相互交错，构成阳光时代业务的“网格状”横纵坐标，为专业人员赋予了精准的“法律 + 行业”定位，最大限度确保其能培养出一批真正懂行业的专业人士。

**第二，以研发奠定在市场中的竞争地位**。对于一家专注某一行的“隐形冠军”而言，很多时候会面临全新的、从未开拓的领域，并不清楚客户的需求在哪里，这个时候其内部研发部门就要承担很大一部分职责，通过前瞻性研究，进行服务产品设计，以产品化的思路开拓市场空间。

阳光时代在 2012 年设立的环境资源能源事业发展研究中心（ERE 中心），成为其核心竞争力的保障之一。陈臻把本人亲自带领的 ERE 中心比喻为“戈壁滩上的勘探队”，承担寻找油田的作用，找到油田之后，钻井部队（业务律师）再上来完成后续的作业任务。

作为阳光时代的研发部门和“智库”，ERE 中心的功能并非立竿见影，更多是为律所长远发展奠定基础，有时当年度启动的研究，数年后才能迎来首个业务。ERE 中心不承担创收职能，多数以理工科或经管类背景为主的人员构成，致力于将相关领域的前沿问题研究与法律服务方案相结合。

**第三，用信息化赋能组织升级**。面对越发激烈的竞争，“隐形冠军”组织难免会遇到管理、市场竞争方面的发展“瓶颈”，而如何升级，利用信息系统提升服务效率和管理能力，让传统的手艺同互联网时代的步伐一致，让客户商业利益实现最大化，也成为当下面临的问题。

目前，阳光时代也在重点进行业务结构的进一步改革，着力打造“业务前台、数据中台、管理后台”的新模式。其中，“数据中台”以法律业务产品为核心，通过大数据和 IT 工具打造知识共享平台，为打造“数智”律所创造条件。

## 结语

以“隐形冠军”的视角来看一家行业化精品所的发展，我们发现，双方的成长之路存在相近之处，并且这种发展模式构成了一个逻辑自洽、环环相扣、缺一不可的系统。

首先，清晰坚定的市场定位明确了精专律所的目标和战略，为其成功奠定了基础；

其次，坚守初心，提升差异化的服务能力构筑了发展的“护城河”，确保其面对强大竞争时可以立于不败之地；

最后，注重提升创新能力与核心竞争力，成为其取得成功的关键因素和落脚点。

在整个行业都在“规模化”之时，找准发展定位、构筑竞争壁垒、树立创新优势，或将是精品化律所突围破局、成为“隐形冠军”的关键。

就阳光时代而言，其所处的能源行业对综合知识能力的要求极高，因此为重研发、重创新的精专律所提供了取得竞争优势的知识空间。能源行业的复杂度，则为精专律所深度发掘客户的新需求提供了业务空间。

由于该行业的客户集中度高，阳光时代无须在分所布局上投入资源，而是因应项目规模大而复杂的特点，将精力用于提升律所的公司化管理和一体化程度。

阳光时代的发展经验，相信能给广大中小型律所提供重要的参考和借鉴。

# 天地人：合伙人分配
## ——“动态股份制”是怎样做到的？

吴梦奇 |

管理，素来被视为中国律所进阶发展的大课题：不同于企业，律所是人合组织，传统律师往往是集客户开拓、业务承揽、业务办理于一身的“个体户”，也因此，律师认同度不高、团队协作能力弱往往是律所进一步发展的最大“拦路虎”。

要解决管理难题，合伙人制度设计往往是重中之重。这方面，由于中国律师行业的后发性，地处沿海发达地区的律所往往更容易出现创新范例。

但也不乏特例，譬如湖南天地人律师事务所——当主任翟玉华和管委会在2009年拍板引入“动态股份制”时，他们也许没有想过，这家地处三湘、最早可以追溯到1993年的老牌律所，会在多年以后因为独具特色的合伙人制度而为业内所称道。

简单归纳一下天地人的成功经验，其实不过三点：“天时”“地利”“人和”。

即便如此，这家律所给行业提供的参考借鉴，却仍然非常值得一谈。

### 一、充满生命力的“动态股份制”

管理服务于业务，而业务落实离不开合伙人，因此，对绝大多数律所而言，管理就是管合伙人——合伙人蛋糕分好了，队伍就能稳定，客户就能满意，律所的未来发展才有底气。

在合伙人的层级设置上，目前律师行业的普遍做法是，根据持股/分红与否分为非权益合伙人、权益合伙人两级，或者根据资历、创收能力等分为初级合伙人、高级合伙人。通常，权益合伙人的股份不会随业务量增减有过大变化。

天地人则不一样，采用的是一套**开放、动态、竞争的**“动态股份制”合伙人股份机制。这套机制下，全体合伙人均能参与持股，合伙人股份亦会进行动态调整，能力越强、收益越高。退休后，合伙人会一次性领取退休金并退伙，以此实现新老交替与基业长青。

**全体合伙人均能参与持股**，指的是所有等级的合伙人均可以参与律所实际出资。换句话说，只要是天地人的合伙人，就能根据其业绩表现和律所贡献获得一个出资比例，从而成为律所的“股东”。在很多律所，初级合伙人/非权益合伙人并没有实际参与律所出资，归属感和“主人翁”意识也就不那么强，但在天地人，所有合伙人都是律所的建设者——这大大提升了合伙人层面的凝聚力和积极性。

“在分配方面，天地人的合伙人收入包括了业务费提成、业务收入提成、积分报酬以及红利等多个模块，考虑了业务协作、业务办理、参与管理、出资分红等多个要素。”常年负责所内财务管理的管委会委员熊屹介绍道，“天地人没有固定的提成比例，而是根据每年合伙人的创收情况，扣除当年度的运转成本、税收、合伙人退休金以及发展基金等之后，再进行分配。由于天地人购置了自有房产，因此收入方面还有一块出资分红，分红金额不超过办公场地租金市值的一定比例。”

**动态调整**，指的是天地人会在固定周期内考核合伙人的参股能力并动态调整。目前天地人将合伙人分为9级，每两年考评一次，根据绩效分表现来决定合伙人等级升降。为了让年轻律师的上升通道更顺畅，鼓励有潜力的年轻合伙人脱颖而出，升级最多可以一次升2级，而降级只能逐级下降。同时，绩效分中合伙人创收权重接近90%，创收因素比重大大高于资历因素，结合股份的动态调整，带来了不论资排辈的工作氛围，也给那些能力出众但资历不足的年轻人更多机会。此外，业绩分也囊括管理参与度、为律所提供的公共服务、执业年限等其他要素，以对合伙人进行更科学全面的评估。

这种“动态”，在外人看来可能会牵扯出一个问题：大家的股份利益都在一个盘子里，新人进来，老人的股份/利益就会被“稀释”，这该如何解决。

在翟玉华看来，这种想法有些僵化。

“最早我们创收还不高时，只能从中划出100万元作为股份，2020年我们创收近2亿元，股份价值也随之增长到了数千万元。”翟玉华表示，“合伙人关心的其实并非股份有没有增加，而是绝对收入有没有提升。因此，做大收入池，提升大家的收益，这才是最核心的”。

近30年的管理生涯，足够让翟玉华积累许多关于律所管理的思考、实践。在他看来，动态股份制，本质上解决了人的积极性和应得利益之间的平衡问题：人才是创造财富的关键，需要用合理的利益安排去激发其积极性，有了积极性就又能创造出更多利益，形成正向循环。而人的能力、贡献乃至工作状态，自始至终都是一个变化的过程，如果用一个固定股份去评估、对应，显然并不符合先进生产力的发展要求。

“脚到哪儿，鞋子就要到哪儿，这才符合事物的发展规律。”他打了个比喻。

应用至今，“动态股份制”表现出了相当强的生命力。从2009年确立起，细节多有调整演变，但最核心的东西——对有能力的合伙人的激励，则在过去十余年里一以贯之，这给天地人带来了可观的管理与发展成效：

**一方面，动态股份制降低了年轻人晋升合伙人的门槛，很大程度上强化了天地人对内外部人才的吸引力**。截至2009年，天地人所内总人数在100出头，但自2009年开始，每年天地人都会新增几十名律师——其中固然有行业大背景的因素，但前后变化之大也足以证明这一制度体系的成功。

**另一方面，良好运转的合伙人体系也为律所发展提供了充足的资金保障**。天地人是国内少有的购买了自己场地的律所，早在2003年就由合伙人共同负担购买了文化大厦2000平方米的办公场地——而律所自购房产的趋势大概在10年之后才开始兴起。采用“动态股份制”后，律所发展显著加快，2013年起，律所又在楷林国际先后购买了总共三层半、超过8000平方米的办公区，包括整整100个固定车位。

运作至今，“动态股份制”的价值已经毋庸置疑——虽有不足，但仍在继续从实践中不断得到完善。

“大浪淘沙，人才也好，制度也罢，留下来的，才是真金。”翟玉华说。

## 二、时代、市场、理念，天时、地利、人和

如果将天地人过往近30年的发展之路细细梳理，其实很容易就能发现，能在管理制度设计上取得成功，恰恰和天地人所名中包含的“天时”“地利”“人和”之意一一对应。

### （一）“天时”

天地人管理制度的“天时”，与中国法律服务市场的整体发展沿革息息相关。

1997年，成立第四年的天地人经司法厅批准，正式改制成为股份合作制律师事务所。用翟玉华自己的话说：“这是一次重大的进步。”改制后的天地人在决策方式上发生了根本性变化，由原先需要所有合作人同意，变成了“少数服从多数”，很大程度上解决了管理的效率问题。同时，改制后所内律师也可以成为股东、合伙人，这使他们对律所有了归属感和认同感，从而解决了所内律师的身份认同问题。

这一“天时”，是天地人制度改革的引子，此后，天地人总能敏锐地嗅到行业变动的气息，并随之进行颇具前瞻性的制度创新。

2007年，十届全国人大常委会第三十次会议通过了对《律师法》的第二次修订，允许设立特殊的普通合伙制律所。2009年，为了扩大合伙人池，解决新合伙人的参

股与老合伙人的退股问题，天地人改制为湖南首家特殊的普通合伙制律所，确立了合伙人的10级分级，并首次引入了“动态股份制”，由此步入人员规模的快速扩张阶段。

事实上，在这些大节点之间，天地人也从未停止过对制度进行审时度势后的改进，以分配机制为例，熊屹表示，“基本上每过2~3年，我们就会汇总过往的运行情况，进行一些有针对性的调整与改良优化”。

2021年，天地人又大刀阔斧地进行了管理改革——精简合伙人层级，将原先的10级合伙人合并为9级，降低了合伙人的考核压力；又本着提升律师领导力、将最优秀人才推到管理岗的初衷，推出了无资历新合伙人也能参与管理的新机制，延续和更新了合伙人体系的生命力。

（二）“地利”

天地人管理制度的“地利”，某种程度上得益于湖南法律服务市场的大发展。

一方面，业绩是管理的前提和最终目的，二者互为前提又互相促进。由于天地人在本地市场起步较早，初期主攻经济、刑事案件，很快就在市场上打响了知名度。目前，天地人的刑事、房地产、破产重整、金融证券等领域业务实力都在本地位居前列，这给天地人持续不断的管理改革、优化、升级提供了经济底气。

另一方面，湖南法律服务市场的自身特点又给了天地人探索管理升级的理由与动力。相比北京、上海等法律服务市场更为发达的地区，湖南本土的竞争程度还没有那么激烈，律所在发展运营上试错的空间也就相对更大。

但与此同时，湖南法律服务市场业务门类相对齐全，发展潜力巨大，近年来新兴智能制造、文娱企业的快速成长更是对律所的综合服务能力提出了更高要求，这使管理优化也成为律所提升竞争力的重要手段之一——天地人当初引入“动态股份制”，正是为了顺应市场需要并解决自身竞争力不足的问题。

近几年，随着市场发展，许多全国性大所也开始布局长沙，给湖南法律服务市场带来了一些不一样的新气象——这种新气象，固然可以视为对老牌律所的挑战，但也未尝不是相互交流、融合与共同提升的另一种形式的“地利”。

（三）“人和”

天地人管理制度的“人和”，实质上是由其办所初心和文化理念共同孕育的。

业内谈论天地人，往往倾向于将翟玉华视为其灵魂人物——这种看法虽然已经有些固化，但某种意义上并不过分。从一名教书育人的中学语文教师，到为父昭雪而考入法学院、成为法官，再到“裸辞”创办天地人并一步步将其发展为湖南规模最大、管理最规范的律所之一，翟玉华身上烙着法律人最朴素的热情与正气。

这从根上决定了，即便是办设律所这样的商业服务机构，即使深谙利益对人的驱动作用，金钱收益也从来不是翟玉华的最终目的。

“天地人要做的，是一流的律师事务所、一流的法律服务。”翟玉华说，“定义这个‘一流’的，不是规模体量，也不是客户数量，而是它的品质”。

这样的办所初心和理念，决定了天地人律所管理所采取的举措，用收益撬动积极性，提升法律服务的品质。认同服务质量与服务品质重要性的律师，会自发聚集在持有这一理念的天地人麾下；暂时没完全理解这一理念的律师，也会因为收益分配的公平公正，选择留在天地人——某种意义上，这也是天地人的“人和”。

## 结语

天地人合伙人体系诞生、完善的整个过程中，“天时”“地利”可以说很难照搬到其他时代、其他区域市场的律所身上，但这种文化理念所带来的“人和”，是最具有参考价值、最值得借鉴并可以复制的经验。

时代仍在不断演进，经历再多的探讨、实践，可能也很难提炼出一套能在不同律所套用的模板。以人为本，在变动的环境中保持初心，抓住时代的“天时”、市场的“地利”，并用全体成员的“人和”去影响、驱动律所前进，也许才是律所处变不惊、朝着既定目标发展的关键因素——这是天地人近 30 年所探索出的路径，也是这家独树一帜的律所真正可为行业所借鉴的经验。

# 沃奇尔：仅有1家办公室，它却是全球最赚钱的律所

张宏姝 |

最近十年，规模化的整合效应逐渐显现：规模发展带动品牌优势的形成，进而增强律所对人才、客户的吸引力。而不少过去坚持走业务精专、规模自然增长路线的精品律所却逐渐迷茫：品牌优势弱化、人才逐渐流失、客户稳定性降低……

为应对这些问题，以是否进行分所布局为分界点，国际精品律所在尝试中走出了两条路：

路径一：放弃规模布局，持续深化原有专业，在细分领域内部形成具有竞争优势的专业实力与影响力；

路径二：充分整合内部资源，在保障一定专业优势的前提下实现适度规模化。

律所若想坚持专注于业务提升、朝向路径一的方向发展，应该怎么做？

## 一、差异性的业务优势，最为关键却也最难实现

就一个成熟法律市场而言，律所的第一条路径有其存在的合理性。

法律需求往往会经历“需求萌发—需求量迅速增长—需求类型多样化发展”三个阶段。比如，随着市场监管的加强，不少企业的合规需求迅速增长。而随着市场监管的不断完善、常规性合规框架的普及，企业又会根据自身发展、产品特色萌生多样的、更具针对性的合规需求。

随着我国律师行业竞争的深化，法律市场需求越来越细化，对专业水平的要求也越来越高。而具有更强的市场竞争力的，无疑是那些业务钻研更深入、合作默契度更高、能够根据客户需求进行灵活变动的团队。规模布局在保证统一的业务质量、不同分所律师之间的默契和信任方面有时面临更大的挑战。

但在路径一中，律所无须因总分所统筹而分散精力，实现高度的资源集中。同

时，本所内管理结构简单，有利于加强情感纽带、强化团队合作。可以肯定，路径一有其存在市场空间。

但是，在路径一中，律所发展最终指向的是极具差异性和竞争力的业务优势。因此，律所必须时刻保持对所服务行业的敏锐度，保证持续、创新的专业输出能力。

然而，目前来看，一些精品律所似乎难以依靠业务优势打出品牌影响力，一方面是规模律所品牌的迅速成长掩盖了市场对精品律所品牌的关注，另一方面可能是精品律所的业务优势仍不明显。

难以充分发挥品牌效应，便意味着律所上下仍将在案源开拓方面投入大量的精力，亦难以专注业务钻研。长此以往，人才流失可能也将是部分精品律所面临的问题。

所以，其发展困局该如何破解?

## 二、仅有 1 家办公室，却是全球最赚钱的律所

谈及放弃规模布局、专注业务深度钻研的律所，不少人首先能够想到的可能是沃奇尔（Wachtell，Lipton，Rosen & Katz）。自 1965 年成立以来，沃奇尔专注于公司法律服务，业务细分为公司、诉讼、重组、税务、高管薪酬福利、反垄断和房地产 7 大领域，在全球有且仅有 1 家办公室。

自 20 世纪 90 年代末以来，沃奇尔在创收方面一直保持稳定的增速，2008 年后其律师数量整体稳定在 250 人上下。详见图 1。

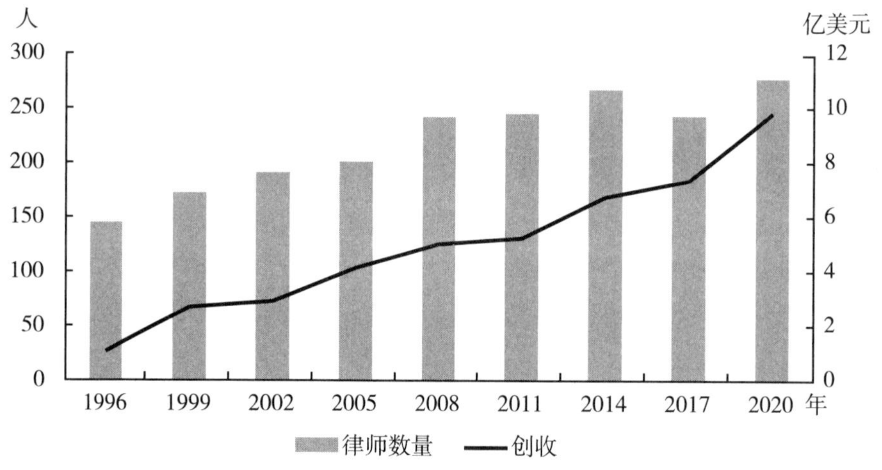


**图 1　沃奇尔 1996 ~ 2020 年发展数据**

2020财年,[1]沃奇尔共拥有277名律师，90名股权合伙人，总创收约为10.1亿美元，排名全美第41位、全球第50位。其中，其律师人均创收约为365万美元，合伙人人均创收约为750万美元，均排名全美第一，并且远超第二名律所。[2]

实际上，早在1987年，沃奇尔便以140万美元的合伙人人均创收位居全美律师事务所之首；1988年，其律师人均收入已经达到了109万美元,[3]比其他律所相同职级的律师高出55%。[4]

沃奇尔是如何做到律师、合伙人人均创收排名第一的？又是如何展开律所建设的?[5]

（一）充沛的法律市场需求+良好的市场声誉

20世纪70年代，美国经济增长停滞，给纽约市带来了严重的财政危机。沃奇尔成立早期恰好处于这一阶段，银行业务也自然成为沃奇尔初期主要从事的业务领域。到20世纪80年代，沃奇尔创始合伙人之一的马丁·利普顿（Martin Lipton）发明了著名的“毒丸计划”，用以应对当时美国盛行的恶意收购。这也使沃奇尔迅速在并购领域建立了极佳的声誉，并一直延续下去。

并购领域的良好声誉吸引了持续不断的案源。据称，即便在经济低迷期，沃奇尔接待的案件数量仍是其饱和状态下工作量的2倍，而在经济繁荣时期则可能达到8倍。[6]但沃奇尔对其承办的业务也有严格的标准，马丁形容为“数量有限，但有趣且困难的专业”。比如，合伙人往往会避免、减少承办事务性的、重复性工作（如招股说明书、尽职调查）。

曾有媒体如此形容：沃奇尔类似于紧急医疗队，解决其客户面临的紧迫而复杂的问题。因此，客户们一方面愿意支付高昂的对价，另一方面也需要立竿见影的效果。

（二）站在客户的角度提供收费方案

直到目前，计时收费都是欧美国家大部分律所采用的收费模式，而沃奇尔则采用组合收费的模式。

---

〔1〕此处1财年的起算点为4月1日至次年3月31日。

〔2〕The American Lawyer, *The 2021 Am Law 100* (Nov. 27, 2021), https://www.law.com/americanlawyer/2021/04/20/the-2021-am-law-100-at-a-glance.

〔3〕*Funding Universe*, *Wachtell*, *Lipton*, *Rosen & Katz History*, (Nov. 27, 2021), http://www.fundinguniverse.com/company-histories/wachtell-lipton-rosen-katz-history/.

〔4〕William H. Starbuck, *Keeping a Butterfly and an Elephant in a House of Cards*: *The Elements of Exceptional Success*, Journal of Management Studies, Vol. 30 (1993).

〔5〕由于Wachtell于20世纪八九十年代便已负盛名，以下分析主要是基于20世纪90年代末及21世纪初的媒体文章、相关论文做出的分析。信息如有滞后欢迎补充。

〔6〕Funding Universe, Wachtell, Lipton, Rosen & KatzHistory (Nov. 27, 2021), http://www.fundinguniverse.com/company-histories/wachtell-lipton-rosen-katz-history/.

2012 年，沃奇尔曾流出一套并购项目的计费方式：预先支付 20 万美元的律师费，并根据标的额估算后续费用的百分比。通常而言，标的额在 2.5 亿美元以下的计费比例最低为 1%，超过 250 亿美元的计费比例则不超过 0.1%。[1]

这种计费结构是根据交易标的额及律所对实现客户目标的贡献度收取费用，更能够反映律师工作的价值与客户的利益。

此外，与大多数律所不同，沃奇尔尽量不占用员工的个人时间，相反，由于其放弃计时收费，且考虑主办合伙人本身对达成项目需求的贡献比，合伙人也会承担一定的低级工作，并以此按比例向客户收取费用。这在某种程度上节约了承办一件项目的人力投入，同时也为客户节省了项目成本。

（三）灵活高效的协作模式

沃奇尔会根据不同客户需求，从不同细分业务领域抽调律师、合伙人组成任务组。任务组的律师在业务领域方面会有一定的重叠，从而能就客户的特定问题思考最优方案。

这种工作模式使所内律师彼此了解更充分，在长期的合作中形成较强的凝聚力和默契度。这也是任务小组能够胜任客户多种紧急、困难问题的原因之一。

（四）最赚钱的律所最不在意钱

在众人眼中，沃奇尔的律师是全球收入最高，但沃奇尔的创立初衷却是做“有趣的工作而不是有利可图的工作”。

在分配方面，沃奇尔采用计点制（lockstep）的薪酬分配方式，薪酬等级包括创始合伙人、高级合伙人、普通合伙人三个等级，普通合伙人也会随着年资的增加而逐渐提高分配等级，直至升为高级合伙人。工作时间、客户开拓、公司管理都不会影响合伙人股份。

实际上，很长一段时间，由于其品牌效应吸引了大量的客户资源，沃奇尔并不鼓励所内律师进行市场开拓，对律师的评价标准始终都是专业能力。

## 三、沃奇尔模式，可以复制吗

不少人认为，沃奇尔的成功是一条无法复制的模式，原因在于其在短时间内凭借所内合伙人的实力在并购领域取得了极高的声誉，这也是至今沃奇尔无须在案源开拓方面耗费太多精力的主要原因。但是，对于绝大多数精品律所而言，建立起这样的品牌信誉往往是遥不可及的。

---

〔1〕 *A Rare Peek Into How Wachtell Bills for Deal Work*（Nov. 27, 2021），https：//dealbook. nytimes. com/2015/01/09/a－peek－into－how－wachtell－bills－for－deals/.

不过，可以肯定的是，形成具有差异性的专业服务是一家精品律所走向成功的关键一步。专业实力的背后则是灵活、默契的团队协作，以及稳定、持续的专业人才队伍。

目前在中国，不少精品律所普遍面临人才流失、客户资源不稳定的问题，原因之一便在于其单一的业务结构无法满足部分客户的横向综合性需求，而客户资源的不稳定又加剧了所内人才的流失。

沃奇尔的情况是怎样的呢?

沃奇尔的业务结构同样无法满足客户的全部需求，但在业务方面却逐渐细分，实现了适度的综合化。从最初的并购领域发展到如今的公司、诉讼、重组、税务、高管薪酬福利、反垄断和房地产 7 大细分领域，针对客户的大部分需求，都能根据所内律师的不同业务特点进行相应的“排列组合”，组建最优的项目小组。

实际上，随着国际公司客户的增多，沃奇尔确实考虑过在其他国家开设办事处，但是律所内部一致的意见是，沃奇尔的文化基础是通过组建临时任务组的模式灵活处理客户的复杂需求，扩张无疑会削弱这种文化基础。

精简的人员结构、复杂困难的项目，意味着沃奇尔的绝大部分律师都承受着巨大的工作压力。即便如此，沃奇尔的人才结构依然稳定。据称，在其发展的前 30 年里，只引进了 1 位合伙人。沃奇尔也被称为全美国“最难获得工作”的律师事务所。

每年有数千名法学院学生申请暑期实习工作，最终录取的仅有 20 ~ 25 名。暑期实习之后会继续留任 12 ~ 15 名学生进入正式实习阶段，而最终仅有 6 ~ 7 名能够被律所正式录用。

尽管如此，在一份针对律所的员工满意度调查（包括实习生）中，沃奇尔仍然获得了最高评价。这份调查的内容包括客户服务、内部协作、上下级关系、内部培训、发展机会等多方面。

对于律所而言，案源、管理纵然是人才离去的重要原因，但最终或许仍然会回到本源性问题上：抛开专业实力、声誉，律所的内在品格是什么？数十年发展过程中，是否还能始终如一地坚持这种品格？这才是律所团队凝聚力建设的基础。

# 昆鹰：创收5年翻一番，规模扩张如何同时保证业务精品

张宏姝 |

对于一些精品律所而言，“放弃规模布局，持续深化原有专业，在细分领域内部形成具有高度竞争优势的专业实力与影响力”是一条理想化的发展路径。但就现实而言，真正贯彻这一道路并成功的律所仍然是少数。所以，有的精品律所受到规模发展的启发，逐渐探索出了另一条发展路径——充分整合内部资源，在保障一定专业优势的前提下实现适度规模布局。

那么，在引入规模化发展的思路下，精品律所该如何转型和发展？有哪些国际精品律所可供借鉴？

## 一、精品律所规模转型的必然与困境

不少管理者认为，律所发展到一定阶段，规模化是必然选择。一方面，随着客户实际需求的多元变化，规模扩张能够实现律所的服务升级，以布局相应的业务。另一方面，扩大规模也是律所向更高发展目标迈进的必经之路，否则，在保持人力、物力不变的情况下，律所创收很难实现大幅增长。

规模化趋势下，部分精品所在分所布局、规模扩张之间犹豫、彷徨，却发现已有的品牌优势在逐渐弱化，比如：

· 精品律所A围绕不良资产处置和争议解决建立起了良好的品牌信誉，并形成了稳固的客户群体。但近年来在人才招聘中发现，尽管提供了30万元年薪的入所待遇，却因限招北京大学、清华大学、中国人民大学三校的法学毕业生，招聘效果并不理想。

· 精品律所B专注于知识产权业务。一家某国内知名企业遭遇诉讼，在该所和另一家知识产权业务并不出众的规模律所中摇摆不定，最终仍然选择了规模律所。

对人才、客户的吸引力降低，也意味着律所在品牌影响力方面亮起了红灯。因此，也有不少精品律所在发展规划中纷纷卸下“包袱”，走上了适度规模化的道路。就目前来看，我国精品律所的规模布局主要出现了两种思路：

**第一，根据所内现有客户群体及分布，锚定区域重点布局；**

**第二，根据所内业务的发展需求及各地城市特点，密集撒网布局。**

然而，已经开始适度规模化的精品律所却又面临新的问题：

·精品律所C专注劳动法领域的业务实践，近年来跟随客户需求开设了多家分所。然而，随着规模的扩大，C律所发现由于大部分业务对标的客户双方存在利益冲突，限制了所内业务的开拓。

除此之外，规模化也增加了律所的管理成本，容易分散所内业务的精专度。

对于这些走适度规模化的精品律所，是否可以找到一个典型的示范案例？

过去十几年间，美国昆鹰律师事务所（Quinn Emanuel Urquhart & Sullivan）的规模扩张速度绝不亚于当今国内一些规模律所，但其仍然居于美国律所前列，曾一度被业界同行评为“最令人恐惧的律所”。昆鹰或许可以为精品律所的规模发展提供一些启示。

## 二、创收每5年翻一番，昆鹰在飞速成长期经历了什么

1986年，4位年轻律师希望在美国洛杉矶创立一家仅专注于诉讼业务的律师事务所，昆鹰由此诞生。[1]35年来，昆鹰已拥有超过875名律师，在全球10个国家设立了27家办公室。在坚持诉讼业务的基础上，昆鹰逐渐细分出45个细分领域，尤以知识产权诉讼、一般性商事诉讼最为出色。据其官方统计，目前已办理案件的胜诉率高达86%。[2]

2021财年，[3]昆鹰总创收达到了13.01亿美元，排在全美第28名；律师人均收入（PPL）为88.2万美元，排名全美第9；股权合伙人人均收入（PPP）为466.9万美元。

纵观昆鹰近年来的发展数据，2005～2015财年是其创收飞速增长的10年，几乎每5年便翻一番。尤其在2011～2015财年的5年间，昆鹰创收增速达到了创所至今的顶峰，律师人数更有了显著增长（详见图1）。这10年间发生了什么？

---

〔1〕昆鹰的4位创始合伙人分别为：John B. Quinn，Eric Emanuel，David Quinto，Phyllis Kupferstein。

〔2〕有关胜诉率的统计出现于昆鹰官网首页，参见https：//www.quinnemanuel.com/。

〔3〕此处1财年的起算点为4月1日至次年3月31日。

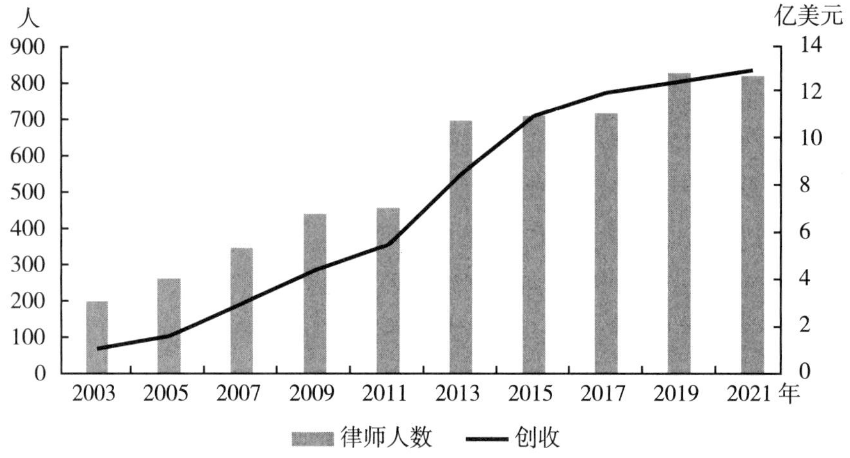


**图 1　昆鹰 2003～2021 年发展数据**

资料来源：The 2021 Am Law 100，显示为一个财年的数据。

（一）东京，国际扩张的第一站

自创立以来，在所内合伙人办理一系列知名案件后，昆鹰逐渐在美国建立起声誉。到 2007 年，昆鹰在美国已设有洛杉矶、纽约、旧金山和硅谷 4 家办公室，拥有约 375 名律师。随着国内业务的发展壮大、海外法律市场的繁荣，昆鹰在同一年设立了其第一家国际办公室——东京办公室。

彼时，日本各类公司（尤其是科技公司）逐渐在美国崭露头角，专利申请类的法律需求增多。在专利诉讼领域拥有杰出优势的昆鹰同时也积累了包括索尼电子、铃木汽车、爱普生等在内的大量日本客户。

据称，设立东京办公室即是为了专注日本公司的知识产权业务、帮助日本客户处理美国的诉讼事宜，以便更好地挖掘日本法律市场。

在办公室的组建形式上，昆鹰选择与一家由日本人创立、于美国注册的律所柯达（Koda & Androlia）合并。这家律所专长于处理日本公司的知识产权问题。[1]

（二）落子德国，"拿下"欧洲

在东京办公室成立 1 年之后，昆鹰将扩张步伐扩展至伦敦。据不完全统计，2008～2015 年，昆鹰在全球相继开设了 13 家办公室，其中 7 家位于欧洲，德国则设立了 3 家办公室，随后几年又设立了斯图加特办公室，参见表 1。

〔1〕 Law Firm Quinn Emanuel Opens Tokyo Office（Dec. 25, 2021），https：//www. bizjournals. com/sanfrancisco/stories/2007/12/10/daily15. html.

表 1　2008～2015 年昆鹰国际办公室开设情况

| 区域 | 办公室 |
| --- | --- |
| 北美洲 | 芝加哥（美）、华盛顿（美）、休斯敦（美）、西雅图（美） |
| 欧洲 | 伦敦（英）、曼海姆（德）、莫斯科（俄）、汉堡（德）、巴黎（法）、慕尼黑（德）、布鲁塞尔（比） |
| 亚洲 | 香港（中） |
| 大洋洲 | 悉尼（澳） |

注：信息源于网络可考资料，为不完全统计。
整理/制图：智合。

为了降低因同一专利侵权事件在欧洲不同国家多次诉讼带来的司法成本，2013 年 2 月 19 日，欧盟 25 个成员国就设立统一专利法院签署了协议，形成统一专利体系。[1]欧洲专利市场向好趋势下，越来越多的美国律所试图涉足欧洲专利市场却屡屡受挫，但昆鹰却在大肆进攻欧洲市场中取得了胜利果实，原因之一或许在于德国市场的成功。

一直以来，德国专利申请数量居于欧洲前列，有媒体认为，德国是“欧洲专利业务实践支柱”。以德国市场为切入点，昆鹰选择了一条简单的团队构建思路：第一，聘请当地优秀律师；第二，给予管理合伙人足够的自由组建年轻合伙人团队。

如此一来，昆鹰成功将安理德国专利业务组建者马库斯·格罗施（Marcus Grosch）收入麾下，于 2010 年设立其继伦敦之后的欧洲第二家办公室——曼海姆办公室，并接连在慕尼黑、汉堡和斯图加特设立办公室。目前马库斯团队已经成为德国专利法律市场的主要引领者。

而迄今为止，除了昆鹰和凯易，大部分美国律所知识产权团队仍未能成功吸引欧洲优秀的诉讼律师加入。

（三）“虚拟律所”，规模扩张的新玩法？

昆鹰在欧洲的规模布局大致成形后，实际上便已度过了图 1 中创收飞速增长的 10 年。随后几年，其国际扩张的步伐逐渐放缓，直至 2020 年。

疫情之下，昆鹰开始在未设立办事处的美国城市招聘诉讼团队和合伙人。律所负责人表示，设立一家办公室可能耗时数月甚至数年，还要搭上巨额开支。如果直接雇用优秀的合伙人，让他们以技术手段实现远程办公，同样能胜任工作，何乐而不为呢？

---

〔1〕《欧洲统一专利及统一专利法院域外法治》，载知识产权司法保护网 2021 年 12 月 25 日，http://www.chinaiprlaw.cn/index.php?id=1185。

2021 年，昆鹰似乎将扩张步伐拉回了美国，相继设立了奥斯汀、亚特兰大、迈阿密、达拉斯等办公室，其中，奥斯汀、达拉斯两家办公室继续发扬了昆鹰在知识产权领域的传统优势。目前这几家办公室在选址上均未特别注重规模大小，律师以远程工作为主。[1]

## 三、管理之下，精品之上

从 2007 年正式开始国际扩张至今，昆鹰在 14 年间共开设了 24 家办公室。就办公室的分布来看，其规模布局大致遵循了一条整体思路：根据现有的优势领域锚定布局。具体而言，我们大致看到了昆鹰的两条国际业务线：

**第一，利用知识产权诉讼的优势地位和客群基础，选择性设点**。比如，东京办公室即瞄准了日本公司在美国的良好发展前景，德国 4 家办公室也继承、发扬了昆鹰的专利业务，2021 年在美国得克萨斯州设立的奥斯汀、达拉斯办公室同样看准了两座城市丰富的科技领域的客户资源。

**第二，以国际诉讼、仲裁业务为中心，朝向国际重要司法辖区设点布局**。伦敦、巴黎、莫斯科、中国香港特别行政区、上海等几家办公室均是基于这一思路建立的。

作为精品律所，昆鹰尽管在扩张速度、规模上常常饱受质疑，但其无论在声誉、专业实力还是创收能力上，仍然守住了精品标签。原因在于，昆鹰的规模布局紧紧围绕其核心优势，并通过打通全球网络形成了鲜明的国际化优势，但其保证专业度的核心实际是“简单粗暴”的。

无论规模布局有多么周密，对于极具“人和”属性的律所而言，合适的人才、团队永远是开设分支机构最关键的考虑因素，这也是昆鹰扩张的底层逻辑。也因此，其每组建一家办公室，都是先竭力寻找当地的明星律师。正如德国曼海姆办公室的管理合伙人马库斯·格罗施，其曾在英国律所安理一手组建了德国的专利团队。昆鹰在实习生招聘中也被认为十分“挑剔”，据称即便是哈佛的应试者，成绩也需达到平均水平（一般为 A－或 B＋）才能被考虑录取。

在一项律师行业调研中，昆鹰曾被同行评为诉讼领域“最令人恐惧的律所”，或许侧面表现了昆鹰具有的独特实力。受访者认为，昆鹰的律师能够做到：

1. 迅速将新的法律需求与索赔联系到一起，为客户谋取利益；
2. 超前进行案情评估，掌握一些鲜为人知的事实并加以利用；

---

[1] *Quinn Emanuel's New Atlanta Office Hasa Residential Address*, Bloomberg (Dec. 25, 2021), https://news.bloomberglaw.com/business-and-practice/quinn-emanuels-new-atlanta-office-has-a-residential-address.

3. 在不断反思中吸取经验、培植信心，并迅速采取行动；

4. 总能在现有规范框架下找到新的解决方法，让对方措手不及。

至此，我们不妨再回到文章最初提到的精品律所规模化中遇到的问题：昆鹰在发展之初是如何吸引人才的？规模扩大之后，昆鹰又是如何处理利益冲突的？

早年昆鹰曾因一段采访视频走红于各高校。当时，创始合伙人约翰·奎因（John B. Quinn）一身T恤、牛仔裤配人字拖的打扮，打破了不少法学生对于律师的刻板印象。尽管那时昆鹰在美国已小有名气，但论人才吸引力仍与一众老牌律所相去甚远。但出乎意外的是，这段采访走红后，昆鹰吸引了不少名校毕业生加入。

这种随意的着装也成为昆鹰的律所文化之一，至今其仍未有约束律师着装的规定。其风格看似随意，律师却也需要保持“007”的工作节奏：随时随地为客户服务。同时，在涉及律师切身利益的分配议题上，昆鹰则实行透明、公开的薪酬体系，所内所有律师都能够查看相互之间的薪资待遇。

在利益冲突的问题上，客户取舍在所难免。但与一般律所不同的是，昆鹰会尽量避免代理行业内规模最大的客户，比如，高盛、大摩、花旗等大型国际银行，苹果、脸书（Facebook）等大型技术公司。

## 结语

在过去20年间，表面上，规模扩张是昆鹰的成功之道——密集扩张的年代，所内创收也水涨船高。也正是因为扩张，昆鹰成为享誉全球的精品律所。但我们也看到，本质上，规模化仍以专业为基础。昆鹰的扩张并非盲目的，其背后有一条不变的原则，即“先人才，后布局”，紧抓业务优势、挖掘最优秀的专业人才。规模化只是提高律所客户服务能力的一种手段。

# 高伟绅：13 年从二流律所成为世界第一，它是如何做到的

张宏姝 ｜

最近几年，面对疫情反复、大所市场下沉，合并逐渐成为一部分律所破局发展的一条路径。通过合并，各律所之间进行资源整合，形成规模与品牌优势。

但这条路上却又困难重重：发展理念不契合，业务拓展思路不清晰，过分重视规模而忽视专业同步发展……

有一家律所，13 年间两次合并，实现了由二流向国际前列的跨越。

它是谁？

## 一、律所合并：6 成失败

近年来，随着中国经济的不断发展与法律行业规模的扩大，中国律所的规模化步伐仍在持续，规模律所不断涌现。自 2018 年起，中国律师保持每年 5 万律师、2000 家律所的增长速度。千人大所的数量持续增加，单家律所律师人数的上限不断刷新。

其中，以合并方式“强强联合”是不少律所走向规模化道路的常见方式：1999 年锦联、天和、长城三家律所合并为锦天城，2020 年博和、汉商合并为博和汉商，2021 年安杰与世泽宣布合并为安杰世泽；2022 年 1 月，又接连传来汉坤与上海原本律师事务所合并、道可特与达晓签约合并的消息……

自 2010 年前后形成规模化浪潮至今，越来越多的律所通过合并实现资源整合、扩大规模。

一方面，几家律所通过合并可以迅速扩大同质业务领域，通过规模化实现业务操作的标准化，从而降低成本，提高效益。

另一方面，从客户需求的角度出发，原有律所的业务模块互为补充后，能为客户提供综合性、跨地域、跨边界的服务，实现良好的专业口碑与品牌效应。

此外，疫情之下，由于资金、外部渠道的缺乏，合并能够整合律所之间的资源、提高抗风险能力。而近年来一些规模大所持续下沉至全国重点城市乃至县域，合并也是不少中小所抵御规模律所“入侵”的一种方式。

然而，合并并非简单的“1 +1”，真正成功者却是少数。一项调查显示，从全球范围看，61% 的律所合并往往以失败告终，只有 23% 的合并是成功的，其余的还属成败难定。[1] 也就是说，只有不到 1/4 的律所合并计划是成功的。

一些律所为追求规模合并，却没有考虑到律所之间不同的文化氛围、发展理念，当律所制度、变化触及一部分人利益时，便迅速分道扬镳。也有律所尽管依然保持合并后的形态，但在资源协调、专业服务质量等方面迟迟未能整合、统一，反而带来了服务质量的下降，加重了客户的不信任感。

放眼国际，在英美律所国际扩张的过程中，高伟绅律师事务所（Clifford Chance）通过两次重要的合并实现了规模和国际地位的跨越。在与多个国家律所合并的过程中，它如何实现文化与发展理念的相融？

## 二、高伟绅：两次合并跃居全球规模第一、创收第二

高伟绅是一家总部位于伦敦的英国律所，与安理（Allen & Overy）、富而德（Freshfields Bruckhaus Deringer）、年利达（Linklaters）、司力达（Slaughterand May）并称为“魔圈所”（Magic Circle）。其业务集中于商业与金融领域，办事机构覆盖全球五大洲。2020 年，美国、英国法律媒体调查显示，高伟绅的律所实力排名全球第 10、英国第 2。

在现有 5 家“魔圈所”中，高伟绅既非历史最为悠久，也非最早启动合并的，合并前更非当地一线事务所。但是，在其发展过程中有两次合并都带来了跨越式的发展，直至成为全球规模最大的一体化事务所。这期间发生了什么？

### （一）创始性的第一次合并

1987 年，两家伦敦律师事务所——科沃德·查恩斯（Coward Chance）和克利福德·特纳（Clifford - Turner）合并成立高伟绅（Clifford Chance）律师事务所。这是高伟绅发展历史上具有创始意义的一次合并，奠定了高伟绅成立之初的业务结构和规模。

高伟绅的两家前身律所——科沃德·查恩斯与克利福德·特纳分别成立于 1802 年和 1900 年的伦敦。19 世纪的英国已在全球建立其帝国版图，拥有加拿大、印度、

---

〔1〕 方圆律政：《61% 的律所合并失败，真的吗?》，载微信公众号“方圆”2016 年 10 月 27 日，https：//mp. weixin. qq. com/s/bdxg6dKEmYpu6eu52PMs_A。

澳大利亚和新西兰等殖民地。成立在先的科沃德·查恩斯跟随客户的脚步不断拓展业务版图。

科沃德·查恩斯成立后也逐渐将业务拓展至海外，1961 年在法国巴黎设立了第一家海外分支机构，又于 1972 年开设了荷兰阿姆斯特丹办事处、1986 年开设了美国纽约办事处。

科沃德·查恩斯和克利福德·特纳的规模不断发展，到合并前它们分别拥有 358 名和 278 名律师，但在竞争激烈的伦敦法律市场中谁也未能进入一线行列。与此同时，两家律所却相继在业务提升与拓展上面临挑战。

始发自英国的两次工业革命推动了世界动力变革，也催生了一批交通运输公司。它们跟随国家的殖民扩张，逐步建立自己的商业版图。创所初期，科沃德·查恩斯与克利福德·特纳的业务也是以此为基础。然而，到 20 世纪中期，随着世界范围内去殖民化运动的胜利，当初扩张的英国公司也面临不小的利益损失，成为历史的遗留问题。

两家律所的业务红利渐渐褪去，逐渐遇到发展瓶颈。在提升业务实力与海外扩张的发展需求下，1987 年，两家律所在日益密切的合作中合并为高伟绅律师事务所。[1]

这次合并极大提升了高伟绅的市场竞争力，一举成为伦敦规模最大的律师事务所。当时的媒体认为其“改变了伦敦和全球律师事务所的形态和形象”——一种多元文化、多语言的跨国律所形态。

（二）第二次合并：创建世界第一规模大所

高伟绅的第二次合并发生在 2000 年，其与德国律所庞德（Pünder，Volhard，Weber & Axster）和美国律所罗杰斯（Rogers & Wells）进行三方合并，成为当时世界上规模最大、创收第二的律所。

20 世纪末，随着跨国公司、互联网电子商务的兴起，“无国界”经济时代到来，各类公司合并以便能够在国际市场中占据有利的竞争优势。这一形势也影响到了西方各国的律师事务所，于是，以英美律所为主导的各律所加快了规模化、国际化发展，正式进入“攻城略地”的时代。[2]

据不完全统计，仅 1997 ~ 1999 年 3 年间，媒体正式报道的律所合并事件就有 21

〔1〕 *Clifford Chance LLP History*（Jan. 18, 2022），http：//www. fundinguniverse. com/company - histories/clifford - chance - llp - history/.

〔2〕 合并主要发生在英美律所和德国律所之间，集中于 1997 ~ 1999 年。

起，其中包括了安理、富而德、谢尔曼、年利达等一众国际知名事务所。[1]在这股合并潮中，主要国家的法律市场出现了一些变化，越来越多的客户在选择律所时倾向于那些规模大的跨国律所。这也导致焦虑情绪在一部分律所中的蔓延。

当时一些律师认为，国际律所能够依托全球办公网络为客户提供更加高效、高质量的服务。也有人认为，品牌影响了客户的选择。但不论怎样，当时的律所逐渐意识到，如果本所规模不能够支撑自己探索出一条独立发展的路线，那么，加入一个更大的组织、联盟才是更加清晰、明确的道路。

从 1997 年起，世界各主要律所开始了密集的扩张，而德国律所成为这场合并潮中主要的合并对象之一。在此背景下，高伟绅的扩张步伐显然慢了一些。直到 1999 年，高伟绅才启动与德国律所庞德和美国律所罗杰斯的合并。

罗杰斯成立于 1873 年，是一家老牌美国律所，以诉讼业务闻名纽约。在其鼎盛时期，罗杰斯是纽约第二大所，曾拥有 400 名律师，并在纽约、华盛顿特区、洛杉矶、巴黎、伦敦、中国香港特别行政区和法兰克福设有办事处。但到 20 世纪末，罗杰斯已退居纽约二线律所行列。面对市场地位的逐渐下滑，罗杰斯担心在国际法律市场的又一次洗牌中落后，[2]同时也希望通过与高伟绅的国外办事处为客户提供跨国相关服务。

2000 年，3 家律所正式完成合并。

## 三、做好这两点，再大的文化鸿沟也不怕

实际上，在高伟绅的两次合并中，不少媒体对其持怀疑态度，焦点在于两次合并的参与者本身具有相当的规模，如此追求规模是否“矫枉过正”了？

但就结果而言，高伟绅的两次合并无疑是成功的，它们先后使高伟绅实现了向伦敦最大、世界最大律师事务所的跨越。其难能可贵之处在于，两次合并中都涉及跨区域的融合，而高伟绅较为温和地处理了合并过程中遇到的文化、发展理念障碍，进而促进了整体实力的融合、成长。

合并前后 5 年间，高伟绅在律师人数和创收上几乎实现了翻番增长，律师人数更达到了 1998～2016 年的峰值（见图 1）。那么，两次合并中，高伟绅带来的启示是什么？

---

〔1〕 Susanne Lace, *The Globalisation of Regulation of the Legal Profession*, doctoral dissertation of University of Sheffield, 1999.

〔2〕 Susanne Lace, *The Globalisation of Regulation of the Legal Profession*, doctoral dissertation of University of Sheffield, 1999.

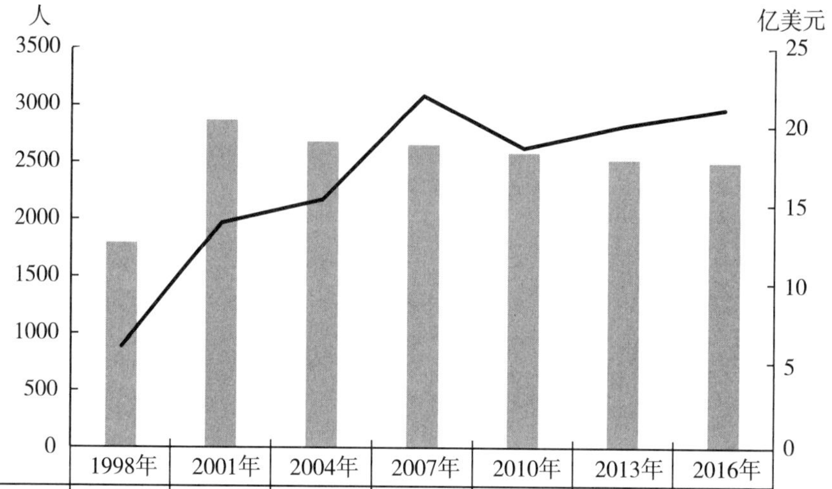


| | 1998年 | 2001年 | 2004年 | 2007年 | 2010年 | 2013年 | 2016年 |
|---|---|---|---|---|---|---|---|
| 律师数量/人 | 1795 | 2868 | 2684 | 2654 | 2586 | 2525 | 2503 |
| 创收/亿美元 | 6.29 | 14.06 | 15.53 | 22.01 | 18.75 | 20.15 | 21.19 |

**图 1　1998～2016 年高伟绅规模、创收变化**

（一）以发展理念的共同之处为立足点

有共同之处、意趣相投是合作的基础。在高伟绅的两次合并中，我们能够看到合并律所之间发展理念、困境的共同之处。

在第一次合并中，高伟绅两家前身律所科沃德·查恩斯与克利福·德特纳均受惠于英国殖民扩张红利，并在此基础上跟随客户需求不断丰富、发展业务。它们同样认可通过扩张实现事务所的发展。也因此，高伟绅在完成合并后即继承了两家律所的优势领域并不断整合、发展。

第二次合并中的 3 家律所，均认可海外扩张的发展路线，并希望利用相互间的客户资源、本土影响力来满足客户需求、实现业务上的进一步发展。比如，罗杰斯就希望通过高伟绅的国外办事处，为客户提供跨国相关服务。而高伟绅则希望利用罗杰斯与美国投资银行的关系打入美国国际资本市场，增强高伟绅在资本市场领域的业务实力；其次是吸引更多的美国律师加入，同时为英国律师在美国执业创造条件。

（二）戒求胜心切、急于求成

结合 20 世纪 90 年代西方国家兴起的合并历史，可以发现这一次高伟绅的合并仅仅踩在了潮流的末尾：1999 年启动 3 家律所的合并，到 2000 年完成。与之相比，不少国际大所早已敲定、完成了合并事宜。当时亦有媒体质疑，美资所在欧洲大陆的扩张“吓坏了”一众老牌英资所，高伟绅名列其中。

然而，对于高伟绅而言，合并所要考虑的不仅是规模扩张、业务发展，更在于如何通过合并实现市场地位的晋升、跨越。

1992 年 3 月，高伟绅决定在纽约办事处聘请当地合伙人，这一举动为一些纽约当地律所不满，但类似的模式已逐渐为英美律所效仿。到 1993 年 5 月，高伟绅的律师数量几乎翻了一番，达到 1192 人，成为世界第二大律师事务所，仅次于拥有 1642 名律师的美国国际律师事务所贝克・麦坚时（Baker & McKenzie）。

在此背景下，高伟绅更多的思考在于如何实现市场业务的开拓、业务质量的提升。因此，第二次合并显得更加慎重，是以从时间上看也显得“起步慢”。尤其在与美国律所罗杰斯的商谈中，双方进行了多次沟通交涉。

而在合并后，三方也没有急于融合，宏德与罗杰斯仍然保留了自己的品牌，直到 2003 年才终止使用。

## 结语

近年来，合并成为中国一部分中小律所抵御规模大所冲击、抵抗风险、自我发展的一条路径，但仍有不少律所由于各种分歧，合并不过数年便分道扬镳。在高伟绅的两次合并中，我们看到合并要考虑的远非规模扩大这一件事。

第一次合并的基础在于两家律所对各自业务资源、规模发展理念的共同认可；第二次合并中，除了 3 家律所对于共同拓展海外市场、互换资源的认同，还有互相尊重品牌文化，以一种温和、渐进的方式推动 3 个国家律所之间的融合。

据此，对于大部分寻求合并的律所而言，成功的关键仍然是相互认同、寻求共同的发展理念，尊重彼此，切勿急于求成。

# 企业合规篇

# 我国的合规历史，可能比你预想的要长

张宏姝 |

在2021年9月初的第三届民营经济法治建设峰会上，最高人民检察院、全国工商联、司法部、财政部等9部门联合成立了涉案企业合规第三方监督评估机制管理委员会，[1]初步落实了数月前最高人民检察院最新合规政策。

尽管合规在最近几年才成为行业热词，但纵观我国历年发布的相关规定，中国的企业合规已经历了四个重要阶段。

本文以历年发布的相关文件为线索，尝试总结我国合规政策关注重点的转向，希望为该领域的相关从业人员提供指引。

## 一、萌发自审计的合规（1989~2003年）

在我国颁布的法律法规中，最早出现"合规"字样的是1989年11月20日民政部发布的《关于印发〈民政部审计工作暂行规定〉、〈民政部关于违反财经纪律的审计规定〉和〈民政部单位财会工作审计合规标准〉的通知》，详见表1。这一规范性文件主要面向民政部直属事业单位和相关国有企业，就其审计工作内容、标准及违规处罚内容做了详细说明。

**表1　我国最早出现"合规"字样的文件**

| 相关文件 | 发布主体 | 发布时间 | 适用对象 |
| --- | --- | --- | --- |
| 《关于印发〈民政部审计工作暂行规定〉、〈民政部关于违反财经纪律的审计规定〉和〈民政部单位财会工作审计合规标准〉的通知》 | 民政部 | 1989年11月20日 | 民政部直属事业企业单位、代管、挂靠单位及其下属的有国家财政核拨或补贴经费的和实行自收自支的全民所有制事业企业单位 |

---

〔1〕九个部门为涉案企业合规第三方监督评估机制管委会的成员单位，分别为：最高人民检察院、全国工商联、司法部、财政部、生态环境部、国务院国资委、国家税务总局、国家市场监督管理总局、中国贸促会。

比如，民政部《单位财会工作审计合规标准》第6条就详细提到了记账的合规。尽管当时“合规”大多与“合法”连用，但二者之间开始有了区分。

“六、按照会计制度的规定，帐簿设置齐全，正确使用科目，记帐依据完备、合规，记帐及时，内容简明，字迹清晰，数字准确真实，帐帐、帐据、帐表、帐款、帐物‘五相符’。”

**审计合规的出现，很大程度上受到当时我国审计行业发展的影响**。

改革开放之前，我国并未设置独立的国家审计机构，也未形成独立的审计监督制度。当时具有审计性质的监督工作主要是结合财政管理进行的。

随着1978年后社会主义建设的展开，继续由政府财政管理机关结合业务活动开展审计监督工作的方式，已经不能适应经济发展的需要。于是，1982年《宪法》中确立了独立审计机关的地位，随后5年我国在建立审计制度方面不断探索。

到1988年国务院发布《审计条例》时，**我国已初步形成了较为完整的审计制度体系，审计工作法制化、制度化、规范化程度逐步提高**。民政部1989年发布的规范性文件即是为了贯彻国务院发布的审计条例。

随着1994年《审计法》的公布，该条例也完成了自己的历史使命而被废止。

**总体而言，合规出现于审计工作，有其特定的历史使命**。社会主义经济制度的建立亟须配套的经济监督手段以保障经济发展的有序推进。同时，我国证券市场在发展过程中慢慢暴露出一系列问题，国家对合规工作的推进也从审计逐渐转至金融领域。

此外，在开放的大背景下，一些跨国公司入驻中国的同时也带来了先进的合规理念，我国企业走出国门的同时也在境外法律法规的指引下开始接触公司的合规管理。在“引进来”与“走出去”的交互中，合规意识的种子在中国企业内部种下。我国的合规发展逐渐行至第二阶段。

## 二、面向重点领域推进的合规（2003 ~2015 年）

2003 ~ 2015 年相关合规文件如表2所示。

**表2　第二阶段合规主要文件**

| 相关文件 | 发布主体 | 发布时间 | 适用对象 |
|---|---|---|---|
| 《关于保险兼业代理机构外设网点合规性等问题的复函》 | 原中国保险监督管理委员会 | 2003年8月26日 | 保险兼业代理机构 |
| 《中央企业全面风险管理指引》 | 国务院国有资产监督管理委员会 | 2006年6月6日 | 中央企业 |

续表

| 相关文件 | 发布主体 | 发布时间 | 适用对象 |
| --- | --- | --- | --- |
| 《商业银行合规风险管理指引》 | 原中国银行业监督管理委员会 | 2006 年 10 月 20 日 | 银行业企业 |
| 《保险公司合规管理指引》 | 原中国保险监督管理委员会 | 2007 年 9 月 7 日 | 保险业企业 |
| 《证券公司合规管理试行规定》 | 中国证券监督管理委员会 | 2008 年 7 月 14 日 | 证券公司 |

2003 年，在原中国保险监督管理委员会对原中国保险监督管理委员会上海办公室的复函中，再次出现“合规”，这也是**保险业中第一次使用合规概念**。

随后，金融领域开始正式推行企业合规制度。2006～2008 年，《商业银行合规风险管理指引》《保险公司合规管理指引》《证券公司合规管理试行规定》相继公布实施，金融行业的合规管理体系初步建立起来。

放眼各行各业，**金融行业是中国合规体系建立最为完善的行业**。早先《证券法》《保险法》《商业银行法》等法律法规的出台奠定了资本市场监管的基础。但同时，我国资本市场早年发展时暴露出粗放式经营、必要行业规范缺乏、无序竞争等问题。随着资本市场的结构性调整，金融机构风险集中性爆发，其中，合规风险成为制约资本市场稳健发展的突出问题。[1]

在此背景下，**金融行业开始着眼于完善合规、内控制度的建设，构建健全、有效的合规管理机制**。2008 年 5 月，中国证券业协会组织了第一次合规管理人员胜任能力测试，行业首批合规总监和合规管理人员诞生。

与此同时，国资委也开始了对中央企业的合规建设与风险管理的探索。在企业“走出去”的过程中，不少中央企业在对外投资、经营的过程中暴露出风险管理薄弱的问题，造成国有资产的严重流失。最为典型的是 2003～2004 年中航油新加坡公司在石油期权交易中投资失败，造成共计 5.5 亿美元的账面亏损。

**国务院国有资产监督管理委员会于 2006 年发布了《中央企业全面风险管理指引》，开始规范中央企业的风险管理，这或许是建立中央企业合规、风控体系的最早尝试。**

〔1〕 王建业：《革故鼎新 行稳致远——证券行业合规管理发展 30 年》，载微信公众号“中证协发布”2020 年 12 月 30 日，https://mp.weixin.qq.com/s/w_i1gz_fPOu0lysdv9HXsA。

## 三、重点企业的合规探索之路（2015 ~2020 年）

2015 ~ 2020 年相关合规文件如表 3 所示。

**表 3　2015 ~ 2020 年相关合规文件**

| 相关文件 | 发布主体 | 发布时间 | 适用对象 |
| --- | --- | --- | --- |
| 《关于全面推进法治央企建设的意见》 | 国务院国有资产监督管理委员会 | 2015 年 12 月 8 日 | 中央企业 |
| 《关于在部分中央企业开展合规管理体系建设试点工作的通知》 | 国务院国有资产监督管理委员会 | 2016 年 4 月 18 日 | 五家试点央企 |
| 《关于规范企业海外经营行为的若干意见》 | 原中央全面深化改革领导小组 | 2017 年 5 月 23 日 | 所有企业 |
| 《证券公司和证券投资基金管理公司合规管理办法》 | 中国证券监督管理委员会 | 2017 年 6 月 6 日 | 证券业企业 |
| 《合规管理体系指南》 | 中国国家标准化管理委员会发布 | 2017 年 12 月 29 日 | 所有企业 |
| 《中央企业合规管理指引（试行）》 | 国务院国有资产监督管理委员会 | 2018 年 11 月 2 日 | 中央企业 |
| 《企业境外经营合规管理指引》 | 发改委、外交部、商务部等七部委联合发布 | 2018 年 12 月 26 日 | 所有企业 |
| 各省市企业合规管理指引 | 各省市国资委 | 2018 ~ 2020 年 | 本地省属、市属国有企业 |

我国在合规管理探索中的第三阶段，是将**合规监管的重点从金融公司拓展到中央企业和存在境外经营行为的企业**。这一阶段各类规范性文件的发布频率较以往明显提高，2018 年更被一些媒体称为中国的“合规元年”。

**从某种程度而言，我国这一阶段的合规主要是在外部因素的作用下开展的**。2008 年西门子因商业腐败问题以 16 亿美元与美国和德国有关执法部门和解，2013 年葛兰素史克在行贿事件中被罚 30 亿元人民币，接连的商业腐败问题给全球企业敲响了合规的警钟，强化合规反腐也成为全球企业发展的趋势。

相关合规事件正式引起两类企业的重视。

第一类是**中央企业**。2016 年国资委在招商局集团、中国石油、中国移动、东方电气和中国中铁五家中央企业开展合规管理试点工作，2018 年发布《关于印发〈中央企业合规管理指引（试行）〉的通知》，由点到面，逐渐在中央企业中推进合规管理，运用合规体系提升中央企业管理水平已从一种先进理念转变为硬性要求。

第二类是**跨国公司**。全球化放大了企业对外经营中面对的各种风险，各国的监管更促使合规成为这些企业“走出去”的迫切需要。在此背景下，2018 年 12 月，国家发展和改革委员会、外交部、商务部、中国人民银行、国务院国有资产监督管理委员会、国家外汇管理局、中华全国工商联合会发布了《关于印发〈企业境外经营合规管理指引〉的通知》以帮助指引走出国门的中国企业。

但是，尽管中央企业、中国的海外企业已将合规管理提升到与企业战略同样的高度，其合规部门的建设大多是根据其他国家监管规则进行的，推行合规的目的往往是海外经营不被罚或少罚，意味着**在这一阶段中国企业是“被动”建立合规体系的**。

## 四、全面推行的企业合规（2020 年至今）

2020 年至今相关合规文件如表 4 所示。

**表 4　2020 年至今相关合规文件**

| 相关文件 | 发布主体 | 发布时间 | 适用对象 |
| --- | --- | --- | --- |
| 《经营者反垄断合规指南》 | 反垄断委员会 | 2020 年 9 月 11 日 | 所有企业 |
| 《关于开展企业合规改革试点工作方案》 | 最高人民检察院 | 2021 年 4 月 8 日 | 试点范围内的所有企业 |
| 《商务部关于两用物项出口经营者建立出口管制内部合规机制的指导意见》 | 商务部 | 2021 年 4 月 28 日 | 两用物项出口经营者 |
| 《关于建立涉案企业合规第三方监督评估机制的指导意见（试行）》 | 最高人民检察院与国资委、财政部、全国工商联等九部门 | 2021 年 6 月 3 日 | 所有企业 |

在我国合规管理发展的第四阶段，**合规重点对象由中央企业、境外中国企业扩大至所有企业，涉及面更广且适用主体更多元**。

最近两年的立法频率较以往更快：《刑法修正案（十一）》发布，《行政处罚法》修改，《数据安全法》《个人信息保护法》实施。此外，还有各地市发布的相关法律法规、国务院反垄断委员会的《经营者反垄断合规指南》等，这些法律法规没有直接干预合规管理体系的制定，却影响企业的合规性经营。

同时，由最高人民检察院推动的企业合规改革试点工作也在稳步推进：2020 年 3

月，最高人民检察院在上海浦东、金山，江苏张家港，山东郯城，广东深圳南山、宝安等6家基层检察院开展企业合规改革第一期试点工作；2021年4月，最高人民检察院进一步启动第二期企业合规改革试点工作，试点范围也增加至10个省、直辖市。

**在最近2年的发展中，合规的内涵在不断丰富**。以往跨国企业中的合规，更侧重于反不正当行为（反腐败、反洗钱、反欺诈、反串通、反胁迫），反垄断，利益冲突，内幕交易，信息保护，贸易管制，平等就业等领域的专项合规管理。我国企业则更侧重于“大合规”管理，在强调建立合规管理体系的同时，也强调重点领域、重点环节和重要人员的合规管理。

目前我国合规管理尽管已向所有企业全面推行，但仍然处于发展阶段。在全面推行合规的过程中，推动主体由过去的国资委转移至了最高人民检察院，但“大合规”管理模式更需要尽快建立独立的合规监管部门，以加快促进未来企业合规的发展。

## 结语

纵观30多年来我国合规内容的发展变化，合规相关法律新规出台的频率在逐步加快，合规改革也在不断深化。

第一阶段合规首先出现在审计行业中；随着审计、金融市场在野蛮发展过程中出现问题，我国合规进入重点领域发展的第二阶段；到第三阶段，中央企业因出现管理经营问题带来了巨大的国有资产流失风险，同时中国企业因合规问题导致天价罚款，合规重点也拓展至中央企业和中国出海企业；目前，企业合规已经全面拓展至包括中小企业在内的所有企业。

尽管我国的合规可以追溯到30多年前，但从制度的构建来看，企业合规是在近几年才迎来跨越式发展的，并且与成熟的合规制度框架相距甚远。随着立法频率的加快、改革试点的深化，相信在不远的将来，我国企业便能够实现“对标世界一流管理水平”的目标。

# 深圳率先构建合规建设示范区，对律所有何启示

吴梦奇 |

深圳，是合规的前沿。

2021 年 8 月 10 日出台的《关于推进城市合规体系建设的指导意见（征求意见稿）》（以下简称《指导意见》），进一步强化了这一印象——在构建合规建设示范区方面，深圳又一次走在了前列。

《指导意见》围绕政府合规、企业合规、社会组织合规、公民合规以及重点领域区域先行示范五个方面，探索城市合规管理范本，在城市治理领域率先取得突破，将深圳打造成“全国全面推进合规管理体系标准实施示范城市”。到 2025 年，城市合规管理体系建设基本建成。

深圳为什么能成为合规先锋？“深圳经验”又能给行业带来怎样的参考借鉴？

## 一、《指导意见》透出的信号，怎么看

《指导意见》的出台，可以说将当下的合规建设推向了一个新的高度。文件将前海、宝安等区域作为合规试点的重点区域，进而推动城市合规体系建设、形成合规文化，这是非常具有前瞻性、创新性的举措，真正将合规作为社会治理的一种手段。

——华商林李黎（前海）联营律师事务所执行合伙人　王寿群

这份文件也让我想到 2009 年深圳在全国首开先河，颁布了《深圳市城市更新办法》，后来的结果大家也都看到了，城市更新走出深圳，在广东省内及省外多个省市全面铺开，直至在全国推广。

——北京德恒（深圳）律师事务所高级合伙人　郭雳

深圳作为社会主义先行示范区，不断用创新思路推动城市治理体系和治理能力现

代化，强化依法治理，运用法治思维和法治方式解决城市治理顽症难题，在坚持依法治国发展战略、深入推进法治城市示范建设的基础上，探索以符合法律法规、监管规定、行业准则和企业章程、规章制度以及国际条约、规则等为标准，涵盖政府、企业、社会组织、公民等主体在内的城市合规体系建设，对深圳“双区”建设以及落实社会主义先行示范区综合改革实施方案有重要意义。

——北京通商（深圳）律师事务所高级合伙人　郭小明

## 二、为什么又是深圳

深圳能在合规方面走在前列，是多方面因素综合作用下的结果：

历史层面，深圳经济发达，连续27年出口额全国第一，本身就是海外合规的“重灾区”，这给深圳带来了大量的合规需求。而作为改革开放前沿阵地的深圳有“敢为人先”的特点，城市文化亦非常包容、善于借鉴，因而在合规领域做出创举也顺理成章。

**政策层面**，2020年10月，深圳就审议通过了《深圳经济特区优化营商环境条例》，旨在利用特区立法权努力创设新的局面，2021年5月，又刚被中央批复了“建设中国社会主义法治先行示范城市”——深圳政府的积极作为也使合规工作得到了大力推动。

此外，深圳市司法局在推动深圳城市合规建设方面发挥了无可替代的关键作用。“近年来司法局的主要工作包括牵头成立鹏城法律合规研究院、深圳大学合规研究院、华商合规法律服务中心等一批合规研究智库，组织编写了系列合规指导丛书，开展了包括国有企业和民营企业在内的合规管理试点，组织开展了系列合规课题研究，出台深圳合规体系建设指导性文件。这些工作中，包括合规研究智库及深圳律师行业在内的专业机构和人员都是重要的参与主体。”郭小明介绍。

**企业层面**，外向型经济特征明显的深圳目前已拥有超过376万家商事主体，其中包括了大量跨国企业、外贸企业和高科技企业，这些企业的快速发展使推动城市合规体系建设刻不容缓。随着检察院推出“合规不起诉”等措施，一个倡导合规、鼓励合规的整体氛围正在形成，因此，许多有前瞻性的企业已经开始意识到合规的重要性与必要性，产生了合规的积极性与主动性。

**律师层面**，根据律协统计，深圳律所数量已超1000家，律师人数超过18,000名，这给合规工作的开展带来了天然优势——合规首先以合法为基础，律师从事合规工作有天然优势，也是推动合规的重要力量。如今的合规工作，在国际规则的遵守、社会责任的承担等方面，都对企业提出了更高的要求，因此，无论在合规体系建设方面还是合规运营方面，律师都有很大的参与、发挥空间。

众多因素交织之下，近年来深圳在合规领域成果丰硕。

## 三、深圳律所的探索与创新

有快速响应政策、战略的司法局牵头，深圳律所在行动速度上自然也不落下风。

2019 年 11 月，在深圳市司法局、深圳市前海深港现代服务业合作区管理局、深圳市前海一带一路法律服务联合会、深圳市坪山区司法局等部门和机构的支持下，深圳成立首家由律师事务所组建的合规法律服务中心——华商合规法律服务中心。目前，华商合规法律服务中心主要从事合规理论研究、合规体系建设、合规人才培养、合规交流活动等多方面工作。

“理论研究方面，我们编写了深圳市司法局委托的《企业海外合规实务研究》《民营企业合规与法律风险防控读本》，南山司法局委托的《高新技术企业合规策略》等一系列研究课题；活动方面，我们组织了众多合规宣传、培训活动，包括邀请《美国陷阱》一书作者弗雷德里克·皮耶鲁齐现场讲解美国反腐败合规案例；业务层面我们帮助众多国有企业、上市公司、高新技术企业建立合规管理体系，还培养了一批优秀的国际性合规人才。”王寿群介绍道。

通商深圳参与的鹏城法律合规研究院则成立于 2020 年 4 月，是在深圳市民政局注册成立的非营利性机构，旨在凭借深圳的区位优势和创新经验，依托粤港澳大湾区，研究最新的行业案例及企业实务，组织合规文化交流，发挥平台优势为企业提供合规咨询，协助企业建设合规体系，培养合规人才。

“研究院参与了深圳市一系列重大合规课题研究，且每周都会梳理及总结前一周的国际国内重大合规事件并进行合规分析，作为《鹏城合规观：企业合规风险提示与预警》发布，形成了一定的传播范围和影响力。”郭小明表示。

除了建设和探索合规示范区，深圳律所在律所合规实践方面也下了很大功夫。

以德恒深圳为例，不仅针对对外的合规业务组建了德恒深圳合规专业委员会（合规中心），也初步创设了律所内部的合规管理体系。2016 年起，德恒深圳由管委会牵头设立了证券委内核委员会、业务发展委员会、专业委员会等机构，颁布了大量律所合规管理相关制度，初步建立起多层次多角度覆盖的合规管理体系。

“德恒深圳将管理合规价值观视为律所经营的准则，虽然这短期带来了运营成本增加、业务发展受阻等不利因素，但长期来看，这些探索和尝试让律所合规治理越发完善，提升了律所形象，并使律所内、外部利益相关者对律所法律服务行为的预期更加合理，在增加交易机会的同时降低了执业风险。”郭雳表示，“对内有合规管理体系，对外有合规专业委员会，二者齐头并进，相辅相成”。

## 四、不在深圳，就不需要尝试吗

答案显然是否定的，因为除深圳以外，其他各地也在逐渐加大对于合规的关注和投入：

2020 年 6 月，山东首家合规研究院——青岛中世合规研究院成立。

2021 年 1 月，山东大学法学院在东营市东营区检察院建立企业刑事合规研究基地，同月，淄博发展研究院成立合规研究中心，重庆市江北新区（自贸试验区）企业刑事合规研究中心也顺利揭牌。

2021 年 9 月，京师律师企业合规研究中心揭牌仪式在京师律所一层大讲堂顺利举行。

……

与此同时，包括金杜、君合、方达、中伦在内的众多律所也陆续建立起专职合规律师团队，以应对越来越明显的合规大趋势——律所越主动，就越可能在新一轮竞争里占得先机。

国外知名城市的合规激励工作开展较早，而国内城市现阶段的合规工作主要聚焦在企业端，深圳作为其中的实践先锋价值显著，如今则希望更进一步，让合规不局限在企业端。

“可以说，以城市合规将各类主体的合规工作整合起来是深圳为合规管理理论及实务做出的重要贡献。”郭小明认为。

## 五、深圳经验有哪些

对其他地区律所而言，深圳经验有何可借鉴之处？几位律师给出了以下建议：

**大型综合所可以做全面合规体系建设，小而精的专业所更适合做专项合规。**

合规是动态的，特别是海外合规，更需要长期、持续保持对合规动态的跟踪和研究。同时，人才是做好合规的基础，律所需要建立对应的合规人才储备。

此外，不同类型的律所擅长的领域不同，客户群体也不同，小而精的专业所可能更适合从事环保、数据合规等专项合规，而大型综合所则可以分专业建立不同专项的合规团队，针对客户类型提供对应的合规体系搭建、专项合规服务。因此，律所需要根据自身长处、客户类型，明确未来的合规发展方向。

——王寿群

**为客户提供的意见建议，在设计、执行和结果上是否真的有效。**

作为专业服务机构，律所必须充分明确客户需求以及这些需求对律所专业技能的要求。合规管理有其自身的工作方法论和考察评判标准，整体上而言，律所在为客户提供服务时，应当特别关注为客户提供的意见建议在设计、执行和结果上的有效性。

因此，律所一方面应当关注国内、国际的合规管理最佳实践，另一方面也需要深入了解各类客户的业务实际，除法律知识外，也需增强和运用管理、技术等方面的专业技能，只有这样才能顺应合规大势，以“合规”实现行稳致远。

——郭小明

**内部实现全流程合规管理，外部针对性拓展合规业务。**

从内部合规管理体系角度来看，律所应适当增加“公共提留”持续完善合规体系，聘请专业合规管理人员并明确内部合规管理分工，制定律所内部的“立法法”，加强合规宣传培训，并从预警、监控、救济三大方面进行全流程合规管理。

从对外的合规专业委员会（合规中心）角度来看，律所需要考察、分析企业的合规需求，结合自身优势进行业务的针对性拓展，并在各委员会、各律师团队的常法、诉讼仲裁等服务以及检察机关主导的企业合规业务试点中开发、探索合规业务。此外，也需要结合相关政策顺势而为，有意识地培养律师各领域合规技能，帮助不同类型企业制订专项合规计划。

——郭雳

## 结语

深圳一纸文件背后透露的信号，是这座城市正率先尝试将合规拓展为一个更广泛的概念：不仅企业、社会组织、公民要合规，政府也要合规，而这一切所组成的“合规社会”，会通过未来一个个合规建设示范区加以撬动，最终在依法治国的大背景下服务于经济社会的高质量发展。

如此一来，未来合规不再是企业或企业＋律所单方面的事，而是整个社会层面的共同追求：企业能通过合规提升经济效益，组织能通过合规提升运作效率，公民能通过合规提升幸福感，政府能通过合规提升公信力。而通晓法律、通晓合规的律所、律师，将在其中起到至关重要的作用，获得更广泛的发挥空间。

这是一个开始的信号：“合规时代”已至，你的律所准备好了吗？

# 企业合规风口下，这些事等着律师来做

周付生 | 湖南天地人律师事务所合伙人

要说2021年法律行业讨论度最高的业务领域，“企业合规”定在其中。

“合规”（compliance）一词源于20世纪30年代美国为加强金融行业监管提出的合规计划，目的是确保公司遵守法律法规，控制内部风险，履行社会责任。

2018年11月2日，国资委印发《中央企业合规管理指引（试行）》，推动中央企业全面加强合规管理；2021年3月，最高人民检察院印发《关于开展企业合规改革试点工作方案》[1]（以下简称《合规试点方案》），正式启动违法犯罪依法不捕、不诉、不判处实刑的企业合规监管试点工作；同年6月3日，最高人民检察院联合九部门印发了《关于建立涉案企业合规第三方监督评估机制的指导意见（试行）》（以下简称《合规指导意见》）。

《合规试点方案》将“企业合规”的基本内涵确定为：“开展企业合规改革试点工作，是指检察机关对于办理的涉企刑事案件，在依法作出不批准逮捕、不起诉决定或者根据认罪认罚从宽制度提出轻缓量刑建议等的同时，针对企业涉嫌具体犯罪，结合办案实际，督促涉案企业作出合规承诺并积极整改落实，促进企业合规守法经营，减少和预防企业犯罪，实现司法办案政治效果、法律效果、社会效果的有机统一。”

因此，企业合规又称“刑事合规”或“合规不起诉”制度。

根据《合规试点方案》《合规指导意见》，律师在企业合规中的主要作用体现在以下三个方面：**企业合规的启动、企业合规的考察、企业合规制度的建设**。

本文即从上述三个方面谈谈律师在企业合规中的作用。

---

〔1〕 参见陈国庆：《新时代刑事检察工作的创新与发展》，载中华人民共和国最高人民检察院网2022年1月10日，https：//www. spp. gov. cn/spp/zdgz/202201/t20220110_541355. shtml。

## 一、律师在企业合规启动中的作用

（一）确定是否符合企业合规的适用条件

1. 判断是否属于合规适用的对象？

《合规指导意见》第 3 条规定，企业合规适用于两类对象：

一是单位，即公司、企业及与涉案企业相关联企业，不区分企业的经济性质、组织形式、规模大小，国企民企、内资外资、大中小微企业等均可。

二是个人，即公司、企业的实际控制人、经营管理人员、关键技术人员。实际控制人一般指控股股东（含由他人代持的隐名股东），经营管理人员一般指董事、监事、管理人员，关键技术人员主要是指与生产经营有关的关键岗位的研发、生产技术人员。

2. 判断是否属于适用的犯罪类型？

《合规指导意见》确定的适用犯罪类型为公司、企业经济活动涉及的两类犯罪，即经济犯罪、职务犯罪。

经济犯罪主要指《刑法》分则第三章破坏社会主义市场经济秩序罪规定的 110 个罪名及《刑法》分则第五章规定的职务侵占罪、挪用资金罪、挪用特定款物罪 3 个罪名。

职务犯罪大部分罪名与经济犯罪的罪名重合，如《刑法》分则第三章第三节妨害对公司、企业管理秩序罪中的非国家工作人员受贿罪，签订、履行合同失职被骗罪，背信损害上市公司利益罪，分则第五章规定的职务侵占罪、挪用资金罪、挪用特定款物罪等，既属于经济犯罪，也属于职务犯罪。

企业合规中的经济犯罪、职务犯罪是否全部包括上述 113 个罪名，是否应当增加或删减，有待最高人民检察院在试点基础上最终确定。作为律师，发现公司、企业或上述三类人员在企业经济活动中涉嫌上述 113 个罪名的，都应当积极协助企业申请启动合规不起诉程序。

3. 判断是否属于适用的法定刑范围？

企业合规适用的法定刑幅度是多少？《合规试点方案》《合规指导意见》没有明确规定，目前各试点单位制定的实施意见普遍规定，涉案公司、企业直接负责的主管人员和其他直接责任人员依法可能被判处 3 年以下有期徒刑、拘役、管制或单处罚金的，可以适用企业合规；法定刑在 10 年以上有期徒刑、无期徒刑、死刑的，明确不适用。至于法定刑在 3 年以上 10 年以下的，是否可以适用，目前各地做法并不一致。

笔者认为，公司、企业及其实际控制人、经营管理人员、关键技术人员在经济活动中涉嫌经济犯罪、职务犯罪，刑期在三年以下的，按照此前认罪认罚从宽制度、保护民营企业及企业家的“少捕慎诉”司法政策，一般也可以依法不予起诉。

如果“企业合规”制度仍然将“合规不起诉”的法定刑控制在3年以下，则失去此制度的意义。因此，笔者建议最高人民检察院在试点结束后，将“企业合规”适用的法定刑明确在10年以下。

4. 判断是否符合其他适用条件？

其他条件包括以下五个方面：一是案件事实是否清楚、证据是否确实充分、定性是否准确；二是受损法益是否得到及时修复或取得被害单位（个人）谅解；三是涉案企业、个人是否属于自愿；四是涉案企业、个人是否认罪认罚；五是涉案企业是否能够正常生产，是否具备适用合规不起诉的基本条件。

5. 判断是否属于不适用企业合规的范围？

《合规指导意见》第5条列出了五种不适用合规试点的情形：（1）个人为进行违法犯罪活动而设立公司、企业的；（2）公司、企业设立后以实施犯罪为主要活动的；（3）公司、企业人员盗用单位名义实施犯罪；（4）涉嫌危害国家安全犯罪、恐怖活动犯罪的；（5）其他不宜适用的情形。

作为律师，在申请启动合规不起诉程序之前，应当核实公司、企业及人员是否有上述五种情形之一，如有则不应启动。

（二）起草、提交《自愿适用企业合规的申请书》

涉案企业和个人，必须自愿才可以适用企业合规。因此，律师在经过详细调查、研究、分析、判断后，认为涉案企业、个人符合适用企业合规条件的，应当及时帮助涉案企业、个人起草并向承办检察机关提交《自愿适用企业合规的申请书》。

《申请书》应当包含以下内容：

1. 涉案企业、个人的基本情况

涉案企业基本情况包括：名称、住所、法定代表人、注册时间、注册资本、经营范围、员工人数、年产值、年上缴利税、行业地位、专利情况、所获荣誉等。

涉案个人基本情况包括：姓名，住址，身份证号码，股东证明文件（如系隐名股东需提交代持合同），劳动合同，任职文书，技术职称文件（专指关键技术人员），任职企业出具的证明文件（证明个人的岗位、职责及在企业中的地位、作用）等。

上述基本情况都应有相关证据证明，律师应当协助涉案企业、个人收集、提供相关证明材料。

2. 涉案企业、个人符合适用企业合规的理由

包括符合主体资格、符合适用的案件类型、符合适用的法定刑期、认罪认罚、受损法益已经得到修复或被害单位（个人）已经谅解、企业具备适用刑事合规的基本条件等。上述理由应当真实、准确。

3. 自愿适用企业合规的请求

涉案企业、个人明确表示自愿适用企业合规试点以及第三方机制的考察。

根据《合规试点方案》《合规指导意见》，企业合规由检察机关主导，一般在审查起诉阶段启动。但在公安机关侦查阶段，企业实际控制人、经营管理人员、关键技术人员通常被采取羁押性强制措施，企业财产被查封、扣押、冻结，对企业的生产经营造成巨大影响。

在这一阶段，律师是否可以代理企业申请检察机关提前启动企业合规工作，对涉案个人变更为非羁押性强制措施，解除对涉案企业财产的查封扣押冻结，目前并无明确规定。

但从合规制度设立本意、出发点来看，企业合规就是为了服务保障经济社会高质量发展，助力推进国家治理体系和治理能力现代化，优化营商环境，确保“六稳”“六保”。

因此，笔者认为，在侦查阶段，在涉案企业、个人自愿认罪认罚的基础上，对符合条件的涉案企业和个人，律师也可以向检察机关提交《自愿适用企业合规的申请书》，申请检察机关提前介入，启动企业合规程序，对涉案个人不予批准逮捕，或变更为非羁押性强制措施；对涉案企业财产，解除查封、扣押、冻结，以确保涉案企业正常生产经营活动的顺利进行。

（三）起草、提交《自愿接受企业合规考察承诺书》

《自愿接受企业合规考察承诺书》应当包括以下内容：积极配合司法机关的调查和追诉，确保司法程序的顺利进行；积极采取各种措施，修补受损法益；自愿接受第三方组织的合规考察；承诺制订、执行有效的合规计划；保证在考察期限内落实合规计划，完成对企业的合规治理。

（四）推动、见证涉案企业、个人签署《认罪认罚具结书》

涉案企业、个人适用合规不起诉的前提是认罪认罚。对于事实清楚、证据确实充分、定性准确、量刑建议恰当的案件，律师应当向涉案企业、个人解释认罪认罚的理由、认罪认罚的意义、认罪认罚的法律后果，积极推动涉案企业、个人自愿认罪认罚，并见证涉案企业、个人与承办检察机关签署《认罪认罚具结书》。

（五）及时提出变更强制措施及解除查封扣押冻结的申请

对检察机关决定启动企业合规考察的犯罪嫌疑人，如已经被采取羁押性强制措施的，律师应当及时向办案单位提交变更强制措施的申请，请求对嫌疑人依法变更为非羁押性强制措施。对已查封、扣押、冻结的企业设备、资金和技术资料等，在保证诉讼顺利进行，相关行政、刑事处罚措施可以执行的条件下，律师应当及时向办案单位提出解除查封、扣押、冻结。

## 二、律师在企业合规考察中的作用

（一）协助涉案企业起草、提交《企业合规计划书》

检察机关决定启动企业合规考察后，一般会针对风险点向涉案企业提出建立或完善企业合规计划的检察建议，第三方组织也会要求涉案企业提交专项或者多项合规计划，并明确合规计划的承诺完成时限。《企业合规计划书》一般应当在涉案企业、个人签署《认罪认罚具结书》后一个月内提交至承办检察机关、第三方组织。

《企业合规计划书》具体应当包含以下内容：

1. 成立专门的合规管理部门，确定专人从事合规管理工作；

2. 建立定期、不定期的员工合规培训制度；

3. 建立健全的合规管理制度，如生产经营、内部管理、安全防范、质量把控、人事管理、财务管理、员工奖惩等制度；

4. 建立合规防控体系，包括风险防范、风险监控、风险应对体系；

5. 建立企业内部合规风险查处机制，由合规管理部门联合企业财务、审计、监事部门，加强企业内部合规调查，发现违法行为，及时查处，发现合规管理漏洞，及时整改并完善相关制度。

（二）督促涉案企业落实合规计划并书面报告执行情况

涉案企业在合规考察期内，律师要督促涉案企业落实合规计划、合规承诺书中的各项措施、制度，防止形式主义，防止“纸面合规”，并按照承办检察机关和第三方组织的要求，定期（一般一月一次）以书面形式向检察机关、第三方组织报告合规计划执行情况。

（三）配合涉案企业通过合规考察

《合规指导意见》第 17 条规定，第三方组织及其组成人员在合规考察期内，可以针对涉案企业合规计划、定期书面报告开展必要的检查、评估，涉案企业应当予以配合。在第三方组织及组成人员对企业的合规考察过程中，律师要全力配合，帮助企业顺利完成合规考察。

承办检察机关、第三方组织在对涉案企业进行合规考察过程中，发现企业在预防违法犯罪方面制度不健全、不落实，管理不完善，存在违法犯罪隐患，需要及时消除的，可以提出检察建议或考察建议，律师应及时指导、督促涉案企业落实有关建议。

（四）及时提出不起诉或适用缓刑的法律意见

涉案企业在合规考察期内（一般为3个月到12个月），全部履行合规计划，没有违反监督考察要求，考察期满，经过公开听证等程序后，律师要及时向承办检察机关提出对涉案企业、个人不起诉的意见，由检察机关作出相对不起诉决定，实现“合规不起诉”的目标。如果检察机关仍然决定提起公诉，律师要依法提出建议适用缓刑的法律意见。

（五）担任合规考察第三方组织组成成员

《合规指导意见》规定，第三方组织负责对涉案企业的合规承诺进行调查、评估、监督和考察。第三方组织组成人员由具备专业知识的人员担任，包括律师、会计师、审计师、税务师等。

律师作为第三方组织组成人员应当履行下列义务：一是遵纪守法，勤勉尽责，客观中立；二是不得泄露履职过程中知悉的国家秘密、商业秘密和个人隐私；三是不得利用履职便利，索取、收受贿赂或者非法侵占涉案企业、个人的财物；四是不得利用履职便利，干扰涉案企业正常生产经营活动。

律师作为第三方组织组成人员，在履行第三方监督评估职责期间不得违反规定接受可能有利益关系的业务；在履行第三方监督评估职责结束后一年以内，本人及其所在律所不得接受涉案企业、个人或者其他有利益关系的单位、人员的业务。

律师作为第三方组织组成人员主要履行下列职责：一是审核涉案企业的合规计划是否有针对性、可行性、有效性、全面性，提出修改完善意见；二是在合规考察期内，对涉案企业进行监督考察，督促企业执行合规计划，发现有不合规行为的，及时向检察机关报告，并督促企业整改；三是在考察期限届满之前，提交合规考察报告；四是参与合规考察公开听证。

## 三、律师在企业合规建设中的作用

前述企业合规的启动、企业合规的监督考察以及最后的“合规不起诉”，是一种事后的补救措施。而只有从企业文化、企业制度上入手，加强企业合规建设，才能从源头防范企业及企业相关人员的刑事风险。律师，特别是专业的刑事律师，在此过程中能发挥重大作用。

（一）帮助企业开展合规“体检”，发现合规问题

律师为企业提供合规建设法律服务，必须具有针对性。企业性质、规模、行业不同，存在的问题也不同，面临的主要刑事法律风险也不同。律师在为企业提供合规建设服务前，应当对企业进行全面“体检”，深入了解企业生产经营的各个环节、各种现有规章制度，发现存在的漏洞、问题，逐一进行梳理、归类。

在此基础上，进行风险评估，评估企业在生产经营中可能出现的刑事风险点、风险发生的可能性以及一旦发生风险，发生损失的大小。

（二）帮助企业建立合规制度，制定合规手册

律师针对合规“体检”中发现的问题、漏洞，可以做下列工作：

一是帮助企业建立合规的管理制度，包括生产经营过程中的人事管理制度、印章管理制度、采购制度、仓储制度、生产制度、安全制度、质量制度、财务制度、销售制度等全流程、全领域的制度。

二是帮助企业从组织机构、人员配备、运行制度、运行流程、过错惩处、制度完善等方面，建立一套规范有序、运行有效的防范、监控、应对风险的合规体系。

三是将有关管理制度和合规风险防范、监控、应对制度编印成合规手册，发放至每一个员工手中。

（三）帮助企业加强合规培训，培养合规意识

律师要根据服务企业的经济性质、行业特点、规模大小，针对“体检”中发现的问题，结合具体案例，法律规定、犯罪构成、量处结果等方面，开展合规培训，提高企业家、员工的风险意识，培育公司合规文化、合规理念，从观念上引导企业家、员工遵守合规制度。

（四）帮助企业开展合规监督，落实合规建设

毋庸讳言，企业开展合规建设，将给企业增加很多成本，也会给企业家及其员工带来很多掣肘。企业逐利的本性，促使企业家及其员工在初始阶段会天然地反感、抵触合规制度的执行。作为律师，就应当克服困难和阻力，积极监督，推进合规制度的落实。

一是定期对企业合规体系的执行情况开展评查，重点核查合规制度的执行情况，发现执行不力、落实不到位的，要及时提出整改意见；

二是根据企业情况的变化，评估现行合规制度的科学性、可行性、合理性，发现问题，及时修改完善；

三是如果发生涉企刑事案件，律师要协助企业查明直接责任人，督促企业及时进行惩戒，补齐制度短板，防止再次发生违法犯罪案件。

# 怎么设计客户眼中可落地的合规方案

吴剑霞 |

数据合规的讨论热度居高不下，一个重要原因是，新法新规打破了行业界限，不再限定企业类型，几乎所有企业都在其中。

对于企业而言是刚需，对于律师而言是机遇。然而，在企业法总视角中，很多律师提供的合规方案都不够落地。

“《数据安全法》《网络安全审查办法》出来了以后，我们收到很多律师的 memo（备忘），法律法规字面分析、行业新闻分析等都写得差不多，但实操部分就比较轻薄。企业想要知道的，恰恰是实操部分，即现在要做什么，具体该怎么做。”

这是一位头部互联网企业法总的感受。

要做好数据合规律师，需要切实了解：

· 客户的数据合规需求有哪些？

· 客户眼中优秀的数据合规律师具备哪些能力？

· 可落地合规方案的前置工作有哪些？

## 一、你真的了解客户的合规需求吗

所属不同行业的企业面临不同的风险点，行业监管机关的关注重点及其数据合规需求也会有差异。

以医疗健康和金融行业为例，君合律师事务所合伙人董潇介绍：“医疗健康行业是一个强监管行业，最敏感的是患者数据，包括临床数据、遗传基因等，但同时国家也在鼓励健康大数据，在这样的背景下，哪些可以采集、采集之后如何应用、红线在哪里等是这个行业特有的问题。金融行业也是强监管行业，但不会涉及健康数据，但个人金融信息保护、交易场景等是其特别关注的。”

尽管各行各业都逃不开数据合规，但基本达成共识的是，互联网、金融（尤其是银行）、医疗健康等行业是其中的数据生产大户。律师要做的是，深入了解目标企业的工作场景及运营过程中的痛点难点。

以互联网行业代表企业新浪为例，新浪集团法务部总经理、新浪司法研究院院长谷海燕介绍了法务部门的六大工作场景：

场景1：平台协议审查，主要指在数据收集、处理、交换、交易过程中涉及的平台协议，包括用户隐私条款、开发者平台协议等文件。这些协议是平台写给用户的一封信，涉及大量需要判断是否合规的内容，包括权利义务如何约定符合法律法规规定，尤其是未成年人保护、消费者权益保障等方面。

场景2：商业契约审查，如平台和数据链开发者签订数据相关的商业契约，其中涉及各方权利义务边界的约定。

场景3：企业运营日常合规，包括业务开展过程中数据接口、权限调用等方面的合规审查。在互联网产品的运营过程中，还有大量动态的、即时发生的合规需求，如SDK接口权限、产品界面设计、跨平台调用是否有弹窗提示。

场景4：执法调查应对，包括参与企业调查过程、协商、对话、听证、讨论等。

场景5：跨境贸易合规，包括企业数据的跨境流通审查等。

场景6：投资并购合规，包括对被投资企业进行数据合规方面的尽职调查。

在前述六大场景中，基础工作通常会由法务部门自行消化，但也会综合外部专家、律师的建议，尤其是涉及需要独立第三方出具法律意见、合规调查报告的资本交易，或是遇到实际运营过程中的困境时。

谷海燕以SDK接口调用为例进行说明。法律规定，用户协议要明示SDK接入的所有场景，并且告诉用户收集了哪些信息、信息收集必要性及用途等；但是，法律法规仍有很多未尽之处，给企业经营带来了不确定性。

“节奏快的互联网企业每天都在更新应用功能，相关信息收集、信息流转势必有变化，是否要跟用户协议收集的范围保持严格一致？是逐条告诉用户信息的场景和用途，还是某一类总括地告知用户，获得用户同意？”谷海燕反馈，从企业经营成本及实操可行性角度考虑，不可能让用户看100多页的用户协议，一般用户可能也看不太懂。

当立法没有那么细致的时候，要在企业经营成本、数据合规、用户利益、市场接受度方面取得平衡并不容易。对此，董潇也有相似的感受，“在相当一段时间法律法规的规定比较原则，实践中有很多操作的法律界限也是在逐步明确的过程之中，在一个时间点明确怎么做是符合法律规定、符合企业的数据合规需求，这是一个很难的问题。”

此外，董潇还补充了一点，中国企业或在中国投资的跨国企业都在走向全球化，在这个过程中会面临不同法域的数据合规要求，这是难上加难。

有法律难题，对外部律师而言就是机会。

## 二、客户眼中优秀的数据合规律师是怎样的

1. 对法律法规的文本意思、立法逻辑及立法前景有融会贯通的理解。

对律师而言，准确解读文本意思是基础要求，掌握法条背后的立法者意图是进阶要求；但对企业而言，做到这两点只是停留在理论层面，还要能基于此预判起草当中或即将落地的法律法规的“精进节奏”。

“今天法律法规落地了，企业今天才开始改，明天又有新的法律法规落地，明天再去做调整，那企业肯定是跟不上节奏的。”谷海燕说，“要告诉企业怎样去主动预防，而不是等到出事了再做”。律师可以设计一套数据合规体检制度或问题清单，企业可以据此进行自查自纠，无论未来是否上市，按照这套制度/清单预演一遍，企业就能知晓是否符合数据合规的要求。

2. 对互联网技术及产品足够了解，能和业务部门顺畅对话。

每个专注某一垂直行业的互联网企业，都有自身相对独特的经营模式，这也决定了其数据及数据处理的特性。对于外部律师而言，需要了解其商业模式、竞争优势和数据流转特性等，能判断哪些数据可以公开、哪些不能公开，哪些数据抓取合理、哪些不合理。

也只有了解到这个程度，才能把握与企业法务部门及业务部门的对话尺度。

从分工上来看，法务部门通常是外部律师最先接触的部门，有经验的律师会厘清法务工作范围，而不会把所有沟通协调事宜都丢给法务部门。但事实上，不少律师因为不够了解技术和产品，往往不具备与业务部门对话的能力。

“跟业务部门沟通，首先要让对方理解方案中涉及的法律概念，其次对应到企业产品线、业务线指向的场景上，最后基于此做出法律分析。”谷海燕建议，律师要善于收集信息，也要善于解释问题，更要善于拿出企业在目前阶段能够接受的方案，而不是一个看起来很美好但实操成本过高的方案。

3. 能给企业可实操落地的解决方案。

基于律师工作的特性，通常是双方确定委托关系后，才会进入定制化方案设计环节，在前期拓展客户阶段，出于成本考量，所提方案往往停留在普适（适用于多家企业）法律问题分析层面。但对企业而言，这并不是一个好的体验。

2021 年 12 月 28 日，国家互联网办公室、发改委、工信部等联合发布《网络安全审查办法》，其中第 7 条明确提出，“掌握超过 100 万用户个人信息的网络平台运营

者赴国外上市，必须向网络安全审查办公室申报网络安全审查”。这当中有诸多关键词，如“100 万用户”“运营者”“国外”等，如何理解并运用是企业最关注的问题。

谷海燕举了一个例子：“对于未来要上市融资的企业而言，需要拿到怎样的审批算是合格？审批的流程、期限、材料清单、沟通部门是什么，现在有没有样板等？这些都是非常实操性的问题，企业希望从律师处得到解答。”

## 三、怎么成为有效方案的设计者

数据合规律师，一方面要具备专业能力，另一方面要了解企业真实情况，最重要的是，能在全面把控企业经营成本与风险的前提下，给出发展方向的指引与可落地的解决方案。

“如果把数据合规当成人，每个人体检都能检查出一些问题。但是诊疗方案要从哪个点入手？是要一步到位做到 100 分，还是先解决最关键的问题？”董潇说，需要综合客户自身状态、目前状况紧迫性、内部合规文化、合规机构设置等因素，从短期、长期两个角度去制订个性化方案。

因此，在制订方案之前，有一些工作要做在前面。

1. 了解企业所处的阶段。

对于初创型企业，其最关键的问题是业务模式本身是否有可持续性，尤其是涉及大量数据处理、分析的企业，其他问题可以等到下一个发展阶段再考虑。到了上市或融资阶段，企业各方面的合规诉求开始紧迫，此时就需要一套健全的数据保护制度。对于成熟企业而言，本身已经有相应的合规文化与制度，律师要做的就是在此基础上，进一步做针对性的优化升级。

处于不同发展阶段的企业，其数据合规诉求和关键问题都不同，不能抛开背景盲目制订方案。

2. 研究企业所处的行业。

每个行业的情况不一样，下要能结合具体业务模式，上要能放眼市场发展环境；如果是跨国企业或有跨国业务，还需将全球情况也纳入研究范围。

董潇举例说明：“互动广告行业，如果按照欧洲、美国法律的业务合规要求，能做到完全合规对企业来说是非常困难的。在这种大背景之下，企业如何根据所涉及的法域、当时法规规定情况、相关市场情况，去判断在合规的框架下现有业务如何设计开展，是比较关键的。”

3. 建立跨团队、跨区域的协作机制。

鉴于企业问题涉及多法域，势必要建立跨区域的协作机制，除了本所律师，更要联动当地优秀的律所进行合作。“虽然我们以中国为大本营，也了解欧美法律的大框架、基本要求和行业实践，但是在很多细节问题、最新监管政策方面，会跟当地最优秀的律师事务所合作。以自己的专业知识帮助客户先搭建全球性的合规框架，再结合当地律所最新的、最精确的经验，配合客户防控风险。”

当然，基础仍是君合自己的大合规部，其下设包括数据合规在内的 7 个细分领域，通过“专家会诊式”的合规服务体系帮助客户解决问题。在愈加复杂的商业社会中，试图用一门法律专业去解决问题是不现实的，实操中早已是法律交叉的状态。

企业运营的方方面面都会涉及数据，要做出可落地的方案，确实需要很大的成本和努力。成为数据合规领域的专家，也不是一蹴而就的。

从了解法律到了解企业实践，从用单一视角看问题到能运用跨领域知识处理交叉问题，最后看透问题本质，是跨领域学习、持续性学习的过程，并且要保持与同行、客户的交流。

# 企业合规与刑事合规，两者是何关系

潘 燕 叶 君 | 泰和泰（贵阳）律师事务所

2021 年 4 月 8 日，最高人民检察院下发《关于开展企业合规改革试点工作方案》，依法有序推进企业合规试点改革向纵深发展。第二批改革地点范围扩大至北京、辽宁、上海、江苏、浙江等十个省（直辖市），这是继 2020 年 3 月最高人民检察院开展企业合规试点改革以来，我国在企业合规领域的又一大动作。

企业合规不起诉，检察机关对于办理的涉及企业的刑事案件，在依法作出不批准逮捕、不起诉决定或者根据认罪认罚从宽制度提出轻缓量刑建议等的同时，针对企业涉嫌具体犯罪，结合办案实际，督促涉案企业作出合规承诺并积极整改落实，促进企业合规守法经营，减少和预防企业犯罪。而合规不起诉试点，将有助于合规的角色转变——从过去企业自身内在所需转换为刑事司法激励，这必将开启我国企业合规建设的新阶段。

与此同时，2021 年 4 月 14 日，最新的《合规管理体系要求及使用指南》（ISO37301）正式发布，该标准属于 A 类管理标准，可在全球范围内用于认证。

作为一直扎根在刑事辩护领域的律师团队，我们长期关注企业刑事合规的发展，并开展过一系列研究。我们发现，无论是国家检察机关、学术机构还是律师界，都没有对两者作出区分，甚至会选择互用。

我们认为，讨论这个问题相当有意义，有助于促进对企业刑事合规的理论研究，更有利于司法探索深度开展。

刑事合规与企业合规之间究竟有什么联系与区别呢？

## 一、企业合规的由来

说到企业合规的发展起源，还得追溯到 20 世纪 30 年代，美国经济大萧条导致美国整个金融系统几乎瘫痪，美国颁布了《国家工业复兴法》，**部分企业自发出现规则意识，这形成了企业合规的雏形**。20 世纪 50 年代末 60 年代初，约 30 家重型电气公司因为彼此之间进行价格协商与市场范围划分而违反了《反托拉斯法》。通用电气公司以实施了《反托拉斯法》的合规管理制度为由，进行无罪辩护。

到20世纪70年代，企业合规管理制度扩展到了《反托拉斯法》以外的领域。

1977年，美国国会通过了《反海外腐败法》（FCPA），规定了一些“出罪”条款，并以此作为法定事由为行为人进行抗辩；1991年，美国联邦量刑委员会制定了《组织量刑指南》，并编入修订的《联邦量刑指南》，以此作为法院对构成犯罪的企业进行量刑的依据。

2005年4月，巴塞尔银行监督管理委员会发布《合规与银行内部合规部门》，对金融企业构建合规部门确立了一般性的原则。

2006年，原中国银行业监督管理委员会发布《商业银行合规风险管理指引》；2007年，原中国保险监督管理委员会发布《保险公司合规管理指引》。

2010年，英国通过《反贿赂法》，创立了“商业组织预防贿赂失职罪”，确立合规无罪辩护制度；2016年，法国国会通过《萨宾第二法案》，该法案吸收了美国《反腐败法》与英国《反贿赂法》的相关内容，确立了反海外腐败行为制度，并首次确立了强制合规制度，要求符合条件的企业建立合规机制，并对不建立合规机制的企业确立法律责任。

通过时间线，我们可以看出，无论是美国还是英国，都是在经济发展过程中颁布了相应法律，不同程度确立了（商业组织）企业合规管理制度，对企业建立与没有建立合规制度进行了不同惩罚。

## 二、刑事合规是企业合规的必然方向

2018年11月，国资委发布《中央企业合规管理指引（试行）》（国资发法规〔2018〕106号），**初步形成我国国有企业合规管理的基本框架**；2018年12月，国家发改委会同外交部等6部门发布《企业境外经营合规管理指引》（发改外资〔2018〕1916号），至此，**确立了我国企业境外合规管理制度的基本框架**。

随着国家对企业合规管理的高度重视，政府、监管部门发布了多个合规指引文件规范和指引企业合法依规经营。

直至2020年3月，最高人民检察院启动涉企犯罪依法不捕、不诉、不判处实刑的合规监管试点工作，并确定深圳市宝安区检察院等6家检察院为**刑事合规试点单位**。

ISO正式发布合规管理体系认证标准——《合规管体系要求及使用指南》，该标准作为A类管理标准，是合规管理方面的一个国际举措，在全球越来越严酷的经济环境下，为企业提供了合规管理标准。这对于广大企业合规管理来说具有里程碑的意义。

事实上，在刑事合规产生以前的很长一段时间里，国内外企业内部合规管理体系建设早就被开启、被实践，但都仅存在于企业自身内部管理需要，并没有发挥对企业及其员工刑事犯罪的防御作用。

直到美国《组织量刑指南》首次以司法文件的形式把有效企业合规作为企业犯罪后的量刑依据，才开始出现刑事合规，而后英国《反贿赂法》出现，确定了企业合规无罪辩护制度。

从时间进程表来看，我们或许可以这样说，企业合规是刑事合规的起源，而刑事合规又是企业合规的必然方向。

## 三、刑事合规与企业合规有何不同

根据国资委《企业合规管理指引（试行）》的规定，企业及其员工的经营管理行为，应符合法律法规、监管规定、行业准则和企业章程、规章制度以及国际条约、规则等要求。企业及其员工因不合规行为引发法律责任、受到相关处罚、造成经济或声誉损失以及其他负面影响的可能性是合规风险。

合规管理体系，是指企业以防控合规风险为目的，以企业和员工经营管理行为为对象，建立的合规组织制度、合规风险识别制度、合规审查制度、风险应对制度、责任追究制度、考核评价制度、合规培训制度等系列管理措施的总称。而依据合规管理体系所开展的有计划、有组织的活动，是合规管理行动。合规管理体系与合规管理行动之间，是静态与动态的关系。体系要想有效，需要行动加以支持；行动要想规范，也需要符合体系。然而，刑事合规与企业合规并不完全相同。

从当前我国司法实践来看，刑事合规是检察官依法对涉嫌犯罪的企业赋予其刑事风险管理的积极义务，使单位行为与个人行为有所分离，并根据企业遵守刑事规范情况，对企业行为作出肯定性或者否定性的刑事评价，并对相应涉案人员进行区别处理，使陷入刑事风险的企业获得拯救，重新依法合规经营的机制。

也就是说，企业合规与刑事合规是有区别的，这两者的差别主要体现在如下方面：适用范围、时机、主导机关、适用依据、重点领域、目的、否定评价、肯定评价、权力/利性质、权力/利来源、关注重点、专业机构地位，详见表1。

**表 1　企业合规与刑事合规对比**

| 区别类型 | 企业合规 | 刑事合规 |
|---|---|---|
| 适用范围 | 企业经营管理全过程 | 企业发生刑事犯罪以后 |
| 时机 | 事前合规，注重的是事前预防 | 事后合规，是一种危机处理的合规 |
| 主导机关 | 企业合规管理委员会 | 检察机关 |
| 适用依据 | 法律法规、监管规定、行业准则和企业章程、规章制度以及国际条约、规则 | 刑事法律规定及政策 |
| 重点领域 | 市场交易、安全环保、产品质量、劳动用工、财务税收、知识产权、商业伙伴等 | 刑法分则483个罪名中，主要包括第三章破坏社会主义市场经济秩序犯罪、商业贿赂犯罪，第八章贪污贿赂犯罪等 |
| 目的 | 规范企业合法经营，预防合规风险发生，帮助全员全面树立合规意识 | 降解企业刑事风险，使企业遭受犯罪影响后能够重新恢复正轨，正常经营 |
| 否定评价 | 其法律后果往往是民事赔偿、侵权、违约等民事责任或者罚款、停顿整改、责令停产停业、没收违法所得、责令停产停业、暂扣或者吊销许可证或者营业执照等行政处罚 | 其法律后果往往是企业以及个人面临管制、拘役、有期徒刑、无期徒刑等限制人身自由的刑罚以及被处以罚金、没收财产的财产刑、剥夺政治权利的刑事处罚 |
| 肯定评价 | 获得世界银行等机构诚信合规认证，增强国际市场竞争力 | 检察机关的不起诉或者从宽量刑建议，涉案企业重归社会 |
| 权力/利性质 | 企业自主经营权 | 检察权 |
| 权力/利来源 | 企业自行委托第三方专业机构或者自行招聘合规师 | 检察官委托的第三方监管人 |
| 关注重点 | 各种因素的动态平衡，如企业管理必须与员工活力相平衡，企业风险管理必须与企业经营发展相平衡，企业人员素质必须与用工成本相平衡 | 围绕刑法的目的进行，从刑法角度对合规整改情况进行考量，并且仅围绕刑法和配套规定加以裁量 |
| 专业机构地位 | 与企业签订服务合同提供专业服务的专业机构（合规咨询公司、会计师事务所、律师事务所等） | 受国家机关委托履行职责，秉持客观、中立立场的专业第三方机构（具有刑事工作经验的律师事务所等） |

通过表1的对比，简单来说，刑事合规是企业在监管下采取一系列合法措施后，降低犯罪给其带来的社会影响。

不过，刑事合规与企业合规并非泾渭分明，两者也是可以相互转化的。

比如，有效的企业合规管理体系，可成为企业出现刑事犯罪以后转化为刑事合规的证据，作为向检察机关提出刑事合规整改有效性的理由，为检察机关作出不起诉或者提出从宽量刑建议提供参考。而且，最新发布的《合规管理体系要求及使用指南》已经注意到了这一点，将文件制定意义定位于，为监管机构和司法机构采信组织的合规管理体系实践提供参考依据。

因此，从刑事司法角度来讲，刑事合规是企业合规的终极目标。

## 四、当前的刑事合规主要有哪些特点呢

从目前试点来看，刑事合规的主要特点表现在三大方面。

（一）启动模式方面

**模式一，检察机关依职权启动。**

在检察机关审查起诉阶段，通过对涉案企业强制引入刑事合规管控机制，要求涉案民营企业进行刑事合规整顿，经严格审查后，作出暂缓起诉或相对不起诉的决定。

**模式二，律师申请启动。**

专业律师团队在接受涉案企业委托后，积极帮助涉案企业进行刑事合规审查，出具专业的刑事合规评估报告，并协助涉案企业构建刑事合规管理系统，最大程度帮助企业降低刑事再犯罪风险，并积极向检察机关争取从宽处理。

（二）处理方式

**方式一，相对不起诉。**

相对不起诉，也称酌定不起诉，是指犯罪嫌疑人犯罪情节轻微，检察机关根据具体案情和犯罪嫌疑人悔罪表现，既可以向法院提出公诉以追究犯罪嫌疑人的刑事责任，也可以不向法院提起公诉以终结诉讼程序，在这种情形下，检察机关掌握较大的主动权，犯罪嫌疑人应积极悔罪，并积极采取补救措施，最大限度挽回、弥补各项损失，争取检察机关做相对不起诉处理。

**方式二，暂缓起诉处理。**

暂缓起诉，也称附条件不起诉，是指检察机关从特别预防出发，根据涉案企业情况以及犯罪后综合表现，认为以暂不提起公诉为宜，并为涉案企业设定一定的考验期限，在该考验期内对企业建立刑事合规制定情况进行监督考察，在期满后根据企业建立合规管理体系进展情况，再决定是否提起公诉。

对涉案民营企业引入暂缓起诉处理方式，体现了我国在预防民营企业再犯罪，为

确保民营企业持续、稳定经营，在司法实践方面进行的新探索。

（三）监控人设置

**设置一，司法局建立名录。**

深圳宝安区司法局出台了《关于企业刑事合规独立监控人选任及管理规定（试行）》，明确规定：

独立监控人应就企业刑事合规情况进行调查，协助犯罪嫌疑企业制订合规计划以及协助区人民检察院监督合规计划的执行，并针对其履职情况、企业刑事合规建设出具阶段性书面监控报告，作为区人民检察院作相应处理决定的参考。

随后，选取 11 家律师事务所进入第一批企业刑事合规独立监控人名录库。

**设置二，检察院确定监督员。**

浙江省岱山县人民检察院出台《涉企案件刑事合规办理规程（试行）》规定：

由检察院选定合规监督员进驻企业，确定刑事合规整改方案；通过合规监督员持续指导监督整改方案的建立执行，出具合规整改考察报告，并在整改期满经公开听证，由检察院汇总各方意见后视情形从宽处理。

## 五、在合规流程上律师应该注意哪些方面

自从合规业务成为律师的新兴业务，大家基本认为，刑事合规是企业合规的一部分，因此，会把在企业合规业务中涉及的刑事部分视为刑事合规。

这导致不少律师在开展合规业务时对企业合规与刑事合规的流程也并不清楚。

虽然两者在工作流程上有所区别，但在具体节点上又是相互融合的。

图 1 是我们梳理的企业合规的正确流程：

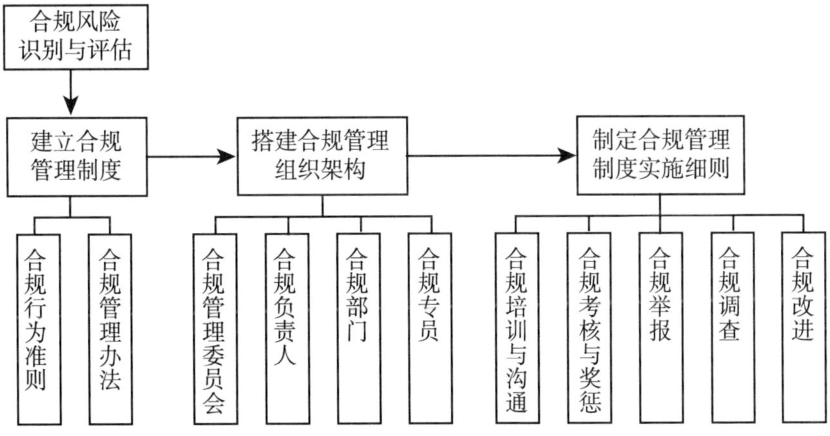


**图 1　企业合规流程**

可以看出，企业合规流程具有四大要点：合规风险识别与评估、建立合规管理制度、搭建合规管理组织架构、制定合规管理制度实施细则。而这四大点，又分为若干小点，以此构成有效合规体系的基本要素。

而刑事合规的正确流程又是怎样的呢？我们梳理的刑事合规流程如图 2 所示：

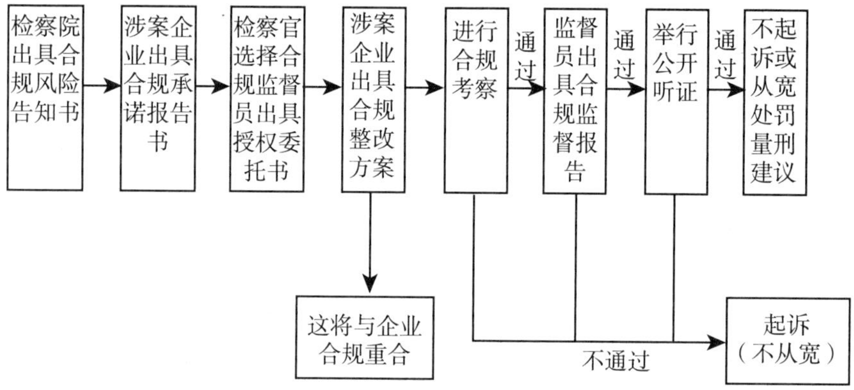


**图 2　刑事合规流程**

作为有刑事专业经验的律师，在为企业做刑事合规时，我们应当根据刑事案件的基本案情，深入挖掘发案单位在工作流程和人员岗位上存在的问题，找到制度和人员的管理漏洞；然后，结合刑事犯罪构成要件，为企业行为做合规建模；最后，运用搭建企业合规管理体系的方法，制订刑事合规管理计划。

只有这样“步步为营”，才能为企业提供有效的合规服务，将企业不合规行为阻止在刑事案件以外。

针对企业已经涉罪，需要提供刑事合规服务时，可根据上述路径，制订有效企业合规计划，帮助证明企业刑事合规整改的有效性，替代企业的单位犯罪责任。

综上所述，可以看出，企业合规是企业内部控制和自我约束的一种机制，它既是一个管理过程，也是一种管理结果。但是，由于企业的性质、业务、经营范围不同，其合规风险也会不同，很难确立一种有效的合规计划标准，只能是根据企业自身的具体情况，量身打造合规计划。

而刑事合规则是企业面临刑事指控以后，通过给予企业一段时间的涉案整改，实现司法介入企业治理的具体方案。同样，刑事合规也是结合企业本身涉罪情况，针对涉罪情形进行刑事合规整改。

## 结论

完善的合规体系可以为企业创造价值，是企业可持续发展的基石，也是实现企业良好治理的保障。一个在合规经营中成长的企业，也会因其合规经营而受益，最终有机会发展成为模范企业、龙头企业、百年企业。

当刑事风险真正来临时，有效的企业合规管理体系有机会真正挽救企业与企业家的命运。所以，企业合规管理体系的建立，仅仅依靠企业本身是远远不够的，必须依靠专业人员的帮助。

作为律师要知道，**合规的生命在于行之有效**。企业合规，如果只是一堆无法嵌入的规章制度，最终将被企业束之高阁，成为一纸空文。

因此，在开展合规业务时，合规官（或者合规律师）既要保证自身的独立性和专业性，也要根据企业内部管理规律和外部运营需要，深入挖掘企业可能面临的合规风险，从而量体裁衣地为企业制订应对措施，帮助企业把合规风险的评估、管控落到实处，真正使企业合规管理体系发挥应有的价值。

# 合规时代，企业合规体系建设的 6 大实施路径

郭小明 | 北京市通商（深圳）律师事务所资深合伙人
刘润兴 | 北京市通商（深圳）律师事务所高级顾问

要说 2021 年法律行业讨论度最高的业务领域，“企业合规”定在其中。

合规时代来临，建立健全合规管理体系是在新形势下企业应对外部监管的客观要求，也是实现持续发展的内在需求。只有加快提升企业依法合规经营管理的水平，着力打造合规企业，才能保障企业行稳致远。

深入业务实践，律师如何帮助企业建立合规管理体系？有哪些原则性问题需要注意？又有何具体的实施路径可供参考？

## 一、应对合规风险的必然选择

2021 年 10 月 8 日，市场监管总局依法对美团在中国境内网络餐饮外卖平台服务市场实施“二选一”垄断行为作出行政处罚，责令美团停止违法行为，并对其处以 34.42 亿元罚款。

同时，市场监管总局向美团发出《行政指导书》，要求其围绕完善平台佣金收费机制和算法规则、维护平台内中小餐饮商家合法利益、加强外卖骑手合法权益保护等进行全面整改，并连续三年向市场监管总局提交自查合规报告。

可以看出，在对违规行为进行处罚的同时，国家机关也要求企业必须完善自身的合规管理体系。

而在 2020 年 9 月 18 日，市场监管总局反垄断局就已经发布《经营者反垄断合规指南》，强调经营者建立反垄断合规管理体系的重要性，主要包括：

经营者应当建立并有效执行合规承诺、合规报告、合规管理架构等方面的反垄断合规管理制度。

经营者应当针对重点合规风险加强合规管理，如禁止达成垄断协议、禁止滥用市场支配地位、依法实施集中，并根据实际情况建立相关机制，对可能存在的风险进行识别和评估，并对员工面临的法律风险进行提醒。在识别评估的基础上，经营者应当建立健全处置机制，对有关风险进行控制和应对。

在合规管理保障方面，经营者应当实施与反垄断合规管理相配套的保障措施：

一是**内部管理**，建立健全对员工反垄断合规行为的奖惩机制，明确反垄断合规举报政策；

二是**能力建设**，鼓励经营者建立专业化、高素质的合规管理队伍，并通过加强教育培训等方式，帮助和督促员工了解并遵守反垄断法相关规定；

三是**配套措施**，鼓励经营者加强信息化建设，依法运用大数据等工具，加强对经营管理行为合规情况的监控和分析。

而在境外，企业对于合规风险进行事先防控的合规管理体系建设亦是监管机关关注的重点。

例如，2019 年 7 月 24 日美国联邦贸易委员会与脸书（Facebook）达成的和解协议中，除了对 Facebook 处以史无前例的 50 亿美元罚款外，还要求 Facebook 接受长达 20 年的监管，并按照监管部门的要求进行一系列的行为调整，包括：

**建立独立的隐私委员会**。Facebook 需新设隐私委员会，管理人员和员工不得成为委员会成员。隐私委员会负责管理公司隐私合规风险、任免合规官和第三方评估人。

**接受指定的合规官**。合规官负责执行和维护隐私委员会批准的隐私计划。详细记录所有的隐私决策，并按季度向第三方评估人和首席执行官提交文件。合规官还必须每季度向联邦贸易委员会报告 Facebook 隐私合规工作情况。

**委任具有广泛监督权力的第三方评估人**。第三方评估人应在得到联邦贸易委员会的批准后才能任命，负责对 Facebook 隐私合规状况进行评估。第三方评估人每年可与隐私委员会召开四次会议，而 Facebook 管理层和员工除非受邀否则无权参加。

**首席执行官在合规上拥有更少的权利，但需承担更大的责任**。首席执行官可以听取隐私合规工作的季度报告但不能干预，且必须按季度向联邦贸易委员会提交公司遵守了和解协议的证明材料。

2021 年 6 月 3 日，最高人民检察院等八部委联合发布了《关于建立涉案企业合规第三方监督评估机制的指导意见（试行）》，其中要求涉案企业如希望适用“合规第三方监督评估机制”，应当提交专项或者多项合规计划，而且合规计划应当“主要围绕与企业涉嫌犯罪有密切联系的企业内部治理结构、规章制度、人员管理等方面存在的问题，制定可行的合规管理规范，构建有效的合规组织体系，健全合规风险防范报告机制，弥补企业制度建设和监督管理漏洞，防止再次发生相同或者类似的违法犯罪”。

2021 年 8 月 10 日，深圳市司法局发布的《关于推进城市合规体系建设的指导意见（征求意见稿）》进一步要求包括企业在内的各类社会主体建立健全合规管理体系，将深圳打造成“全国全面推进合规管理体系标准实施示范城市”。这也标志着合规管理已经进入“城市合规体系”的新时代。

## 二、合规管理体系的有效性

从以上案例及相关文件中可以看出，企业的合规管理体系建设将会日益成为违法违规事件中相关政府部门关注的重点。

企业的合规管理体系不仅体现在对合规义务的履行上，也应当体现在公司的日常管理中。只有持续完善公司的合规组织及合规机制等，通过管理将合规落地，合规管理体系才能被认定为有效。

结合《合规管理体系要求及使用指南》《中央企业合规管理指引（试行）》《企业境外经营合规管理指引》及美国司法部《企业合规体系评估》等合规标准及指引，我们认为有效的企业合规管理体系应当体现在三个方面：设计的有效性、执行的有效性和结果的有效性。

1. 设计的有效性。合规管理体系要有针对性，基于企业的业务实际而设计，传达明确的信息，在预防和发现违规行为方面发挥作用。

企业应当：（1）确保管理者言行一致，并身体力行参与合规工作；（2）建立完善的合规管理组织，合规部门在企业组织架构中的地位能够保障其发挥作用，合规人员具备足够的经验及资质，并有充分的资源及自主权确保其有效履行职责；（3）确立完备的合规运作机制、合规保障机制，并合理分配资源，定期更新和修正。

2. 执行的有效性。合规管理体系不能停留在纸面，有效的执行必须有全流程的合规管控，鼓励合规，对违规“零容忍”。

企业应当：（1）发布经良好设计的政策和流程，并确保员工正确理解，将合规要求落实到业务流程中，明确审核职责，有效管控风险；（2）基于合规风险和业务量身定制培训内容，向员工明示企业对违规行为的态度及立场，为员工寻求建议和指导提供畅通的渠道；（3）建立可供匿名举报的机制，由适格人员进行及时、充分的调查，并且评估举报机制运作情况；（4）公平公正公开地及时处罚违规行为，并对合规行为采取多种奖励方式。

3. 结果的有效性。合规管理体系应当有效运作，随着内外部环境发展变化而演进改变，以应对现有的和潜在的合规风险。

企业应当：（1）通过检查、测试等方式，发现合规管控的不足并加以改进；（2）对合规管理状况开展独立客观地评估，对标外部要求与业界实践；（3）以企业战略为根本，将合规管理融入经营管理中，动态调整管理要求，实现与业务活动可持续发展。

## 三、合规管理体系实施路径

企业合规管理体系建设工作既要坚持全面性原则，覆盖全业务领域、全部门、全层级，贯穿决策、执行、监督、反馈等各个环节，强调合规人人有责；又要坚持个性化原则，从组织设置、流程管控、规章制度、运作机制、文化建设、管理工具等方面保证合规管理体系适宜企业发展。

建立健全合规管理体系应当从以下几个方面开展工作：

1. 搭建合规管理组织，健全合规管理架构

高效的合规管理组织架构是合规管理体系成功的关键因素。合规经营是企业开展合规工作的目的和要求，也是合规管理组织的核心职责。企业应当合理确定合规管理组织的层级、权限，做好顶层设计，并为合规管理组织履职配备充足的资源，维护合规管理组织的专业性与独立性。

实践中，合规管理中的最佳实践往往是，企业在董事会的领导下，建立由合规管理委员会、合规负责人和合规管理部门组成的合规管理组织，指导业务部门开展本领域的日常合规管理工作，与审计、监察等部门形成管理合力，并协调与监管机构及合作伙伴的关系。

2. 完善风险管理流程，防范应对合规风险

防范和管控合规风险是合规管理工作的导向，企业需要持续关注业务开展情况及内外部法律变化，及时识别、评价及应对潜在的新增风险和既有风险变化。

企业应当建立合规风险管理制度和流程，关注重点领域、重点环节和重点人员，全面分析合规风险的发生可能性、后果严重性及发生原因、潜在后果等，制订合规风险应急预案，采取有效措施，及时应对处置，避免潜在风险并未出现的危险事件。

3. 全面识别合规要求，制定合规管理制度

合规管理政策是合规管理体系的成文化要求，也是合规管理工作的制度依据。无论是履行具体合规义务的行为要求，还是合规管理工作的开展方式，均应当通过企业内部正式发布的合规制度，以可得、易得的方式为员工所获取。

一般而言，优秀的合规管理企业会建立合规行为准则、合规管理办法、合规操作流程等多级合规制度体系，针对重点领域制定专项合规管理制度，并根据法律法规变

化和监管动态，及时将外部有关合规要求转化为内部规章制度，实现有规可依。

4. 完善合规运作机制，实现合规要求落地

合规目标的实现离不开合规管理这一过程。在推进合规管理中，企业应建立健全合规审查、合规培训、合规汇报、合规考核、合规检查等方面的工作机制，将合规管控嵌入关键业务流程中，尤其是作为规章制度制定、重大事项决策、重要合同签订、重大项目运营等经营管理行为的必经程序，确保全员知规守规、有规必依。

合规管理体系的成效还会体现在企业是否能及时发现和处理违规事件或行为。为此，企业应完善举报管理、违规调查、责任追究等机制，畅通举报渠道，明晰违规情形与场景，细化惩处标准，开展违规调查，严肃追究违规人员责任。

5. 重视合规文化建设，树立积极正面形象

合规应当成为企业内部文化的核心价值观，这也是合规管理体系最佳实践的应有之义。企业塑造合规文化要求管理层重视合规建设并做出合规承诺，全体员工不断提升合规意识及能力。

企业应建立制度化、常态化、定制化的培训体系，确保管理层及各级员工理解、遵循企业合规目标和合规要求，践行依法合规、诚信经营的价值观。企业亦可参与行业合规组织，展示自身合规成就，参与营造和谐健康的经营环境。

6. 引进实施合规工具，持续改进合规工作

有效的合规管理体系，要求企业优化合规管控手段，对业务系统进行合规改进或引入先进合规工具嵌入业务系统，实时监控业务活动开展并提示合规要求、预警合规风险。

合规管理工作无止境，合规管理体系也不能一成不变。企业应当持续评估合规管理体系各方面的有效性，及时发现和纠正存在的问题，根据企业业务发展及外部监管变化，不断调整合规管理要求，更新合规风险管理措施，优化合规运行和保障机制，实现合规管理体系的不断完善。

## 结语

《史记·礼书》有言：“人道经纬万端，规矩无所不贯，诱进以仁义，束缚以刑罚。”

合规管理是企业日常经营管理的必然要求，尤其是我们身处百年未有之大变局下，法律日益成为国家间竞争的工具，由此导致的企业合规风险不断凸显。

只有借鉴先进合规管理经验，不断提升抵御合规风险的能力、完善合规管理体系，以合规管理守护和创造价值，才能筑牢企业生存和发展的基础，助力企业实现愿景及使命。

# 企业刑事合规体系的有效搭建，离不开这五步

潘 燕 黎代阳 | 泰和泰（贵阳）律师事务所

2021年11月17日，江苏省律协印发了《律师从事合规法律服务业务指引》，指出：

合规法律服务，是指律师通过研判企业的商业行为，在掌握国内外有关法律法规、国际组织规则、监管规定、企业所在行业和业务领域的合规要求、商业惯例和道德规范，企业依法制定的章程及规章制度等的基础上，出于帮助企业预防、识别、评估、报告和应对合规风险的目的，提供的咨询、代理等专项法律服务和顾问服务。

而我国多家企业都因合规在国外吃了大亏。就在不久前，格力在美国认罪的消息成为又一个中国企业在海外“被迫”合规的典型案例。

格力公司与美国司法部达成延缓起诉协议（DPA），格力电器有限公司（Gree）及其在我国香港特别行政区和美国的子公司就针对他们的刑事指控同意和解，并支付高达9100万美元的罚款。

根据环球法务的报道，时任格力美国的两位高管并没有认罪，他们将在美国法院受审。

从这个案例可以看出，美国在企业合规上通常采用“弃车保帅”的做法。这种合规方式让为企业工作了大半辈子的企业高管成为“代罪羔羊”，不禁让人心生寒意。

这也让人想起法国阿尔斯通集团高管皮耶鲁齐在《美国陷阱》一书中所述：“被关押在怀亚特看守所时，我反复向检察官辩解：我做的一切都是以阿尔斯通的名义进行的，我在工作中严格遵守一切内部流程。”但却没有人理会。

不同于西方“放过那个企业，追究责任人”的做法，我国当前施行的涉诉企业合规不起诉制度采用的原则是，“既放过企业，又放过企业家”。由此可见，我国企业开展合规工作离不开对“人”的合规。

最高人民检察院理论研究所谢鹏程所长在涉案企业合规检察改革理论与实务问题

研讨会上指出：

从我国经济社会发展阶段看，一方面，社会上缺乏一个经理人阶层，企业管理专业人才储备不足；另一方面，企业管理方式和治理结构现代化程度总体上不高，许多企业特别是民营企业还没有发展公司制的运营机制，企业的生存、发展与企业家紧密联系在一起。一旦企业家出事了，企业就面临灭顶之灾。

我们要挽救一个涉案企业，就要充分考虑这个中国国情，不能简单地照搬照抄西方国家的经验和规则。

根据最高人民检察院等九部门颁布的《关于建立涉案企业合规第三方监督评估机制的指导意见（试行）》第3条，第三方机制适用于公司、企业等市场主体在生产经营活动中涉及的经济犯罪、职务犯罪等案件，既包括公司、企业等实施的单位犯罪案件，也包括公司、企业实际控制人、经营管理人员、关键技术人员等实施的与生产经营活动密切相关的犯罪案件。

由此可以明确，以第三方监督机制为出发点，企业合规制度的建立不仅需要在企业经营管理的基础上开展，也需要就企业内部的人员管理、易滋生腐败的重点岗位制定有效的合规目标和任务，把好内控关。

我们认为，作为律师，在开展刑事合规业务，搭建企业刑事合规体系时，不能脱离企业的“人”去考虑刑事合规问题，而应当围绕“人”在企业中的责任和权力设置来考虑刑事合规，以保证合规的有效性，真正搭建好刑事合规这道防火墙。

## 一、应当特别关注企业员工的个人责任

在英美法系国家，单位犯罪就与公司职员的行为密切相关。比如，英国的替代责任论[1]和同一视论[2]，以及美国的上级责任论[3]，都将公司职员或级别高的职员的行为归结于企业行为。

在后期，组织责任论成为法人犯罪的主要追责方式，组织责任论从法人的组织结构、经营方式等方面入手，只要前述方面被证明有缺陷，且这些缺陷是导致犯罪行为最终发生的原因，就可以据此追究法人的刑事责任。

由于西方企业经营权和所有权明确分离，企业合规在阻隔企业责任、区分经营者责任与企业固有责任方面具有更加积极的意义，由此延伸出严格责任的归责方式。根

〔1〕 替代责任理论源于民事侵权原则，认为只要法人雇用的员工在被雇用的范围内实施了犯罪，该法人就应当承担刑事责任。

〔2〕 同一视论则是将公司里级别高、地位高的雇员当作公司代理人，将他们的行为视为公司的犯罪，相较于上一种理论，多了对身份和地位的要求。

〔3〕 上级责任理论规定，只要是法人的职员，在其职责范围内实施为了法人利益的行为，无论其职位高低均可以视为法人代表的行为，这一理论类似于英国的替代责任理论。

据这一原则，一方面，可以由个人的行为推定单位行为，企业为员工或代理人的犯罪行为承担责任；另一方面，诚如本文开篇所说格力案例，单位对独立引起的行为承担责任，而个人亦自我担责。

但是，我国对单位犯罪采用“双罚制”的处罚方式，并未严格区分个人责任与单位责任，单位犯罪的刑事责任归根结底是个人刑事责任。

《刑法》第30条规定：公司、企业、事业单位、机关、团体实施的危害社会的行为，法律规定为单位犯罪的，应当负刑事责任。第31条规定：单位犯罪的，对单位判处罚金，并对其直接负责的主管人员和其他直接责任人员判处刑罚。

在双罚制的基础上，最高人民法院《关于适用〈中华人民共和国刑事诉讼法〉的解释》第340条也规定了起诉原则：对应当认定为单位犯罪的案件，人民检察院只作为自然人犯罪起诉的，人民法院应当建议人民检察院对犯罪单位追加起诉。人民检察院仍以自然人犯罪起诉的，人民法院应当依法审理，按照单位犯罪直接负责的主管人员或者其他直接责任人员追究刑事责任，并援引刑法分则关于追究单位犯罪中直接负责的主管人员和其他直接责任人员刑事责任的条款。

值得注意的是，我国《刑法》在某些情况下还规定了单位犯罪的单罚制，即只处罚行为人而不处罚单位，比如，第396条第1款规定的私分国有资产罪，国家机关、国有公司、企业、事业单位、人民团体，违反国家规定，以单位名义将国有资产集体私分给个人，数额较大的，对其直接负责的主管人员和其他直接责任人员，处3年以下有期徒刑或者拘役，并处或者单处罚金；数额巨大的，处3年以上7年以下有期徒刑，并处罚金。

除此之外，采用单罚制的刑事犯罪如表1所示。

**表1 采用单罚制的刑事犯罪**

| 罪名 | 《刑法》 |
|---|---|
| 重大劳动安全事故罪 | 第135条 |
| 工程重大安全事故罪 | 第137条 |
| 教育设施重大安全事故罪 | 第138条 |
| 消防责任事故罪 | 第139条 |
| 妨害清算罪 | 第162条 |
| 虚假破产罪 | 第162条之二 |
| 私分国有资产罪、私分罚没财物罪 | 第396条 |

由此可见，在我国单位犯罪的认定和处罚与其代表人行为均紧密联系。

成立单位犯罪，无论是采取双罚制还是单罚制，最终都要追究直接责任人的刑事责任，甚至在单位实施《刑法》未规定为单位犯罪的行为时，有追究必要的，可以不追究单位责任，直接以个人犯罪追究直接责任人的刑事责任。

而且，当前我国企业合规的主要对象是民营企业，民营企业大多采用家族式的管理模式，经营权和所有权常高度集中在创始人一人。企业财产与经营者、所有者财产一般都混于一体，一旦发生违规情况，将难以区分企业责任和个人责任。

随着企业刑事合规理论和实务的深入开展，人员管理应当是企业合规的核心内容。

九部门发布的《关于建立涉案企业合规第三方监督评估机制的指导意见（试行）的通知办法》第 11 条第 2 款规定：涉案企业提交的合规计划，主要围绕与企业涉嫌犯罪有密切联系的企业内部治理结构、规章制度、人员管理等方面存在的问题，制定可行的合规管理规范，构建有效的合规组织体系，健全合规风险防范报告机制，弥补企业制度建设和监督管理漏洞，防止再次发生相同或者类似的违法犯罪。

因此，在要求企业构建合理的经营管理体系并进行有效监督的过程中，如果不关注对个人行为的约束和引导，仅关注组织体系的发展，其实并不能有效达到治理单位犯罪、避免人为违法违规的结果。

企业刑事合规应当发挥刑法的一般预防作用，将刑事犯罪反向转换为企业人员应当遵循的合规义务，并在企业人员岗位职责、员工手册等企业管理文本中加以体现。同时，相应地设置处罚规则，以此来规范员工行为，促成员工谨慎工作，降低企业资产损失的概率与员工刑事犯罪的概率。

所以，企业刑事合规究其根本应当特别关注“人”的行为合规。

## 二、需要明悉这八大权力的岗位合规风险

涉企犯罪的核心是利用职务便利犯罪。

最高人民法院《全国法院审理经济犯罪案件工作座谈会纪要》明确了利用职务便利的含义，既包括利用本人职务上主管、负责、承办某项公共事务的职权，也包括利用职务上有隶属、制约关系的其他国家工作人员的职权。

担任单位领导职务的国家工作人员通过不属于自己主管的下级部门的国家工作人员的职务为他人谋取利益的，应当认定为“利用职务上的便利”。

利用职务上的便利的重点在于“职权”，对此合规专家指出，企业合规应重点关注的八项权力包括：**市场客服与销售权，人事权，采购权，放行权，计量权，财务资金权，审核权，拥有关键信息权**。

以上八项权力分别对应公司经营中各个岗位职责履行的内容，这八项权力的主管、管理、承办涉及的岗位上的履职行为是合规风险的爆发点，容易产生违反法律法规、违反企业制度、违反企业道德价值准则的行为。

根据企业合规专家樊光中老师的观点，上述八项权力各自对应的业务活动与合规风险包括但不限于以下情形：

1. 市场客服与销售权，其对应的企业活动及合规风险详见表2。

**表2 市场客服与销售权对应企业活动及合规风险**

| 企业活动 | 合规风险 |
|---|---|
| 直接向客户介绍、销售产品的业务活动 | 向广告媒体投放虚假的产品或服务信息 |
| | 向客户直接介绍虚假产品或服务信息 |
| | 以用于客户服务名义报销市场开拓和销售费用 |
| | 将获得的客户订单全部或部分归入个人关系公司生产经营 |

2. 人事权，其对应的企业活动及合规风险详见表3。

**表3 人事权对应企业活动及合规风险**

| 企业活动 | 合规风险 |
|---|---|
| 雇佣、招聘、任免、考核等人事活动 | 领取兼职工资 |
| | 私自任命分支机构负责人 |
| | 私招项目工作人员 |
| | 违反规定插手内部人员工作调动 |

3. 采购权，其对应的企业活动及合规风险详见表4。

**表4 采购权对应企业活动及风险合规**

| 企业活动 | 合规风险 |
|---|---|
| 确定供应商、分包商、签合同等与采购有关的业务活动 | 将亲属、近关系朋友供应商、分包商、租赁商列入公司合格名册，享有在公司采购分包招投标中优先投标资格 |
| | 将亲属、近关系朋友供应商、分包商、租赁商确定为投标人，为围标、陪标创造条件 |
| | 私自签订采购协议 |
| | 私自招揽分包商 |

4. 放行权，其对应的企业活动及合规风险详见表5。

**表 5　放行权对应企业活动及风险合规**

| 企业活动 | 合规风险 |
|---|---|
| 与质量检测、安全管理、进出门管理等与物料设备进出放行有关的业务 | 私自处理报废固定资产 |
| | 冒充领导和经办人员签字进行材料验收 |
| | 以用于客户服务名义报销市场开拓和销售费用 |

5. 计量权，其对应的企业活动及合规风险详见表 6。

**表 6　计量权对应企业活动及合规风险**

| 企业活动 | 合规风险 |
|---|---|
| 工作量计量、物资计量等有关的业务 | 在检重过磅过程中作弊 |
| | 开假入库验收单 |
| | 材料使用混乱无记录 |
| | 结算单审批走形式 |

6. 财务资金权，其对应的企业活动及合规风险详见表 7。

**表 7　财务资金权对应企业活动及合规风险**

| 企业活动 | 合规风险 |
|---|---|
| 收款、付款、费用开支、费用报销等经手钱财的业务 | 会计、出纳为同一人 |
| | 开票、收款、记账不分，套开发票和“阴阳发票” |
| | 购买虚开增值税票，抵扣税款，偷逃税 |
| | 个人大额借现金，久借不还 |

7. 审核权，其对应的企业活动及合规风险详见表 8。

**表 8　审核权对应企业活动及合规风险**

| 企业活动 | 合规风险 |
|---|---|
| 决策权、监督权等具有审核性质的核准工作，或本人是公司上级集团的部门、公司领导，能够直接影响和改变审批权的活动 | 一意孤行，独断专行，私自决策公司对外合作经营，给公司造成接二连三的经济损失 |
| | 实地调查认证不够，违反集体决策原则，冒险个人决断，带给公司经济损失 |
| | 擅自决定对外借款，造成巨额损失 |
| | 私自让公司对外提供合同担保 |

8. 拥有关键信息权，其对应的企业活动及合规风险详见表 9。

**表 9 拥有关键信息权对应企业活动及合规风险**

| 企业活动 | 合规风险 |
|---|---|
| 知晓公司内部的商业秘密、工作策略、工作战略、重要人事安排等信息 | 利用公司资质私接订单 |
| | 利用掌握的客户信息和商务信息，为关系人提供帮助 |
| | 在采购分包招投标开标前，透露其他投标人、评委信息，照顾关系人中标 |

围绕八项权力对应的企业活动识别岗位合规风险，可以分析出每个岗位具体有哪些权力，容易引发哪些合规风险。检查这些权力是否集中，是否重叠，是否需要做分权处理。为了避免权力利益过于集中，产生刑事犯罪，可以对岗位职责、内容重新设置，重点监督权力集中的岗位。同时，让各岗位的工作人员清醒地意识到自己的履职风险，时刻保持自我警醒，相关审核矩阵内容参见表 10。

**表 10 企业基于岗位的刑事合规风险控制与有效性审核矩阵（节选）**

| 编号 | 岗位名称 | 任命部门 | 八项权力识别 | | | | | | | | 权力对应合规义务 | | | 相关方的执法强度 | | | | | 剩余刑事合规风险应对计划 | | | | | | | | | 合规体系有效性审核 | | | | | | |
|---|---|---|---|---|---|---|---|---|---|---|---|---|---|---|---|---|---|---|---|---|---|---|---|---|---|---|---|---|---|---|---|---|---|---|
| | | | | | | | | | | | | | | | | | | | | | | | | | | | | 合规管理体系有效性审核内容 | | | | | | |
| | 岗位职责履行内容 | | 市场客服与销售权 | 审核权 | 人事权 | 采购权 | 放行权 | 计量权 | 财务资金权 | 拥有关键信息 | 国家法律法规社区规定 | 伦理道德规范要求 | 企业相关方的承诺 | ①极低 | ②低 | ③中等 | ④高 | ⑤极高 | 已有管理措施 | 设定刑事合规管理目标 | 剩余待应对风险（见左标红项） | 计划追加管理措施 | 措施植入哪个流程 | 需要资源支持 | 责任人 | 计划完成时间 | 如何对整改结果评估 | 认知合规性 | 制度合规性 | 行为合规性 | 激励机制合规性 | 目标合规性 | 方法合规性 | 效率合规性 |
| | | | 1 | 2 | 3 | 4 | 5 | 6 | 7 | 8 | 1 | 2 | 3 | 1 | 2 | 3 | 4 | 5 | 1 | 2 | 3 | 4 | 5 | 6 | 7 | 8 | 9 | 1 | 2 | 3 | 4 | 5 | 6 | 7 |
| 1 | | | | | | | | | | | | | | | | | | | | | | | | | | | | | | | | | | |
| 2 | | | | | | | | | | | | | | | | | | | | | | | | | | | | | | | | | | |
| 3 | | | | | | | | | | | | | | | | | | | | | | | | | | | | | | | | | | |
| 4 | | | | | | | | | | | | | | | | | | | | | | | | | | | | | | | | | | |
| 5 | | | | | | | | | | | | | | | | | | | | | | | | | | | | | | | | | | |
| 6 | | | | | | | | | | | | | | | | | | | | | | | | | | | | | | | | | | |
| 7 | | | | | | | | | | | | | | | | | | | | | | | | | | | | | | | | | | |
| 8 | 岗位所在部门 | 部门负责 | | | | | | | | | | | | | | | | | | | | | | | | | | | | | | | | |

结合表 10，律师对岗位职责进行风险评估时可以采用以下六种方法：

第一，根据公司各个岗位职责的履行内容对应寻找权力内容；

第二，识别以上岗位职责内容对应的八项权力；

第三，明确权力对应的合规义务来源，比如，国家法律法规规定、企业相关方承诺、伦理道德规范要求；

第四，确定职务对应的风险类别以及可能涉及的刑事犯罪；

第五，根据具体情况就刑事合规风险设定应对计划，包括但不限于已有的管理措施、计划追加的管理措施、措施植入哪个流程、需要的资源支持、责任人、计划完成时间、如何对整改结果评估等内容；

第六，对合规管理体系的有效性进行审核，包括制度、行为、激励机制、目标、方法和效率的合规性，等等。

## 三、应当着力于岗位职责制度的再造

在涉及职务犯罪的刑事诉讼程序中，“岗位职责”是重要的指控证据之一，是司法机关认定行为人是否利用职务便利的重要依据。而这个材料恰恰源于企业自身管理活动，是企业内部管理员工的重要文件。

由于我国对单位犯罪的认定并不是将员工犯罪行为均归责于单位，只有代表单位意志的行为，即只有决策机构按照单位正常的决策程序或者经过单位集体决定或负责人决定所作出的行为，才会被视为单位行为。

然而，现代企业模式呈现规模化、区域化发展趋势，实难区分集体决定或负责人决定。企业在经营主体上除了有集团公司、总公司、母公司、分公司、子公司之外，行业内部还有支公司、区域公司、项目公司，实际控制人、挂靠等复杂的形式，往往企业自身都难以厘清。当刑事犯罪发生时，也增加了司法部门认定的难度。

根据过往案例，我们认为，结合岗位职责的履职行为，可以认定为是“单位意志”，也就是说，以员工岗位职责为基本判断依据，将企业责任和个人责任予以分割，并据此明确具体的直接负责的主管人员。

例如，在雀巢侵犯公民个人信息一案中，员工侵犯公民个人信息的行为是否体现单位的意志是案件中认定单位犯罪的关键，案件审理中多名辩护人提出本案系单位犯罪，应当追究雀巢（中国）有限公司的刑事责任。

但经查证人证言，雀巢公司任务材料，雀巢公司证明、政策、员工行为规范等，证明雀巢公司不允许向医务人员支付任何资金或者其他利益，不允许员工以非法方式收集消费者个人信息。

对于这些规定要求，雀巢公司要求所有的营养专员接受培训并签署承诺函，被告多人在明知法律法规以及公司禁止性规定的情况下，为完成工作业绩不顾法律规范、公司规范，违规操作。贿买医务人员获取公民个人信息的行为，并非雀巢公司单位意志的体现，故该案不属于单位犯罪。

对于人的管理离不开单位岗位职责的设定。任何岗位职责都是一个责任、权利与义务的综合体。岗位是组织为完成某项任务而确立的，由工种、职务、职称和等级等性质组成，必须归属于一个人。职责是职务与责任的统一，由授权范围和相应的责任两部分组成。

刑事司法实践中，可以作为认定岗位职责的证据材料包括，单位出具的关于具体职责的证明文件、担任职务情况的任职履历表、任命文件、人事部门或组织部门的任职证明等；如果属于委派关系的，则需要委派关系的任命文件、会议纪要等。

在企业的经营管理中，除了员工岗位职责这个静态体现外，员工履职的动态过程体现在公司内部政策、流程管理、高管承诺、员工合规承诺等文件中，通过对员工个人履职行为进行全方位指示和授权，可以在发生违规行为时，根据上述证据材料，确定该员工的行为是否在其职责范围之内，进而区分企业责任与员工责任。

因此，律师在制订涉企犯罪合规计划时应紧紧围绕企业人员岗位职责开展，才能发挥刑事法律对犯罪的治理作用，使刑事合规具有有效性。以下是我们在对一家中小企业做合规体检时对具体负责人的岗位职责再造提出的建议，供大家参考：

本律师经查阅卷宗并与当事人进行沟通，现认为贵司存在如下风险点：

1. 项目经理在尽调事务上权责过大，而无进一步把关的上级组织，一旦项目经理的尽调报告出台，就能够直接决定一个项目是否能够上评审会并得到通过。而评审会作出决议的依据也十分倚重项目经理的尽调报告。因此，尽调报告是否准确直接决定了项目是否成功。

而根据《××业务责任追究制度》第三章第八条的规定，项目经理将会对“未履行公司《××业务操作规程》中相关真实性调查，责任追究过程中发现实质性虚假资料的；未履行公司规定审批程序的；未及时进行监管，对出现重大风险事项未能及时发现、及时汇报的”的三种情况承担责任。因此，项目经理的权力与责任过大，应加以分解。

2. 风控部门的责任与权力过于集中于部门经理，根据座谈所了解到的信息，部门经理既负责业务开展前跟业务部门的共同尽调，还负责对正在申报的相关材料的审查，还负责对××措施的审查，另外××措施中所涉及的相关担保物的价值也由该经理进行评估。而风控部门的追责范围比业务部门的项目经理还要大，有四种情形都需要追责。因此，建议将集中于部门经理一人身上的多项权力与责任下放、上传或者分解，有效减轻其压力，以达到风险共同防范、责任共同承担的目的。

### 四、应当明确具体事项的直接责任人

受代位制影响，不仅主管人员的行为可能被归为单位行为，除主管人员之外的其他从业人员负有直接责任时，也可能被视为单位行为。

最高人民法院在《全国法院审理金融犯罪案件工作座谈会纪要》第2条第1款第

2 项中规定：

直接负责的主管人员，是在单位实施的犯罪中起决定、批准、授意、纵容、指挥等作用的人员，一般是单位的主管负责人，包括法定代表人。其他直接责任人员，是在单位犯罪中具体实施犯罪并起较大作用的人员，既可以是单位的经营管理人员，也可以是单位的职工，包括聘任、雇佣人员……

对于直接负责的主管人员，其承担责任一是基于其责任条件，即其具体职务行为直接引起了单位犯罪；二是基于其身份条件，要求行为人在单位犯罪中起决定、批准等作用。

但并不是所有的单位主管人员，只要其主管的范围内发生了犯罪行为，其就会被认定为直接负责人。一般只有实质性地参与了单位犯罪的，才可能作为直接负责的主管人员被追究其刑事责任。

对于其他直接责任人员，根据上述规定，承担责任的条件是“具体实施了单位犯罪”并且“起到较大作用”。有时候，其他直接责任人员的行为并不是来自岗位职责，而是基于上级领导的指派。如果受指派实施了单位犯罪的人员，其参与的是单位犯罪的主要环节并且起到了重要作用，那么也应当将其认定为直接责任人员。

然而，在企业管理中，**我们很少看到将企业管理的业务人员直接表述为直接管理人员的情况**，往往只在违法情况发生后，根据相关证据，由司法机关判断具体职务行为与犯罪发生的关联性、根据人员的岗位和决策地位判断其在单位犯罪中的身份地位。

以某公司的一个内部审批表为例，详见图 1。

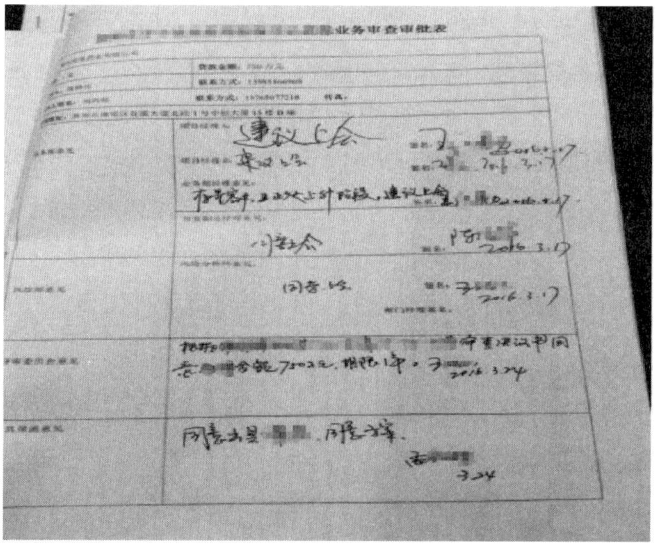


**图 1　某公司内部业务审查审批表截图**

在图 1 中，首先，没有明确需要审核事项的直接责任主体是谁；其次，没有写明具体的同意内容，即每个部门需要对哪部分风险承担责任，仅概括性地签字“同意上会”。毫无疑问，如果上述项目出现问题，则由最后的签字人——董事长承担国有资产流失的责任。

因此，在关键事项上，**为了防范刑事风险穿刺到职务高的人员，可以参考如下五个原则来确定具体的直接责任人：**

第一，在公司内部岗位职责规范、审批表等文件中明确直接负责实施某项事务的人员；

第二，在工作文本、业务审查审批表中明确办理事项的直接责任人员和主要责任人员；

第三，若需要由主管直接负责要求下属完成某项事务的，应当出具书面的任务下达通知书；

第四，受单位领导指派积极参与实施某项事务的，在任务下达的书面文件中记载相关情况以及受指派的工作内容。

第五，参与了工作主要环节并且起到了重要作用。

## 五、可依据追诉标准设定内部审批权限

追诉标准，是指公安机关、人民检察院发现犯罪事实或者犯罪嫌疑人，或者公安机关、人民检察院、人民法院对于报案、控告、举报和自首的材料，以及自诉人起诉的材料，按照各自的管辖范围进行审查后，**决定是否作为刑事案件进行侦查起诉或者审判所依赖的标准**。

是否符合刑法规定的追诉标准，主要看其是否满足刑法罪名的构成要件，以及刑法对该要件所要求的程度，如数额是否较大，法定的后果是否出现。在我国，定罪、量刑因素包括数额、后果和情节。

由于我国《刑法》中关于经济犯罪的认定大部分采用“定性 + 定量”的模式，特定犯罪中涉案金额大小不仅关系到罪与非罪，也会关系到轻罪与重罪。

以骗取贷款罪为例，它是经济类犯罪中采用定性和定量相结合确定刑罚的罪名。《刑法》第 175 条第 1 款之一规定，以欺骗手段取得银行或者其他金融机构贷款、票据承兑、信用证、保函等，给银行或者其他金融机构造成重大损失的，处 3 年以下有期徒刑或者拘役，并处或者单处罚金；给银行或者其他金融机构造成特别重大损失或者有其他特别严重情节的，处 3 年以上 7 年以下有期徒刑，并处罚金。

根据 2010 年《最高人民检察院、公安部关于公安机关管辖的刑事案件立案追诉

标准的规定（二）》第 27 条，“造成重大损失”的标准为直接经济损失数额在 20 万元以上，“直接经济损失”是指侦查机关立案时逾期未偿还银行或者其他金融机构的信贷资金。

再来看虚开增值税专用发票罪，依据最高人民检察院官网发布的《2021 年 1 月至 6 月全国检察机关主要办案数据》，2021 年全国检察机关提起公诉的虚开增值税专用发票罪共 265 件，占同期提起公诉的单位犯罪案件数量的 27.89%，《刑法》第 205 条规定，虚开增值税专用发票的，处 3 年以下有期徒刑或者拘役，并处 2 万元以上 20 万元以下罚金。

虽然《刑法》条文中没有明确规定立案标准要达到多少，似乎金额大小不是构罪条件，只要具有虚开增值税专用发票的行为，便构成本条犯罪；但是，根据最高人民法院《关于虚开增值税专用发票定罪量刑标准有关问题的通知》，虚开的税款数额在 5 万元以上的，处 3 年以下有期徒刑或者拘役，并处 2 万元以上 20 万元以下罚金。

该罪不同金额对应的刑罚如表 11 所示。

**表 11　虚开增值税专用发票罪量刑情况**

| 量刑标准 | 人身自由刑 | 财产刑 |
|---|---|---|
| 5 万元以上 | 3 年以下有期徒刑或拘役 | 2 万元以上 20 万元以下罚金 |
| 50 万元以上（数额较大） | 3 ~ 10 年有期徒刑 | 5 万元以上 50 万元以下罚金 |
| 250 万元以上（数额巨大） | 10 年以上有期徒刑或者无期徒刑 | 5 万元以上 50 万元以下罚金或者没收财产 |

由上可知，**金额的确是根据《刑法》区分罪与非罪以及刑罚轻重的关键，根据法律规定的追诉标准，可以明确企业岗位职责之中的关键事项，并据此设定审批权限**。

比如，《刑法》规定签订合同失职被骗罪立案标准是 50 万元，情节特别严重的标准是 100 万元。但在很多企业中都是“一支笔”签字，经办人员往往只承担行政责任，把关意识较弱，监督也不到位，容易导致一旦出现经济损失都是企业“一把手”的责任。

因此，根据法律规定的追诉标准，可以明确企业岗位职责之中的关键事项，并据此设定审批权限。比如，公司管理中，应当对合同审批权有针对性地设定，以交易金额 50 万元和 100 万元为例，各区别不同的审批人员，促使各中间审批环节的人员主动履职，承担责任。

**律师在协助企业确定审批权限时，可遵循以下三个划分原则：**

第一，按照量刑情节分别对应的金额确定审批的职级；

第二，根据加重情节确定特别的审批程序；

第三，根据业务类型和项目情况确定审批的具体流程。

我们整理出常见的经济犯罪立案标准及对应的单位管理行为，详见表12。

**表12 常见经济犯罪立案标准及对应的单位管理行为**

| 罪名 | 一般入刑标准 | 情节严重 | 数额巨大 | 对应的单位管理行为 |
| --- | --- | --- | --- | --- |
| 单位行贿罪 | 20万元或3人以上（10万~20万元） | 无 | | 执行费、回扣 |
| 挪用公款罪 | 5万元（进行营利活动或超过3个月未还） | 200万元 | 500万元 | 国企对外借款 |
| 挪用资金罪 | 10万元（进行营利活动或超过3个月未还） | | 400万元 | 民企对外借款 |
| 骗取贷款罪 | 100万元 | | | 贷款行为 |
| 非法吸收公众存款罪 | 100万元或150人 | 500万元或500人 | | 融资行为 |
| 签订、发行合同失职被骗罪 | 直接经济损失50万元 | | | 与商业伙伴合作或对外担保等 |
| 国家机关工作人员签订、履行合同失职被骗罪 | 直接经济损失30万元 | | | 与商业伙伴合作或对外担保等 |
| 污染环境罪 | 非法排放、倒置、处置危险废物3吨以上 | | | 生产行为 |
| 侵犯商业秘密罪 | 违法所得数额30万元 | | | 关键信息保护 |
| 串通投票罪 | 中标项目金额200万元 | | | 对外采购行为 |
| 虚开增值税专用发票罪 | 虚开税款数额5万元 | 50万元以上 | 250万元以上 | 财务资金行为 |
| 组织、领导传销活动罪 | 30人且层级3级 | 120人以上 | | 经营模式选择 |
| 虚假广告罪 | 违法所得数额50万元 | | | 市场推广行为 |
| 侵犯公民个人信息罪 | 50条 | 500条 | | 市场推广行为 |

注：以上罪名、一般入刑标准、情节严重、数额巨大等情形，是结合企业经营管理过程中可能涉及的合规风险进行的，有针对性地选择。

## 结语

当前，我国企业刑事合规制度已经由合规不起诉阶段进入合规从宽阶段。涉案企业从合规不起诉、不批捕扩展到了从轻处罚或者轻缓的量刑建议。例如，甘肃省检察院要求下级检察院在对涉民企案件作出起诉或不起诉决定之前，就案件是否贯彻落实刑事司法政策报省院同步审查，2021 年以后共同步审查涉民企案件 749 件、1166 人，改变处理意见 25 件，对企业负责人依法不起诉 508 人，占比 43. 57% 。

企业刑事合规制度的产生，是企业犯罪治理从事后惩罚到“惩罚并举、预防为本”的重大转型。在合规制度之下，如果企业及时向检察院提交了整改的合规证据，则可作为合规从宽的重要依据。

而这也意味着，因单位犯罪企业员工被侦查机关带走调查并采取刑事拘留的强制措施的情况能够得到缓解。在我国，单位犯罪的涉案人员很多都是法定代表人或实际控制人，若在未对企业进行任何安排的情况下将其带走，常会极大地影响企业的生产经营。

所以，企业遵从相关立法和司法指引，自主建立和实施预防犯罪的计划，开展刑事合规，有助于企业预防刑事责任风险，即使在违规风险发生后，也能够尽可能地减少对企业生产和经营的影响。

搭建刑事合规的这道防火墙应当从单位犯罪的认定出发，将具体的法律规范和企业的实际需求相结合，关注企业之中的“人”，将企业刑事合规转换为对人的合规，明悉企业八项权力的合规风险，据此确定岗位职责，明确直接责任人员及审批权限。

做好了对“人”的管理，可以极大地促进企业刑事合规，实现合规的有效性。

# 困局当前，刑事律师路向何方[1]

徐宗新 | 上海靖予霖律师事务所主任

·认罪认罚、刑事辩护全覆盖，刑事律师如何自我定位？

·数字时代、合规时代下，哪些新型犯罪案件、刑事业务领域值得关注？

·刑事法律服务该如何标准化、产品化？

关于刑事辩护，最近听到很多人在讨论——刑事辩护目前的困境如何破局？刑事辩护以及刑事业务的未来会是怎么样？还值不值得去做？还值不值得去坚守？

这些问题，涉及刑事律师、刑事团队、刑事律所的生存和发展，我作为只做刑事业务的靖霖的带头人，不得不关注和思考这些问题。

## 一、困局：还要坚持做刑事业务吗

（一）困局一：认罪认罚导致辩护功能弱化

从目前统计的数据看，认罪认罚案件达到总案件数的85%，仅有15%的案件到法院做实质化的审理。

从当事人角度看，都认罪认罚了，也没有什么好辩的了，再加上国家配有值班律师和法援律师，就不请律师了，导致委托辩护率下滑明显。

从公检法角度看，当事人都认罪认罚了，无论有没有律师，司法机关都会充分保障当事人的合法权益的，往往建议由国家安排个法援律师就行了，这也导致委托辩护率下降。

从律师角度看，不少律师自己也认为在认罪认罚案件中律师起不到什么作用，反正刑期是检察官定的，律师说得再多也没有用，就是陪同见证签个字，到法院走个过场。律师对认罪认罚的案件没有兴趣，认为发挥不了律师的作用。

---

〔1〕2021年11月19日，智合举办了一场线上直播，邀请上海靖予霖律师事务所主任徐宗新律师分享对刑事法律服务未来趋势的思考，共同探讨刑事律师如何为未来的刑事法律服务做准备。本文是演讲实录。

一方面，基于上述观念，认罪认罚制度实施后，委托辩护市场明显下滑。另一方面，刑辩律师在与检察院做认罪认罚协商的过程中没有更好的办法。

本来诉讼的构架是三角结构，控辩双方各执一词，法院居中裁判。但认罪认罚制度下，检察官必须对案件的定性与量刑进行决定，而这个决定，基本上就是法院的判决。也就是说，检察官一方面要跟律师进行控辩辩论，另一方面有权对律师的观点进行评判，决定采信与否。

而有的时候，律师据理力争，自信满满地辩无罪或轻罪，但当事人却不讲理由地要求认罪认罚，也让律师感到无奈和无力。

（二）困局二：刑辩法援全覆盖导致委托辩护率下降

根据司法部提出的计划，对刑事案件的辩护要实行法援全覆盖。目前阶段，审判阶段基本做到了法援全覆盖，即将在审查起诉和侦查阶段全面推行。

这是一项好的制度，体现了国力的强大和人权保障的力度。但不可否认，会有一部分案件，因为国家指派了法援律师，当事人就不委托辩护律师了。特别是司法行政部门同时也在着力提升法援律师的水平，法援案件基本质量得到保证，当事人也愿意信赖法援律师提供的服务。

据估算，法援全覆盖前，委托辩护率在25%左右，法援全覆盖后，委托辩护率大概会下降5%至10%，以全国一年130万犯罪嫌疑人、被告人计，将会减少6万至10万件委托辩护的刑事案件，减少的律师费保守估计可逾10亿元。

不可否认，法援案件与委托案件的辩护，在操作精细化程度上还是有区别的，法援保证的是基本质量，而委托案件律师追求的是当事人利益的最大化。练就专业本领的刑事专业律师在委托案件不足的情况下难以体现价值，而转型为法援律师又尚不能完全适应。

（三）困局三：《监察法》实施引起职务犯罪辩护式微

职务犯罪原来是刑事辩护的“金饽饽”，不少资深律师都是以擅长办理职务犯罪案件为荣，办得越多，被告人职务越高，就越显水平。

《监察法》规定，律师在监察委对被调查对象留置期间不能会见，直接腰斩了这个阶段的律师辩护业务，律师只能在外围给被留置人的家属提供些法律咨询。留置三个月或六个月，很少有事实还没有查清的，再加上疑难案件监察委提前与检察院、法院的会商，辩护空间被一挤再挤，除非是当事人觉得“奇冤”，才会聘请律师进行正儿八经地委托辩护，否则一般都是认罪认罚，由国家安排法援律师提供辩护服务。从我所受理的案件看，在《监察法》实施以前，职务犯罪的委托量占总受理数的1/3，《监察法》实施后，职务犯罪的委托量占总受理数不足1/20。“高官辩护多法援”已经成为一个现象。

在为数不多的职务犯罪委托辩护过程中，辩护人明显感受到监察委侦办的案件和原来检察院侦办的案件对审查起诉和审判的影响力是有区别的，原来法院对同级检察院侦办的案件说“不”还是比较常见的，而现在检察院、法院对监察委办的案件说“不”的，很少看到。

（四）困局四：网络科技时代新型犯罪对传统辩护形成挑战

随着网络科技时代的到来，网络犯罪、高科技犯罪层出不穷，新的概念，新的领域，新的犯罪模式，促使律师要不断地与时俱进，要紧跟时代，乐于学习，善于学习，否则很难适应。

对习惯于传统犯罪辩护的老律师来说，网络科技时代所带来的新犯罪，一时很难理解和消化，而传统犯罪的数量减少，新型犯罪数量剧增，要求老律师必须适应新时代。

然而，对年轻律师来说，对新事物天然地容易理解和掌握，在新型犯罪的辩护上有其知识优势，但是又缺乏经验和业界影响力，也很难满足新型犯罪辩护的市场需求。

还有，高科技带来的证据鉴真方法以及电脑量刑等技术，也对辩护带来了挑战。如果不能凸显人的作用，那律师的作用就会被机器取代。

（五）困局五：司法观改变给刑辩律师服务能力带来挑战

在检察机关的倡导下，国家逐渐更多地考虑如何发挥刑法的社会治理功能，惩罚性司法观逐步向修复的、预防性的司法观转变。和解制度，认罪认罚制度，以及最高人民检察院倡导的刑事合规，都是司法观改变下产生的新制度。

时下刑事合规非常热，而刑事合规怎么做，刑事律师似乎还没有准备好。目前仅仅停留在辩护过程中对单位犯罪或单位主管人员职务犯罪提出“合规不起诉”辩护意见的层面，对如何为涉案单位做刑事合规计划，以及在刑事合规中律师如何担任第三方监管人等业务流程，还缺乏研究，还远远满足不了这一块新兴市场。

可以说，刑事律师只懂辩护，是做不了刑事合规的；刑事律师只懂刑事，也是做不了合规的；刑事律师就案论案，是适应不了企业合规这一大的法律服务市场的需求的。

对刑事合规，刑事律师是既爱又恨。爱的是新的市场，恨的是能力不足。

## 二、应对：刑事律师路在何方

所谓“危机”，“危”中有“机”，也可以转“危”为“机”。困局破解后就是新局。上述所谓困局，其实就是刑事律师工作的挑战，如果不转行做其他业务，那只有面对，想办法转“危”为“机”。

（一）出路一：刑辩律师的职业化

虽然刑事业务近十年来十分红火，出现了一批刑事专业律师、团队和律所，举办了不少有影响力的刑辩论坛和刑辩培训班。但是，不可否认的是，刑事辩护律师还没能成为一个职业。

因为从全国看，刑事辩护律师还没有独立的、统一的业务流程，没有统一的培训标准和考核评估指标。厨师是个职业，所以有分级。而刑辩律师没有分级，所以还不是一个职业。但律师是个职业，有考核评估标准，但这不等于刑辩律师就是一个职业了。

刑辩律师的职业化，是刑辩律师办案质量的保证，是社会各界对刑辩律师的价值认同，是做好刑辩律师工作的基础。

只有职业化，才能让普通民众知道刑事案子要请专业律师，专业律师是有标准的，根据这个标准可以保证我的亲人不受冤枉；只有职业化，才能让司法机关知道，专业律师是按标准辩护的，对刑辩律师这一职业产生起码的尊重，而不是仅仅产生为钱说话的恶感；只有职业化，才能使刑辩律师自己对自己的职业产生尊崇感，不断践行刑事专业化道路。

（二）出路二：应当加强认罪认罚案件辩护技能的研究

前面讲了，认罪认罚案件的辩护，比标准的普通程序的辩护会更难。当然也更有挑战性。辩护人必须加强对认罪认罚案件辩护技能的研究，而不是任由检察院决定。

比如，如何与检察官进行量刑协商。我有以下的考虑，大家看是否有合理性。

根据诉讼三角结构原理，辩护人在与公诉人进行量刑协商时，就应当考虑把公诉人拆成两种身份，一种是持控方意见的公诉人，另一种是超越于控方立场的法官。而辩护人也要把自己拆成两种身份，一种是当事人的代言人，另一种是有独立辩护权的法律专业人士。正如在聚会时劝酒时常说的“这杯不是你喝，你是代你师父喝一杯，我敬他。来，干！”对方往往碍于师父的德高望重而难以拒绝。如果在控辩协商时有意识地将双方的身份进行划分，代表什么身份说什么话，就不太容易陷入简单的双方之争，而可以营造出多方交流探讨的氛围，有利于达成一致意见。

再如，跟检察院谈好量刑具结后，到了法院审判阶段，律师是一言不发，还是照样能充分地发表意见？

我认为要分两个层次发表意见：首先，辩护律师要与公诉人一起说服法官，把为什么是这个量刑的理由在公诉人意见的基础上更加详细地发表，让法官充分认可，也让家属了解律师的工作过程和详细的辩护意见。其次，在发表意见的最后，辩护人恳请法庭采纳公诉人提出的量刑意见，还要再加一句，“当然，如果法庭认为在此之下量刑更符合本案的事实与法律，辩护人也表示同意与服从”。这是对法官的最大尊重。也是《刑事诉讼法》规定的“法院认为检察院量刑建议不当的，可以要求检察院调整”条文的适当运用。法院都可以改，律师为什么不能说？律师不说，法院直接改，律师算不算失职？

仅上两例，我认为，认罪认罚案件辩护技能的研究很有必要，空间也很大。辩护技能越多越精细，辩护律师在认罪认罚案件辩护上的作用就越大，就会扭转人们“认罪认罚案件请律师没用”的观念，就会赢回这块市场。

（三）出路三：法援业务的标准化和委托业务的高端化

刑事案件的法律援助全覆盖，对律师来说，其实是个很大的市场。现阶段法律援助采取的是补贴制，一个阶段补贴 1000 元左右。但这是暂时的，司法部有改革的设想，在合适的时候，把补贴改成报酬。

国外的法律援助是市场价的 7 折，中国可能做不到 7 折，但是做到一个阶段 1 万元的报酬，是比较有可能的。全国各地有经济发达地区，也有落后的地区，平均一个阶段 1 万元，是一个比较正常的报酬。

以全国一年有 130 万名犯罪嫌疑人、被告人计，委托辩护率为 20% 算，全国一年有约 100 万名犯罪嫌疑人、被告人需要法律援助，三个阶段是 3 万元钱，那这就是 300 亿元的市场。现在的律师队伍有 50 万人，20 万年轻律师中有 10 万人侧重做刑事案件的话，平均每个人每年有 30 万元的收入，这是个非常大的市场。

怎么样得到这个市场？必须进行刑事案件法律援助辩护的标准化，同时建立刑事辩护律师的准入制度。标准化就可以保证案件的质量，也便于考核，如果做一个法援刑事辩护办理 App，那就更具有便捷性。同时，选任一批专司刑辩、擅长刑辩而且热心于法律援助的律师进行预先培训，经过考核合格后批准进入刑辩律师库，才有资格办理刑事法援案件，并进行严格的监督、考核和再培训。只有标准化才能保证案件的质量。只有案件质量有了保证，国家才可以放心地把补贴变成报酬，老百姓才会认可国家的法律援助制度，律师才可以赢得这块市场。

再看委托业务。

欧美国家的刑事辩护，一个影响大的案件，律师费是上亿元的，而不只是几万元、几百万元，那么，当事人为什么会付上亿元律师费？付给谁？一看，都是豪华的辩护“天团”。

所以，对委托业务，必须走高端化的路线。首先，必须坚持专业化，先专门，再专业。其次，与时俱进，不断研发产品，解决前沿的刑事法律问题。最后，必须与各个专业领域的头部律所形成良好的互动与合作，形成合力，始终保持市场的全面服务能力。这是刑事专业律师、专业团队、专业律所的发展方向。高端业务不是说想拿就能拿得到的，要从基础做起，要训练有素，要有专业的技能，还要有丰富的经验，几十年如一日地积累、积淀、坚持。坚持长期主义，才能到达高端。

（四）出路四：成为刑事业务专家

从刑事律师个体角度看，怎么发展？我这里谈一个“刑事 +”的概念，如“刑事 + 金融”“刑事 + 知识产权”“刑事 + 互联网”。

这里的“刑事”指的是刑事辩护技能。

“+”是指律师掌握了刑事辩护专业技能后，能够精通地运用刑事专业技能后，仅仅拥有一些技能是不够的，必须考虑进一步的发展，要想成为专家，就必须将刑事辩护技能结合到相关实体领域去研究。

“+”什么？“+”类罪，“+”专业领域，“+”新兴产业，“+”你擅长或喜欢的非刑事专业，或者是最前沿的现象与知识。

对刑事律师的职业，一般分为三个 10 年：第一个 10 年，成为精通刑事辩护业务的专业律师；第二个 10 年，要将刑事专业技能与其他非刑事领域结合研究，成为交叉学科的刑事专家；第三个 10 年，成为专家后，就要发挥、引领和培训下一代律师，在教书育人中继续进步，成为更高层次的专家，争取在 30 年以后成为全国排名前列的专家。

概括来说，作为刑事律师个体，要把刑事做到极致，就要走“刑事 +”的专家之路，不能仅仅停留在技巧和技能层面。

（五）出路五：团队协作攻破新型刑事业务

日新月异的新型犯罪怎么辩？必须组建团队，老中青搭档，老的负责市场，运用经验把关案件质量，中的负责组织安排，年轻的负责新知识的对接和梳理，通过团队合作，才能提供针对新型业务的最优服务。

刑事合规到底怎么做？

从辩护律师的角度来讲，在辩护的过程中，发现企业是因为制度不健全，造成了刑事犯罪，提出合规不起诉，帮助企业制订和落实合规计划，就算完成辩护任务了。

但辩护律师的工作不止于此。我们还要从辩护业务中挖掘合规业务，推动企业从专项合规扩大到全面合规，从刑事合规到行政合规、行业合规和经营合规。

刑事辩护律师只懂刑事案件的辩护怎么做合规？

这也是需要团队。刑事律师需要结合企业的业务特点和产品特点，组织行政专业律师、民事专业律师和企业专家来组成合规团队，给其提供全面而有效的合规服务。

（六）出路六：坚持职务犯罪辩护及研究

职务犯罪辩护这个老本行，刑辩律师还是不能丢的。

随着非国有单位反腐败工作的加强和对廉政工作的重视，非国家工作人员的职务犯罪的发生率呈上升趋势，刑辩律师在这个领域还是大有可为的，并可以结合刑事合规优化法律服务方案。

总而言之，我们要从基础做起，把握时代的脉络，紧追前沿，不断地更新自身的知识结构。

我相信，刑事业务虽然会有一些波折和困惑，但只要坚持和努力，不断地调整，永远都会有刑事业务的春天。

# 企业合规改革试点下，如何做到合规产品化

吴梦奇 |

合规不起诉，是近两年最受关注的实践探讨之一。

这项针对涉企刑事案件，旨在督促涉案企业合规整改，促进企业合规守法经营，减少和预防企业犯罪的“制度”，正在带动企业合规建设从被动实施向内生需要，从弹性需求向刚性需求发展。

显然，这是企业合规业务，尤其是刑事合规业务的重要机遇期。

但抓住机遇的前提是明确刑事合规的关键问题与解题思路。

## 一、合规“蓝”在哪儿——政策 + 业务特点

2021 年 6 月初，最高人民检察院发布了四起企业合规改革试点的典型案例，覆盖了环境污染、虚开增值税专用发票、行贿受贿、串通投标等类目。

其结果是，两例减轻处罚，两例合规不起诉。

与此同时，最高人民检察院公布了《关于建立涉案企业合规第三方监督评估机制的指导意见（试行）》。

这一系列举措证实了企业刑事合规业务的发展前景。

近年来，法律法规体系的完善给企业规范运作带来更多挑战，不少企业存在潜在的刑事风险；同时，2020 年全年认罪认罚适用率近 85%、疫情等因素也导致刑事法律服务市场略有萎缩，刑事合规作为潜在的新增长点因此受到越来越多的关注。

合规业务是一个大“蓝海”，已是当下业内的主流观点，且已呈现“四处开花”之状。刑事合规作为下属的细分领域，当下仍处在市场开发的起步阶段，但其兴起之势日渐明显。

瀛和律师事务所机构合规与监管委员会主任姜先良律师曾先后担任北京市第二中

级人民法院法官、世界五百强企业和中央金融企业高级合规主管，拥有丰富的企业合规经验。对于这一趋势，他总结了四点原因：

其一，中央提出要以新发展理念引领经济高质量发展，这对企业来讲就是实现高质量发展、提升核心竞争力，而合规管理能力恰恰是核心竞争力的重要组成。提高合规管理能力，是企业适应新发展阶段的必然要求。

其二，中央政策也强调加强对民营企业合法权益的保护，在运用刑法手段处罚企业的同时，也保护其发展经营的合法性。其中，涉案企业刑事合规管理能够起到重要作用。

其三，我国民营经济经过长期发展，逐渐度过了原先的粗放式增长阶段，但管理者的法律意识和合规意识并没有跟上，管理的精细化水平有限，企业自身的刑事合规形势相对严峻。

其四，司法改革也在朝驱动、激励企业进行合规管理的方向不断深化，直接推动企业对刑事合规业务的需求。

除了大环境的利好外，刑事合规的“蓝海”也与收费水平、人才数量紧密相关。

一方面，刑事合规业务体量大——在不断优化营商环境和刑事司法环境的大趋势下，防范刑事风险是每家企业的必修课，换言之，每家企业都有进行合规防范刑事风险的需要。而大企业的付费能力往往也较强，1～2 个优质案源就可能给律所带来相当可观的收入。

另一方面，目前真正在刑事合规领域有所建树的律师、律所并不多，这还是一块尚待开发的业务，仍有大量的客户需求待挖掘。

“包括最近热门的合规不起诉，不仅对企业带来了有效激励，也体现了我国检察机关更积极深入参与社会治理的司法能动性。”姜先良表示，“单就这一改革而言，就可能给事前刑事合规、刑事合规整改、刑事合规监管这几块业务带来更大的发展机会”。

## 二、合规难在哪儿——业务发生难、业务操作难

前景光明无限，但目前来看，刑事合规业务的发展速度仍不尽如人意。

做刑事合规业务，为什么这么难？

“它的难点可以归在两方面，一是业务发生，二是业务操作。”姜先良指出。

**业务发生层面**很好理解：如果企业家法律意识不够强，企业对刑事合规的需求就不够急迫，只有在快出事或已经涉案时，企业才会主动要求进行刑事合规。

在竞争激烈的市场，从竞争中获胜并生存下来是企业的第一要务，部分企业甚至可能为了确保生存而选择忽视一些风险，对刑事合规也就更难顾及，导致刑事合规业

务的获客难度与成本普遍较高。而一旦企业涉及刑事案件，由于后果的严重性，即便客单价较高，客户也更能够接受。

**业务操作层面**则集中在业务品质的参差不齐上。个中原因可以一分为三：

**一是理论储备的不足**。当下刑事合规的从业者多是集中在刑事法律的风险防控层面，某种程度上采取的仍是应对思维而非合规思维，即点对点地规避刑事风险，只做到了“防控”里的“控”。其本质原因是理论上缺乏深度研究与准确理解，从而导致操作层面出现了方向性问题。

**二是实操经验的缺乏**。缺乏实操经验，就难以实现定制化的产品设计，难以培养出配合默契的业务团队。

**三是成熟团队的罕有**。合规业务涉及面广，往往需要集团队之力才能做好，而当前律师行业里对“什么样的团队能够做好刑事合规业务”这一问题的意见并不统一：有人认为刑辩律师了解刑法体系，因而最适合从事刑事合规；有人则认为合规律师更明白合规实际需要，相较之下刑辩律师则缺乏企业服务经验。

刑辩律师在服务中本质上仍秉承程序思维和裁判思维，而非合规所需要的预防思维和公司治理思维。举个例子，如果刑事合规涉及数据安全要素，就不仅要求律师深谙刑辩之道，还需要律师通晓数据保护规则，乃至对企业所在行业的相关知识有一定了解。这方面，刑事律师对合规的了解也许不够，合规律师对刑事的理解又可能不那么深，兼顾二者的人才更是凤毛麟角。

“单靠刑辩律师，并不足以做好刑事合规。”姜先良认为，“需要一支复合型的团队，懂刑辩、懂行业、懂财务、懂合规，兼顾各个方面的理论基础与实操经验，才能满足刑事合规本身的高要求”。

## 三、合规路在哪儿——产品化

关于如何解决刑事合规的几项难点，行业也一直处于热烈的讨论之中，产品化就是常被提及的路径之一。

“刑事合规产品化，主要解决的是发现需求、规范操作、规避执业风险这三个问题。”姜先良指出。

**其一，需求问题**。企业刑事合规动力不足、需求疲软，而产品研发要求律师对客户面临的问题进行深度调研，因此，可以通过这一过程去主动发现、挖掘客户的潜在需求，引导企业选择刑事合规。企业对于法律服务、合规服务的需求往往非常具体，泛泛而谈的法律服务很难精准触及客户的对应需求，而产品化则可以针对性地改善这一点，从而实现发现需求的目的。

**其二，规范问题**。刑事合规由于缺乏明确的质量标准，其操作方式和最终成效也不够统一。产品化就是将操作规范化、标准化的过程，能够间接提升服务品质、加强质量管控。

**其三，风险问题**。缺乏统一标准就意味着风险防控容易出现疏漏，而律师本身也需要尽可能规避执业风险，在涉及刑事要素的业务中更是如此。在产品设计过程中，律师可以将自身合规的一些措施加以融合，在一定程度上解决自身的执业风险问题。

综上所述，优秀的刑事合规产品，能够有效解决刑事合规中的客户需求不足、法律服务质量不一、执业风险较高等问题。此外，产品化亦能推动团队进行分工，提升团队的成型速度和执行效率。

如能更进一步，建立起系统全面的刑事合规产品体系，在实现上述成效的基础上，还会进一步加强律师、团队乃至律所自身的竞争力。

“搭建一套合规产品体系，就是在帮助企业打造一套免疫系统。”姜先良这样形容刑事合规体系的原理。

以其自身刑事合规业务产品为例，基于为企业提供全面服务的视角，这一体系项下会包括刑事合规的顾问业务、咨询业务、培训业务、调查业务、计划业务、整改业务、监管业务，分门别类、各司其职，针对性预防、解决企业所面临的刑事合规风险问题。

“譬如咨询业务，相当于给企业做健康体检；调查业务，相当于给企业做手术；到了监管业务这步，企业可能已经进了ICU，又得有不同的应对策略。”姜先良表示。

不同律师可能有不同的体系设计思路，但在设计刑事合规产品体系的过程中有两个前提需要律师明确：

所有产品最根本的立足点应当是企业需求。这决定了最终产出的刑事合规产品能不能具有持续的生命力。

产品体系设计绝非一劳永逸的，而是需要不断精进与完善。姜先良这样解释：“一方面，要在跟随企业进步的同时进行微创新，完善产品内容，实现服务能力的‘水涨船高’；另一方面，完善产品决不能闭门造车，要将客户也视作产品的研发团队，与其一同沟通、协作，共同完成产品及产品体系的精进与迭代。”

简言之，从企业需求出发，保持精进，是做好刑事合规产品的前提。在此基础之上，不断尝试、总结、改良、优化，并形成自身的竞争优势，才是未来赢得这片“蓝海”的关键。

刑事合规仍很年轻，趁早行动，前路正明。

# 作为服务提供方，为什么律所也要做合规建设

吴剑霞

今天，我们不谈律所从事的合规业务，谈谈律所内部的合规建设。

前者是律所作为乙方，为客户提供合规方面的法律服务，如方达律师事务所2020年8月组建合规及政府监管业务组、[1]君合律师事务所2021年年初整合现有合规条线组建大合规业务部。[2]

后者是律所作为合规建设对象，自主进行合规诊断评估、设计合规建设计划、搭建合规管理体系等。

在言必谈企业合规的当下，我们为什么要关注后者?

作为提供法律服务的专业机构，自身却动辄被证监会、司法部公示处罚情况，[3]客户怎么放心让你来做合规方案?

与其拿着一份通用方案去敲开客户大门，但却被认为方案不够落地、不够定制化，不妨展示律所内部的合规体系，尤其是涉及业务质量、利冲机制、运营规范、数据合规方面的制度建设，会更有说服力。

## 一、为什么律所也要做合规建设

2021年合规领域的重磅事件，莫过于《数据安全法》《个人信息保护法》的正

---

〔1〕《方达建立合规业务组》，载商法网2020年8月21日，https：//law. asia/zh – hans/% E6% 96% B9% E8% BE% BE% E5% BB% BA% E7% AB% 8B% E5% 90% 88% E8% A7% 84% E4% B8% 9A% E5% 8A% A1% E7% BB% 84/。

〔2〕《群贤毕至 少长咸集 首期君合合规训练营圆满落幕》，载君合网2021年6月28日，http：//www. junhe. com/news/373。

〔3〕司法部经研究决定，从2017年5月1日开始，凡是受到行政处罚或者行业惩戒的律师、律师事务所、公证处、鉴定人、司法鉴定所等，都要第一时间在司法部官网上公开。建立律师信用信息平台，开通查询渠道，方便人民群众查询律师的不良信息。

式通过。在这前后，律师们忙着学习新法新规，以便能给客户提供服务方案；律所管理层在推进资源整合，布局业务新“蓝海”。

但是，大家都忽略了一件事——律所当然也是两部法律的适用主体之一，也需要做合规建设尤其是数据合规，面临的挑战一点也不比企业小。

业务质量、利冲机制、运营规范、数据合规，任何一家律所都绕不过去的问题，只是侧重点会有差异。例如，以 IPO 业务为主的律所，会特别重视内核机制的运转，尤其是审核制改注册制之后，加重了中介机构的责任；以传统诉讼争议为主的律所，则会注意避免利益冲突。

但无论业务结构、律所体量有多大差异，数据合规都是当前必须要重视的问题。遗憾的是，虽然目前基本每家律所都有合伙人协议及相关制度文件，但进一步往下思考律所内部合规建设者少，有数据合规方面行动者更寡。

基于长期观察以及其自 2012 年起在数据与隐私保护领域所积累的实务经验，北京大成（上海）律师事务所合伙人戴健民[1]着眼于数据安全，梳理了四类律所合规需求：

**其一，律所掌握大量内部律师、行政人员的个人信息以及外部客户数据，且不同属性的数据对应不同的合规要求。**

例如，处理律所内部员工的劳动关系时，涉及个人信息保护；帮助企业处理劳动纠纷时，涉及外部客户的个人信息保护；帮助芯片公司上市辅导时，会涉及重要数据。在诸如此类的场景中，律所若无合规意识与机制，极易发生风险。

**其二，律所作为给客户提供服务的第三方，客户对律所有合规要求。**

戴健民举了两个例子：一个是 2018 年 GDPR[2]出台后，很多欧盟企业在与中国律所签订法律服务协议之前，会要求先签一份数据处理协议或数据保护承诺；另一个是部分外企在选聘入库律所之前，会要求律所先完成 IT 尽调清单或数据安全尽调清单，达不到清单要求则不能入库。

数据合规能力或将成为企业法律服务的准入门槛。

**其三，供应商是给律所提供服务的第三方，律所应该对供应商提合规要求。**

除了为企业提供专业法律服务这件事之外，律所也逐渐将其他事务移交给专业人士——或是聘请专职人员，或是与第三方机构合作。在后一种情况中，难免涉及数据共享，其中的法律风险需提前评估与预防。

戴健民说，“现在律所会用很多第三方服务，最典型的是第三方文档，在提高办

[1] 戴健民律师采访所谈内容仅代表个人观点，不代表其所在单位的观点。
[2] GDPR（General Data Protection Regulation）指欧盟《一般数据保护条例》。

公效率的同时也让律所数据留存在其平台上，一旦发生数据泄露，律所将承担相应的责任。还有一些如电子签名等第三方服务，其中也会涉及个人信息保护的问题”。

**其四，律所境外办公室的设立、运营过程中，涉及数据出境等合规问题。**

无论是此前的《网络安全法》，还是刚刚出台的《数据安全法》《个人信息保护法》，都有涉及数据出境的相关条款，在发生具体行为之前，律所需要判别哪些数据可以出境、哪些不允许出境，明确如要出境需履行哪些监管要求等。

为什么要重视？如果连律所自身的合规都整不明白，怎么为客户提供服务，怎么让客户信任律所的服务能力？

## 二、治理、制度、技术，律所怎么做数据合规

DPO，数据合规官，一个写在 GDPR 里的岗位，不仅企业需要，律所也需要。

在企业合规元年[1]到来之前，律师就在帮助客户发现并解决问题，本质上就是合规；为什么发展到 2018 年，专门把合规项下的数据安全拎出来，要求设立 DPO 一职？

对此，戴健民解释，跨国公司等企业本身就有专门负责贸易合规、反商业贿赂、反垄断等业务人员，但数据安全属于企业自身合规层面，此前法律并未明文要求必须设立 DPO，因而被企业忽视。现在不一样了，基于对个人信息保护及数据安全的考虑，《数据安全法》明确“重要数据的处理者应当明确数据安全负责人和管理机构”，[2]《个人信息保护法》也规定，处理特定信息的，“应当制定专门的个人信息处理规则”。[3]

律所作为专业服务机构，此前重心都放在拓展业务、服务客户上，专人专岗的职位通常也只限于业务支持、行政支持等；但数据安全不一样，企业有相关风险，手握大量数据的律所也有。

当前，企业尚未普遍设立 DPO，如有律所走在前列，把自己做成一个成功案例，是否能增加开拓客户的成功率？答案是肯定的。

戴健民自 2012 年起即在中国网络安全与数据隐私保护领域进行实践，其总结，

---

〔1〕 2018 年被称为企业合规元年。

〔2〕《数据安全法》第 27 条第 1 款规定：“开展数据处理活动应当依照法律、法规的规定，建立健全全流程数据安全管理制度，组织开展数据安全教育培训，采取相应的技术措施和其他必要措施，保障数据安全。利用互联网等信息网络开展数据处理活动，应当在网络安全等级保护制度的基础上，履行上述数据安全保护义务。重要数据的处理者应当明确数据安全负责人和管理机构，落实数据安全保护责任。”

〔3〕《个人信息保护法》第 31 条规定：个人信息处理者处理不满十四周岁未成年人个人信息的，应当取得未成年人的父母或者其他监护人的同意。“个人信息处理者处理不满十四周岁未成年人个人信息的，应当制定专门的个人信息处理规则。”

律所的数据合规工作可以从三个方面展开：治理层面、制度层面、技术层面，DPO即属于治理层面。

**在治理层面，律所也要设立 DPO 或者指定专人负责数据安全**。

DPO 的人选并不易得，需同时满足两个要求，一是深谙数据合规，二是位处管理层。不懂数据合规，不会做；不在管理层，无法推进。所以，市场上有大量的DPO 资格培训，视图缓解人才压力。

现阶段，律所直接指定某个人担任 DPO 并不现实，因为数据合规牵涉多方面的知识与经验，戴健民建议，“比较务实的做法是设立一个小组，小组由律所主任/管委会主任、分管 IT 的合伙人、精通数据安全的合伙人、IT 人员、HR 等组成”。

**在制度层面，律所要建立并不断完善数据合规制度，包括数据合规政策、数据泄露应对计划、供应商数据处理、员工数据处理等**。

据戴健民介绍，大成上海 2019 年的时候在内部已经建立了一整套数据合规制度，并已开始实施。其强调，数据合规制度不仅是对内的管理，也包括对第三方供应商的管理。“律所与第三方共享数据时，要给对方提数据合规要求。针对长期合作的供应商，还可考虑每年定期进行数据合规审计。”

律所少有数据泄露的情况，这与职业属性相关，即使没有成文制度，也不妨碍律师在开展业务过程中注重个人信息保护与客户数据保密，但这毕竟是 1.0 阶段。随着新法新规的出台及合规要求的升级，律所应当有更明确且细化的机制，方能防患于未然。

**在技术层面，律所要充分认识到网络安全、数据保护离不开技术的支持，做好律所 IT 建设，既包括自主开发，也包括采购第三方服务**。

无论是自主开发还是外部合作，一方面需结合律所业务特点，另一方面需审核合作机构资质。根据 IBM 发布的《2021 年数据泄露成本报告》，受访公司单个数据泄露事件的平均成本高达 424 万美元（创报告发布 17 年来的最高纪录），但采用了人工智能、安全分析和加密的企业，节省了 125 万～149 万美元。[1] 相关数据充分说明了网络安全与数据安全的重要性。

君合的软件管理系统是“外购与自主开发相结合”，核心管理系统从外部采购，衍生管理系统则内部自主开发。君合律师事务所主任、合伙人华晓军在参与智合调研时曾谈道，“我们的部分客户对于律所 IT 信息安全体系建设的要求非常高，每年会接到 20～30 单客户对律所进行数据安全审查的要求，有时一份问卷有 700～800 个问题”。

---

〔1〕《IBM 报告：数据泄露成本在新冠病毒疫情期间创历史新高》，载腾讯网，https://new.qq.com/omn/20210729/20210729A0DZ3L00.html。

## 三、除了数据合规，律所还应该做什么

2017 年，证监会组织抽查了 21 家律所的 47 个 IPO 证券法律项目，发现部分律所存在不合规行为：“不注重风险控制制度、内部复核制度、利益冲突及内幕交易防范制度的建设”，“在执业过程中尚未完全形成以质量为导向的从业理念”，“在出具的法律意见书中出现文字、数据等错误”等。

前述律所被处以行政监管措施的原因主要是，“内部管理松散，质量管理意识和责任意识不强，未能真正实现律师事务所一体化管理”，严重者被计入资本市场诚信数据库。

那么，除了数据合规，律所还应该做什么？不妨看看君合的做法。

在架构设置方面，君合在管委会下设立风控委、内核委两个委员会。

君合律师事务所管委会成员、合伙人余永强介绍，风控委由 1 位管委会委员牵头，有近 10 位不同业务领域的合伙人，依据各自经验，就实践中碰到的风控问题进行判断与表决；内核委由若干名资本市场领域资深合伙人和曾担任证监会发审委、交易所上市委委员的合伙人牵头，有 30 余位合伙人参加，根据证券项目类型划分成不同小组，负责落实资本市场业务的内核要求与质量控制——形式、实质两手抓。

两个委员会的侧重点不一样：风控委聚焦风险预防、管控和处置，无论是什么业务领域出现潜在风险都会介入；内核委的内核是业务流程中的一个重要环节，侧重资本市场业务。

余永强补充说：“接下来我们会加强内核制度建设，以进一步提升效率与质量，主要包括两个方面，一是优化内核人员的激励机制，二是扩充内核人员队伍。”

在利益冲突方面，“律所目前执行全所统一的利益冲突规则，包括非诉业务利益冲突审查标准，有些制度甚至要严于一些办公室所在地当地律协利冲规则中的认定标准”。君合律师事务所管委会成员、合伙人张平介绍。

严在哪儿？除了触发利益冲突审查的条件门槛更低之外，流程方面也很严格：

· 第一级是利冲检索系统，通过关键词检索即能初步抓取存在利冲可能的信息。君合有很多办公室，但各地办公室都在同一个平台上操作——利冲检索是全平台检索。

· 第二级是利冲检索专职人员基于第一级的结果做梳理及判断，并发给相关合伙人确认是否存在冲突。

· 第三级是利冲审查小组，由管委会委员牵头、所内执业经验最丰富的合伙人组成，对疑难或争议的问题进行审议。

张平说："为此，我们经常不得不放弃一些业务与客户，这也体现了律所长期以来的一种价值观。"君合之所以能调动资历深的合伙人参与利冲的审核把关，是因为其合伙人都会在不同层面、不同程度参与律所管理，形成了传统，没有人觉得这个耽误时间。

总结而言，在君合的律所合规建设经验中，至少有两个方面可供借鉴：一方面，是人员与架构设计，管委会下设了风控委和内核委；另一方面，是信息化建设，规模越大的律所越需要借助技术的力量，善用技术能事半功倍。

## 结语

最后，必须再次强调，虽然律所也掌握了大量数据，但正如君合合伙人余永强所说："律所的数据合规和互联网企业的数据合规是不一样的，数据仅是用来为该客户提供法律服务的，数据运营不是律所服务的形态。"

而且，律所会和每一位客户签订服务协议以及保密协议，都是纸质的书面文本，双方签字盖章，相关条款经双方专业人士审核，确保客户权益。这方面律所是有先天优势的。

但仅做好数据安全还不够，需同步做好业务质量、利冲机制、运营规范等。做好了自己，客户自然也会找上门来。